Rechtsextremismus in den ländlichen Räumen

Schweigen heißt Zustimmung

Rechtsextremismus in den ländlichen Räumen

aktualisierte Arbeitshilfe

Erstellt im Auftrag des
Bundes der Deutschen Landjugend (BDL) e.V.

Hochschule Magdeburg-Stendal **Prof. Dr. Titus Simon**
unter Mitarbeit von *Gregor Behrendt*
Michael Bertram
Carolin Jahnke
Richard Kunstmann
Susanne Maikath
Luise Prell
Max Riedel
Alexander Wassilenko

Herausgeber:
Bund der Deutschen Landjugend (BDL) e.V.
Claire-Waldoff-Straße 7, 10117 Berlin
Tel.: 0 30 / 31 90 42 53
Fax: 0 30 / 31 90 42 06
info@landjugend.de
www.landjugend.de

AutorInnen:
Prof. Dr. Titus Simon
Gregor Behrendt
Michael Bertram
Carolin Jahnke
Richard Kunstmann
Susanne Maikath
Luise Prell
Max Riedel
Alexander Wassilenko

Gefördert aus dem Bundesprogramm „Demokratie leben!" über den Programmpartner Bundesnetzwerk Bürgerschaftliches Engagement (BBE)

Redaktion: Sandra Schlee, Carina Gräschke (BDL)
Gestaltung, Satz, Umschlag: Rico Hofmann – Visuelle Medien
Druck: vierC print+mediafabrik GmbH & Co. KG

Aktualisierte Neuauflage, Januar 2017
1. Auflage: Es wächst nicht einfach Gras drüber. Rechtsextremismus in den ländlichen Räumen. Berlin 2009
Printed in Germany

ISBN 978-3-00-055217-5

Inhalt

Vorwort des Herausgebers 08

1. **Einführende Bemerkungen zum Charakter dieser Studie** 10

2. **Rechtsextremismus als Problem der Moderne** 17

2.1 Über die Schwierigkeiten des Zugangs 17
2.2 Zu den Begrifflichkeiten 19
2.3 Resultate der neueren Autoritätsforschung 28
2.4 Der Heitmeyer'sche Desintegrationsansatz 30
2.5 Rassismus und Fremdenfeindlichkeit aus der Perspektive der Frauenforschung: das Konzept von Birgit Rommelspacher 32
2.6 Deutsche Zustände – zentrale Ergebnisse der zehnjährigen Forschung über gruppenbezogene Menschenfeindlichkeit 35
2.7 Zwischenauswertung 37
2.8 Weiterführende Literatur 39

3. **Rechtsextremismus in den ländlichen Räumen** 40

3.1 Aktuelle Skizzen zu den Sozialisationsbedingungen und den Lebenswirklichkeiten in den ländlichen Räumen 40
3.2 Ländliche Räume als spezifische Arena rechtsextremistischer Aktivitäten und rechtspopulistischer Wahlerfolge 46
3.3 Jugendstudien 51

4. **Ältere Regional-Studien zu Maßnahmen gegen Rechtsextremismus mit ausgeprägten Bezügen zu ländlichen Räumen** 52

4.1 „Rechte Jugendcliquen. Zwischen Unauffälligkeit und Provokation". Eine empirische Untersuchung für das Land Hessen 52
4.2 Zur Studie „Grenzen lokaler Demokratie – Zivilgesellschaftliche Strukturen gegen Nazis in ländlichen Räumen" 53
4.3 Regionalanalyse Altmark 54
4.4 Rechtsextremismus und sein Umfeld. Eine Regionalstudie und die Folgen für die Praxis – Ergebnisse von Untersuchungen im Rems-Murr-Kreis 55
4.5 Die Studie der Fachstelle für Rassismusbekämpfung des Eidgenössischen Departements des Innern: Rechtsextremismus bekämpfen: Wirksame Maßnahmen und griffige Arbeitsinstrumente für Gemeinden in der Schweiz 56
4.6 Studie „Futur Exakt": Jugendkultur in Oranienburg zwischen rechtsextremer Gewalt und demokratischem Engagement 57
4.7 Zur Relevanz der dargestellten älteren Forschungsberichte für die Anliegen dieser Arbeit 59
4.8 Titel der im vierten Kapitel skizzierten älteren Studien 59

5. **Ergebnisse von Studien und Berichten zu Maßnahmen gegen Rechtsextremismus nach 2009** 60

5.1 Anmerkungen zu dem Sammelband „Stadt – Land – Rechts. Brauner Alltag in der deutschen Provinz“ 60
5.2 Hinweise aus den Abschlussberichten der Programmevaluation der Bundesprogramme „Vielfalt tut gut. Jugend für Vielfalt, Toleranz und Demokratie“ und „kompetent. Für Demokratie – Beratungsnetzwerke gegen Rechtsextremismus“ sowie „Toleranz fördern – Kompetenz stärken" 64
5.3 Ergebnisse der Expertise „Soziale und pädagogische Arbeit mit rechtsextrem affinen Jugendlichen - Akteure, Projekte, Ansätze und Handlungsfelder“ 68
5.4 Sichtung der Expertise „Forschung zu rechtsextrem orientierten Jugendlichen. Eine Bestandsaufnahme von Ursachen, Gefährdungsfaktoren und pädagogischen Interventionen“ 70
5.5 HBSC-Studie: Anstieg fremdenfeindlichen Mobbings an Schulen in Thüringen 2005 bis 2010 71
5.6 Hinweise aus sonstigen Quellen 73
5.7 Titel der im fünften Kapitel dargestellten Texte und Studien 74

6. **Rechtsextremismus in den ländlichen Räumen der Flächenbundesländer – dargestellt in 13 Kurzexpertisen** 75

6.1 Die aktuellen Verfassungsschutzberichte irritieren 75
6.2 Rechtsextremismus in den ländlichen Räumen Baden-Württembergs 79
6.3 Rechtsextremismus, Rechtspopulismus und (Alltags-)Rassismus in den ländlichen Räumen Bayerns 86
6.4 Rechtsextremismus in den ländlichen Räumen Brandenburgs 90
6.5 Rechtsextremismus in den ländlichen Räumen Hessens 96
6.6 Rechtsextremismus in den ländlichen Räumen Mecklenburg-Vorpommerns 100
6.7 Rechtsextremismus in den ländlichen Räumen Niedersachsens 107
6.8 Rechtsextremismus in den ländlichen Räumen Nordrhein-Westfalens 112
6.9 Rechtsextremismus in den ländlichen Räumen von Rheinland-Pfalz 122
6.10 Rechtsextremismus in den ländlichen Räumen des Saarlandes 128
6.11 In Sachsen nichts Neues in Sachen Rechtsextremismus 133
6.12 Rechtsextremismus in den ländlichen Räumen Sachsen-Anhalts 137
6.13 Rechtsextremismus in den ländlichen Räumen Schleswig-Holsteins 141
6.14 Die extreme Rechte in den ländlichen Räumen Thüringens 147
6.15 Anmerkungen zu den landesbezogenen Expertisen und Verfassungsschutzberichten 151

7. **Die beschleunigte Modernisierung des Rechtsextremismus und deren Auswirkungen auf Jugendliche und junge Erwachsene** 153

7.1 Der europäische Motor der ästhetischen und kulturellen Modernisierung: Die Einflüsse des Casa Pound Italia 154
7.2 Weitere „Modernisierer“ des Rechtsextremismus 155
7.3 Kleidung und Symbole 159
7.4 Magazine und Blogs 162
7.5 Vertriebe und Läden 166

7.6 Rechtsextreme Musik 168
7.7 Rechtsextreme Einflüsse im Kampfsport 174
7.8 Die Mumie kehrt zurück: Rechtsextreme im Fußballmilieu 175
7.9 Völkische und rechtsextreme Siedlungen im ländlichen Raum 181

8. **Herausforderung Rechtspopulismus** 184

8.1 Warum die Auseinandersetzung mit dem Rechtspopulismus nötig ist 184
8.2 Die schrille Vielfalt des Rechtspopulismus 186
8.3 Zu Problemen des Umgangs mit Rechtspopulismus 189

9. **Handlungsanforderungen und Handlungsansätze gegen Rechtsextremismus in den ländlichen Räumen** 191

9.1 Zu den Ausgangspunkten für Interventionsmöglichkeiten auf dem Lande 191
9.2 Verbindliche Programme für die prekären ländlichen Räume 193
9.3 Verzahnung von Elternberatung und Elternbildung als Chance für die Strukturentwicklung in prekären ländlichen Räumen 197
9.4 Mehr Planung und Absicherung der kommunalen Jugendarbeit und Jugendhilfe in den ländlichen Räumen 202
9.5 Was benötigt eine abgesicherte Jugendarbeit mit rechtsextrem orientierten Jugendlichen? 203
9.6 Möglichkeiten der ehrenamtlich getragenen Vereins- und Verbandsarbeit im Umgang mit Rechtsextremismus und anderen Formen gruppenbezogener Menschenfeindlichkeit 208
9.6.1 Zur zivilgesellschaftlichen Bedeutung von Vereins- und Verbandsarbeit 209
9.6.2 Umgang mit jugendlichen Rechtsextremisten im eigenen Verein oder Verband 209
9.6.3 Schulung der JugendgruppenleiterInnen 210
9.6.4 Gezielte Jungenpädagogik im Rahmen der Verbandsarbeit 212
9.6.5 Ein Plädoyer für mehr gezielte Medienarbeit in der Verbandsarbeit 214
9.7 Abschließende Bemerkungen 217

10. **Kontakte, Projekte, Adressen des Bundes und der Länder** 220

11. **Arbeitshilfen aus Ländern** 234

12. **Sonstige themenbezogene Arbeitshilfen** 240

Verwendete Literatur 247

Autorinnen und Autoren 255

Vorwort des Herausgebers

Reden ist Silber, Schweigen ist Gold, sagt ein Sprichwort. Doch für uns im Bund der Deutschen Landjugend (BDL) e.V. gilt das beim Thema Rechtsextremismus in ländlichen Regionen nicht. Wir können nicht die Ohren verschließen, wenn sich Plattitüden und Vorurteile zu rechtspopulistischen Stammtischparolen verdichten. Egal ob beim Schützenfest oder beim Erntedank, bei der Scheunenfete oder im Netz, beim gemütlichen Zusammensein oder einem Fachtreffen – wir können nicht weghören, wenn gezielt Angst geschürt, wenn Ressentiments und Rassismus verstärkt werden.

Ja, wir leben in einer globalisierten Welt, deren Unüberschaubarkeit verunsichert. Doch das ist der Preis der Freiheit, in der wir (gern) leben. Wenn der bezahlt wird, indem bestimmte Menschengruppen herabgewürdigt und rechtsextreme Einstellungen verharmlost werden, läuft etwas schief.

Natürlich ist es leichter, „sich seinen Teil zu denken", „nicht die Stimmung kaputt zu machen" oder Ausreden wie „der meint das gar nicht so" zu finden, als nachzufragen und dem die eigene Meinung entgegenzusetzen. Doch das ist Selbstbetrug und hat nichts mit Toleranz zu tun. Es ist höchste Zeit, dass wir aufstehen und für die Demokratie einstehen. Lasst uns autoritären und unangenehmen Zwischentönen die Stirn bieten, rechte Sprüche aufdecken und uns – einzeln und als Gemeinschaft – dagegen positionieren.

Denn schnell wird Schweigen falsch gedeutet und als Zustimmung einkassiert. Doch wir lassen uns nicht vereinnahmen. Rechtsextremismus und Rechtspopulismus haben bei uns keinen Platz. Wir bekennen uns zum demokratischen Miteinander und gestalten unsere Heimat – gemeinsam mit unseren NachbarInnen, FreundInnen und Kooperationspartnern. Denn wir sind rund 100.000 junge Menschen, die sich im gesamten Bundesgebiet für lebenswerte und tolerante ländliche Regionen einsetzen, die sich für unsere Heimat starkmachen.

Schon 2009 veröffentlichten wir die Arbeitshilfe „Es wächst nicht einfach Gras drüber. Rechtsextremismus in ländlichen Regionen", die unser deutliches NEIN zum Rechtsextremismus bundesweit verstärkt hat. Schnell vergriffen, legten wir darin besonderen Wert auf Anforderungen und Handlungsoptionen für die Auseinandersetzung mit Rechtsextremen und ihrer menschenverachtenden Ideologie. Seither sind viele Förderprogramme auf Bundes- und Landesebene aufgelegt worden, sind Projekte und Initiativen entstanden, die sich der Demokratieförderung verschrieben haben. Doch es ist kein Gras darüber gewachsen. Darum legen wir mit dieser überarbeiteten Neuauflage nach. In „Schweigen heißt Zustimmung" haben wir auf die aktuelle Situation in den einzelnen Bundesländern geschaut und Handlungsempfehlungen erarbeitet, wie wir dem rechtslastigen Milieu, das die Gesellschaft zunehmend polarisiert, begegnen können.

Wir danken Prof. Dr. Titus Simon und seinem Team sowie den zugezogenen ExpertInnen aus den einzelnen Bundesländern für diese Studie. Ihre Handlungsempfehlungen für die ländlichen Räume sind für uns unentbehrlich. Nur so können wir mit dieser aktualisierten Publikation die zivilgesellschaftlichen AkteurInnen in- und außerhalb unseres Verbandes unterstützen.

Zugleich fordern wir alle demokratisch Gesinnten auf, sich gemeinsam für die Zukunft der ländlichen Räume einzusetzen: Gebt Rechtsextremismus in eurer Heimat keine Chance.

Sebastian Schaller
Vorsitzender des Bundes der Deutschen Landjugend (BDL) e.V.

1 Einführende Bemerkungen zum Charakter dieser Studie

„Wie die Leipziger Volkszeitung am Dienstag berichtet, haben Unbekannte am Montag eine geplante Flüchtlingsunterkunft im Leipziger Stadtteil Gohlis angegriffen. Die Täter hätten mit Steinen fünf Scheiben des Gebäudes in der Lindenthaler Straße eingeworfen, das sich derzeit im Umbau befindet. Laut Aussagen der Stadtverwaltung sei es nach bisherigem Stand ab Oktober 2016 bezugsfertig und soll bis zu 220 Asylsuchenden eine Unterkunft bieten." (MITTELDEUTSCHE ZEITUNG, 26. Juli 2016)

„Die Zahl der rechten Straf- und Gewalttaten in Niedersachsen ist weiter angestiegen und hat im ersten Halbjahr 2016 einen erneuten Höchststand erreicht." (ZEIT ONLINE, 24. August 2016)

„Um fünf Uhr morgens brennt es in Petershagen (Ostwestfalen-Lippe, d. Red). Vor der Eingangstür einer ehemaligen Schule steht ein Sessel in Flammen. In dem Gebäude ist eine Familie aus Armenien untergebracht. Als eine Frau das Feuer entdeckt, haben die Flammen bereits die Tür erreicht. Die sechsköpfige Familie kann sich rechtzeitig in Sicherheit bringen." (MINDENER TAGEBLATT, 12. Oktober 2016)

„In Brandenburg nehmen die Angriffe gegen Asylbewerber und ihre Unterkünfte zu: 130 Straftaten im ersten Halbjahr 2016!" (POTSDAMER NEUESTE NACHRICHTEN, 30. August 2016)

„Rechte rüsten auf. 2000 Waffen bei Neonazis beschlagnahmt. Die Zahl der Waffenfunde bei Rechtsextremen hat einen neuen Höchststand erreicht. Auch die von Neonazis begangenen Straftaten nehmen zu." (FRANKFURTER ALLGEMEINE ZEITUNG, 30. September 2016)

„Knapp jede dritte rechte Straftat wird in NRW begangen. Im ersten Halbjahr 2016 zählte der NRW-Verfassungsschutz 2025 Straften von Rechten, darunter 209 Gewaltdelikte. Immer häufiger fallen Ersttäter auf." (WAZ, 17. August 2016)

„Sachsens Ministerpräsident Stanislaw Tillich hat eingeräumt, dass sein Bundesland größere Probleme mit Rechtsextremismus hat als bisher angenommen." (DIE WELT, 29. Februar 2016)

„Am 13. Januar bewerfen drei Männer einen Mann in Farmsen-Berne mit einer Glasflasche, nachdem sie ausländerfeindliche Beleidigungen gerufen haben. Das Opfer erleidet ein Hämatom am Rücken. «Du scheiß Ausländer, du Asylbewerber, ich schieß dir ins Bein», ruft ein Täter Ende Januar in Horn, bevor er seinem Opfer mit einer Handfeuerwaffe auf den Kopf schlägt. In Stellingen wird ein «Geschädigter» laut Polizei «in fremdenfeindlicher Weise angesprochen und anschließend festgehalten und geschlagen.» (DIE WELT, 7. Mai 2016)

„Der Verfassungsschutz stuft Sleipnir als rechtsextremistisch ein. Die Band spielt an diesem Abend beim Neonazifestival «Rock für Identität» im thüringischen Hildburghausen. Seit 2009 gab es keine Rechtsrockveranstaltung, die mehr Besucher angezogen hätte: Die Polizei geht von rund 3500 Teilnehmern aus – Neonazis aus ganz Deutschland und aus dem Ausland." (DIE WELT, 12. Mai 2016)

„Von Januar bis Mitte September registrierte die Polizei bereits 507 Fälle und damit fast doppelt so viele fremdenfeindliche Gewalttaten wie im Vorjahr ... Die Zahl aller politisch motivierten Straftaten gegen Asylbewerber und Flüchtlinge betrug dem Bericht zufolge seit Jahresbeginn mehr als 1800. Demnach legten Neonazis und Asylgegner in diesem Jahr schon 78 Mal Feuer, sieben Tötungsdelikte wurden gezählt." (TAGESSPIEGEL, 24. September 2016)

„Politiker und Verfassungsschützer zeigten sich in den vergangenen Wochen und Monaten immer besorgter über die wachsende Zahl fremdenfeindlicher Übergriffe und Attacken auf Flüchtlingsheime in Deutschland. Auch in Baden-Württemberg gab es im letzten Jahr einen deutlichen Anstieg derartiger Angriffe." (SÜDKURIER, 20.Februar 2016)

Die im Einführungskapitel der Landjugendstudie 2009 vorgenommene Einschätzung hat unverändert ihre Berechtigung. Sie entspricht der abgesicherten Grundannahme, wonach die Suche nach autoritären Handlungs- und Lösungsmustern sowie rechtspopulistischen und rechtsextremen Orientierungen zu den dauerhaften Belastungsfaktoren moderner Gesellschaften gehören. In manchen Ländern, wie derzeit in Spanien und Griechenland, kann es vorübergehend zu einem Erstarken linkspopulistischer Protestbewegungen und Parteien kommen. Deren Zustand, so zeigen es die historischen Erfahrungen in Spanien und Italien, ist jedoch deutlich fragiler und wurde nicht selten durch ein Erstarken rechtsextremistischer Kräfte abgelöst.[1]

Berichte über rechtsextreme Aktivitäten und zum Teil schreckliche Vorkommnisse beschäftigen uns durchgängig seit nunmehr über 40 Jahren. Während zwischen 1969 und 1989 den Wahl- und Propagandaerfolgen rechtsextremer Parteien sowie den Wellen an Gewalt rechtsorientierter Jugendkulturen immer wieder längere Phasen folgten, in denen von rechtsextremen Umtrieben nur wenig zu spüren war, hat sich die Entwicklung spätestens seit Beginn der 1990er Jahre verstetigt. Für das Jahr 2007 wurden in Deutschland 17.607[2] rechtsextremistische Straftaten registriert. Und wir haben prognostiziert: *„Für 2008 ist eine weitere Steigerung zu erwarten"* (BUND DER DEUTSCHEN LANDJUGEND 2009, S. 13). Diese Prognose war zutreffend (siehe Abbildung 1)[3]:

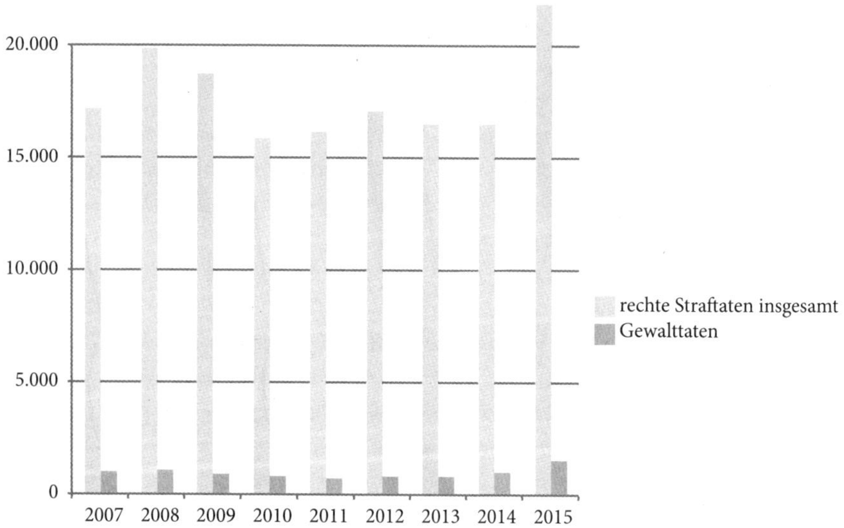

Abbildung 1: Gewaltdelikte und andere Straftaten mit rechtsextremistisch motiviertem Hintergrund 2007 bis 2015 (SIMON nach de.statista.com, Zugriff 07.11.2016)

1 In beiden Ländern folgten Jahrzehnte anhaltende faschistische Diktaturen. Siehe auch die inneritalienischen Entwicklungen seit den 1970er Jahren.

2 www.tagesschau.de/inland/politischestraftaten2.html

3 In Abweichung von der in der Landjugendstudie 2009 verwendeten Quelle tagesschau.de registriert statista. com für das Jahr 2007 17.176 Fälle.

Bezugnehmend auf KLÄRNER / KOHLSTRUCK (2006) haben wir 2009 konstatiert, dass dem organisierten Rechtsextremismus die Verwirklichung vierer wesentlicher strategischer Vorhaben – zumindest partiell – gelungen ist:

1. die Modernisierung der Ideologie (ebenda, S. 30),
2. die Förderung der Milieubildung,
3. die Kooperation und Integration von parteifernen jugendkulturellen Ausdrucksformen und Gruppenbildungen (z.B. rechtsextreme Musikkultur, Kameradschaften),
4. das Entstehen einer sozialen Bewegung, eines *„Ensembles von Gruppen und Organisationen"* (RUCHT 2002, in KLÄRNER / KOHLSTRUCK 2006, S. 31): Eng verwoben damit sind „Netzwerkbildungen von rechts" mit erheblichen sozialräumlichen, regionalen und bundesweiten Verflechtungen und zum Teil sogar grenzüberschreitend entwickelten Strukturen.

Sieben Jahre nach Veröffentlichung der ersten Landjugendstudie kann nicht nur festgestellt werden, dass diese Vorhaben und die damit einhergehenden Prozesse unverändert zu den wichtigen strategischen Zielsetzungen des organisierten Rechtsextremismus gehören. Für jede der vier Dimensionen gibt es relevante Innovationen, deren Darstellung in diese Arbeit einfließen werden.

2008 stieg die Gesamtzahl auf die Rekordhöhe von 19.894 Straftaten an, ging dann bis 2010 zurück und pendelte in den Folgejahren zwischen 16.100 und 17.100. Die Zahl der Gewalttaten ist seit 2011 wieder durchgängig gestiegen und erreichte 2015 mit 21.993 Straftaten (davon 1.408 Gewalttaten) ihren bisherigen Höhepunkt.[4] Eine Reihe von Indizien und Hinweisen lässt eine weitere Zunahme rechtsextremer Straf- und Gewalttaten vermuten. So verzeichnet Nordrhein-Westfalen ein starkes Ansteigen der Fallzahlen aufgrund der Krawalle um die Bewegung *„Hooligans gegen Salafismus"* (Hogesa) (KÖLNER STADT-ANZEIGER, 25.7.2015).

Insbesondere die Zahl der gewalttätigen Angriffe auf Flüchtlingsheime steigt rasant an. Waren es im Jahr 2014 170 Vorfälle, was bereits einer massiven Steigerung im Vergleich zu den Vorjahren entsprach, so zählte das Bundesinnenministerium im 1. Halbjahr 2015 bereits 150 derartige Straftaten (DER TAGESSPIEGEL, 30.06.2015).[5] Einen Monat später waren es bereits rund 200. Schließlich zählte das Bundeskriminalamt von Januar bis Ende November 2015 nicht weniger als 747 Straftaten gegen Flüchtlingsheime (BLICKLE u.a. 2015). In den wenigsten Fällen scheint es bislang zu einer Aufklärung gekommen zu sein. 15 Redakteure der „Zeit" haben im November 2015 nochmals umfangreich in allen Bundesländern Straftaten gegen Flüchtlingsheime recherchiert. Sie ermittelten 222 Delikte, die die Zerstörung der schon belegten oder künftigen

4 Die Dunkelfeldproblematik ist erheblich. Die Statistiken der Opferberatungsstellen vermelden regelmäßig mehr rechtsextreme Straf- und Gewalttaten als die zuständigen Behörden.

5 Die taz berichtet am 6. Mai 2015 von 203 Angriffen auf Flüchtlingsunterkünfte im Jahr 2014. Das stellt eine Steigerung von 120% im Vergleich zum Vorjahr dar.

Flüchtlingsunterkünfte zum Ziel hatten (Blickle u.a. 2015). Darunter waren 93 Brandanschläge. In lediglich zwei Fällen (2,2%) kam es bislang zu einer Verurteilung.[6]

Das Bundeskriminalamt vermeldet für das gesamte Jahr 2015 173 Anschläge gegen Flüchtlingsunterkünfte. Darunter waren 92 Brandanschläge. Die Gesamtzahl der Straftaten gegen Flüchtlingsunterkünfte stieg von 199 im Jahr 2014 auf 1.005 im Folgejahr (dpa, Meldung vom 28.1.2016).

Verbrechen

Damit ist der erste von drei großen Unterschieden zu jener Lage angesprochen, die im Zeitraum der Erstellung der Vorstudie zu beschreiben war. Zu jener Zeit hatte der **Rechtsterrorismus** nur eine geringe aktuelle Bedeutung. Jetzt liegt er in zwei großen Entwicklungszügen offenbar:

- 2011 wurden die NSU-Verbrechen öffentlich. Bekannt sind bis heute zehn Morde, mehrere Sprengstoffanschläge und 15 Banküberfälle. Über die Arbeit des Gerichts, des Bundestagsuntersuchungsausschusses „Terrorgruppe Nationalsozialistischer Untergrund" und mehrerer Untersuchungsausschüsse von Landesparlamenten wurde die Verstrickung von Bundes- und Landesbehörden offensichtlich. Ungeklärt bleibt eine Vielzahl diesbezüglicher Details. Aber auch zahlreiche Fragen, die die Hinterbliebenen der Opfer berühren, sind bislang nur unzulänglich aufgeklärt. So konnte bislang nicht erhellt werden, weshalb gerade die Ermordeten zu Zielen des NSU wurden, welche HelferInnen es vor Ort gab und wie groß das Unterstützungsnetzwerk der Terroristen gewesen ist (Basay-Yildiz 2014, S. 158).
- Auch der zahlenmäßige Anstieg von Brandanschlägen und anderen Formen gewalttätiger Übergriffe auf Flüchtlingsheime und andere für Flüchtlinge genutzte Unterkünfte hat längst terroristische Dimensionen angenommen. Deren polizeiliche und juristische Verfolgung ist unzulänglich und nicht zu vergleichen mit den gewaltigen und letztendlich auch erfolgreichen Anstrengungen, die der Staat für die Aufklärung und Verfolgung etwa der Straftaten der RAF sowie der Propagandadelikte im Umfeld unternommen hat.

Der zweite große Unterschied liegt in einem gefährlich angewachsenen ***Rechtspopulismus***, der sich in einer breiten außerparlamentarischen Bewegung sowie in neu gegründeten Parteien artikuliert, von denen die Alternative für Deutschland (AfD) im Jahr 2016 die bislang größten Erfolge einer rechts von der CDU und der CSU angesiedelten Partei bei den Landtagswahlen in Baden-Württemberg, Rheinland-Pfalz, Sachsen-Anhalt, Mecklenburg-Vorpommern und Berlin (Senat) erzielen konnte.

6 Das Versagen der ErmittlerInnen und der Justiz zeigt sich daran, dass die Quote der ermittelten und verurteilten Täter bei „gewöhnlichen" (nicht gegen Flüchtlingsunterkünfte gerichteten schweren) Brandstiftungen bei 52,5% liegt.

Schließlich kann mit Blick auf die Modernisierungen des Rechtsextremismus festgestellt werden, dass es innerhalb der zurückliegenden acht Jahre zu einer deutlichen ***Verbreiterung rechtsextremer Erlebniswelten*** gekommen ist, die insbesondere für Jugendliche und junge Erwachsene attraktiv sind. Kulturveranstaltungen, neue Aktionsformen und die mittlerweile sehr viel stärker auch von Rechtsextremen initiierten und betriebenen sozialen Netzwerke tragen zu einer Selbstradikalisierung einzelner und ganzer Gruppen bei.

Ferner sind neben den neuen rechtspopulistischen Parteien AfD und ALFA[7] mit Die Rechte und dem III. Weg zwei ***neue rechtsextreme Parteien*** entstanden, denen eine Doppelfunktion zugeschrieben wird. Sie dienen als Auffangbecken für bislang parteipolitisch nicht gebundene Rechtsextreme und Angehörige rechter Kameradschaften. Ferner wird ihnen aus Staatsschutzkreisen eine Auffangfunktion für den Fall zugewiesen, dass ein neuer Verbotsantrag gegen die NPD zum Erfolg führt. Auch dazu werden nachfolgend knappe Hinweise gegeben.

Der Kriminalpolizeiliche „Meldedienst Politisch motivierte Kriminalität" (KPMD-PMK) registrierte für die Jahre 2001 bis 2012 rund 55.000 Straftaten gegen Menschen aufgrund ihrer Religion, Herkunft, sexuellen Identität oder Behinderung. Hinzu kommen noch einmal 2.002 politisch motivierte Straftaten, die aufgrund des gesellschaftlichen Status des Tatopfers verübt wurden (DEUTSCHER BUNDESTAG 2014). Diese ungeheure Zahl, die lediglich das Hellfeld abbildet, also nicht adäquat erfasste Straftaten und solche, die gar nicht erst angezeigt wurden, ausblendet, zeigt, dass es trotz vermehrter Maßnahmen gegen Rechtsextremismus und einer über Jahre gewachsenen Sensibilisierung für dieses Thema keine Entwarnung geben kann.

Wichtig für den gewählten Zugang ist die bereits in der Vorgängerstudie getroffene Feststellung, wonach Rechtsextremisten vor allem in den ländlichen Räumen häufig als „normale", unauffällige, manchmal sogar geschätzte Bürgerinnen und Bürger gesehen und akzeptiert werden. Besorgniserregend sind gerade die Alltagserfolge rechtsextremer Parteien und Gruppierungen, die dazu führen, dass die alltägliche Lebenswelt von immer mehr Menschen rechtsextrem geprägt wird (KLOSE / BENZING 2008, S. 209, in: BUND DER DEUTSCHEN LANDJUGEND 2009, S. 13). Rechtsextreme können unverändert an die oftmals unterschätzten oder verharmlosten rechtsextremen Einstellungen der Normalbevölkerung anknüpfen.

Rechtsextreme Vorkommnisse werden häufig als „von außen in die Kommune getragen" gedeutet. Sind Bürgerinnen und Bürger oder Jugendliche aus der eigenen Gemeinde offensichtlich selbst verstrickt oder aktiv, so werden diese oftmals nicht als selbständig denkende und handelnde Subjekte, sondern als „Verführte" gesehen. Oder es wird in verharmlosender Weise davon gesprochen, dass es sich um „Protest" handelt.

7 Die Allianz für Fortschritt und Aufbruch (Alfa) hat sich nach einem verlorenen Namens-Rechts-Streit im November 2016 in Liberal-Konservative Reformer umbenannt.

Die ländlichen Räume müssen unverändert als Kristallisationspunkte für rechtsextreme Strukturbildungen und Aktivitäten gesehen werden. Dabei dominieren die Bildung jugendkultureller Formationen wie Kameradschaften und lose Cliquen, die Herausbildung einer rechten Musikszene, die Schaffung logistischer Basen sowie die regional unterschiedlich entwickelte Vernetzung zwischen Jugendkultur und dem organisierten Rechtsextremismus.

Es ist somit verdienstvoll, dass der **Bund der Deutschen Landjugend** eine aktualisierende Neufassung der Landjugendstudie 2009 in Auftrag gegeben hat, die sich mit den neuzeitlichen Erscheinungsformen des **Rechtsextremismus in den ländlichen Räumen** befasst. Im Auftrag des Verbandes wurde die hier vorliegende Studie „Schweigen heißt Zustimmung. Rechtsextremismus in den ländlichen Räumen" von einem Autoren- und Autorinnenteam der Hochschule Magdeburg-Stendal erstellt. Die jetzt vorgelegte Arbeit bildet den Stand der Debatte und der Entwicklungen zu Beginn des zweiten Quartals 2016 ab.

Nach einführenden Bemerkungen folgt eine theoretische Einführung mit knappen Begriffsklärungen. Hierzu wurden in einem ersten Schritt die 2009 vorgenommenen Darstellungen anhand der seither veröffentlichten Studien und Fachliteratur aktualisiert. Im Unterschied zur Vorgängerstudie wurde 25 Jahre nach der Wiedervereinigung in Absprache mit dem Auftraggeber auf einen Problemaufriss zu Aspekten des Rechtsextremismus im Ost-West-Vergleich verzichtet. Immer noch bestehende Unterschiede können aus den neu erstellten landesbezogenen Expertisen abgeleitet werden. Auch die nachfolgenden Darstellungen zu den verschiedenen Dimensionen des „Rechtsextremismus in ländlichen Räumen" beziehen sich vor allem auf die Jahre 2010 bis 2015.

Für die Bestandsaufnahme zum Rechtsextremismus in den ländlichen Räumen der 13 Flächenbundesländer wurden wiederum Kurzexpertisen durch Expertinnen und Experten der jeweiligen Bundesländer in Auftrag gegeben. Diese wurden Ende 2015 erstellt. Das Schlusskapitel „Handlungsanforderungen und Handlungsansätze gegen Rechtsextremismus in den ländlichen Räumen" bezieht die Ergebnisse von Gesprächen mit Experten und Expertinnen und die Auswertungen bisheriger Praxis mit ein. Somit können erfolgreiche und Erfolg versprechende Handlungskonzepte zur Stärkung zivilgesellschaftlicher Strukturen im ländlichen Raum skizziert werden. Dabei wird deutlich, dass die Angebote der in den ländlichen Räumen traditionell stärker verankerten Vereins- und Verbandsarbeit eine wichtige präventive Funktion besitzen. Deren in den letzten Jahrzehnten nachlassende Bindungskraft muss mit Sorge betrachtet werden. Ein Materialteil ergänzt jene Informationen und Hinweise, die bereits im Rahmen der landesbezogenen Kurzexpertisen vorgelegt wurden und umfasst auch nach Bundesländern geordnete wichtige Adressen von Akteuren und Institutionen, die Programme und Maßnahmen gegen den Rechtsextremismus umsetzen.

Unser besonderer Dank gilt den studentischen Mitgliedern des Projektes „Forschung und Praxis im Feld Rechtsextremismus" der Hochschule Magdeburg-Stendal und den Autorinnen und Autoren, die diese Studie mit ihren landesbezogenen Expertisen ergänzt und bereichert haben.

2 Rechtsextremismus als Problem der Moderne

2.1 Über die Schwierigkeiten des Zugangs

In nahezu allen Staaten, die der Europäischen Union angehören, sind rechtsextreme, rassistische und antisemitische Strömungen beheimatet. In vielen Ländern haben rechtspopulistische Parteien beachtliche Wahlergebnisse erzielt. Auch wenn die Entwicklungen in den jeweiligen Nationalstaaten durch Besonderheiten des einzelnen Landes geprägt sind, kann festgestellt werden, dass die Komplexität und die Herausforderungen moderner Gesellschaften das Erblühen nationalistischer Protestparteien befördern. Der Facettenreichtum der Moderne scheint jene zu begünstigten, die den Verunsicherten vereinfachende Analysen und Vielschichtigkeit reduzierende Antworten anbieten.

Im Vergleich mit anderen europäischen Ländern (exemplarisch: Italien, Frankreich, Belgien, Niederlande, Ungarn, Polen, Österreich, Großbritannien) hat bis zu den Landtagswahlen im März 2016 noch keine deutsche Partei aus dem rechtsextremen und rechtspopulistischen Spektrum ein Ergebnis über 15% der Wählerstimmen erzielt.[8] Dies lag in der Vergangenheit an den inneren Konflikten von Parteien, deren Erscheinungsbild regelmäßig „von den eigenen Leuten" ramponiert wurde. Darüber hinaus bilden Wahlergebnisse, auch wenn sie gelegentlich Erfolge rechtsextremer Parteien aufweisen, die tatsächlichen Einstellungen und Handlungsbereitschaften einzelner Bevölkerungsgruppen nur unzulänglich ab und geben somit nur eingeschränkt Hinweise auf derartige Orientierungen. Der Bevölkerungsteil, der sich einzelne Bestandteile rechtsextremen Denkens zu eigen macht, ist jedoch wesentlich größer als die Wählerschaft rechtsextremer und rechtspopulistischer Parteien und – das ist für unser Thema von besonderer Bedeutung – noch häufiger im ländlichen als im urbanen Raum anzutreffen.

8 Rechnet man alle Ergebnisse des rechten Spektrums zusammen, so liegt – wie zuletzt in Sachsen – das aufsummierte Ergebnis gelegentlich darüber.

Eine repräsentative Befragung, die die Universität Leipzig im Auftrag der Friedrich-Ebert-Stiftung durchgeführt hat, ergab, dass im Jahr 2006 knapp 27% der deutschen Bevölkerung ausländerfeindliche Einstellungen aufwiesen (DECKER / BÄHLER 2006, in: MOLTHAGEN 2008, S. 27). Die ebenfalls im Auftrag der Friedrich-Ebert-Stiftung vorgelegte Forschungsdokumentation zur Entstehung rechtsextremer und demokratischer Einstellungen (DECKER U.A., 2008) nahmen hierfür noch höhere Werte an. Die viel beachteten aktuellen Studien HEITMEYERS (2002 bis 2012, 2015), die über zehn Jahre hinweg „Deutsche Zustände" sichtbar werden ließen, sehen spätestens seit 2011 wieder ein Ansteigen des Rassismus und der Fremdenfeindlichkeit, dafür aber ein Absinken des Antisemitismus und der Islamfeindlichkeit (HEITMEYER 2015)[9]. Abwertende Haltungen gegenüber Obdachlosen bleiben mit rund einem Drittel stabil (ebenda, S. 39). Interessant ist die Feststellung, wonach die abwertende Haltung gegenüber Langzeitarbeitslosen trotz eines deutlichen Rückgangs der Arbeitslosigkeit 2011 mit über 50% einen weiteren Höchststand erreicht. Es darf vermutet werden, dass günstigere Arbeitsmarktdaten eher dazu verleiten, die „Lebenslage Arbeitslosigkeit" als selbstverschuldet zu betrachten, gemäß dem Motto: „Wer jetzt keine Arbeit bekommt, ist dafür im hohen Maße selbst verantwortlich". Deutlich abgenommen haben homophobe Einstellungen. Nur noch ein Fünftel lehnt Ehen zwischen gleichgeschlechtlichen Paaren ab (ebenda).

Homophobie

Rassismus, Fremdenfeindlichkeit, Homophobie sowie die Ablehnung verschiedener, z.T. deklassierter Minderheiten bilden per se noch kein rechtsextremes Weltbild. Dieses speist sich aus den skizzierten Haltungen, wird aber erst durch die Entwertung von Ethnien und Bevölkerungsgruppen, der Sehnsucht nach einem autoritären Staat sowie durch die Bereitschaft, Gewalt als Mittel zur Durchsetzung seiner Ziele anzuwenden, zu einem weitgehend geschlossenen Weltbild.

Zur Begriffsklärung werden nachfolgend, da unverändert aktuell, die definitorischen Zugänge der BDL-Studie 2009 aufgegriffen und aktualisiert. Die dort vorgenommene Auflistung der wichtigsten Erklärungsansätze aus den „Unübersichtlichkeit schaffenden" Ansätzen und Studien der 1990er Jahre werden innerhalb eines neu gebildeten Rasters skizziert.

Auf „historisch überdauernde" Ursachenbeschreibungen kann auch innerhalb einer Neufassung dieser Studie nicht verzichtet werden. Dies gilt für die Erklärungsansätze der Autoritätsforschung, die wir mit Skizzen aus der Resilienzforschung (Erforschung der psychischen Widerstandsfähigkeit; der Fähigkeit, Krisen zu bewältigen) ergänzen.

9 Die im Jahr 2015 veröffentlichte dritte Auflage der „Deutschen Zustände", Folge 10, bildet die Entwicklungen bis 2011 ab. Aufgrund der jüngsten politischen Entwicklungen in den islamgeprägten Ländern hat mit der wachsenden Bedrohungsangst gegenüber dem Islam auch die Islamfeindlichkeit wieder zugenommen.

Dies gilt aber auch für den Heitmeyer'schen Desintegrationsansatz (siehe Seite 30) und jene Theorien, die rechtsextreme Orientierungen als das Resultat negativer Sozialisationserfahrungen deuten. In diesem Kapitel werden Rassismus und Fremdenfeindlichkeit auch aus der Perspektive der Frauenforschung betrachtet. Dabei greifen wir erneut auf die Arbeiten der vor kurzem verstorbenen Birgit Rommelspacher zurück. Herausgenommen wurde der Abschnitt über die „Tübinger Untersuchungen" (ein Hinweis wird im Kapitel über ältere Studien hinzugefügt.).

Nach Abschluss des über zehn Jahre laufenden Forschungsprojektes „Deutsche Zustände" ist es geboten, eine knappe Auswertung dieser bislang umfangreichsten Forschung über „gruppenbezogene Menschenfeindlichkeit" neu zu berücksichtigen, auch weil mit dieser Begrifflichkeit relevante definitorische Zugänge hinzugekommen sind.

2.2 Zu den Begrifflichkeiten

Was ist „rechts"?

Die Alltagsbegriffe **„rechts"** und **„extrem rechts"** werden häufig verwendet. Sie sind jedoch unpräzise und somit nur bedingt für Klärungen und fachliche Diskurse tauglich. Wir haben deshalb 2009 folgende Systematisierung vorgeschlagen (BUND DER DEUTSCHEN LANDJUGEND 2009, S. 19):

- **„Rechts"** bezeichnet all jene Bestrebungen, die sich gegen die politischen und sozialen Traditionen einer humanistischen Gesellschaft und insbesondere gegen ihre emanzipatorischen Potenziale und Errungenschaften richten.
- **„Nationalistisch"** sind jene Bestrebungen, die das eigene Volk zum höchsten Sinn des Daseins machen und die Interessen der eigenen „Volksgemeinschaft" überbetonen – hierzu gehören bereits Teile der Vertriebenenverbände und der gemäßigte Flügel der Republikaner.
- **Rechtsradikalismus** richtet sich gegen Herrschaftsverhältnisse, die Emanzipation fördern. Politisch bewegt sich der Rechtsradikale überwiegend noch im legalen Bereich, wie z.B. die DVU oder ein radikaler Teil der Republikaner.[10]
- Von **Rechtsextremismus** ist immer dann zu sprechen, wenn die beiden Grundelemente des Bildes von der Ungleichwertigkeit von Menschen und Gewaltakzeptanz zusammenfließen. Organisatorisch ist dies vermehrt in der NPD und in den autonomen Kameradschaften zu verorten.
- Von einer **rechtsextremen Einstellung** kann dann ausgegangen werden, wenn übersteigerter Nationalismus, Fremdenfeindlichkeit, Antisemitismus, ein auto-

10 Der Rechtsradikalismusbegriff wird häufig unreflektiert in Alltagsdiskursen angewandt und findet innerhalb der Sozialwissenschaften zunehmend weniger Anwendung.

ritär-konservatives Gesellschaftsbild und die Ablehnung der Demokratie zusammentreffen.
- Zum Phänomen des Rechtspopulismus existiert noch keine universelle Definition. Brauchbar ist der Zugang von FÜLBERTH (2015), der diesen immer dann vorliegen sieht, wenn Schwächere durch autoritäre Bewegungen mit Massencharakter ausgegrenzt werden, indem man sie vom Volk oder der Volksgemeinschaft ausschließt, als deren Avantgarde sich wiederum die Rechtspopulisten sehen.
- **Faschismus** lebt von der Idee des totalitären Staates unter autoritärer Führung.
- **Rassismus** und **Fremdenfeindlichkeit** sind Bestandteile rechten Denkens, sie sind jedoch auch in anderen politischen Lagern zu finden (siehe hierzu: KLEINERT/KRÜGER/WILLEMS 1998).

Die Bedeutung des Begriffs „Rechtsextremismus" ist für uns handlungsleitend. Er wird allerdings sowohl in politischen Diskursen wie auch in der sozialwissenschaftlichen Forschung kontrovers diskutiert. JASCHKE hat bereits 1994 drei zentrale Dimensionen herausgearbeitet:
- Einstellungen,
- Verhalten und
- Aktionen

Er bezeichnet sie als rechtsextrem, wenn sie vom Bild rassisch oder ethisch bedingter sozialer Ungleichheit von Menschen ausgehen, ethische Homogenität einer Gesellschaft anstreben und gegen das Gleichheitsgebot gerichtet sind (ebenda, S. 31). STÖSS (2005) sieht rechtsextreme Haltungen in sechs Dimensionen begründet:
- Akzeptanz autoritärer Staatsführung,
- Chauvinismus,
- Ausländerfeindlichkeit,
- Antisemitismus,
- Sozialdarwinismus,
- Verharmlosung des Nationalsozialismus

DECKER / BRÄHLER (2006, 2008) griffen diese Systematisierung auf und haben sie an einzelnen Stellen erweitert.

Aus der Perspektive von Opferinitiativen und Opferberatungen gab es schon immer (partielle) Kritik am Extremismusbegriff. Auch wenn die Erfassungskriterien für das Vorliegen politisch motivierter Straftaten durch die Innenministerkonferenz modifiziert wurden (BUND DER DEUTSCHEN LANDJUGEND 2009, S. 21), ist es bis heute nicht gelungen, eine einheitliche Erfassung und Auswertung rechtsextrem motivierter Gewalttaten sicherzustellen. So zeigt die Studie von BONGARTZ (2013), dass eine erhebliche Diskrepanz zwischen der Wahrnehmung von Opferberatungsstellen und der

Wahrnehmung von Behörden und Diensten gibt, die von Amts wegen auf vorurteilsmotivierte Übergriffe zu reagieren haben.

Einen Sonderweg, der sich bislang weder im Wissenschaftsverständnis noch in der Alltagssprache durchsetzen konnte, gingen FRIEDEMANN BRINGT und MICHAEL NATTKE (2010). Um ein höheres Maß an Eindeutigkeit herzustellen, schlagen sie in kritischer Distanz zum Rechtsextremismusbegriff vor, dass künftig von **„modernen Nazis"** die Rede sein solle (ebenda, S. 152).

Forschung

Im letzten Jahrzehnt wurde vor allem durch die Forschungen der Wissenschaftler und Wissenschaftlerinnen um Wilhelm Heitmeyer das über den Rechtsextremismusbegriff hinausgehende Konzept der **Gruppenbezogenen Menschenfeindlichkeit** eingeführt (HEITMEYER u.a. 2002). Eine Zusammenfassung der Ergebnisse der auf einen Zeitraum von zehn Jahren angelegten Langzeitbeobachtung der **deutschen Zustände** wird in diesem Kapitel gesondert dargestellt.

Was sind „rechte Jugendliche"?

Entsprechend der Vielschichtigkeit des Rechtsextremismus muss auch der Begriff von den **„rechten Jugendlichen"** differenziert werden. Mit Blick auf die Zielgruppen der Jugendhilfe haben wir 2009 folgende Systematisierung vorgenommen (BUND DER DEUTSCHEN LANDJUGEND 2009, S. 21), die wir zeitgemäß aktualisiert haben:

- rechtsorientierte Jugendliche in „alltäglichen Lebenszusammenhängen" ohne politische Einbindung, ohne überdurchschnittliche Gewaltorientierung und ohne ausgeprägte soziale Auffälligkeiten,
- rechtsorientierte Jugendliche außerhalb politischer Strukturen mit sozialen Auffälligkeiten ohne ausgeprägte Gewaltorientierung,
- rechtsorientierte Jugendliche außerhalb politischer Strukturen mit sozialen Auffälligkeiten und höherer Gewaltbereitschaft,
- rechtsextreme/rechtsradikale Jugendliche in klassischen Jugendorganisationen der „alten Rechten" (z.B. Junge Republikaner, rechte Jugendverbände, vormals auch die Jungen Nationaldemokraten),
- rechtsextreme Jugendliche in klassischen Jugendkulturen (Hooligans, Skinheads) mit ausgeprägter Gewaltbereitschaft: hierzu zählen neuerdings auch junge Menschen in rechtsextrem beeinflussten Kampfsportbünden,
- rechtsextreme Jugendliche im Spektrum von Musik-Szenen, deren Mehrheit eindeutig nicht rechtsextrem ist (NS Black Metal innerhalb der Black Metal-Szene,

NS Straight Edge, Rechtsextreme in der – nicht durchgängig rechtsorientierten – G.O.N.D.- Szene[11]),

- rechtsextreme/rechtsradikale Jugendliche mit hoher Gewaltbereitschaft und Zugang zu „Brückenorganisationen": „Autonome Kameradschaften", Junge Nationaldemokraten (JN) in ihrer seit Ende der 1990er Jahre erneuerten Funktion, seit den frühen Zweitausenderjahren vermehrt: „Autonome Nationalisten", z. T. finden sich diese auch in den neuen Parteien Die Rechte und Der III. Weg,
- rechtsradikale junge Erwachsene (seltener: Jugendliche) in extrem gewaltbereiten und ausgeprägt rassistischen Subkulturen: „White Power", Nachfolgegruppen der verbotenen Vereinigung „Blood & Honour", der in Deutschland ebenfalls verbotenen Hammerskin-Bewegung, Nachfolgeorganisationen verbotener nationalsozialistischer Klein- und Kleinstgruppen, mit Übergängen zu rechtsradikalen Terrorgruppen,
- „intellektuelle" und „akademische" Zirkel: Leserkreise der „Jungen Freiheit", Hochschulgruppen von NPD und Republikanern, Bezüge zu neueren Bewegungen, wie den „Identitären", völkische Studentenverbindungen, nationalrevolutionäre Kreise, in geringem Umfang auch Schülergruppen und örtliche Gruppierungen, Diskussionszirkel,
- „Neuerer" mit Bezügen zum Casa Pound Italia, den „Identitären" und jenen zahlenmäßig noch nicht sehr bedeutsamen Strömungen, die an aktuelle Subkulturen anknüpfen, wie z.B. „Nipster"

Cliquen

Der Vorläufer dieser Systematisierung wurde in späteren Publikationen aufgegriffen und somit zu einer Arbeitsgrundlage, um die bisweilen schwierige Einordnung auftretender Meinungen und Verhaltensmuster zu kategorisieren (siehe exemplarisch: AUMÜLLER 2014, S. 8). MÖLLER und SCHUMACHER (2014) haben sich definitorisch zwei weiteren Zugängen genähert, die für die jugendarbeiterische Praxis von Bedeutung sind:

Als **rechtsextrem orientiert** sehen sie Jugendliche, die erkennbar rechtsextreme Haltungen vertreten und/oder rechtsextrem orientierten Cliquen, Szenen und Organisationen zugehörig sind (MÖLLER / SCHUMACHER 2014, S. 18).

Rechtsextrem gefährdet sind Jugendliche, *„die sich im Umfeld rechtsextrem orientierter Cliquen, Szenen und organisatorischer Zusammenhänge, ggf. aber auch in entsprechenden familiären, verwandtschaftlichen, sozialräumlichen und virtuellen Kontexten bewegen und bei denen zu vermuten ist, dass die dort vertretenen politischen*

11 G.O.N.D.= Veranstaltungsreihe „Größte Onkelz Nacht Deutschlands", „Böhse Onkelz"-Tribute-Konzerte. Diese Veranstaltungen wurden zwischen 2009 und 2015 mit viel Zuschauerzuspruch weiter durchgeführt.

Haltungen sowie die mit ihnen verbundenen Zusammenschlüsse Anziehungskraft auf sie ausüben" (ebenda).

Zum Verhältnis zwischen organisiertem Rechtsextremismus und Jugendkulturen

In besonderer Weise erfolgreich ist mittlerweile die Verbindung zwischen dem organisierten Rechtsextremismus und rechter Jugendkultur. Aufgrund der strukturellen und organisatorischen Verdichtung rechtsextremer Angebote sowie auch aufgrund der ausgeprägten Mobilität vieler Jugendlicher kommt es zu einer Verdichtung der persönlichen Beziehungsnetzwerke innerhalb der rechten Milieus und Strukturen.

In den letzten zehn Jahren wurden die Bindungen zwischen der rechten Jugendszene bzw. deren Avantgarden und dem organisierten Rechtsextremismus deutlich enger.

Die Zugehörigkeit zu einer rechten Jugendkultur ist nicht mehr automatisch an den Habitus des Skinheads gebunden. Mittlerweile gibt es sowohl im Dark Wave, im Black Metal, auch unter Straight Edgern, im Techno und selbst unter Skatern rechtsextreme Subszenen, denen, obwohl sie direkt nur eingeschränkt miteinander interagieren, ein rechtsextremes Weltbild gemein ist. Auf den Rassismus unter einem Teil der Ultra- und Hooligangruppen des Fußballumfeldes sei an dieser Stelle nur am Rande verwiesen.

Spätestens jetzt ist das ohnehin immer nur begrenzt zutreffende Typenideal des Rechtsextremen – jung, männlich, arbeitslos, Skinhead – überholt. Das Klischee vom Springerstiefel tragenden Glatzkopf stimmt schon lange nicht mehr, auch wenn es auf der einen oder anderen rechtsextremen Demonstration noch bestätigt wird. Der Anteil vordergründig unauffällig, aber „tough" gekleideter, gut situierter Menschen um die 30 nimmt zu. Auch finden derzeit immer mehr Frauen Zugang zur Szene, auch deshalb, weil der Prozess der jugendkulturellen Diversifikation attraktivere männliche Typenideale innerhalb der rechten Milieus produziert.

Jenseits dieser Modernisierungsprozesse spielen die „alten" Jugendkulturen noch immer eine herausragende Rolle. Rechtsextreme Skinheads und Kameradschaften überschneiden sich personell und sind unverändert relevante rechtsextreme Akteure in den ländlichen Räumen.

Ursachen rechter Gewalt

Die Forschung zu den Ursachen „rechter" Gewalt bzw. von „Jugendgewalt" ist äußerst vielschichtig, manchmal sogar verwirrend. Manche Denk- und Forschungsrichtungen sind älter und etabliert, wie z.B. die Studien über die **autoritäre Persönlichkeit**. Viele

Zugänge sind in den frühen 90er Jahren entstanden, als rechtsextreme Gewalt in der erweiterten Nachwendezeit einen neuen großen Höhepunkt hatte.

Die damaligen, auch in der Landjugendstudie 2009 dargestellten Denkrichtungen basieren auf verschiedenen Grundannahmen, die wir an dieser Stelle stärker konturieren:

- Den dem Rechtsextremismus innenwohnenden **Protestcharakter** hat beispielsweise SCHUMANN (1993) betont. Rechte Gewalt stelle eine neue Phase des Jugendprotestes dar, die sich gegen die linksliberale Hegemonie in den Institutionen der Pädagogik und Sozialarbeit richtet. In den 90er-Jahren gab es in Ostdeutschland gehäuft die Konstellation, dass jugendliche Rechtsextremisten sich auch gegenüber ihren Eltern abgegrenzt haben, die sich auf unterschiedlichen Hierarchieebenen loyal zum Staat DDR verhalten hatten.
- Vielfach werden rechte Orientierungen als das **Ergebnis des schnellen gesellschaftlichen Wandels** verstanden. HEITMEYER (1992) diagnostizierte das Zusammentreffen von schnellen Wanderungs- und innergesellschaftlichen Wandlungsprozessen, die bestimmte Teile der Bevölkerung im Beck'schen Sinne zu Modernisierungsverlierern macht. Vergleichbar damit war der Ansatz von BAIER (1993), der Rassismus und rechte Gewalt als Produkt des zivilisatorischen Fortschritts deutet. Daran anknüpfend sieht MORSHÄUSER (1993) in rechter Gesellschaftskritik eine Form der Wirklichkeitsflucht, nämlich die Flucht vor einer Moderne, die immer mehr offene Fragen produziert und zunehmend weniger in der Lage ist, Jugendlichen – aber auch Erwachsenen – plausible Antworten zu geben und Orientierung zu vermitteln. Auch REEMTSMA (1992) sah Rassismus und Fremdenfeindlichkeit als Folge „nervöser Ratlosigkeit", die aus den angewachsenen Problemen in Politik und Gesellschaft resultiere. EISENBERG und GRONEMEYER (1993) gehen noch einen Schritt weiter: Die fortschreitende Zivilisation produziere neue Sozialisationstypen. Darunter entwickle sich als fatales Resultat der Typus des rechten Gewalttäters.
- Andere Autoren verstehen den Rechtsextremismus als **Strategie zur Wahrung vermeintlich „historisch verbriefter" Vorrechte**. MÖLLER (1992) sah im Rechtsextremismus eine Spielart der Revierverteidigung. RAUCHFLEISCH (1992) deutet diesen als Versuch, sich relative Macht anzueignen, bzw. historisch gewachsene Dominanz zu erhalten und zu festigen. UELTZHÖFFER (1993) betrachtet rechtsextreme Orientierungen und Handlungsmuster als Produkt von Bedrohungsgefühlen, antipluralistischem Harmoniestreben, übermächtiger Wertschätzung von „Volk, Vaterland und Familie" und dem im „deutschen Recken" steckenden „Siegfriedkomplex". ROMMELSPACHER (1993 b, aktualisiert 2006) erweitert die Betrachtung von Rassismus und Gewalt als Ausdruck einer herrschenden Dominanzkultur um Perspektiven, die sich aus den der Gesellschaft innewohnenden Geschlechterbeziehungen ergeben. In die Konstruktion der Dominanzkultur und den zugehörigen Denk- und Handlungsmustern seien auch Frauen – wenngleich in anderen Rollen als Männer – nachhaltig verstrickt.

- Eine Reihe von Autoren machte den Versuch, den Rechtsextremismus aus einer **Gemengelage sozialer, historischer und psychodynamischer Kategorien** abzuleiten. Am bekanntesten ist zweifellos der Ansatz von H. E. RICHTER (1995). Er betrachtet Rechtsextremismus und Gewalt als das Produkt mangelnder innerer Verarbeitung, sprachlosen Hinweglebens über die Vergangenheit sowie der Unterdrückung von Leiden und Mitleiden und damit des Vermeidens des notwendigen gemeinsamen Lernprozesses. NIRUMAND (1992) sieht in Rassismus und Gewalt den Ausdruck einer seit Jahrhunderten fortdauernden Identitätskrise, in welcher der Deutsche seinen Selbsthass auf alles Fremde projiziere. KAUP (1992) betont dabei den Aspekt der Fremdenfeindlichkeit. Verantwortlich sei der Hass vieler Deutscher auf alles Unordentliche und Andersartige, welcher mit ihrer eigenen Fähigkeit korrespondiere, sich ein- und unterzuordnen.

Vaterland

- Einzelne Beiträge verweisen im Zusammenhang des Entstehens von rechtsextremen Orientierungen und daraus resultierender Gewalt auf das **Versagen der Erziehungsinstanzen**. GUGGENBÜHL (1995) führt Gewalttätigkeit von Kindern und Jugendlichen auch darauf zurück, dass Eltern, Schulen und Lehrer immer weniger Bereitschaft zur Grenzziehung zeigten. Ähnlich ist der Ansatz von ZELTNER (1996). Dieser sieht eine zentrale Ursache von Gewalt in dem Strukturverlust kindlicher Wahrnehmung, der sich aus fehlenden Normen und Grenzen, Überfluss, Verwöhnung und einem gestörten Bezug zu den Objekten seiner Lebenswelt ableite.

Monokausale Zuschreibungen haben sich meist als nicht sehr hilfreich erwiesen. Der Entwicklung rechtsextremistischer Einstellungs- und Handlungsmuster liegt in der Mehrzahl der Fälle ein komplexes Ursachengeflecht zugrunde, in das auch individuelle Dispositionen einfließen. Eine sinnvolle Strukturierung des Umgangs mit Rechtsextremismus haben OERTER und MONTADA (1995, in: BUND DER DEUTSCHEN LANDJUGEND 2009, S. 25) vorgenommen:

1. **Handlungsansätze auf der Basis kriminologischer Deutungen:** Extremistische Aktivitäten werden unter dem Gesichtspunkt der Recht- bzw. Verfassungsmäßigkeit bewertet. Kriminalistische und polizeitaktische Überlegungen zur Aufklärung und Vorbeugung extremistischer Straftaten stehen im Vordergrund. Eine zurückhaltende Verfolgungs- und Verurteilungspraxis wird beispielsweise als potenzielle Ermutigung von Gewalttätern angesehen. Einer „harten Linie" wird dagegen unterstellt, dass sie die Rückkehr in die Legalität verhindere und Solidarisierungen auslöse.
2. **Grundannahmen unter besonderer Berücksichtigung der psychopathologischen Ebene:** Extremisten gelten als gestörte Persönlichkeiten; ihr Verhalten wird auf der Basis psychopathologischer oder psychoanalytischer Theorien interpretiert,

beispielsweise als Ausdruck psychopathischer Entwicklungsdefizite oder unbewältigter familiärer Konflikte.

3. **Zur Bedeutung der persönlichkeits- und motivationspsychologischen Ebene:** So unterschiedliche Merkmale wie Minderwertigkeitsgefühle und extremes Machtstreben, Suche nach Geborgenheit und Wunsch nach Selbstbestimmung, Undifferenziertheit und Nonkonformismus werden als Korrelate extremistischer Haltungen und Verhaltensweisen gedeutet.
4. **Deutungen auf der politisch-gesellschaftlichen Ebene:** Extremistische Entwicklungen gelten als – gegebenenfalls legitime oder unvermeidliche – Folge gesellschaftlicher Fehlentwicklungen, beispielsweise in Situationen faktischer oder wahrgenommener Repression, fehlender Zukunftschancen usw.
5. **Zur Relevanz der sozialstrukturellen und sozialpsychologischen Ebene:** Die Position von Personen in der Gesellschaft, z.B. als Mitglied einer unterdrückten Minderheit, wird als Bedingung extremistischer Entwicklungen gesehen. Gruppenerfahrungen und Vorbilder gelten als Einflussfaktoren. Das Verhältnis von Binnen- zu Außengruppen wird analysiert. Die Marginalisierung extremer Gruppen wie „Skinheads", Fanclubs oder „Autonomer" in der öffentlichen Diskussion wird als Ursache einer weitergehenden Abschottung und Radikalisierung angesehen. Aber auch die Unterschiede zwischen Links- und Rechtsextremisten bezüglich Bildungsgrad bzw. Schichtzugehörigkeit („Intellektuelle" bei den Linken, geringere Bildungsgrade bei den Rechten) gehören zu den relevanten sozialstrukturellen Faktoren, wobei die Aussagekraft derartiger typologischer, statistisch nur eingeschränkt begründeter Zuordnungen in jüngerer Zeit vermehrt angezweifelt wird.
6. **Die sozialisationstheoretische Ebene:** Unter anderem werden Familieneinflüsse, die sozialisierende Wirkung von Medien sowie „Schlüsselerlebnisse" als potenzielle Auslöser rechtsextremer Orientierungen gesehen. Eltern-Kind-Interaktionen sowie Einstellungen und Phantasien von Jugendlichen gegenüber ihren Eltern ließen Unterschiede zwischen gewaltbereiten Extremisten, Unpolitischen und „gemäßigten" Demokraten erkennen, ebenso zwischen Links- und Rechtsextremisten.
7. **Zur Berücksichtigung der entwicklungspsychologischen Ebene:** Zusammenhänge zur kognitiven und moralischen Entwicklung werden hergestellt; extremistische Aktivitäten werden als Bestandteil der Identitätsfindung angesehen. Bei der Klärung der Gründe, die zur Hinwendung zu radikalen Positionen führen, müssen sowohl gruppendynamische als auch individuelle Entwicklungsprozesse Berücksichtigung finden. Unterschiedliche individuelle Verarbeitung gesellschaftlicher Realität und individuelle Entwicklung in Krisensituationen und deren mögliche ursächliche Hinwendung zu extremistischen Positionen sind hierbei von Bedeutung. Radikale Positionen werden als Folge lebensgeschichtlicher Brüche und krisenhafter Erfahrungen und somit als Entwicklungs- oder Übergangsphänomen im Rahmen der Identitätsentwicklung Jugendlicher gedeutet. Geborgenheitsmotive und Orientierungsmuster sowie die Frage der Individualgesellschaft und der damit

verbunden erlebten Vereinzelung, die Kompensation dessen, sowie der Loslösungsprozess von der Familie, Neuorientierung und Einflüsse extremistischer politischer Positionen in Peer-Gruppen (deutsch: „Gleichrangige", Gruppe von Menschen mit gemeinsamen Interessen, Alter, Herkunft oder sozialem Status mit einer wechselseitigen Beziehung Individuum – Gruppe) sind Elemente, die einen wesentlichen Platz einnehmen.

Politischer Extremismus ist kein stabiles Persönlichkeitsmerkmal, sondern steht am Ende eines Entwicklungsprozesses, der von individuellen, familiären, sozialen, gesellschaftlichen und situativ wirksam werdenden Faktoren gestaltet wird.

Skinheads

Politischer Extremismus ist gekennzeichnet durch Ablehnung des demokratischen Verfassungsstaates und seiner fundamentalen Werte und Spielregeln. Es wird ein Alleinvertretungsanspruch für eine Weltanschauung und politische Deutungsmuster erhoben und der politische Pluralismus zurückgewiesen. Politischer Extremismus kann nicht unabhängig von historischen und gesellschaftlichen Verhältnissen gesehen werden. Die Bewertungsmuster sind aktuell darauf bezogen. Gewaltbereitschaft und deren Befürwortung wird mit Extremismus verbunden. Man geht davon aus, dass Gewaltbereitschaft das Mittel ist, um bürgerlich-demokratische Verhältnisse zu beseitigen. Die Differenzierung zwischen Extremismus und Radikalität bildet einen wesentlich zu beachtenden Gesichtspunkt. Radikalität ist das Vorhandensein extremer Einstellungen und Grundsätze, aber eben nicht der oben beschriebene Extremismus. Dogmatismus mit seinen relativ starren Orientierungen und seinen meist einfach strukturierten Überzeugungssystemen hat in der Wertewelt Rechtsorientierter große Bedeutung. Eine Folge hiervon ist der Rigorismus, der in Einstellungsmustern, bei Meinungsäußerungen und Handlungen sichtbar werden kann.

Die heterogene Theoriebildung ist beliebig zu ergänzen, etwa im Sinne des konflikttheoretischen Ansatzes von WILLEMS, im Rückgriff auf die immer noch hoch aktuelle Adorno'sche Theorie von der autoritären Persönlichkeit oder unter stärkerer Betonung von Armutsfolgen und Medienwirkungen.

Diese bunte Theorielandschaft mag politik- und sozialwissenschaftlich betrachtet faszinierend sein. Für die Entwicklung fundierter sozialpädagogischer Praxis stiftet sie eher Verwirrung und schafft neue Unübersichtlichkeiten. Nachfolgend werden deshalb die für die heutige Debatte wichtigsten Zugänge in knapper Form dargestellt.

2.3 Resultate der neueren Autoritätsforschung

DETLEF OESTERREICH gilt als der wohl bekannteste Vertreter der neueren Autoritäts- bzw. Autoritarismusforschung. Er geht in seinen Ausführungen von einem Konzept der autoritären Reaktion aus. Angst und Verunsicherung veranlassen Menschen, sich vermeintlich Schutz und Sicherheit verheißenden Instanzen zuzuwenden.

Die Flucht in die Sicherheit von Autoritäten, von denen eine wirkungsvolle Unterstützung und damit ein Abbau der eigenen Angst erwartet wird, wird als autoritäre Reaktion bezeichnet (OESTERREICH 1996, S. 108).

Zum Sozialisationsprozess wird ausgesagt, dass Eltern primär die Sicherheit bietende Instanz für das Kind bilden. Da Kinder eigene Problemlösungsstrategien noch nicht oder nur unvollständig entwickelt haben und diese somit auf Hilfe angewiesen sind, wird von einer „Flucht in den Schutz der elterlichen Sicherheit" gesprochen. Unter Negierung des negativen Beiklanges des Begriffs „autoritär" hält OESTERREICH die autoritäre Reaktion bei Kindern für einen wichtigen Grundmechanismus im Sozialisationsprozess: „Die autoritäre Reaktion hat als ein Grundmechanismus des Sozialisationsprozesses eine für die Entwicklung des heranwachsenden Kindes wichtige Funktion. Sie schützt es vor Gefahren einer von ihm noch nicht allein zu bewältigenden Umwelt. Sie ist auch Teil des Bindungsprozesses des Kindes an seine Eltern, in dem sie dem Kind ermöglicht, die Erfahrung zu machen, sich in Sicherheit zu befinden, nicht auf sich allein gestellt zu sein, jederzeit Hilfe und Unterstützung zu haben" (ebenda, S. 109).

Idole

Nachfolgend stellt sich die Frage, wie es der Person gelingt, im Laufe ihres Sozialisationsprozesses Autoritätsbindungen abzubauen und in diesen Situationen autonome statt autoritärer Reaktionen zu entwickeln: *„Erfolg oder Mißerfolg einer Herausbildung selbständiger Reaktionsformen auf Angst und Verunsicherung führen zu einer sich entwickelnden Balance individueller Situationsbewältigungen, in der sich autoritäre mit eigenständigen Reaktionsformen mischen. In dem Maße, in dem im Sozialisationsprozess eine Loslösung aus der Reaktion einer Flucht in die Sicherheit nicht gelingt und immer wieder Unterwerfung und Anpassung praktiziert werden, verstärken sich die Bindungen an Autoritäten, die Schutz gewähren"* (ebenda, S. 124 f).

Weiter wird ausgeführt, dass autoritäre Persönlichkeiten und Reaktionen nicht nur entstehen können, wenn Kinder von ihren Eltern in ihrer Kindheit „autoritär" behandelt wurden, sondern weil sie falsch behandelt wurden. OESTERREICH benutzt dafür das Beispiel der entweder zu hohen oder zu niedrigen Anforderungen durch die Eltern. Lernt das Individuum die Loslösung von Autoritätsbindungen, so kann es in einer Gesellschaft, die hohe freie Entscheidungsspielräume zulässt bzw. abverlangt, bestehen. Autoritäre Reaktionen sind somit nicht Folge „totalitärer Systeme", sondern eine Variante innerhalb verschiedener Optionen eines Lebens in der „Risikogesellschaft". Scheitern wird zunehmend individualisiert und damit immer häufiger zur psychischen und materiellen Bedrohung des Einzelnen. Die Chance, in schwierigen Situationen Geborgenheit in sozialen Netzwerken zu finden, nimmt ab. Damit steigt der Bedarf an Schutz, Geborgenheit, Orientierung und Sicherheit bietenden Instanzen.

Allerdings erhöht die moderne kapitalistische Gesellschaft nicht nur die Gefahr eines Verbleibens in Autoritätsfixierungen, indem sie Einzelne überfordert. Sie bietet zugleich auch gute Voraussetzungen für gelingende individuelle Emanzipationsprozesse an, indem sie die Individuen herausfordert und sie mit vielfältigen, komplexen Aufgaben konfrontiert. Auch aus persönlichkeitspsychologischer Perspektive öffnet sich in diesen Gesellschaften eine Schere – und zwar zwischen den Individuen, die die Herausforderungen dieser Gesellschaft meistern und für ihre Individuation zu nutzen wissen, und denen, die nicht ohne genaue Vorgaben, feste Orientierungen, Idole und Führer in ihr zurechtkommen. Da die letztgenannte Gruppe wahrscheinlich die Mehrheit darstellt, kann die autoritäre Persönlichkeit nach wie vor als Durchschnittstypus dieser Gesellschaft angesehen werden (ebenda, S. 174).

Die Wirkung und Relevanz autoritärer Milieus und der darin praktizierten Erziehung haben DECKER u.a. (2008) vor einigen Jahren erneut eindrucksvoll empirisch belegt. Sie gelangen zu der Schlussfolgerung, dass Rechtsextremismus besonders gut auf dem Boden von Angst und Ausgrenzungserfahrungen gedeiht. Die Studie gelangt ferner zu dem Ergebnis, dass jene besonders anfällig für rechtsextreme Einstellungen waren, die unter dem Einfluss autoritärer Denkstrukturen in der Gesellschaft und in der eigenen Familie aufwuchsen (ebenda, S. 451). Verstärkungsfunktion nehmen Gewalterfahrungen ein. Diejenigen, die mit diktatorischen Regierungsformen sympathisieren, hegen häufig autoritäre Aggressionen gegen (vermeintlich) Schwächere, was oftmals verbunden ist mit Unfähigkeit zur Empathie gegenüber Opfern rechtsextremer Gewalt.

Eine relative Nähe zur Autoritätsforschung weisen auch die theoretischen Bezugnahmen der „Mitte-Studie" auf. Seit 2002 werden alle zwei Jahre Repräsentativerhebungen durchgeführt, woraus mittlerweile eine Langzeitdokumentation zu politischen Einstellungen in Deutschland entstanden ist. In der Arbeit der Forschungsgruppe um ELMAR BRÄHLER und OLIVER DECKER wird die Entwicklung von rechtsextremen und antidemokratischen Einstellungen abgebildet. Der historischen Entwicklung des „Extremismus der Mitte" folgend werden seine Einflussfaktoren beleuchtet.

Vor allem mit ihren Bezügen zu relativer sozialer und politischer Deprivation und mangelnder Resilienz werden Einflussfaktoren herausgearbeitet, die diese Forschung in die Tradition der Studien über autoritäre Erziehung und den daraus folgenden autoritären Charakter stellen. Auch wenn elterliche (und vor allem väterliche) Gewalt rückläufig ist, gehört diese zu den vorrangigen Ursachen für die Herausbildung eines autoritären Charakters (DECKER / KIESS / BRÄHLER 2014, S.10). Die Verschiebung von einer patriarchalen hin zu einer Gewalt, die der Sozialisation selbst innewohnt, wird thematisch weiter geführt und mit dem Begriff des „sekundären Autoritarismus" besetzt. Dabei wird ein unmittelbarer Bezug zu SIGMUND FREUD hergestellt. Im Gegensatz zur „primären Masse" (FREUD 1921, 2001), die sich dadurch auszeichnet, dass ein autoritärer Führer Gewalt ausübt, wird eine „sekundäre Masse" von einer abstrakten unsichtbaren Gewalt beherrscht (DECKER / KIESS / BRÄHLER 2014, S. 17).

Aus der Entstehung von rechtsextremen Einstellungen als Folge schlechter wirtschaftlicher Verhältnisse leitet sich ein Verständnis von Wohlstand als „narzisstischer Plombe" ab (ebenda). Dieses Verständnis knüpft an das Hauptwerk von MITSCHERLICH/MITSCHERLICH (1967) sowie an die Analysen zur *„Funktion von fetischisierten Objekten"* (MORGENTHALER 1974) an.

2.4 Der Heitmeyer'sche Desintegrationsansatz

Beziehungsverluste, unklare Strukturen in der Lebenswelt, erlebnisarme Siedlungsräume, Individualisierungsschübe und Gründe für die Entwicklung von Systempessimismus üben ihre Einflüsse auf nahezu alle Kinder und Jugendlichen aus. Ein Großteil von ihnen tendiert nicht zu sichtbaren aggressiven Verhaltensweisen und Problemlösungsmustern. Geht man von einem Konzept aus, das die Auflösung traditioneller Lebens- und Orientierungsmuster postuliert und in besonderem Maße Individualisierungsschübe in den Vordergrund stellt, so kann man – dies zeigt die alltägliche sozialpädagogische Praxis – durchaus von Individualisierungsverlierern sprechen. Ein Teil der gesellschaftlichen Risiken wird zunehmend in die Verantwortung des Einzelnen übertragen. Das von LENZ (1989) konstatierte „Zugeständnis einer deutlich höheren Kompetenz zur Eigenverantwortlichkeit", welches trotz länger anhaltender ökonomischer Abhängigkeiten früher ein „Leben in eigener Regie" möglich macht, birgt Schattenseiten und Risiken in sich.

Bei diesen „Verlierern des Individualisierungsprozesses" sind häufiger Überforderungssymptome erkennbar, die sich auch in der Zunahme von Problemverhalten manifestieren.

Ausgehend von den wenig populär gewordenen Überlegungen von LENZ sowie in Orientierung an dem von BECK (1986) vorgelegten Konzept einer Risikogesellschaft, in welcher zunehmende Individualisierungstendenzen, Pluralisierung von Lebenslagen und Lebenschancen sowie das Bestreben nach Reizsuche zu den hervorstechenden Merkmalen gehören, entwickelte HEITMEYER seinen bekannt gewordenen „Desintegrations-Ansatz". In dem Umstand, dass Weltbilder zunehmend enttraditionalisiert werden und Lebensläufe vermehrt vom Einzelnen hergestellt werden müssen, sieht er drei markante Desintegrationspotenziale:

a.) die Auflösung einstmals traditioneller Beziehungen zu anderen Personen und Lebenszusammenhängen

b.) die Auflösung der Verständigung über gemeinsame Wert- und Normvorstellungen im Zuge der Pluralisierung von Wertvorstellungen c.) die Auflösung der faktischen Teilnahme an gesellschaftlichen Institutionen als weitere Folge des Verlusts allgemeingültiger Wertewelten (HEITMEYER 1992, S. 109)

Die in den letzten Jahren manifester gewordene Ideologie der Ungleichheit und Gewaltbereitschaft verweist somit auf Krisenherde der Gesellschaft. Traditionelle Milieus und von Generation zu Generation überlieferte, relativ feste Lebensgemeinschaften lösen sich sukzessive auf. Dies führt zum Verlust traditioneller Wertesysteme in so genannten Orientierungsmilieus. Aus den daraus resultierenden Orientierungsverlusten leitet sich eine verstärkte Identitätssuche Jugendlicher ab. Neue Sicherheiten werden in Gruppen gefunden, die sich mit rigiden Abgrenzungsstrategien stabilisieren.

Gewalt

Gewalt wird somit als Ausdruck sozialer Prozesse verstanden – als ein interaktives Produkt, bei dessen Erklärungsversuchen es nicht ausreicht, nur das Verhalten einer Seite zu betrachten. Gewalt ist Bestandteil eskalierender Konflikte und Widersprüche, die sich in konkreten Situationen ereignen (HEITMEYER 1993).

Ob Gewalt ausbricht oder nicht, ist aus der Sicht Heitmeyers auch abhängig von der Gewaltbilligung und Gewaltbereitschaft. Gewalt ist somit in vielen Szenarien das Ergebnis sozialen Lernens. Dies wird durch den Umstand verstärkt, dass für Außenstehende als sinnlos erlebte Gewalt für die beteiligten Akteure meist einen subjektiven Sinn bekommt.

Wichtig ist sein Hinweis darauf, dass sich die Arbeit mit gewaltbereiten Jugendlichen nicht auf Anlass-Aktivitäten reduzieren darf. Die Zugangsbarrieren zu den Jugendlichen wachsen, wenn sie bereits die Schwelle auffälliger Devianz (abweichendes Verhalten, widersprechend gesellschaftlichen Regeln und Erwartungen) überschritten haben. „Klassische Formen" der „schockierenden" und „moralisierenden" antifaschistischen Aufklärungsarbeit versagen hier weitgehend.

Als weitere Desintegrationspotenziale, die die Herausbildung von Ideologien der Ungleichheit begünstigen, nennt HEITMEYER den verzögerten Einstieg in eine „berufliche Normalbiographie", „kontinuierliche nicht qualifizierende Normalbiographien" sowie die insbesondere im Kontext von Jugendarbeitslosigkeit häufiger auftretende „diskontinuierliche nicht qualifizierende Arbeitsbiographie". Als Resümee der Bielefelder Studie formuliert HEITMEYER (1992, S. 597 ff):

1. **Autonomie sichert Distanz:** Ein Freiräume und Verlässlichkeit sicherndes, nicht einengendes Milieu schafft fördernde Voraussetzungen dafür, dass sich Jugendliche Distanzmuster zu Ideologien der Ungleichheit aufbauen. Im beruflichen Bereich sind Kompetenz bestätigende Rückmeldungen wichtig.
2. **Demokratische Traditionsbildung sichert Distanz:** Wenn in einem noch abgesicherten sozialen Milieu ein hohes Maß an Distanz entwickelt ist, treten Gleichheitsideale in der politischen Orientierung von Jugendlichen wahrscheinlicher auf.

3. **Machiavellistische Selbstdurchsetzung fördert Ambivalenz:** Wenn eine sinnstiftende Berufsbiographie in machtorientierte Verinnerlichung von Prinzipien wie „Leistung", „Erfolg" und „Elite" umschlägt, wird eine auf Autonomie ausgerichtete Entwicklung erschwert. Damit ergeben sich Anschlussstellen, an denen die instrumentalistische Abwertung anderer zum Zwecke der eigenen Aufwertung Zugang findet.
4. **Dequalifizierung verschärft Ambivalenz:** Bei beruflichem Abstieg fallen soziale Abstiegsängste und tätigkeitsbezogene Sinnleere zusammen, die Identitätsentwicklung wird belastet, was Ideologien der Ungleichheit und Gewaltakzeptanz fördern kann.
5. **Kompetenzerfahrung verringert die Akzeptanz:** Erfahrungen von Kompetenz tragen zum Gelingen einer eigenständigen und selbst verantworteten Lebensplanung bei.
6. **Gewaltnormalisierung verfestigt Akzeptanz:** Gewaltnormalisierung ist eine Folge zerstörter Milieus, gestörter familiärer Beziehungen bzw. von Verstärkungen in Peer-Zusammenhängen. In dem Maße, wie Gewalt als normales Mittel der Kommunikation und Durchsetzung gesehen wird, verfestigt sich Akzeptanz gegenüber Ideologien der Ungleichheit und der Gewalt.
7. **Anomie verhärtet Akzeptanz:** Die „Normlosigkeit der auseinanderfallenden Gesellschaft" (DURKHEIM) schafft einen desorientierenden Hintergrund, der durch inkonsistente Milieubedingungen verdichtet wird.

Diese – auf sieben Merksätze verdichteten – Studienergebnisse stellen wichtige Ansatzpunkte dar, um problematisches Verhalten zu verstehen und ihm zu begegnen.

2.5 Rassismus und Fremdenfeindlichkeit aus der Perspektive der Frauenforschung: das Konzept von Birgit Rommelspacher

Die Arbeiten der im April 2015 verstorbenen Wissenschaftlerin und Hochschullehrerin finden hier aus mehreren Gründen Erwähnung. Zum einen sind Frauen nicht weniger fremdenfeindlich als Männer, auch wenn sie seltener an Aktionen und Gewalttaten mitwirken (hierzu auch: HEITMEYER u.a. 2002, S. 27, KÜPPER / HEITMEYER 2005, in: HEITMEYER u.a. 2005, S. 108 ff). Zum anderen – dies wird hier vorangestellt – stellt sie als eine der wenigen die Frage nach den femininen Ausdrucksformen des Rassismus. Und zum dritten hat die Autorin eine eigenständige Position zu Fragen des Entstehens von Gewalt und Fremdenfeindlichkeit in dieser Gesellschaft entwickelt.

Frauen sind an rassistisch motivierten Gewalttaten kaum beteiligt. Als Wählerinnen stellen sie lediglich ein Drittel der Stimmen, die rechte Parteien bei Wahlen seit Mitte der 1980er-Jahren erhalten haben. An dieser bereits während der 1990er-Jahre getroffenen Feststellung hat sich auch bei den Bundes- und Landtagswahlen bis 2014 nichts geändert.

Der Forschungstätigkeit von ROMMELSPACHER – die mit vielen Feststellungen bis heute quer zum Mainstream, etwa der „Bielefelder Schule", liegt – kommt das Verdienst zu, Frauen nicht nur einseitig – neben anderen, real oder vermeintlich schwächeren Gruppen dieser Gesellschaft – als Opfer „rechter", „patriarchal unterlegter" Gewalt zu beschreiben. Vielmehr wird auch nach den „frauenspezifischen" Ausdrucksformen von Gewalt und Rassismus geforscht. Dabei sieht sie den engen Zusammenhang, der zwischen Sexismus und Rassismus bestehen kann: *„Allein im Begriff «Herrenrasse» wird deutlich, dass in erster Linie die Herren davon zu profitieren gedenken. Auch sind die Ausgrenzungsmechanismen gegenüber Frauen und ethnischen Minderheiten in der Konstruktion der/des «Anderen» kulturgeschichtlich in vielen Dimensionen identisch. Daraus nun in der Umkehrung zu schließen, Frauen seien weniger rassistisch, ist keineswegs zwingend. Gerade ihre Unterdrückung innerhalb patriarchaler Herrschaft könnte für sie Grund genug sein, sich nun ihrerseits wiederum an den Schwächeren schadlos zu halten"* (ROMMELSPACHER 1994, S. 1).

ROMMELSPACHER gelangt zu dem Schluss, dass Frauen sich in ihren rassistischen Einstellungen nicht gravierend von Männern unterscheiden. Diese werden in anderer Form geäußert, was vermuten lässt, dass der Rassismus für Frauen eine andere Funktion hat als für Männer (ebenda, S. 2). Es sind die Frauen, die sich weigern, als Tagesmütter ausländische Kinder in Pflege zu nehmen. Es sind die Mütter, die oftmals in Elternversammlungen beklagen, dass „ihr" Kind in einer Klasse mit vielen ausländischen Kindern nicht adäquat gefördert wird.

„Der Türke" oder der „schwarze Mann" wird zum Prototyp des Vergewaltigers. Das kann die Funktion haben, die Gewalttätigkeit des eigenen Mannes auf den Fremden zu schieben (ROMMELSPACHER 1993 a).

Dem weißen Feminismus wirft die Autorin in diesem Zusammenhang Borniertheit vor. Dieser sei beteiligt an der rassistisch motivierten Entwertung anderer Kulturen. Frauen, die in Dominanzkulturen leben, befinden sich in einem Zustand, in dem sie aufgrund ihres Geschlechts selbst diskriminiert werden und aufgrund ihrer Zugehörigkeit zur (weißen) Dominanzkultur an der Diskriminierung anderer beteiligt sind. Eine mögliche Strategie ist die Aufrechnung von Dominanz gegen Diskriminierung: *„Und darin liegt m.E. eben auch die Verführung des westlichen weißen Feminismus, der dieser Spannung zu entfliehen sucht, indem er entweder eine Identifikation mit den Opfern anbietet oder aber sich ausschließlich auf den Sexismus als das Grundlegende und Vorrangige konzentriert, so daß sich die Frau der Verantwortung für den Rassismus mit ihrem Widerstand gegen den Sexismus «automatisch» entledigen kann"* (ROMMELSPACHER 1993 b, S. 22).

Im Rahmen ihrer empirischen Forschung wurden 18- bis 32-jährige Frauen der zweiten Nach-NS-Generation dazu befragt, was sie mit Juden bzw. „jüdisch sein" verbinden. (ROMMELSPACHER 1993 b, S. 3 ff):

- Die befragten Frauen haben in den Fragestellungen die zugrunde liegende Geschlechterpolarisierung dadurch unterstützt, dass sie wohl etwas über die Rollen ihrer Väter und Großväter, aber nur wenig über die ihrer Mütter und Großmütter wissen wollten.
- Frauen waren in erheblichem Umfang begeisterte Nationalsozialistinnen, da sie auch in ihrer inferioren Rolle unabhängig vom Mann sein konnten, indem sie in der ihnen vom System zugeschriebenen Funktion eine „doppelte" Aufwertung als „Mutter" und „Arierin" erfuhren.
- Frauen waren im Nationalsozialismus und sind heute im Kontext von Rassismus und Fremdenfeindlichkeit sehr wohl auch Mittäterinnen. In rassistische Diskurse und Gruppen verstrickte Frauen projizieren eigene, nicht gelebte Macht-, Aggressions- und Gewaltbedürfnisse auf Männer – den Ehemann, den Freund. Sie „lassen durchgreifen", „lassen kämpfen": *„Die Teilhabe an der «Machtstellung» der Skinheads war für einige Mädchen schon genug Beweggrund, bei den Skin-Jungen zu bleiben"* (HOLZKAMP / ROMMELSPACHER 1991, S. 36).

Mittäter

Im Zusammenhang der Auseinandersetzungen um mögliche Ursachen von Rassismus und Gewalt problematisiert ROMMELSPACHER den Ansatz, gewalttätige bzw. nazistische Gruppen nur einseitig als Opfer gesellschaftlicher Individualisierungsprozesse darzustellen. Die Rolle als Täter und Mittäter würde hierbei nur unzulänglich problematisiert. Vielmehr haben Rechtsradikalismus und Gewaltbereitschaft auch die Funktion der Behauptung von Dominanz. ROMMELSPACHER kritisiert, dass in den relevanten Untersuchungen – etwa bei HEITMEYER – nach den politischen Traditionen nicht gefragt und die Diskussion, die die Werte des Wohlstandschauvinismus in Frage stellt, nicht geführt wurde (ROMMELSPACHER 1993 c, S. 26). Die Begegnung mit Fremden kann letztendlich eine narzisstische Kränkung für jene Individuen bedeuten, die der dominanten Kultur besonders stark verhaftet sind. Hass auf die so genannten Fremden hat demnach viel mit der eigenen Selbstvergewisserung zu tun, mit der Angst, nicht zu genügen und nicht zu denen zu gehören, die erfolgreich und mächtig sind (ROMMELSPACHER 1993 c, S. 15 f). Für die pädagogische Arbeit bedeute dies, dass neben der Bearbeitung real vorhandener Defizite auch Strategien der „Dominanzverteidigung" offen gelegt und hinterfragt werden müssen (ROMMELSPACHER 1993 c, S. 27 f).

2.6 Deutsche Zustände – zentrale Ergebnisse der zehnjährigen Forschung über gruppenbezogene Menschenfeindlichkeit

Zwischen 2002 und 2011 hat ein ForscherInnen-Team um WILHELM HEITMEYER **Deutsche Zustände** beforscht und dabei vor allem Entwicklungen von Rassismus, Fremden- und Islamfeindlichkeit, Antisemitismus, Homophobie, Sexismus und die Abwertung von Obdachlosen, Behinderten und Langzeitarbeitslosen im Zehnjahresverlauf festgehalten. Eine weitere Dimension stellt die Betrachtung des Beharrens und Einforderns von „Etabliertenvorrechten"[12] dar. Eine Gemeinsamkeit der beforschten Jahre ist **Entsicherung**, die aus einer Vielzahl krisenhafter Entwicklungen resultiert, wie etwa den Kontrollverlusten der Politik gegenüber dem Finanzkapital, der Undurchschaubarkeit der Finanzkrisen, Unkalkulierbarkeiten im Markt- und Weltgeschehen (HEITMEYER u.a. 2010 a, S. 19). Die reale und auch die gefühlte Entsicherung verbindet sich mit einer politischen und kulturellen Richtungslosigkeit, die ihren Ausdruck in fehlenden politischen Debatten, der Beschleunigung von Entscheidungsabfolgen und einem Verlust des gesellschaftlichen Zusammenhalts findet (ebenda, S. 20). Bekannte Reaktionsmuster sind:

- die Aufspaltung der gesellschaftlichen Realität in eine gesellschaftliche und eine individualistische Sphäre,
- kollektive Schuldzuweisungen und
- Moralisierung in dem Sinne: „Wenn die Politik nichts tut / mich im Stich lässt, ist (mir) alles erlaubt" (hierzu ausführlich: ZICK / LOBITZ / GROSS 2010, in: ebenda, S. 72 ff).
- Der ständige Krisendruck erzeugt eine Sehnsucht nach Beruhigung (HEITMEYER u.a. 2015, S. 24). Dem Bedürfnis nach Reduktion verwirrender Komplexität kommen die Anbieter autoritärer, rechtspopulistischer oder gar rechtsextremer Lösungsmuster entgegen.

Die Befunde der leider mit Ergebnissen aus dem Jahr 2011 zu Ende gehenden Studie signalisieren keine Entwarnung. Nach einer geringen Abnahme in den „mittleren Erhebungsjahren" nahmen Rassismus und Fremdenfeindlichkeit sowie die Abwertung missliebiger Gruppen wie Behinderter, Obdach- und Langzeitarbeitsloser wieder zu. Islamfeindlichkeit blieb auf demselben Niveau.[13]

Zu den Ergebnissen im Zehnjahresverlauf im Einzelnen:

- Sexistische Einstellungen haben zwischen 2002 und 2011 deutlich abgenommen.

12 Beim Begriff „Etabliertenvorrechte" geht es um die Frage, inwieweit Menschen der Meinung sind, dass bei der Vergabe von Ressourcen „Alteingesessene" bzw. „Deutsche" bevorzugt berücksichtigt werden sollten.

13 Wie auf Seite 18 in Fußnote 8 bereits erwähnt, haben die weltpolitischen Ereignisse seit dem Beginn des „Arabischen Frühlings" die Islamangst und -feindlichkeit wieder deutlich ansteigen lassen.

- Auch antisemitische Einstellungen haben im Verlauf der Forschungen abgenommen. 2002 war mehr als jeder fünfte Befragte der Meinung, dass Juden zu viel Einfluss in Deutschland hätten. 2011 vertraten nur noch 13% der Befragten diese Meinung (ebenda, S. 38).
- Fremdenfeindlichkeit wird in diesen Forschungen als Überfremdungsangst sowie in Konkurrenz um knappe Ressourcen erfasst. Der Einschätzung, dass in Deutschland zu viele Ausländer lebten, stimmten 2002 fast 55% der Befragten zu. Die Zustimmungsquote fiel bis 2009 auf 45,8% und hatte 2011 wieder zugenommen (47,1%) (ebenda).
- Nach einer geringen Abnahme der Islamfeindlichkeit erreichte diese in den Jahren 2010 und 2011 wieder annähernd das Niveau der Ausgangsjahre.[12]
- Eindeutig rassistische Haltungen blieben im Zeitverlauf relativ stabil. Jeder achte Befragte sah Weiße zu Recht in einer führenden Position in der Welt.
- Ebenfalls stabil blieben diskriminierende Haltungen gegenüber behinderten Menschen und Obdachlosen.
- Die Ablehnung von Langzeitarbeitslosen ist in den beiden letzten beforschten Jahren wieder angestiegen. Das Niveau der Abwertung von Langzeitarbeitslosen überstieg unter den Befragten mit höheren Einkommen dasjenige unter den Armen (Heitmeyer u.a. 2015, S. 28). Heitmeyer (2012, in: Heitmeyer u.a. 2015, S. 35) sieht darin einen Ausdruck **roher Bürgerlichkeit**. Es gehe offenkundig darum, eigene soziale Privilegien durch die Abwertung und Desintegration von als „nutzlos" etikettierten Menschen zu sichern oder auszubauen (ebenda). Die Ergebnisse zu Etabliertenvorrechten sind in den ersten Jahren bis 2007 stark angestiegen, dann gesunken, um 2010 wieder ein hohes Niveau zu erreichen.
- Zick, Hövermann und Krause nahmen 2012 (Heitmeyer u.a. 2015, S. 64 ff) in einem gesonderten Beitrag die Gruppe der Asylbewerber hinzu. Dem Item „Die meisten Asylbewerber befürchten nicht wirklich, in ihrem Heimatland verfolgt zu werden" stimmten 2011 31,7% „eher zu" und 15,0" „voll und ganz zu" (ebenda, S. 67).

Ideologie

Als gemeinsamer und verbindender Kern wird eine Ideologie der Ungleichheit identifiziert, die alle beforschten Dimensionen prägt. Die Querauswertung von Susanne Johansson (2011) enthält interessante übergreifende Befunde: Mit Blick auf fremdenfeindliche Haltungen von Frauen wird festgestellt, dass insbesondere niedrig qualifizierte Frauen aus Ostdeutschland fremdenfeindlichen, islamophoben und rassistischen Aussagen zustimmen. Dieser Befund wird damit erklärt, dass die Gruppe niedrig qualifizierter ostdeutscher Frauen in besonderem Maße von sozialer Desintegration bedroht ist (ebenda, S. 267). Männer sind antisemitischer eingestellt als Frauen. Dabei finden klassisch antisemitische Einstellungen im Westen höhere Zustimmung (ebenda,

S. 268). Diejenigen, die sich subjektiv von der (ökonomischen, arbeitsmarktbezogenen) Krise bedroht fühlen, stimmen antisemitischen Äußerungen eher zu als Befragte, die sich weniger stark von der Krise betroffen oder gefährdet fühlen (ebenda).

Mit Blick auf die neueren Entwicklungen beschreibt ZICK (2015) eine „massive Polarisierung" der deutschen Gesellschaft. Die derzeitigen Demonstrationen und Debatten machen deutlich, dass einerseits eine starke Wut auf Flüchtlinge und andererseits eine große Solidarität mit Flüchtlingen vorhanden ist. Bei einer Umfrage sagten 2011 42% der Befragten „Die meisten Asylbewerber werden gar nicht verfolgt" (ebenda). Ferner ist die Zahl der gewaltsamen Übergriffe auf Fluchtunterkünfte massiv gestiegen. Andererseits kommt es zu einer Vielzahl solidarischer Handlungen. Doch wie willkommen sind MigrantInnen denn nun wirklich? ZICK (ebenda) konstatiert: *„36% plädieren für eine stärkere Willkommenskultur und 31% lehnen diese ab. 54,7% finden es gut, wenn sich MigrantInnen in Deutschland zu Hause fühlen, doch nur 35,9% gefällt es, dass sich so viele MigrantInnen für Deutschland als neue Heimat entscheiden"*.

Bei Fremdenfeindlichkeit, Islamophobie, Rassismus sowie der Abwertung von Obdachlosen und Behinderten sind die Werte zwischen 2002 und 2010 in den Neuen Ländern stabil höher als in Westdeutschland (ebenda, S. 269). Weiterhin zeigen sich in Ostdeutschland vergleichsweise höhere Zustimmungen zu Gewaltbilligung, Gewaltbereitschaft und zu rechtspopulistischen Einstellungen (von GOSOMSKI / KÜPPER / HEITMEYER 2007, in: HEITMEYER u.a. 2007, S. 102 ff.).

Junge Männer zwischen 16 und 21 Jahren sind besonders gewaltgeneigt. Das „Umschlagen" von fremdenfeindlichen Einstellungen in Gewalthandlungen wird bestärkt, wenn im Sozialraum ein gewaltunterstützendes bzw. -akzeptierendes Klima vorhanden ist (JOHANSSON 2011, S. 269).

2.7 Zwischenbewertung

Im Zwischenresümee der Landjugendstudie 2009 bilanzierten wir:
„Im europäischen Vergleich wird deutlich, dass nationalistische, chauvinistische und rechtsextreme Strömungen, Parteien und Jugendkulturen ein Produkt der Moderne sind. Das Entstehen der zugrunde liegenden Einstellungen geht auf verschiedenartige Einflussgrößen zurück. Monofaktorielle Erklärungsansätze greifen meist zu kurz und führen insbesondere bei der Debatte um und der Entwicklung von gesellschaftliche(n) Gegenstrategie(n) in die Irre."

Diese Sichtweise hat nichts an Aktualität verloren. Die Komplexität der Darstellung ist, wenngleich erhellend, durch die grundlegenden Arbeiten an der Langzeitforschung über die „Deutschen Zustände" (HEITMEYER u.a. 2002 bis 2012, 2015) noch deutlich erweitert worden.

Bedrohungsängste und sich schleichend entwickelnde Orientierungslosigkeit befördern in Verbindung mit markanten Schlüsselerlebnissen Gewalt und Menschenfeindlichkeit. Damit ist sicher eines der Grundanliegen des Langzeit-Forschungsprojektes „Deutsche Zustände" nur teilweise realisiert worden, nämlich die Beschreibung einer Befindlichkeitslage der Bevölkerung unabhängig von dramatischen Ereignissen (HEITMEYER u.a. 2002, S. 109).

Umgekehrt kann vermutet werden, dass das Leben in einer gefährdungsarmen, entspannten, soziale Sicherheit ausstrahlenden und fühlbare Mitwirkung gewährenden Demokratie die wohl bestmögliche Form der Eindämmung von Rechtsextremismus und Rechtspopulismus darstellt.

Unverändert plädieren wir dafür, dass vor dem Hintergrund der Bedeutung individueller Bedingungen des Aufwachsens die Resultate der neuen Autoritätsforschung innerhalb der Vielzahl unterschiedlicher, sich zum Teil widersprechender Erklärungsansätze wieder verstärkt Berücksichtigung finden sollten. Dies hat vor dem Hintergrund der Frage zu geschehen, wie frühkindliche und schulische Bildung auf die Herausforderungen eingehen, die aus dem Sozialisationsprozess innerhalb autoritärer Milieus resultieren.

Die von HEITMEYER geprägte Forschung und die daraus abgeleiteten Positionierungen nehmen auf der langen Entwicklungslinie zwischen der „Bielefelder Rechtsextremismusstudie" und der chronologischen Darstellung „Deutsche Zustände" im Wissenschaftsdiskurs und in der öffentlichen Wahrnehmung zu Recht eine führende Position ein, auch wenn nicht allen praxisbezogenen Folgerungen zugestimmt werden muss.

Bei der Suche nach Ursachen für Rechtsextremismus werden Geschlechterfragen heute weniger stark ausgeblendet als in den 1990er Jahren. Dieser Umstand geht in erheblichem Maße auf die wissenschaftlichen Beiträge BIRGIT ROMMELSPACHERS zurück. Sie hat stets darauf Wert gelegt, das weibliche Geschlecht nicht alleine deshalb aus der Verantwortung zu nehmen, weil Frauen unverändert weniger häufig rechtsextrem wählen und in geringerem Maß an rechtsextrem begründeten Gewalttaten beteiligt sind.

Als der letzte Band der „Deutschen Zustände" in den Druck ging, kamen – im Herbst 2011 – erste Erkenntnisse über die Morde des NSU ans Licht. Das Morden des Islamischen Staates und die daraus resultierenden Fluchtentwicklungen haben die Akzeptanz des Islam in unserer Gesellschaft verringert. Neue rechtspopulistische Parteien und Bewegungen haben sich in den Jahren nach den Forschungen zu „Gruppenbezogener Menschenfeindlichkeit" etabliert.

Jede Forschung, auch wenn sie auf eine vollständige Dekade ausgerichtet ist, verliert durch den Fortgang der Geschichte einen Teil ihrer Aktualität. Obsolet wird sie nicht, denn ihre Bedeutung liegt im Verweis auf die relative Konstanz von auf Ungleichheit ausgerichteten Haltungen.

ZICK (2015) beschreibt folgende Einstellungscluster hinsichtlich des Rechtsextremismus: die aktiven Gegner, die passiv Besorgten, „Vogel Strauß" („am Anfang hat mich das aufgeregt, jetzt schaue ich weg"), die selbstbewussten Beobachter, die ängstlich Überforderten und die überzeugten Rechtsaffinen. Gegnerschaft artikuliert sich sowohl in den „radikalen Spaziergängen" als auch „hinter den Gardinen". Diese „Spaziergänge" halten ein Aktionsangebot bereit, in dem das Wir-Gefühl und gemeinsam geteilte Emotionen im Vordergrund stehen. Berichte, hetzerische Artikel, nationale Feste und andere Erlebniswelten haben verstärkende Funktionen. Noch ist die Schwäche der Rechtsextremisten und Rechtspopulisten ihre Heterogenität. Andererseits führt diese dazu, dass sich verschiedene Gruppen mit dem ausländerfeindlichen Hass identifizieren können. Das sind etwa Sympathisanten, Mobilisierer, lokale Aktivisten gegen Asylunterkünfte, Organisatoren und Ordner, radikale Rechte, gewaltbereite Fußballfans, Nationalsozialisten und andere. „Hinter den Gardinen" bezeichnet Menschen, deren rechtsextreme Einstellungen unterschiedlich entwickelt sind und deren Motive sich unterscheiden können (Verharmlosung des NS-Regimes, Antisemitismus, Ausländerfeindlichkeit, Sozialdarwinismus, Befürwortung rechtsgerichteter Diktaturen usw.). Ihre Gemeinsamkeit liegt darin, dass sie nicht an Demonstrationen und anderen Aktionen teilnehmen.

Rechte Einstellungen finden sich am häufigsten bei den 16- bis 30- und über 60-Jährigen. Für gruppenbezogene Menschenfeindlichkeit, so ZICK (2015), stehen in modernen Gesellschaften vielfältige Modelle bereit. Schon früh sind beispielsweise Kinder mit Aussagen konfrontiert wie: „Wer Arbeit sucht, der findet auch welche!"

2.8 Weiterführende Literatur:

W. HEITMEYER (HRSG.): *Deutsche Zustände, Folge 10, Frankfurt/M.* 2012, 3. Auflage 2015

S. JOHANSSON: *„Gruppenbezogene Menschenfeindlichkeit": Eine Rezension der empirischen Langzeitstudie „Deutsche Zustände".* Folge 1–8, in: Recht der Jugend und des Bildungswesens, Ausgabe 2/2011

3 Rechtsextremismus in den ländlichen Räumen

3.1 Aktuelle Skizzen zu den Sozialisationsbedingungen und den Lebenswirklichkeiten in den ländlichen Räumen

In den Jahren nach Erstellung der ersten Landjugendstudie (2008/2009) ist in Deutschland der Anteil der jungen Menschen, die in kleinstädtisch-ländlichen Räumen leben, zurückgegangen. Vor knapp zehn Jahren waren es noch über 60%. 2014 lebten 41,5% in städtischen und 58,5% in kleinstädtisch-ländlichen Gebieten (HERBERT QUANDT-STIFTUNG 2014, S. 35).[14] Ausgehend von einer ohnehin sehr niedrigen Bevölkerungsdichte ist eine Reihe ländlich-peripherer Räume bereits seit längerem von Überalterung, Geburtenrückgang und Abwanderung geprägt. Unverändert stellt der Bevölkerungsrückgang eine der größten Herausforderungen für die ländlichen Regionen dar. Dies bleibt vorrangig (aber nicht ausschließlich) ein Problem der prekären ländlichen Räume Ostdeutschlands. Für das wirtschaftsstarke Land Bayern prognostiziert das Statistische Landesamt bis zum Jahr 2030 einen Rückgang der bis zu 20-Jährigen um 6,7%. Während allerdings Ballungsräumen wie Nürnberg-Fürth oder München auch bei dieser Altersgruppe Zuwächse in Aussicht gestellt werden, verlieren Landkreise – etwa in Unterfranken – im zweistelligen Bereich (SCHERF 2015, S. 38)[15]. In einer bis 2060 angelegten Vorausberechnung der Bevölkerungsentwicklung gelangt das Statistische Bundesamt zu der pessimistischen Einschätzung, dass die in Deutschland lebende Bevölkerung trotz Zuwanderung – je nach Zuwanderungsprognose – auf 53 bis 67 Millionen schrumpft. Im Extremfall kommen auf vier Unter-21-Jährige drei Über-80-Jährige (WWW.DESTATIS.DE, Zugriff am 12.2. 2016).

14 Die Bevölkerungsverteilungen zwischen Stadt und Land sind in Europa äußerst heterogen. Dänemark weist mit 22% den geringsten Anteil städtischer Bevölkerung auf. Dagegen leben in den Niederlanden 72% aller EinwohnerInnen in Städten (HERBERT QUANDT-STIFTUNG 2014, S. 35).

15 Dass Bevölkerungsentwicklungsprognosen aufgrund nicht kalkulierbarer gesellschaftlicher Entwicklung nicht zwangsläufig eintreffen müssen, hat der Prozess der Wiedervereinigung gezeigt. Die anhaltende Einwanderung durch Flüchtlinge korrigiert ebenfalls getroffene Prognosen zur Bevölkerungsentwicklung einzelner Sozialräume.

Für einige Landstriche im Nordosten Deutschlands werden (beispielsweise für die Prignitz oder die Altmark) Siedlungsdichten in skandinavischen Größenordnungen beobachtet (bis 2015 Rückgang auf 45 Einwohner/Quadratkilometer). Die dort noch lebenden Menschen sind im Durchschnitt älter und sozial schwächer. Hinzu kommt, dass traditionelle Muster des Miteinanders von Generationen verlorengegangen sind. VERA SPARSCHUH (2015, S. 40) beschreibt für Mecklenburg-Vorpommern das gehäufte Vorkommen von Familien, bei denen ein Vierteljahrhundert nach der Wende alle Kinder im Westen leben. Den Alltag müssen die Generationen getrennt voneinander meistern.

Geht man von aktuellen Bevölkerungsprognosen aus, so wird der Rückgang der Bevölkerung in ländlichen Räumen bis 2030 anhalten (WWW.BERTELSMANN-STIFTUNG.DE, Zugriff am 04.04.2016). Noch weiter, nämlich bis 2060, reicht die bereits erwähnte Bevölkerungsvorausberechnung des Statistischen Bundesamtes. Diese bestätigt die Voraussagen anderer Erhebungen und kommt zu dem Schluss, dass die östlichen Bundesländer im Durchschnitt 25% ihrer heutigen – bereits in der Vergangenheit geschrumpften – Bevölkerung verlieren werden (WWW.WEGWEISER-KOMMUNE.DE, Zugriff am 04.04.2016). Schlusslicht wird Sachsen-Anhalt sein. Dessen Bevölkerung könnte sich bis zu einem Drittel reduzieren (WWW.DESTATIS.DE, Zugriff am 04.04.2016). Aber auch wohlhabende westliche Länder sehen in Kindern und Jugendlichen zunehmend ein knappes Gut. Selbst für Baden-Württemberg wird langfristig ein Bevölkerungsrückgang von acht bis zehn Prozent prognostiziert (KOMMUNALVERBAND FÜR JUGEND UND SOZIALES BADEN-WÜRTTEMBERG 2015, S. 6).

Ob dieser auf lange Sicht unumkehrbar bleibt, wie dies von den Statistikern prognostiziert wird (WWW.DESTATIS.DE, Zugriff am 04.04.2016) oder durch die anhaltende Zuwanderung am Ende doch gebremst oder gar umgekehrt wird, bleibt offen. Selbst wenn starke Zuwanderung diesen Trend abmildert und eine leicht erhöhte Fertilität junger zugewanderter Familien einsetzt, werden die hieraus resultierenden Effekte eher im städtischen Raum spürbar werden. Der Zuzug in die ländlichen Räume wird deutlich schwächer sein. Bereits aktuell wird sichtbar, dass eine Niederlassung von Geflüchteten aufgrund der Stimmungslage in der dortigen Bevölkerung eher nicht in den prekären ostdeutschen ländlichen Räumen erfolgt.

Neben der nunmehr seit 25 Jahren zu geringen Geburtenrate wird die Überalterung zur großen Herausforderung der schrumpfenden Regionen. Je ländlicher die Region, desto geringer ist der Anteil junger Menschen. Die unverändert anhaltende Abwanderung verschärft diesen Prozess dramatisch. Diese geht zurück auf:

- reduzierte Ausbildungs- und Beschäftigungsmöglichkeiten,
- das Abgeschnittensein von attraktiven Freizeit- und Kulturangeboten,
- die vielerorts fehlenden attraktiven Treffpunkte,
- die in nahezu sämtlichen Lebensbereichen des Alltags bröckelnde Infrastruktur,
- die in etlichen Sozialräumen zu verzeichnende Dominanz rechtspopulistischer Stimmungslagen, die Unangepassten das Bleiben erschwert.

Besorgniserregend ist die Wahrnehmung, dass diese Trends trotz einzelner erfreulicher lokaler Entwicklungen unumkehrbar zu sein scheinen. Das führt trotz der wachsenden Nachfrage am Wohnungsmarkt auch zu einem Werteverlust für Immobilien in peripheren ländlichen Räumen, was faktisch Verarmungstendenzen dynamisiert. Schlimmer noch ist der zu erwartende Umstand, dass in wenigen Jahren das Medianalter[16] in Städten wie Hamburg, Berlin oder München bei 42 Jahren, in Sachsen-Anhalt und Mecklenburg-Vorpommern bei 53 Jahren und in dortigen ländlichen Räumen sogar noch leicht darüber liegen wird (SÜDDEUTSCHE ZEITUNG, 09. Juli 2015).

In der ersten Studie des BDL wurde ausführlich auf die zu berücksichtigenden Umstände verwiesen, die einer wirksamen Bekämpfung rechtsextremer Tendenzen in den ländlichen Räumen entgegenstehen. Herausgehoben wurde der Umstand, dass ländliche Lebenswirklichkeiten und dort auftretende Belastungen zu den weniger beachteten Fragestellungen der Rechtsextremismusforschung und der aus dieser resultierenden praktischen Unterstützung gehören (BUND DER DEUTSCHEN LANDJUGEND 2009, S. 50). Dies wurde auch darauf zurückgeführt, dass viele Programme und (praktische) Erfahrungen eher auf den urbanen Raum ausgerichtet sind. Seit der Veröffentlichung der richtungsweisenden ersten BDL-Publikation sind die ländlichen Räume stärker in den Fokus wissenschaftlicher Betrachtung und entsprechender programmatischer Maßnahmen geraten. Besonderheiten, die in dem Vorläuferband ausführlich dargestellt wurden, gelten jedoch unverändert. Zu diesen gehören die großen Entfernungen zwischen den Orten einerseits und die große Nähe bzw. Sozialkontrolle innerhalb der Orte andererseits. Besonders der letztgenannte Punkt führt häufig zur Tendenz der Homogenisierung der Dorfgemeinschaft und zur Abwehr unkonventioneller Lebensstile. Hinzu kommt die Skepsis gegenüber sogenannten ExpertInnen von außen. Gerade in den peripheren, strukturschwachen ländlichen Sozialräumen ist diese traditionelle Geschlossenheit noch in stärkerem Maße vorhanden als in Dörfern mit einer dynamischen Entwicklung. Einflüsse von außen werden – etwa bei der Auseinandersetzung um lokale rechtsextremistische Vorfälle – als unnötig oder anmaßend zurückgewiesen (BUND DER DEUTSCHEN LANDJUGEND 2009, S. 50).

2009 haben wir festgestellt, dass häufig die Fehlannahme dominiere, wonach Kinder und Jugendliche auf dem Land gesündere, attraktivere Lebensverhältnisse antreffen würden. Dem steht entgegen (ebenda, S. 52):

- Längst sind vielerorts verwilderte Spielflächen einer stereotypen Bebauung gewichen.
- Dörfliche Sozialräume lassen immer weniger Freiräume für „wildes Spiel“.

16 Das Medianalter weist nicht auf den Altersdurchschnitt der Bevölkerung, sondern sagt aus, dass die darunter und darüber liegenden Altersgruppen genau gleich groß sind. Ein Medienalter von 53 stellt weltweit einen der höchsten Werte dar. Er bedeutet, dass es genauso viele Über-53-jährige gibt wie Unter-53-jährige.

- ALBERT HERRENKNECHT (2006, S. 5) umschreibt mit dem Begriff „Echt-Raum-Verluste“ die Schaffung strukturierter Angebote, die im Verlauf der letzten drei Jahrzehnte autonomes Erleben auch auf dem Land ersetzten:
  - Ballspielen im Verein statt auf der Straße,
  - angeleitete Aktivitäten durch das Spielmobil statt „wildem Spiel“,
  - Klettern auf dem Spielgerät statt in Baumhütten,
  - Haustier statt Tiere im Stall usw.
- Disponible, selbst gestaltbare Zeit von Kindern fällt extrem langen Fahrzeiten zu auswärtigen Schulen, Kindergärten und sonstigen sozialen Einrichtungen zum Opfer. Weitere Zentralisierungsprozesse als Folge der Ganztagsbeschulung treiben diesen Prozess weiter voran.
- Aufgrund der durch Bildung und Ausbildung erzwungenen frühen Mobilität reduzieren sich die sozialen Beziehungen zu Gleichaltrigen. Die Jugendforschung vermerkt einen geringeren Anteil von Jugendlichen, die noch altershomogenen Cliquen angehören.

Kindheit und Jugend haben sich im letzten Jahrzehnt verändert. Jugendliche sind aufgrund der demographischen Entwicklung dieser Gesellschaft erstmals im Verhältnis zu den über 50-Jährigen zu einer Minderheit geworden. Andererseits haben sie noch zu keiner anderen Zeit eine so eigenständige, medial und gesellschaftlich beachtete Positionierung eingenommen.

Jugend

Noch nie haben so viele Jugendliche eine Hochschulzugangsberechtigung erworben. Nimmt man die AbsolventInnen mit Schulfremdenprüfung hinzu, so erwarben 2013 über 46 % aller abgehenden SchülerInnen die allgemeine sowie die Fachhochschulreife. Gravierende Unterschiede gibt es unverändert zwischen Deutschen und Ausländern. Ohne Schulfremdenprüfung und Fachhochschulabschluss erwarben 2013 37,6% der deutschen Jugendlichen die allgemeine Hochschulreife. Bei Jugendlichen mit Migrationshintergrund sind es lediglich 16,2% (ebenda). In vielen Großstädten stellen Migrantenjugendliche die Mehrzahl aller HauptschülerInnen.

Fast keine Unterschiede zwischen Stadt- und Landkindern bestehen bei der Nutzung neuer Medien. Das Internet hat die Kinderzimmer erobert. 82% der 6- bis 13-Jährigen sind regelmäßig am Computer. Waren 2014 56% der 10- bis 13-Jährigen täglich online (KIDS VERBRAUCHER ANALYSE 2014), so sind es ein Jahr später 58% (KIDS VERBRAUCHER ANALYSE 2015). Ähnlich ist auch der Anteil der Handys oder Smartphones besitzenden Kinder gestiegen. Besaßen 2014 rund 57% aller 6- bis 13-Jährigen eigene Handys oder Smartphones (KIDS VERBRAUCHER ANALYSE 2014), waren es ein Jahr später bereits 80% der 10- bis 13-Jährigen (KIDS VERBRAUCHER ANALYSE 2015)[17]. Bereits 21%

17 Unter Einbeziehung der 6-9-Jährigen waren es 2015 etwas mehr als 57%.

der Vier- bzw. Fünfjährigen surfen im Internet, ein Drittel dieser Altersgruppe spielt am Computer (KIDS VERBRAUCHER ANALYSE 2014, S. 2). Ein signifikanter Unterschied zwischen Stadt- und Landjugendlichen ist bei der Mediennutzung nicht auszumachen. Trotz der vor allem in den peripheren ländlichen Räumen ungünstigeren Bedingungen des Aufwachsens werden über die gängigen Jugendstudien keine generellen Zufriedenheitsunterschiede zwischen Stadt- und Landkindern ausgemacht. In jüngster Zeit werden die heutigen Jugendlichen wiederholt als die Generation Sorglos tituliert (ex.: DIE ZEIT, 29. Oktober 2015, DIE WELT, 8. April 2016). Damit wird kommentiert, dass die heutigen 12-25-Jährigen trotz Finanz- und Flüchtlingskrisen optimistischer in die Zukunft blicken als frühere Generationen. Über die Ergebnisse der 2015 vorgestellten 3. Jugendstudie Baden-Württemberg (JUGENDSTIFTUNG BADEN-WÜRTTEMBERG 2015) wird wie folgt berichtet: „Gläubig, glücklich, googelnd" (STUTTGARTER NACHRICHTEN, 7. Juli 2015). Im Berauschtsein vom zutage getretenen jugendlichen Optimismus werden allerdings etliche kritische Entwicklungen übersehen. So liegt bei den Freizeitinteressen Jugendlicher das Musikhören, wie seit nunmehr 25 Jahren, weiterhin an erster Stelle. Allerdings hat die Nutzung des Internets dem Treffen von Freunden sprichwörtlich den Rang abgelaufen. Letzteres liegt zumindest in diesem Bundesland nur noch auf dem 5. Rang (JUGENDSTIFTUNG BADEN-WÜRTTEMBERG 2015, S. 44). Auch der Umstand, dass mehr als die Hälfte der GymnasiastInnen angibt, nach dem Abitur nicht nahtlos in Ausbildung oder Studium wechseln zu wollen (ebenda, S. 71), kann auf verschiedene Weise gedeutet werden. Einerseits kann sich darin gewachsene Neugierde und der Wunsch nach Erfahrungen jenseits geradliniger Ausbildungswege widerspiegeln. Anderseits wirft dieses Ergebnis auch Fragen z.B. nach dem Sinn des Turboabiturs und dem schwindenden Einfluss von Schule, Elternhaus und anderen Sozialisationsinstanzen auf die Berufsorientierung Jugendlicher auf. In einer Kommentierung der Jugendstudie Baden-Württemberg stellt MARTIN WEINGARDT (2015, S. 111) einen ausgeprägten Trend zur Verhäuslichung von Kindheit und Jugend fest. Freizeitaktivitäten, die sich außerhalb des (elterlichen) Haushaltes abspielen, sind rückläufig. Das vermehrte Zusammensein mit der eigenen Familie, Computerspiel, Internetnutzung und Fernsehen finden zu Hause statt. Gleichzeitig ist der seit langem kritisierte Verlust öffentlicher Orte für Jugendliche ungebrochen.

Studium

Die im Oktober 2015 vorgestellte Shell-Jugendstudie gelangt zu dem Schluss, dass die heutigen Jugendlichen auch politischer sind und zudem ein größerer Anteil als noch vor wenigen Jahren bereit ist, Vielfalt innerhalb einer Gesellschaft anzuerkennen (WWW.SHELL.DE, Zugriff vom 13.04.2016). Dieses höhere Interesse an Politik mündet allerdings nicht in Engagement in den Parteien und deren Jugendorganisationen. Diese werden mit deutlich mehr Skepsis betrachtet. Die Jugendlichen lassen sich ihren Optimismus offensichtlich nicht von den zahlreichen Krisen und den damit verbundenen apokalyptischen Kommentierungen verleiten. Sie haben mehr Angst vor der innerdeutschen Fremdenfeindlichkeit als vor der Zuwanderung (ebenda).

Wie bereits dargestellt, verändert der Trend zur Ganztagsbeschulung die Lebenswelt der Jugendlichen massiv. Disponible Zeit, selbstgestaltete Freizeit und die Zugehörigkeit zu Cliquen nehmen ab. Der Ganztagesbetrieb nimmt Jugendlichen aus dem ländlichen Raum aufgrund des Fahraufwandes weitere Zeit. Aktuelle Jugendbefragungen im Rahmen des Projekts „Zukunft Jugendarbeit im ländlichen Raum“[18] lassen erkennen, dass die Ganztagsbeschulung der Mehrzahl der Jugendlichen weniger Zeit für außerschulisches Engagement lässt und bei 87% sogar die Bereitschaft zur verbindlichen Teilnahme an Vereinsangeboten sinkt[19] (HEINZEL 2015, S. 34).

DIRK WILKING (in diesem Band) sieht das Verschwinden einer klassisch ländlichen Sozialisation als Folge des Verlustes von Bildungsorten im ländlichen Raum. Daraus wiederum resultiere eine qualitative Verödung dörflicher Kinder- und Jugendmilieus.

Seit langem für die ostdeutschen Länder konstatierte Entwicklungen haben längst auch westdeutsche ländliche Räume erreicht. Selbst in Baden-Württemberg gehen Mitgliederzahlen der „klassischen“ Vereine und Verbände zurück. Noch problematischer ist die anhaltende Ausdünnung der ehrenamtlich Tätigen.

Ein Kinder und Jugendliche betreffender Faktor der Moderne ist eine weitgehende Verregelung ihrer Sozialräume. Jugendliche Raumaneignung geschieht auch in der Form, dass mit den zugewiesenen Funktionen „gespielt“ und Grenzen überschritten werden. Daraus resultieren zwei klassische Antworten:

- Nicht mehr die „Abenteuerlandschaft Stadt“ oder der „Abenteuerspielplatz Land“ sind die wichtigsten Spiel- und Erlebnisräume von Kindern und Jugendlichen. Neben ihrem von Wohnorten unabhängigen Eintauchen in mediale Erlebniswelten weist man ihnen geplante Orte zu: Jugendhäuser, Skaterbahnen, Abenteuerspielplätze.
- Auf „Störungen“ im öffentlichen Raum wird vermehrt ordnungspolitisch bzw. vertreibend reagiert.

Ländliche Regionen weisen in Deutschland fast durchgängig eine unterdurchschnittliche Quote an Arbeitsplätzen im Dienstleistungsbereich auf. BEETZ, der sich ansonsten kritisch mit einem verengten Blick auf ländliche Räume auseinandersetzt, bestätigt die Annahme von in Ostdeutschland stärker ausgeprägten Stadt-Land-Unterschieden. Diese resultieren aus dem enormen Abbau von Infrastruktur und dem Bedeutungsverlust der Landwirtschaft und der ihr nahen Industrien, was die regionale Wertschöpfung beeinträchtigt (BEETZ 2015, S. 8). Die Reduktion sozialer Infrastruktur in prekären ländlichen Räumen wird häufig mit den Folgen demographischer Veränderung

18 Beteiligt sind die Kreisjugendringe Biberach und Ravensburg sowie die Jugendämter beider Landkreise.

19 Die Mehrzahl derer, die die Bereitschaft zur Mitwirkung im Verein schwinden sieht, hat die eigene Vereinstätigkeit (noch) nicht aufgegeben.

begründet. BEETZ (2015, S. 11) widerspricht dieser Verallgemeinerung und listet eine Reihe Faktoren auf, die seines Erachtens mehr Einfluss auf die Entwicklung sozialer Infrastruktur in ländlichen Räumen haben als demografische Entwicklungen:

- der Wandel ehrenamtlicher und freiwilliger Engagementstrukturen,
- Konzentrationsprozesse aus sektoralen fachlichen Gründen (Schulen) und/oder ökonomischen Gründen (Krankenhäuser),
- langfristige Konfliktfelder in kommunaler Verantwortung (z.B. Jugendarbeit),
- die verpasste Neuorientierung an Anforderungen des Alltags und an Lebensstile (ÖPNV),
- Verlust an Unterstützung als Folge der „Modernisierung" von Berufsbildern (Wegfall von Gemeindeschwestern),
- eine weitere Differenzierung von sozialen Angeboten führt zu einer Reduktion von Beratungsstellen vor Ort[20].

Trotz sozialer, struktureller und demographischer Veränderungen der ländlichen Räume bleiben Nachbarschaft und Dorfgemeinschaft weiterhin wesentliche Bestandteile der ländlichen sozialen Netzwerke. Diese sind einerseits Ressourcen, die Unterstützung und Hilfe ermöglichen. Andererseits fehlen Anonymität und gelegentlich auch Möglichkeiten, die von der dörflichen Norm abweichenden Lebensformen zu praktizieren.

3.2 Ländliche Räume als spezifische Arena rechtsextremistischer Aktivitäten und rechtspopulistischer Wahlerfolge

Bis 2014 entstanden die besonderen Erfolge rechter Parteien vorwiegend in den ländlichen Räumen. Dies galt vor allem für die NPD, die im Windschatten der von ihr erfolgreich bestrittenen Landtagswahlen in Sachsen und Mecklenburg-Vorpommern vor allem im kleinstädtisch-ländlichen Raum außergewöhnlich gute Kommunalwahlergebnisse erzielen konnte. (In Brandenburg galt dies sowohl für die DVU als auch für die NPD.)

Eine Zäsur erfolgte 2014, als die NPD in Sachsen mit 4,9% hauchdünn den dritten Einzug in Folge in den Sächsischen Landtag verpasste. Dies war auf den fulminanten Erfolg der rechtspopulistischen Alternative für Deutschland (AfD) zurückzuführen, die in Sachsen auf Anhieb 9,7% der Wählerstimmen erhielt. Auch in Brandenburg (mit spektakulären 12,2%) und Thüringen (10,6%) gelang der Partei der Einzug in die

20 Eine aktuelle Untersuchung der Hochschule Magdeburg-Stendal konstatiert für Sachsen-Anhalt eine ausgedünnte Beratungslandschaft außerhalb der zentralen Orte. Diese sind in der Mehrzahl die aktuellen und ehemaligen Kreisstädte.

dortigen Landtage. Mit 7,1% entsandte die AfD auf Anhieb sieben Abgeordnete in das Europaparlament.

Zeitgleich mit der Europawahl 2014 fanden in zehn der 16 Bundesländer Kommunalwahlen statt. Die AfD erlangte hierbei rund 350 Mandate, wobei auch hier das sächsische Ergebnis herausragt. Die NPD kam auf 170 Sitze in Kommunalparlamenten. 88% davon erlangte die Partei in den fünf ostdeutschen Ländern. Für Mecklenburg-Vorpommern gilt die Besonderheit, dass Tarnlisten Rechtsextremer mit harmlos klingenden Namen (z.B. „Wir von hier in Ückermünde“ oder „Besseres Strasburg“) in mehreren kleineren Gemeinden zweistellige Ergebnisse erreichten (NETZ-GEGEN-NAZIS, Zugriff am 23.10.2015). In Sachsen, wo die NPD trotz Verlusten immer noch ihre besten Kommunalwahlergebnisse erzielt und die AfD in manchen Kommunen und Landkreisen stärker abschnitt als die SPD, werden mehrere Besonderheiten deutlich: Beide Parteien erreichen im Landesmittel nicht die Ergebnisse, die ihnen bei der Landtagswahl zugefallen sind. Während die Ergebnisse der AfD in größeren Städten ähnlich hoch sind wie in der Fläche, reüssiert die NPD unverändert in Dörfern und Kleinstädten (MDR.DE, Zugriff am 23.10.2015)[21]. Ihr landesweit bestes Ergebnis erzielte die Partei erneut in Reinhardtsdorf-Schöna, wo wiederum ein Fünftel der Wählerstimmen auf die Rechtsextremen entfielen.

Parolen

Bei den Wahlen im Frühjahr 2016 eskalierte die Situation. Als Krisengewinner der Zuwanderung der Jahre 2015 und 2016 reüssierte die AfD bei drei Landtagswahlen.

Bei den eine Woche zuvor stattgefundenen Kommunalwahlen in Hessen, bei denen die AfD landesweit 11,9% erreichte, hat sie im ländlichen Raum aufgrund fehlender Listenaufstellungen in vielen kleinen Orten ihr Potenzial nicht ausgeschöpft[22]. Analysiert man die Kreistagswahlen in Hessen, so bekommt die Partei ihre Spitzenergebnisse allerdings doch im ländlichen Raum.[23] Eine weitere Besonderheit stellt der Umstand dar, dass dort, wo die AfD nicht kandidierte, die „alte Rechte“ erfolgreich war. So erhielt die NPD ohne AfD-Konkurrenz in Leun 11,2%, in Büdingen 10,2% und in Altenstadt 10,0%. Die Republikaner erzielten unter gleichen Bedingungen in Hanau 9,6% und in Fulda 6,9% (WWW.STATISTIK-HESSEN.DE, Zugriff vom 10.3.2016).

Ungeachtet ihrer Vielstimmigkeit erzielte die Partei auf der Welle des Flüchtlingsthemas spektakuläre Wahlerfolge. Während der baden-württembergische Spitzen-

---

21 Befremdend ist der Umstand, dass der Zugriff auf die Wahlstatistiken des Sächsischen Statistischen Landesamtes z.T. kostenpflichtig ist.

22 Spitzenwerte hatte die AfD in Kleinstädten wie z.B. in Dietzenbach mit 14,7% und Bad Karlshafen mit 14% (WWW.HESSENSCHAU.DE, Zugriff am 10.3.2016). Ihr bestes Kreistagswahlergebnis erreichte die Partei mit 15,9% im ländlichen Landkreis Bergstraße (WWW.STATISTIK-HESSEN.DE, Zugriff vom 10.3.2016).

23 Exemplarisch die Kreistagswahlergebnisse für die kreisangehörigen Gemeinden Neuhof (23,1%), Hosenfeld (22,8%), Steinau (21,3), Gorxheimertal (20,8%), Flieden (18,9%), Tann (18,3%), Mörlenbach (17,6%) (ebenda).

kandidat Meuthen schrille Töne vermied, wurde in Sachsen-Anhalt mit völkischen Parolen um die Wählerschaft geworben. In emotional aufgeladenen Situationen können sich auch dann Wahlerfolge einstellen, wenn das Personal Irritierendes von sich gibt.

Ihr bestes Ergebnis in Sachsen-Anhalt hatte die Partei in Schnaudertal (Burgenlandkreis) mit 39,5%. Am rechten Rand erzielte die NPD dort zusätzlich 3,2%. In diesem und benachbarten südlich im Bundesland gelegenen Wahlkreisen hatte sie in anderen ländlichen Gemeinden weitere Spitzenwerte (WWW.STATISTIK.SACHSEN-ANHALT.DE, Zugriff am 05.04.2016).[24] Noch besser schnitt sie in dem vorwiegend von Russlanddeutschen bevölkerten Pforzheimer Stadtteil Buckenberg ab: 43,2% (PFORZHEIMER ZEITUNG, 14.03 2016).[25]

Vorurteile

Die Befindlichkeiten von Teilen der Bevölkerung hätten bei einem Fehlen der AfD ausgereicht, die Rechtsextreme zu stärken und sie mit guten Ergebnissen in die Landtage zu bringen. Bei der Wahl in Sachsen-Anhalt wurde das rechtsextreme Potenzial von den Rechtspopulisten aufgesogen.

Ob sich die AfD als dauerhafte Größe etabliert, bleibt abzuwarten. Vier Dinge werden dafür entscheidend sein:

- Gelingt es den demokratischen Parteien Deutschlands und der Europäischen Union, eine gemeinsam oder zumindest mehrheitlich getragene Flüchtlingspolitik zu entwickeln?
- Wie werden die nach den Wahlen aufbrechenden Auseinandersetzungen zwischen den Strömungen der AfD ausgetragen?
- Gelingt es der Partei – ähnlich wie seinerzeit der NPD in Sachsen und in Mecklenburg-Vorpommern – nach dem Einzug in die Landtage landesweite Strukturen aufzubauen?
- Haben zivilgesellschaftliche Kräfte in- und außerhalb der Parlamente den langen Atem, die Gemengelage aus untauglichen Politikkonzepten und, mal deutlich, mal moderat, vorgetragenem Rassismus samt diffusen Verschwörungstheorien zu entzaubern?

Die heutigen Wahlerfolge in ländlichen Räumen resultieren unverändert daraus, dass rechte Ideologien an Fragmenten traditioneller Werthaltungen anknüpfen, die in ländlich strukturierten Sozialräumen stärker präsent sind: Konventionalismus, Autoritarismus, Homophobie bis hin zum Rassismus. Vielerorts hat sich über Jahre hinweg ein lokaler ländlicher – gemeinsam geteilter – gesellschaftlicher Sozialisationsraum ent-

24 Mertendorf (AfD: 37,0%), Wetterzeube (AfD: 35,9%, NPD: 5,0%), Kretzschau (AfD: 34,5%, NPD: 6,0%), Bornstedt (AfD: 36,0%, NPD: 2,1%).

25 Hier verlor die CDU 35%.

wickelt, in dem eine affektive Gestimmtheit für rechte Mentalitäten, Stereotypen und Vorurteile vorherrscht (bereits: HAFENEGER 2006, S. 35).

Bereits früher für Gesamtdeutschland beschriebene Entwicklungen (SIMON 2007) gelten, wenngleich abgeschwächt, noch immer häufiger als anderswo in den ländlichen Sozialräumen Ostdeutschlands:

- die noch immer höhere Arbeitslosigkeit (unverändert mit Spitzenwerten in den ländlichen Räumen Mecklenburg-Vorpommerns und Sachsen-Anhalts) mit den daraus resultierenden Spaltungs- und Segmentierungsprozessen, Armut und Perspektivlosigkeit,
- die bereits beschriebene Abwanderung der besser qualifizierten und besser gebildeten jungen Erwachsenen, was sich insbesondere bei Bestrebungen nach einer Stärkung der Zivilgesellschaft als fatal erweist und selbst traditionelle Ehrenamtlichkeit – etwa im Vereinswesen oder der Jugendarbeit – weiter schwächt,
- Der ebenfalls bereits benannte Befund, wonach die Abwanderung gut qualifizierter junger Frauen noch höher ist als bei gleichaltrigen Männern, tritt in den ländlichen Räumen Ostdeutschlands noch stärker auf. Die Forschungen dokumentieren dörfliche Situationen, in denen in seltenen Extremfällen nur noch ein Drittel der Bevölkerung weiblich ist.
- Die eingangs skizzierte Veränderung ländlicher Sozialräume mit ihren innewohnenden Individualisierungspotenzialen zeigt, warum die in einigen Regionen mittlerweile gut entwickelten rechten Netzwerke hohe Attraktivität besitzen. Sie machen Orientierungsangebote, sie etablieren Gruppengeschehen und Freizeitgestaltung mit den für Jugendliche spannenden Anteilen an „Thrill" und „Action": „Was kann denn attraktiver sein als ein angekündigtes, aber erst einmal von den Ordnungsbehörden verbotenes Konzert der «14 Nothelfer», über dessen endgültigen Ort man subversiv und exklusiv im letzten Moment über eine SMS erfährt? Ein Abend mit dreifacher Genussgarantie: erst das «Katz- und Maus-Spiel» mit der Polizei, dann das Konzert selbst, schließlich die Heimfahrt durch eine aus der Sicht der Jugendlichen wenigstens für kurze Zeit «national befreite Zone», in der sich ihnen des Nachts niemand mehr entgegen stellt. Das kann kommunale Jugend- und Bildungsarbeit nur äußerst selten bieten" (BUND DER DEUTSCHEN LANDJUGEND 2009, S. 62).

Einmal abgesehen davon, dass der ländliche Raum selbst starkes Rekrutierungsgebiet ist, begründen spezifische soziale Erfahrungen das Auftreten von Rechtsextremisten in der Provinz.

Auch wenn der Begriff „national befreite Zonen" immer unzutreffend war, muss festgestellt werden, dass rechte Jugendkultur in einigen ländlichen Gebieten dominiert. Während 15 oder 20 Kameradschaftsangehörige in den Städten einen „verlorenen Haufen" darstellen, der leicht selbst in die Opferrolle gerät, kann in Dörfern mit einer Gruppe dieser Größenordnung Macht demonstriert und ausgeübt werden. Die Besetzung von Jugendräumen und öffentlichen Plätzen, der Genuss von Machtgefühlen gegenüber anderen Jugendlichen, die Orte meiden und Umwege machen, aber auch gegenüber verschreckten Erwachsenen, sind auf dem Lande eher möglich als in Städten. Die fehlende Präsenz von Polizei in den Nachtstunden lässt die Omnipotenzgefühle weiter anschwellen.

Während das ländliche Gemeinwesen vor allem im Osten nur wenig institutionelle Angebote für Jugendcliquen vorhält, sind die Erlebniswelten in den Kameradschaften vielfältig. Im Unterschied zu den frühen 1990er Jahren sind die rechten Cliquen auch nicht mehr an ihren Ort gebunden. Hohe Mobilität und eine ausgeprägte „Netzwerkbildung von rechts" schaffen vielfältige Begegnungs- und Erlebniswelten in der Region. In Anlehnung an das bekannte „Drei-Säulen-Konzept" der NPD („Kampf um die Straße", „Kampf um die Köpfe", „Kampf um die Parlamente") hat deren Jugendorganisation „Junge Nationaldemokraten" bereits zu Beginn der 2000er Jahre mit Blick auf die junge Generation in den ländlichen Räumen ein „Vier-Säulen-Konzept" propagiert:

1. Kampf um die Dörfer,
2. Kampf um die Schulen,
3. Zusammenarbeit mit den Kameradschaften,
4. „Politische Bildung von rechts": Schulungslager, „nationale Bildungswerke" (ebenda, S. 63).

Auch wenn die Umsetzung dieses Konzeptes vielerorts nicht gelungen ist, bleibt die Attraktivität rechtsorientierter Erlebniswelten. Zu diesen gehören Cliquenbildungen, Musikkultur, aber auch kollektiv durchlebte Gewalt- und Rauscherfahrungen. Gerade für die Jugendlichen und jungen Erwachsenen, die in den prekären ländlichen Räumen von der Einmündung in akzeptable Formen der Berufstätigkeit abgekoppelt sind, erlangen derartige Erlebnisse subjektiven Sinn, was wiederum das Andocken an rechtsextreme Gruppen sowie die darin verankerten Denk- und Handlungsmuster befördert.

BECKER und HAFENEGER (2012) beschreiben mit dem Verweis auf PALLOKS / STEIL (2008) die Wirksamkeit lokalistischer Orientierungen. Die Verpflichtungen gegenüber ihren Nächsten leiten sich aus einer „Nahmoral" ab, was wiederum einen höheren Konformitätsdruck begünstigt. Daraus erklärt sich auch der Sachverhalt, dass ein von außen (durch „Fremde") an dörfliche Gemeinwesen herangetragener Rechtsextremismus sich schwer tut, dort Fuß zu fassen. Wenn es den Rechtsextremen allerdings gelingt, sich als integriert und seriös angepasst darzustellen und dabei auch die Rolle des „lokalen Kümmerers" gepflegt wird, greift vielerorts eine „Schweigespirale", was dazu führt, dass diejenigen, die diese Positionen nicht teilen, sich nicht mehr wahrnehmbar artikulieren (BECKER / HAFENEGER 2012, S. 150). Diese Wirkmechanismen gelten für Jugendliche und Erwachsene gleichermaßen.

3.3 Jugendstudien

JUGENDSTIFTUNG BADEN-WÜRTTEMBERG (HRSG.): *Jugendstudie Baden-Württemberg 2015*. Sersheim 2015

KIDS VERBRAUCHER ANALYSE 2015 UNTER: *www.*ehapa.de

KREISJUGENDRING BIBERACH (VERANTWORTLICH): *Projekt „Zukunft Jugendarbeit im ländlichen Raum"*. Laufzeit 2013-2015

17. SHELL JUGENDSTUDIE 2015 UNTER: *www.*shell.de

4 Ältere Regional-Studien zu Maßnahmen gegen Rechtsextremismus mit ausgeprägten Bezügen zu ländlichen Räumen

Mit Blick auf aktuelle und künftige Fragestellungen werden in diesem Kapitel in knapper Form ältere exemplarische Analysen zur Entwicklung des Rechtsextremismus in ausgesuchten Sozialräumen sowie zur Initiation von Gegenmaßnahmen dargestellt. Es handelt sich dabei um eine Zusammenfassung jener Studien, die in der ersten Arbeitshilfe ausführlicher dargestellt wurden (BUND DER DEUTSCHEN LANDJUGEND 2009).

Diese älteren Studien sind trotz ihrer zum Teil überholten Darstellungen für die Fachdebatte wichtig, da sie einen umfassenden Einblick in die heterogene Erscheinungswelt des Rechtsextremismus gaben und einen Überblick über dessen Ursachenvielfalt vermittelten. In unterschiedlicher Intensität wurden auch Möglichkeiten der pädagogischen und zivilgesellschaftlichen Auseinandersetzung mit diesem Phänomen betrachtet.

4.1 „Rechte Jugendcliquen. Zwischen Unauffälligkeit und Provokation". Eine empirische Untersuchung für das Land Hessen

Die 2007 unter der Federführung des Marburger Sozialwissenschaftlers B. HAFENEGER veröffentlichte Studie (HAFENEGER / BECKER 2007) versteht sich als Nachfolgestudie zu einer bereits 2002 vorgenommenen Erhebung (HAFENEGER u.a. 2002). Beide zeigen, dass in Hessen gerade die ländlichen Regionen einen besonderen Aktionsschwerpunkt für rechtsextreme Aktivitäten und die Herausbildung rechter Jugendcliquen im Besonderen darstellen.

Bei den Antworten auf die Frage nach pädagogischen Kontakten und Umgangsformen konnten unterschiedliche Reaktionsmuster ausgemacht werden. An lediglich zwei Orten gab es Beratungsangebote, mit denen Eltern von rechten Jugendlichen, Ehrenamtliche in der Jugendarbeit, aber auch Jugendliche, die von Rechten unter Druck gesetzt worden waren, erreicht und unterstützt werden konnten.

4.2 Zur Studie „Grenzen lokaler Demokratie – Zivilgesellschaftliche Strukturen gegen Nazis in ländlichen Räumen"

Die von Doris Liebscher und Christian Schmidt unter Projektleitung von REBECCA PATES und DANIEL SCHMIDT 2007 am Institut für Politikwissenschaften der Universität Leipzig erstellte Studie beschäftigt sich mit den Bedingungen, unter denen sich in ländlichen Gebieten eine Zivilgesellschaft entwickeln kann, die den lokalen Strukturen des Rechtsextremismus effektiv zu begegnen vermag. Anhand von zwei Fallstudien im ländlichen Raum - eine im alten und eine im neuen Bundesgebiet - werden die Verhältnisse des ländlichen Raums mit Blick auf Herausbildung und „Nichtwahrnehmung" der lokalen Nazistrukturen durch weite Teile der ansässigen Bevölkerung beschrieben. Ferner wird ein Überblick über damalige Gegenprogramme und -maßnahmen gegeben.

Anhand der Fallstudien in Bayern (Fallstudie A) und Sachsen (Fallstudie B) belegen die Autoren: *„Innerhalb ländlicher Regionen, in denen ein Klima hoher Akzeptanz für nazistische Einstellungen und Handlungen herrscht, zählen beide ausgewählte Kommunen zu den positiven Ausnahmen"*, in denen *„seit einiger Zeit gesellschaftliche Bündnisse gegen (Rechts)Extremismus bzw. für Demokratie [existieren], die mittlerweile als beispielhaft für bürgerschaftliches Engagement gegen Nazis gelten"* (LIEBSCHER / SCHMIDT 2007, S. 20).

Neben den zivilgesellschaftlichen Akteuren werden zum Erhebungszeitraum nur für den Geltungsbereich der Fallstudie B drei professionelle Angebote ausgemacht (ebenda, S. 139):

- ein Projekt aufsuchender Jugendarbeit,
- ein Beratungsangebot für Opfer von Naziübergriffen und
- ein Mobiles Beratungsteam

Mittels aufsuchender Arbeit wurde versucht, unmittelbar mit „rechten Jugendlichen" zu arbeiten. Sowohl aus der Studie als auch aus Praxisberichten geht nicht hervor, dass es während der Erhebungsphase zu einer erwähnenswerten Eltern- und Angehörigenarbeit kam. Innerhalb des Beratungsangebots für Opfer von Naziübergriffen war ein Ziel des Mobilen Beratungsteams die „Sensibilisierung" für das Thema (ebenda, S. 147). Diese „Sensibilisierungsbemühungen" setzen allerdings *„die Bereitschaft [voraus], sich sensibilisieren zu lassen"* (ebenda, S. 148). Ein weiterer Arbeitsschwerpunkt lag in *„der Moderation von Konflikten innerhalb der Initiativlandschaft"* (ebenda, S. 151).

4.3 Regionalanalyse Altmark

Das von der Hochschule Magdeburg-Stendal und „Miteinander – Netzwerk für Demokratie und Weltoffenheit in Sachsen-Anhalt e.V." getragene Kooperationsprojekt „Maßnahmen gegen Rechtsextremismus und Fremdenfeindlichkeit“ wurde in einem bereits dauerhaft durch rechtsextreme (Jugend)Kulturen geprägten ländlichen Raum implementiert, um bei der Entwicklung lokaler Handlungsstrategien zu helfen. Die Gespräche mit ExpertInnen in der Altmark dienten einer ersten regionalen Bestandsaufnahme entlang eines mehrdimensionalen Erhebungskatalogs. Die 2003 vorgelegte Regionalstudie konzentriert sich auf zwei Fragestellungen:

- Welche regionalen oder sozialräumlichen Besonderheiten weist die Untersuchungsregion auf?
- Wie sehen die lokalen Bedingungen für zivilgesellschaftliches Engagement aus? Welche Bedingungen unterstützen eher demokratiefeindliche Aktivitäten und unter welchen Bedingungen entwickeln sich demokratische Gegenkulturen?

Pöbeleien

Die Entwicklung der Organisationsstrukturen rechtsorientierter Zusammenschlüsse in der Altmark stellte sich während des Entstehungszeitraums der Altmarkanalyse wie folgt dar:

- Die Grenzen zwischen Zusammenschlüssen und der „freien Szene“ waren fließend.
- Niemand wusste genau, wie groß das Potenzial an mobilisierbaren Jugendlichen oder Mitläufern war.
- Bei Gewalttaten und Propagandadelikten konnte regelmäßig beobachtet werden, dass Personen aus anderen Regionen und anderen Bundesländern beteiligt waren.
- Die Mitgliederzahlen rechter Parteien oder unterschiedlicher Kameradschaften waren zum damaligen Zeitpunkt im Steigen begriffen.
- Ab Mitte der 1990er Jahre waren Radikalisierungen, vermehrte lokale Aktivitäten und eine Modernisierung der ideologische Diskurse und der Kommunikationswege zu beobachten.
- Treffpunkte rechtsorientierter Jugend (Räume und ein Unterstützungsnetzwerk) waren eingerichtet worden.
- Die rechte Szene in der Altmark ist hoch mobil (Handys, Autos).
- Das Internet wurde damals nach Einschätzung der Autorengruppe von keiner anderen Jugendszene so intensiv für Zwecke der Vernetzung genutzt.

Schlussfolgerungen und Empfehlungen der Herausgeber bezogen sich zum damaligen Zeitpunkt vor allem auf Maßnahmen örtlicher Gegenmachtbildung sowie auf solche mit Potenzialen zur Stärkung der Zivilgesellschaft.

4.4 Rechtsextremismus und sein Umfeld. Eine Regionalstudie und die Folgen für die Praxis – Ergebnisse von Untersuchungen im Rems-Murr-Kreis

Die in den Jahren 2006 und 2007 erstellte Studie wurde vor dem Hintergrund länger anhaltender, intensiver rechtsextremer Aktivitäten im Untersuchungsgebiet erstellt, die sowohl in den Kleinstädten als auch in den ländlichen Gebieten des wirtschaftlich starken Flächenlandkreises sichtbar wurden und unverändert anhalten. Arbeitsbeziehungen bestanden zum Verein für Arbeits- und Kulturbeziehungen, der IG Metall Rems-Murr sowie zur Landeszentrale für politische Bildung Baden-Württemberg. Sie geht vorrangig der Frage nach, welchen Beitrag das soziale Umfeld für die Entstehung und Verbreitung von Rechtsextremismus leistet. Dabei wird von der Hypothese ausgegangen, dass rechtsextreme Milieus mit soziokulturellen Feldern korrespondieren, die den Rechtsextremismus potenziell begünstigen (HELD u.a. 2008, S.10).

Bestätigung findet die von HELD u.a. an anderer Stelle (z.B. 1991, 2007) vertretene These, wonach es sich bei Jugendlichen in rechten Szenen keineswegs immer vorrangig um so genannte „Modernisierungsverlierer" handelt.

Bei der Analyse der an verschiedenen Orten mit Jugendlichen geführten Gruppendiskussionen wurden von der Forschungsgruppe vier unterschiedliche, besonders charakteristische Einstellungen identifiziert, die hier als Typen für Einstellungen und Argumentationsmuster dargestellt werden (ebenda, S. 135 ff):

- Die Kritischen waren vor allem unter Gymnasiasten zu finden, der Anteil von Mädchen lag über dem der Jungen. Sie lehnen Rechtsextremismus ab, sind zum Teil dagegen aktiv und treten für Multikulturalismus ein.
- Die Individualisierten repräsentiert eine Gruppe Realschüler, die sich bislang nicht intensiv mit dem Phänomen Rechtsextremismus auseinandergesetzt hat und deren Protagonisten die Haltung „Leben und leben lassen" vertreten. Rechtsextreme werden im Umfeld als Normalität und nur dann als Problem erlebt, wenn sie aufgrund von Pöbeleien oder Gewalt ein Problem für die Jugendlichen selbst oder ihr Umfeld darstellen. Auf der anderen Seite fühlen sich Angehörige dieser Gruppe auch gelegentlich selbst gegenüber Jugendlichen anderer Nationalitäten in der Defensive.
- Die lokal Orientierten bestanden aus einer Gruppe männlicher Jugendlicher und junger Erwachsener, deren Mitglieder sich allesamt in Berufsausbildungen befanden. Die Jugendlichen waren überdurchschnittlich stark in örtliche Strukturen und Organisationen integriert und reagierten in den Befragungen eher defensiv auf das Thema Rechtsextremismus, in dem sie ein eher von außen an ihre Herkunftsorte herangetragenes Phänomen sahen.
- Die Sympathisanten wurden vor allem in zwei der befragten Fokusgruppen identifiziert. Sie sind selbst noch nicht dezidiert rechtsextrem und haben bis zum Befragungszeitpunkt noch keine einschlägigen Straftaten begangen. Dabei handelte es sich in einem Fall um neun Auszubildende, die in ihrem Betrieb befragt wurden. Die Mehrzahl hatte einen Realschulabschluss. Zwei weitere Jungen, die dem Ty-

pus der Sympathisanten zugerechnet werden konnten, waren Gymnasiasten. Beide Gruppen zeichneten sich durch eine ausgeprägte Offenheit gegenüber moderat formulierten rechtsextremen Positionen aus. In den Diskussionen werden insbesondere beim Thema MigrantInnen fließende Übergänge zu rechtsextremen Einstellungen sichtbar. Stark vertreten wird die Sicht, wonach sich Deutschland in einem Kulturkampf befinde.

Die Untersuchungsergebnisse weisen darauf hin, dass nicht die Existenz rechtsextremer Gruppen das eigentliche Problem darstellt, sondern die politische Kultur, die eine Akzeptanz gegenüber dem Rechtsextremismus entwickelt (ebenda, S. 171).

Relativ knapp fallen die von der Autorengruppe formulierten Folgerungen für die Praxis aus. Hier wird auf das bereits entwickelte Spektrum an unmittelbar pädagogischen und präventiven Maßnahmen und Programmen verwiesen. Insgesamt plädiert die Autorengruppe für einen Mix aus fachlich qualifizierter, unmittelbar auf rechte Jugendliche gerichteter Praxis, präventiven Maßnahmen und Kulturarbeit, die auf eine Veränderung des Klimas gerichtet ist.

4.5 Die Studie der Fachstelle für Rassismusbekämpfung des Eidgenössischen Departements des Innern: Rechtsextremismus bekämpfen: Wirksame Maßnahmen und griffige Arbeitsinstrumente für Gemeinden in der Schweiz

Diese Studie fand in der ersten Arbeitshilfe (BUND DER DEUTSCHEN LANDJUGEND 2009) aus zwei Gründen Berücksichtigung. Zum einen war sie explizit auf die Entwicklung von Handlungskonzepten in kleineren Gemeinden ausgerichtet. Zum anderen gab und gibt es eine grenzüberschreitende Zusammenarbeit rechtsextremer Kräfte im Bodenseeraum. Diese lässt sich vorrangig im Bereich der Aktivitäten freier Kameradschaften sowie bei der Durchführung von rechtsextremen Musikveranstaltungen nachweisen. Im Rahmen des Nationalen Forschungsprogramms NFP 40+ „Rechtsextremismus: Ursachen und Gegenmaßnahmen" wurde eine frühere Publikation der Fachstelle für Rassismusbekämpfung (FRB) in der Schweiz aktualisiert (EIDGENÖSSISCHES DEPARTEMENT DES INNERN – FACHSTELLE FÜR RASSISMUSBEKÄMPFUNG 2007).

Eingangs wurden Akteure aus neun Gemeinden der Deutsch- und Westschweiz über ihren Umgang mit rechtsextremistischen Vorfällen befragt. Die Auswahl der Gemeinden basierte auf einer Analyse von Artikeln, die in den Jahren 2000 und 2003 in den Tageszeitungen „Tagesanzeiger" und „Neue Zürcher Zeitung" erschienen sind, sowie der Sichtung der „Chronik rassistischer Vorfälle in der Schweiz". Das Forschungsinteresse richtete sich auf folgende Themenkreise:

- Medienecho,
- Verständnis, Wahrnehmung und Einschätzung von Rechtsextremismus in der Gemeinde,
- Strategieentwicklung und Auswahl von Maßnahmen, Zusammenarbeit mit Nachbargemeinden,
- Aussagen über Wirkungen der durchgeführten Interventionen

Handlungskonzepte für belastete ländliche Gemeinden der Deutsch- und Westschweiz: Auf der Basis lokaler Analysen und nach einer Reihe aktivierender Veranstaltungen wurden in den ausgesuchten Gemeinden **lokale Handlungskonzepte** entwickelt. In drei Gemeinden wandten einzelne Bereiche, z.B. Polizei oder Schule, Maßnahmen gegen Rechtsextremismus an, ohne dass sie sich dafür speziell vernetzten. Die Maßnahmen blieben deshalb bereichsspezifisch und konnten keinen größeren Aktionsradius erreichen. In sechs Gemeinden schlossen sich die Akteure nach einer Vorbereitungsphase zusammen, setzten sich gemeinsam an einen Tisch und diskutierten die Probleme und Handlungsoptionen. Daraus entstand eine Vielzahl unterschiedlicher Aktivitäten:

- repressive Maßnahmen wie häufige Kontrollen, Deliktaufklärungen, Verhinderung von Versammlungen, Kleidervorschriften in der Schule,
- präventive Maßnahmen wie von Jugendlichen gestaltete Wanderausstellungen zum Thema Gewalt, eine Notruf-Telefonkette für Gewaltopfer, Solidaritätsfeste, Schulwochen zum Thema Toleranz

Am erfolgreichsten erwies sich eine Kombination repressiver, intervenierender und präventiver Methoden. Überrascht hat, dass es trotz neuer Bedarfslagen bislang zu keiner Aktualisierung für die Deutsch- und Westschweiz gekommen ist.

4.6 Studie „Futur Exakt": Jugendkultur in Oranienburg zwischen rechtsextremer Gewalt und demokratischem Engagement

Der Studie „Futur Exakt" ging eine zweijährige Feldforschung in Oranienburg voraus. Unter der Leitung von Ralph Gabriel beobachtete eine Studiengruppe 2002 und 2003 die Alltagsaktivitäten von Jugendlichen im Spannungsfeld zwischen rechtsextremer Gewalt und demokratischem Engagement. Ziele waren die präzisere Erfassung örtlicher rechtsextremer Erscheinungsformen, die Benennung des demokratiegefährdenden Potenzials sowie der Auswirkungen auf das gesellschaftliche Klima (Gabriel u.a. 2004, S. 14).

Die Beobachtungen und Untersuchungen zeigten, dass sich die rechtsextreme Szene gewandelt hat. Konnte man Neonazis vor Jahren noch an Bomberjacken und Glatzen erkennen, so hat sich deren Erscheinungsbild nach 2002 so verändert, dass sie sich optisch kaum von nicht rechtsextremistischen Gruppen abheben. Sie treffen sich nicht nur bei offiziellen Feiern und in ihren Szenezusammenhängen, sondern auch ganz unscheinbar in Freizeitzentren und Bars, um sich ihrer Klientel zu vergewissern. Bei der Betrachtung der Feindbilder der rechtsextremistischen Gruppierungen lässt sich feststellen, dass neben Punks, „linken Zecken" und AusländerInnen neuerdings auch die „Kiffer" zu den Personenkreisen gehören, die es zu verfolgen gilt (ebenda, S. 11).

Obwohl die in Oranienburg lebenden Jugendlichen, Heranwachsenden und jungen Erwachsenen im Alter zwischen 14 und 23 Jahren im Mittelpunkt der Forschungsarbeit standen, legen die AutorInnen Wert auf die Feststellung, dass es sich beim Rechtsextremismus um kein ausschließliches Jugendphänomen handelt (ebenda, S. 14). Sie wollten keinen Beitrag zur Delinquenzprävention leisten, sondern über die Ursachen des Rechtsextremismus aufklären, Veränderungstendenzen prognostizieren und Präventionsstrategien empfehlen (siehe: ebenda, S. 16, S. 162 ff).

Auf Basis der Befunde werden sechs Anforderungen an ein lokales Handlungskonzept formuliert (ebenda, S. 224 ff):

1. Um dem Rechtsextremismus wirkungsvoll zu begegnen, müssen neue Ansätze zum Erleben demokratischer Prozesse entwickelt werden, die zur Förderung und Stabilisierung einer pluralistisch-demokratischen Gesellschaft beitragen.
2. Rechtsextremismus und dessen Erscheinungsformen dürfen nicht einfach banalisiert oder naiv auf schwierige soziale Verhältnisse, Orientierungslosigkeit, fehlende Anerkennung oder Perspektivlosigkeit zurückgeführt werden. Es darf nicht zu einer Täter-Opfer-Umkehr kommen. Vielmehr muss Rechtsextremismus mit seiner ganzen gesellschaftlichen Tragweite ins Bewusstsein treten. Für die Auseinandersetzung mit Rechtsextremisten ist es nötig, Methoden zu entwickeln, die eine direkte Konfrontation ermöglichen.
3. Damit Projekte effektiv arbeiten, müssen interkulturelle Begegnungen um demokratische Werte wie z.B. Toleranz und Weltoffenheit ergänzt werden.
4. Es ist erforderlich, die Akzeptanz der Gedenkstätte Sachsenhausen zu erhöhen. Die Vermittlung von historischen Fakten allein reicht nicht für die Entwicklung von Geschichtsbewusstsein aus.
5. Im Fokus einer erfolgreichen Projektarbeit müssen die Partizipation von Jugendlichen sowie die Möglichkeit der Mitgestaltung stehen. Im Bereich der Bildungsarbeit muss künftig vermehrt auf Genderaspekte geachtet werden.
6. Ein Problem stellt die fehlende Nachhaltigkeit vieler Projekte dar. Dem gilt es entgegenzuwirken. Oftmals fehlt es Projekten aufgrund ungenügender personeller Ressourcen an Vor- und Nachbereitung. Viele Projekte im Bildungsbereich finanzieren sich aus zeitlich befristeten Programmen.

Diese Forderungen und Ausrichtungen können als erfolgversprechend und plausibel eingeschätzt werden.

4.7 Zur Relevanz der dargestellten älteren Forschungsberichte für die Anliegen dieser Arbeit

Die skizzierten älteren Rechtsextremismus-Studien bezogen sich auf ausgesuchte Sozialräume mit überdurchschnittlich hoher rechtsextremistischer Belastung. Sie haben wichtige Beiträge dazu geleistet, die häufig festzustellende Reduktion von Rechtsextremismus auf ein Jugendproblem überwinden zu helfen. Ferner verdeutlichen sie, dass bei der Schaffung entsprechender Rahmenbedingungen zahlreiche Menschen bereit sind, sich gegen Rechtsextremismus zu wehren in Form von Initiativen, Bündnissen und Verbänden und manchmal erst im Handeln selbst nach den richtigen Mitteln und Wegen suchen. Meist waren diese Studien erste fundierte Analysen von Verhältnissen in „schwierigem Terrain". Es war sicherlich den Zeitpunkten ihres Entstehens geschuldet, dass Bemühungen um die Stärkung der Zivilgesellschaft sowie die Beschreibung der dabei auftretenden Schwierigkeiten und Hemmnisse stärker im Fokus der Betrachtungen standen als sozialpädagogische Praxis. Diese war vielerorts zu schwach entwickelt, oftmals zeitlich befristet und von ungenügend qualifiziertem Personal erbracht.

Glatzen

4.8 Titel der im vierten Kapitel skizzierten älteren Studien:

EIDGENÖSSISCHES DEPARTEMENT DES INNERN – FACHSTELLE FÜR RASSISMUSBEKÄMPFUNG (HRSG.): *Rechtsextremismus bekämpfen: Wirksame Maßnahmen und griffige Arbeitsinstrumente für Gemeinden, überarbeitete Fassung.* Bern 2007

R. GABRIEL / I. GRASTORF / T. LAKEIT / L. WANDT / D. WEYAND: *Futur Exakt.* Jugendkultur in Oranienburg zwischen rechtsextremer Gewalt und demokratischem Engagement, Berlin 2004

B. HAFENEGER / R. BECKER: *Rechte Jugendcliquen.* Zwischen Unauffälligkeit und Provokation. Eine empirische Studie, Schwalbach 2007

J. HELD / S. BIBOUCHE / G. DINGER / G. MERKLE / C. SCHORK / L. WILMS: *Rechtsextremismus und sein Umfeld.* Eine Regionalstudie und die Folgen für die Praxis, Hamburg 2008

J. HELD / H.-W. HORN / R. LEIPRECHT / A. MARVAKIS: *„Du musst so handeln, dass du Gewinn machst…".* Wohlstands-Chauvinismus jugendlicher Arbeitnehmer, in: „DEUTSCHE JUGEND", Heft 11/1991

HOCHSCHULE MAGDEBURG-STENDAL UND MITEINANDER – NETZWERK FÜR DEMOKRATIE UND TOLERANZ IN SACHSEN-ANHALT E.V. (HRSG.): *Regionalanalyse Altmark.* Maßnahmen gegen Rechtsextremismus und Fremdenfeindlichkeit, Magdeburg 2003

D. LIEBSCHER / C. SCHMIDT: *Grenzen lokaler Demokratie.* Zivilgesellschaftliche Strukturen gegen Nazis im ländlichen Raum, Leipzig 2007

5 Ergebnisse von Studien und Berichten zu Maßnahmen gegen Rechtsextremismus nach 2009

In diesem Kapitel werden die Ergebnisse wichtiger Arbeiten vorgestellt, die nach dem Erscheinen der ersten BDL-Studie zum Rechtsextremismus in den ländlichen Räumen erschienen sind. Nach dem Auslaufen der großen Bundesprogramme, die bis nach der Jahrtausendwende vor allem auf die direkte Konfrontation und Zusammenarbeit mit rechten Jugendlichen ausgerichtet waren, fand nachhaltige Arbeit mit dieser Zielgruppe nur noch an wenigen Praxisorten statt.

Im Vordergrund von Programmen und Praxis standen nun die Stärkung der Zivilgesellschaft, die Suche nach sinnvollen Multiplikatoren, die Schaffung von Netzwerkstrukturen sowie Beiträge zur kommunalen Gegenmachtbildung. Ende 2014 lief das Programm „Toleranz fördern – Kompetenz stärken" aus, dessen Säulen die Prävention, die besondere Beachtung der Opferperspektive und die Stärkung der Zivilgesellschaft gewesen sind. Mit dem Titel „Demokratie leben! Akiv gegen Rechtsextremismus, Gewalt und Menschenfeindlichkeit" werden seit 2015 bis Ende 2019 gezielt Projekte der Demokratieförderung und Extremismusprävention gefördert. Einer der Programmbausteine richtet sich explizit an den ländlichen Raum.

5.1 Anmerkungen zu dem Sammelband „Stadt – Land – Rechts. Brauner Alltag in der deutschen Provinz"

Ein knappes Jahr nach dem Erscheinen der BDL-Arbeitshilfe – und in häufiger Bezugnahme auf dieselbe – gab FRIEDRICH BURSCHEL[26] (2010) ein Sammelwerk heraus, das unterschiedliche Facetten der Verankerung des Rechtsextremismus in der Provinz abbildet. Dabei wird einmal mehr deutlich gemacht, dass gerade die prekärsten

26 Friedrich Burschel hat als Autor der Kurzexpertise für den Freistaat Bayern an der BDL-Publikation 2009 mitgewirkt.

ländlichen Räume – „Entleerungsräume“ nennt sie FRIEDRICH BURSCHEL (2010, S. 12) – besonders häufig Alltagserfolge rechtsextremer Parteien und Gruppierungen aufweisen. Die Strategien der Rechtsextremen sind vielfältig. Sie können als „kreidefressende Kümmerer“, „honorige BürgerInnen“, „alerte KommunalpolitikerInnen“ oder eben auch als „martialisch auftretende Gewalt“ in Erscheinung treten (ebenda, S. 14). In seinem Einführungsbeitrag weist BURSCHEL insbesondere auf das Problem hin, wonach die häufig vorgetragene Forderung nach Stärkung lokaler Demokratie daran scheitert, dass gerade die „entleerten“ Gemeinwesen oftmals weit von Formen pluraler Auseinandersetzung entfernt sind.

Auch wenn manche Ergebnisse und Beschreibungen dieses Sammelbandes veraltet sind, erweist sich die Breite der Themensetzung als hilfreich zur Erfassung jener Anknüpfungspunkte, die Rechtsextremisten den Zugang in ländliche Gemeinwesen ermöglichen.

MARTIN ENDEMANN und der mittlerweile als Antidiskriminierungsbeauftragter der FIFA tätige Fanforscher GERD DEMBOWSKI sehen Fußballszenen und -vereine als gelegentliche Andockpunkte für neonazistische Einflussnahme im ländlichen Raum. Begünstigt wird dies durch die „historisch eingeschriebene“ Gewaltakzeptanz (ENDEMANN / DEMBOWSKI in: BURSCHEL 2010, S. 24). Die aus ländlichen Räumen stammenden, mittlerweile hochmobilen jüngeren Erwachsenen bilden einen sichtbaren Bestandteil der eher als städtisch wahrgenommenen rechtsorientierten bzw. gewalttätigen Fanszenen (ebenda, S. 27). Die nachfolgend dargestellten Beispiele der neonazistischen Einflussnahme auf Amateurvereine (Windischholzhausen, Zella-Mehlis, Hornburg) sind historisch überholt. Dagegen sind von Rechtsextremen selbstorganisierte Fußballturniere (ebenda, S. 36) auch heute ein Teil der neonazistischen Erlebniswelt.

Ungeachtet der Frage, ob die damals aus regionaler Perspektive beschriebenen Erfahrungen noch aktuell sind, zeigen sie überdauernde Probleme und meist nicht behobene strukturelle Defizite auf.

HEIKE KLEFFNER zieht in ihrem Beitrag „Zwischen individuellen Erfolgen und politischer Ohnmacht“ für die Jahre 2001 bis 2010 eine kritische Zwischenbilanz aus der Beratungsarbeit für Opfer rechter, rassistischer und antisemitischer Gewalt (in: BURSCHEL 2010, S. 64 ff)[27]. Erschwerender Teil dieser Arbeit sind oftmals große Verständigungsprobleme mit Behörden und Polizeidienststellen. So erheben die PraktikerInnen anhand ihrer gemeinwesenorientierten Arbeit weitaus mehr Fälle von rassistischer und rechtsextremer Gewalt als die offiziell für die Erfassung zuständigen Stellen. Dabei war die Wahrscheinlichkeit, dass Flüchtlinge, MigrantInnen oder dunkelhäutige Deutsche Opfer einer rassistischen Gewalttat werden, auch 2010 in den ostdeutschen Ländern wesentlich höher als in den westdeutschen (ebenda, S. 67). Anhand von Fällen aus Sachsen-Anhalt belegt die Autorin, wie langwierig und oftmals völlig unzurei-

27 Im Vergleich zu Ostdeutschland ist das Netz der Opferberatungsstellen in den westlichen Bundesländern zu weitmaschig.

chend die juristische Aufarbeitung derartiger Verbrechen vonstattengeht (ebenda, S. 68 ff). Dadurch werden gerade in den ländlichen Räumen mit stärkerer rechtsextremer Belastung und geringer entwickelten zivilgesellschaftlichen Ressourcen Straftäter und Nachahmer eher ermutigt, Opfer hingegen weiter belastet und verunsichert (ebenda, S. 71). Exemplarisch wird für den Ort Halberstadt eine bedrückende Aneinanderreihung geradezu sprachlos machender Vorgänge des Wegschauens und Vertuschens dokumentiert (ebenda, S. 72 ff).[28]

SUSANNE LANG und KNUT-SÖREN STEINKOPF (in: BURSCHEL 2010, S. 100 ff.) befassen sich am Beispiel ausgesuchter brandenburgischer Sozialräume mit Erfahrungen demokratiefördernder Jugendbildung. Sie beschreiben die Schwierigkeit von Bildungsarbeit unter den Bedingungen des Wegzugs vitaler Kräfte und Förderstrukturen, die den Belangen „entleerter" ländlicher Räume nicht gerecht werden.

ROBERT ANDREASCH (in: BURSCHEL 2010, S. 113 ff) beschreibt in seinen „Notizen aus Ostbayern", wie sich um einen unverfänglich klingenden „Runden Tisch Dingolfing" ein weit verzweigtes rechtsextremes Sammelbecken formiert hat. Dessen Gefährlichkeit besteht nicht nur darin, dass verschiedene rechtsextreme Parteien und Vereinigungen zusammenarbeiten. Darüber hinaus ist es gelungen, z. T. regional bekannte Einzelpersonen zu rekrutieren, die vormals nicht als Rechtsextreme galten. Der Autor beschreibt die erstaunlich gute Verankerung der extremen Rechten in der ostbayerischen Provinz. Dazu gehört auch die Verflechtung mit verschiedenen Medien der rechten Szene.

„Kampf um die Dörfer" lautet der Beitrag von MICHAEL WEISS (in: BURSCHEL 2010, S. 137 ff). Darin wird über die erfolgreiche „Landnahme", aber auch über das letztendliche Scheitern der rechtsextremen Aktivisten im westlichen Wetteraukreis berichtet.

Gewaltakzeptanz

Zeitweilig gelang es NPD-nahen Aktivisten, in Butzbach-Hoch-Weisel ein „Nationales Wohnprojekt" und ein „Kameradschaftszentrum" einzurichten, das über längere Zeit eine große Sogwirkung auf Kameradschaftsangehörige und andere Rechtsextreme ausübte. Am Ende zerbrach es an der Unvereinbarkeit der verschiedenen Lebensentwürfe und den Zerwürfnissen innerhalb der Führungsriege. Einzelne Bewohner übersiedelten in ein kleineres Wohnprojekt in Wetterzeube (Sachsen-Anhalt).

FRIEDEMANN BRINGT[29] und MICHAEL NATTKE (in: BURSCHEL 2010, S. 152 ff) betrachten in ihrem Beitrag „Mustergau Sachsen" die seit Jahren gesteigerte Rechtsextremismusproblematik in diesem Bundesland. Die Wahlerfolge der NPD speisen sich aus

28 Das bis heute andauernde Fortbestehen dieser Chronique scandaleuse ist nachgewiesen.

29 Friedemann Bringt hat als Autor der Kurzexpertise „Rechtsextremismus in den ländlichen Räumen Sachsens" an der BDL-Studie 2009 mitgewirkt.

einer starken Struktur von Hochburgen und Diaspora-Gebieten (ebenda, S. 153). Bei den zurückliegenden Landtagswahlen hat die Partei überproportional hohe Stimmenanteile unter jungen Männern mit niedrigen Bildungsabschlüssen erzielt.[30]
Darüber hinaus wies der Freistaat Sachsen bis 2010 weitere problematische Besonderheiten aus:

- Neben der NPD war auf kommunaler Ebene eine ganze Reihe rechtspopulistischer Wählervereinigungen erfolgreich.
- Die Subkultur moderner Nazis (Nationale Kameradschaften und „Freie Kräfte“) sind im Freistaat weitaus stärker präsent als in anderen Bundesländern.
- In den Regionen mit extrem aktionsfähigen und gewalttätigen Akteuren sind überproportional viele Opfer rechter und rassistischer Gewalt zu verzeichnen (ebenda, S 154).
- Die Wahlerfolge der NPD haben es ermöglicht, dass (vorwiegend aus Steuermitteln finanziert) eine in der Fläche verankerte Infrastruktur entwickelt werden konnte.

Eine weitere regionale Betrachtung legt ANDREAS SPEIT[31] (in: BURSCHEL 2010, S. 176 ff) mit seinem Beitrag „Rechts im hohen Norden“ vor. Für das Jahr 2010 konstatiert er eine Stärkung der NPD, die aus den Wahlerfolgen in Mecklenburg-Vorpommern und Sachsen gespeist wird. Daneben wurde das Spektrum der Freien Kameradschaften gestärkt. Manche dieser Kameradschaften entwickelten sich zu Gruppen „Autonomer Nationalisten“ weiter. Wieder liegen Kristallisationspunkte im ländlichen Raum. In der Kleinstadt Ratzeburg hat sich ein „nationales Wohnprojekt“ etabliert. Die Grenzen zwischen rechten Parteien, hier insbesondere der NPD, und sozialen Bewegungen sind fließend geworden (ebenda, S. 179). Wie im Landkreis Rendsburg-Eckernförde entwickelt sich eine „Misch-Szene“ aus aktiven Rechtsextremisten und subkulturell geprägten Rechten. Eine wichtige Rolle spielen auch etliche „Nationale Treffs", Clubs und Kneipen“. Darunter befand sich bis zu seiner Schließung auch der „Club 88“ in Neumünster[32], der bereits in der BDL-Studie 2009 Erwähnung fand (SPEIT in: BUND DER DEUTSCHEN LANDJUGEND 2009, S. 173).

30 Dies gilt auch für die Landtagswahl 2014, bei der die NPD aufgrund des Wahlerfolges der rechtspopulistischen AfD mit 4,9% knapp den erneuten Wiedereinzug in den Sächsischen Landtag verfehlte.

31 Auch ANDREAS SPEIT hat an der Landjugendstudie 2009 mitgewirkt. Von ihm stammt der Beitrag über den „Rechtsextremismus in den ländlichen Räumen Schleswig-Holsteins“.

32 Der „Club 88“ wurde 2014 geschlossen, siehe auch den Beitrag von PETER PERNER in diesem Band.

5.2 Hinweise aus den Abschlussberichten der Programmevaluation der Bundesprogramme „Vielfalt tut gut. Jugend für Vielfalt, Toleranz und Demokratie“ und „kompetent. Für Demokratie – Beratungsnetzwerke gegen Rechtsextremismus“ sowie „Toleranz fördern – Kompetenz stärken"

Mit den beiden Programmen „Vielfalt tut gut ...“ und „kompetent. Für Demokratie ...“ hat der Bund im Rahmen seiner Impulssetzungsfunktion nach § 83 I SGB VIII Programme aufgelegt, mittels derer modellhafte Ansätze der pädagogischen und zivilgesellschaftlichen Auseinandersetzung mit Rechtsextremismus, Antisemitismus und Fremdenfeindlichkeit implementiert und erprobt werden sollten. Intendiert war die Anknüpfung an den damals aktuellen Stand der Rechtsextremismusforschung sowie das Aufgreifen der Erfahrungen der Vorläuferprogramme wie „entimon“ und „CIVITAS“.

Im Programm „Vielfalt tut gut ...“ standen die Stärkung der Zivilgesellschaft mit dem Programmschwerpunkt der Entwicklung lokaler Aktionspläne sowie der Entwicklung innovativer präventiv-pädagogischer Maßnahmen im Zentrum (BISCHOFF u.a. 2011, S. 15).

Das Programm „kompetent. Für Demokratie – Beratungsnetzwerke gegen Rechtsextremismus“ sah vor, mittels des weiteren Aufbaus landesweiter Beratungsnetzwerke Unterstützungsstrukturen für die externe Beratung in Krisen- und Belastungssituationen mit extremistischem, fremdenfeindlichem und antisemitischem Hintergrund zu ermöglichen (ebenda).

Trotz umfangreicher (siebenfacher) wissenschaftlicher Begleitung und eines filigranen Konzepts zur Erfassung der Wirkung von Modellprojekten, lokalen Aktionsplänen und initiierten zivilgesellschaftlichen Prozessen kommt es an keiner Stelle des umfangreichen Berichts zur präzisen Beschreibung lokal nachhaltiger Prozesse und wirksamer präventiv-pädagogischer Maßnahmen. Zwar wird betont, dass „trotz einiger Schwierigkeiten zahlreiche innovative Methoden und Ansätze entwickelt wurden und letztendlich wertvolle Beiträge zur Prävention von Rechtsextremismus entstanden sind“ (ebenda, S. 219).

Wie diese im Einzelnen aussehen und was für andere Bedarfe daraus abgeleitet werden können, bleibt im Verborgenen. Diese Problematik zieht sich wie ein roter Faden durch sämtliche seit 1992 aufgelegten „Bundesmodellprogramme gegen Rechts“. FRANK GREUEL und FRANK KÖNIG (2014, S. 268), die am Abschlussbericht der Programmevaluation der Bundesprogramme „Vielfalt tut gut. Jugend für Vielfalt, Toleranz und Demokratie“ und „kompetent. Für Demokratie – Beratungsnetzwerke gegen Rechtsextremismus“ mitgearbeitet haben, stellen fest, dass bereits unmittelbar nach Ablauf der Modellphase „vielfach im Dunklen“ blieb, ob und in welchem Umfang vormalige Modellprojekte weitergeführt wurden.

Als Nutzen der Zusammenarbeit zwischen örtlichen Modellprojekten, Akteuren der Lokalen Aktionspläne und den Landesberatungsnetzwerken wurde der geförderte Informations- und Fachaustausch innerhalb der Programmstrukturen benannt (BISCHOFF u.a. 2011, S. 244). Des Weiteren wurde auf das Zustandekommen von Synergieprozessen bzw. „strukturellen Koppelungen" verwiesen (ebenda, S. 246).

Hilfreich sind die im Abschlussbericht vorgenommenen Betrachtungen zu den Verbindungen zwischen Modellprojekten und den Regelstrukturen. Zu letzteren gehören die Bestandteile der Kinder- und Jugendhilfe und einzelne Segmente angrenzender Handlungsfelder. In der Phase zwischen dem 2. Zwischen- und dem Abschlussbericht zur Programmevaluation wurde der Bereich der schulischen Bildung den zu beachtenden Regelstrukturen hinzugefügt (ebenda, S. 247). Hierbei standen im Vordergrund:

Handlungsfelder

- der fachliche Austausch (ebenda, S. 248),
- der Zugang zur Zielgruppe, der den Akteuren aus Modellprogrammen und -einrichtungen über die Zusammenarbeit mit (den MitarbeiterInnen) der Regelstrukturen vereinfacht wird (ebenda, S. 249),
- Fachberatung und Qualifizierung der Regelanbieter durch die Modellprojekte (ebenda, S. 250),
- die Verbreitung von Projektinhalten und -ergebnissen (ebenda, S. 251).
- die Durchführung gemeinsamer Maßnahmen,
- die Verschaffung von Zugängen zu Technik, Räumen (ebenda, S. 252) und sonstiger Infrastruktur,
- (in seltenen Fällen): die Ko-Finanzierung (ebenda, S. 253)

Ein für die Fragestellungen dieser Vorstudie interessanter Aspekt ergibt sich aus den Verbindungen der Akteure des Programms „kompetent. Für Demokratie – Beratungsnetzwerke gegen Rechtsextremismus" und den innerhalb der als Regelstrukturen bezeichneten Handlungsfelder. Einen Eindruck, wie stark Bereiche der Kinder- und Jugendhilfe bzw. Schulen in die Bearbeitung rechtsextremer Belastungssituationen involviert sind, vermittelt die Zahl der Fallmeldungen. Zwischen 2008 und 2010 wurden 1770 Beratungsfälle gemeldet (ebenda, S. 267), die sich wie folgt aufgliedern:

Tabelle 1: den Mobilen Beratungsteams gemeldete Beratungsbedarfe mit rechtsextremistischem Hintergrund [33]

Meldende Institutionen	Anzahl	Prozent
Jugendeinrichtungen / Jugendverbände	149	8,4%
Soziale und sonstige Bildungseinrichtungen	113	6,4%
Kindertageseinrichtungen / Kitas / Horte	9	0,5%
Schulen und deren Gremien	244	13,8%
Zivilgesellschaftliche Initiativen / Netzwerke	139	7,9%
Bündnisse gegen Rechts	105	5,9%
Sonstige Vereine	91	5,1%
Einrichtungen / Einzelpersonen ohne kinder- bzw. jugendhilferechtliche Relevanz	920	53,8%

Auffällig ist, dass als meldende Institutionen nirgends Beratungsstellen registriert wurden, die auf der Basis von SGB II/III, SGB VIII, SGB XII oder anderer sozialrechtlicher Grundlagen mit Eltern bzw. sonstigen Angehörigen rechtsextrem orientierter Jugendlicher konfrontiert sind.

Dafür können keine Gründe ausgemacht werden, was weiteren (Nach)Forschungsbedarf auslöst. Als Fragen stehen im Raum:

- Könnte es sein, dass die als problematisch vermutete Konstellation gar nicht bzw. in nur geringem Umfang existiert?
- Werden Eltern bzw. sonstige Angehörige rechtsextrem orientierter Jugendlicher in erfolgenden Beratungskontexten nicht in diesen Problemzusammenhängen stehend identifiziert?
- Wenn letzteres (z.T.) zutreffend ist: Ist dies darauf zurückzuführen, dass Eltern und Angehörige, die in anderen Bedarfslagen um Beratung nachsuchen, nur selten auf die politische Orientierung ihrer Kinder eingehen?
- Schaffen die häufig von Überlastung geprägten Beratungsbedingungen zu wenig Raum, um derartige Problemlagen zu identifizieren bzw. auf sie einzugehen?
- Bestehen innerinstitutionelle Zwänge, die dazu führen, dass derartige Beratungsstellen der Sozial- und Jugendhilfe nicht oder zumindest nicht in gebotener Weise mit Mobilen Beratungsteams zusammenarbeiten?
- Hat Letzteres mit mangelnder Kenntnis oder mit in dieser Hinsicht nur schwach entwickelten Kooperationsbeziehungen zu tun?

33 SIMON 2015 nach BISCHOFF u.a. 2011, S. 67 f., die auf Zuarbeit des ISS bzw. von Camino e.V. zurückgriffen.

- Die Verantwortlichen der Programmevaluation stellen fest, dass die Mehrzahl von Kontakten zu Akteuren der Kinder- und Jugendhilfe aus Programmveranstaltungen resultiert (BISCHOFF u.a. 2011, S. 276). Trifft die daran anknüpfende Vermutung zu, dass Beschäftigte von Beratungsdiensten der Sozial- und Jugendhilfe an derartigen Veranstaltungen nicht teilnehmen? Und sollte dies zutreffen: Was sind die Gründe hierfür?

In der Evaluation des Folgeprogramms „Toleranz fördern - Kompetenz stärken" wurde erneut die hohe Bedeutung des Fachaustauschs und die notwendige „systematische Verknüpfung mit thematisch ähnlich ausgerichteten Landes- und Bundesprogrammen sowie der Regelpraxis der Kinder- und Jugendhilfe"[34] hervorgehoben. Entsprechend wurden Programmveranstaltungen durchgeführt. Das Evaluatorenteam um Dr. Ursula Bischoff regt jedoch an, dass diese auch vermehrt über die einzelnen Programmbereiche und Bundesländer hinweg hätten stattfinden sollen. Zudem wird im Bericht der Programmevaluation[35] von BISCHOFF u.a. bemängelt, dass bislang ein „Modell der grundständigen Finanzierung" (ebenda, S. 14) für lokale oder regional tätige zivilgesellschaftliche Träger fehlt, um spezielle Angebote im Umgang mit rechtsextremen oder demokratiefeindlichen Einstellungen und Verhalten vorhalten zu können.

Unter dem Fokus Nachhaltigkeit wird auf die enge Zeitspanne zwischen dem Zeitpunkt der Berichterstattung und dem Ende der Programmlaufzeit verwiesen. Bei einigen Programmbereichen gehen die Autoren von einer weitergehenden finanziellen, organisatorischen oder technischen Förderung durch den Programminitiator aus. Interne Nachhaltigkeit, wie der Erhalt von Personal und damit dem Erhalt von Wissen und Können oder die Weiterführung von Projekten, attestieren sie dem Bundesprogramm durchaus. Externe Nachhaltigkeit ist zumindest in einigen Bundesländern durch die Absicherung der Beratungs- und Vernetzungsangebote durch Landesprogramme oder verbindliche Handlungskonzepte festzustellen. Zum Zeitpunkt der Drucklegung dieses Buches lagen auch erste Zwischenergebnisse[36] für das aktuelle Förderprogramm „Demokratie leben!" vor, die in die inhaltliche Erarbeitung noch nicht einfließen konnten.

---

34 BMFSFJ 2014, S. 25 „https://www.demokratie-leben.de/fileadmin/content/PDF-DOC-XLS/Abschlussberichte/TFKS-Abschlussbericht.pdf" „https://www.demokratie-leben.de/fileadmin/content/PDF-DOC-XLS/Abschlussberichte/TFKS-Abschlussbericht.pdf"

35 „http://www.dji.de/fileadmin/user_upload/toko/2015_Nachhaltige_Impulse_f%C3%BCr_eine_wirksame_Interventions_Pr%C3%A4ventionsarbeit.pdf" „http://www.dji.de/fileadmin/user_upload/toko/2015_Nachhaltige_Impulse_f%C3%BCr_eine_wirksame_Interventions_Pr%C3%A4ventionsarbeit.pdf"

36 „http://www.dji.de/ueber-uns/projekte/projekte/programmevaluation-demokratie-leben/projekt-publikationen.html" „http://www.dji.de/ueber-uns/projekte/projekte/programmevaluation-demokratie-leben/projekt-publikationen.html"

5.3 Ergebnisse der Expertise „Soziale und pädagogische Arbeit mit rechtsextrem affinen Jugendlichen – Akteure, Projekte, Ansätze und Handlungsfelder“

Im Auftrag des BIKnetz – Präventionsnetz gegen Rechtsextremismus und herausgegeben von dessen „Kontaktstelle BIKnetz“ haben KURT MÖLLER und NILS SCHUMACHER (2014) eine äußerst detaillierte Expertise vorgelegt, die sich der anspruchsvollen Aufgabe widmet, einen Überblick über das in der Arbeit mit rechtsorientierten Jugendlichen gesammelte Praxiswissen zu geben. Sie betrachten dabei das gesamte Spektrum möglicher öffentlicher Erziehung und Intervention im Jugendalter. Dabei wurden folgende Handlungsfelder in den Blick genommen (ebenda, S. 3):

- schulische Bildung,
- außerschulische Jugendarbeit auf der Basis der §§ 11, 12, 13, 27 ff., insbesondere § 29, § 34, § 35,
- Peer-to-Peer-Ansätze.

Jugendarbeit

Hierzu wurden telefonische, postalische und internetgestützte Recherchen im Spektrum sämtlicher (möglicher) Anbieter vorgenommen.

Für den Bereich der **schulischen Bildung** konstatieren die Autoren das Fehlen einer systematischen Integration von Handlungsansätzen, die innerhalb des schulischen Kontextes eine nachhaltige Auseinandersetzung ermöglichen. Bestenfalls kommt es zu situativen Konfliktbearbeitungen (ebenda, S. 37 ff).

Etwas überraschend mutet die Aussage an, dass nach Stand ihrer Recherche **Offene Jugendarbeit** nur noch eine geringe Relevanz für eine pädagogische Arbeit mit rechtsextrem orientierten Jugendlichen besitze (ebenda, S. 42).

Für die Zeit nach 2011 weisen MÖLLER und SCHUMACHER (2014, S. 34) in Gesamtdeutschland noch 22 Projekte der offenen sowie zwölf Projekte der aufsuchenden Jugendarbeit mit „rechten Jugendlichen“ aus und kommentieren dies wie folgt:

Insgesamt gibt es – zumindest nach Stand der Recherche und der in diesem Rahmen erzielten Auskünfte – kaum noch Berührungspunkte zwischen der offenen Arbeit und rechtsextrem orientierten Jugendlichen (ebenda, S. 42).

Diese Zahlen sind sicherlich zu niedrig angesetzt, da sie sich lediglich auf Projekte und Standorte beziehen, die Leistungen aus einem der Bundesprogramme bezogen haben. Die nicht aus Bundesprogrammen alimentierten „Mühen der Ebenen“ werden überwiegend nicht erfasst. Auch wenn die von den Autoren getroffene Einschätzung nicht völlig zutreffend ist, spiegelt sie doch den Trend, dass die Peitschenschläge der kritischen, manchmal sogar hysterischen Debatte Jugendhilfeträger und PraktikerInnen einmal mehr auf Abstand zu einer Arbeit mit rechtsextrem orientierten bzw. gefährdeten Jugendlichen gebracht haben.

GREUEL / KÖNIG (2014) gelangen zu etwas optimistischeren Angaben. Sie kommen in ihrer Nachfolgeerhebung zum Programm „Toleranz fördern – Kompetenz stärken" zu dem Ergebnis, dass 43% der 93 Modellprojekte die begonnene Arbeit mit rechtsextremen Jugendlichen weiter verfolgen (ebenda, S. 270).[37] Ob es sich dabei um eine punktuelle oder eine kontinuierliche Zusammenarbeit handelt, bleibt offen.

MÖLLER und SCHUMACHER (2014, S. 47) vermelden zudem, dass auch Angebote der aufsuchenden Jugendarbeit, die sich zielgerichtet an rechtsextreme Cliquen richten, kaum noch existieren. Hier stellt sich die Frage, inwieweit die Auswahl der MultiplikatorInnen dafür verantwortlich ist, dass außerhalb des Kreises derer, die über „Programme gegen Rechts" (teil)finanziert werden, nur wenig örtlich tätige Streetwork-Projekte erfasst werden konnten.[38]

Für die Sphäre verbandlicher Jugendarbeit treffen die Autoren die Feststellung, dass der Beginn einer Arbeit mit rechtsextremen bzw. gefährdeten Jugendlichen jüngeren Datums ist und sich vorrangig auf die Jugendverbände der Hilfs- und Sportorganisationen bezieht (ebenda, S. 51).[39]

Für das Feld der Jugendbildungsarbeit stellen die Autoren fest, dass es in dieser keine zielgerichteten Angebote für diese Zielgruppe gäbe (ebenda, S. 53).

Für die Themenstellung dieser Vorstudie sind jene Hinweise von Bedeutung, die MÖLLER und SCHUMACHER (2014, S. 54 ff) über die Rückmeldungen aus den Einrichtungen der erzieherischen Hilfen geben. Berührungspunkte mit Jugendlichen oder Eltern mit rechtsextremen Auffälligkeiten werden vor allem aus der Sozialpädagogischen Familienhilfe, den Kitas oder der Straffälligenhilfe vermeldet (ebenda). Speziell innerhalb der Diakonie sowie der Caritas wurden spezielle Programme aufgelegt.[40] Der Schwerpunkt lag in diesen allerdings vorrangig in der Fortbildung und Sensibilisierung von Beschäftigten und weniger in der unmittelbaren Arbeit mit Jugendlichen, Eltern oder weiteren Angehörigen. Zusammenfassend stellen die Autoren für das Feld der Erziehungshilfen fest (ebenda, S. 55):

37 Die Autoren verwenden andere Prozentangaben, da sich ihre Darstellung auf 60 der 93 Projekte bezieht, die sich an der Umfrage beteiligt haben.

38 Unser Eindruck ist, dass ein relevanter Anteil der Projekte Mobiler Jugendarbeit regelmäßig oder zumindest punktuell mit rechtsorientierten bzw. gefährdeten Jugendlichen konfrontiert ist. Die wenigsten waren über die einschlägigen Bundesprogramme teilfinanziert. Sie gehören zu den regelfinanzierten Jugendhilfeangeboten der Städte und Landkreise. Belastbare empirische Befunde fehlen.

39 Die unter dem Dach der KOS (Koordinationsstelle Fanprojekte bei der Deutschen Sportjugend) zusammengefassten Fan-Projekte haben allerdings im Umfeld des bezahlten Fußballs bereits seit Ende der 1980er Jahre mit einer bis heute anhaltenden Auseinandersetzung mit rechtsextrem eingefärbten Fan-Aktivitäten begonnen.

40 „Diakonische Infrastruktur gegen rechtsextreme Sozialarbeit" und „Caritas gegen Rechtsextremismus – Bestandsaufnahme zur fachlichen Auseinandersetzung in der verbandlichen Kinder- und Jugendhilfe" sowie das Nachfolgeprojekt „Caritas aktiv für Respekt und Demokratie – gegen Rechtsextremismus und gruppenbezogene Menschenfeindlichkeit".

„Im Bereich der Hilfen zur Erziehung werden – sowohl im Kontext von Einzelfallhilfen als auch im Rahmen von Familienhilfen – durchaus Erfahrungen mit rechtsextrem orientierten bzw. gefährdeten Jugendlichen gemacht. Trotzdem besteht innerhalb der jeweiligen Trägerstrukturen weder ein systematischer Überblick über solche Erfahrungen noch werden diese Erfahrungen von den jeweiligen Fachkräften durchgängig in den Zusammenhang der Rechtsextremismus-Thematik gestellt.“

In ihren Ausführungen zu Handlungserfordernissen und Empfehlungen (ebenda, S. 98 ff) bleiben Empfehlungen für die Angebote der stationären und ambulanten Jugendhilfe vage. Der Heimerziehung wird die Methodik des biografisch-narrativen Arbeitens nahegelegt. Diese biete „... *die Möglichkeit, langfristig lebensgeschichtlich-reflexiv und perspektivisch mit eben auch rechtsextrem affinen Jugendlichen ins Gespräch zu kommen*“ (ebenda, S. 107).

Spezielle Hinweise für die ambulanten Erziehungshilfen bzw. für die Beratung von Eltern und anderen Angehörigen können dieser ansonsten recht aufschlussreichen Expertise – abgesehen von allgemeinen Forderungen nach einschlägiger Fort- und Weiterbildung – nicht entnommen werden.

5.4 Sichtung der Expertise „Forschung zu rechtsextrem orientierten Jugendlichen. Eine Bestandsaufnahme von Ursachen, Gefährdungsfaktoren und pädagogischen Interventionen“

2014 wurde von Jutta Aumüller unter Mitwirkung von JOHANNA KUCHLING und ROLAND ROTH und herausgegeben von der Kontaktstelle BIKnetz eine Expertise „Forschung zu rechtsextrem orientierten Jugendlichen“ vorgelegt. Sie versteht sich auch als Bestandsaufnahme von Ursachen, Gefährdungsfaktoren und pädagogischen Interventionen. In einer verdichteten Darstellung wird umfangreich auf die seit 1990 publizierte Forschungsliteratur eingegangen (ebenda, S. 3). Nach einer knappen Annäherung an den Forschungsgegenstand vermittelt die Publikation im 2. Kapitel einen kurz gefassten Überblick über Entwicklungslinien der einschlägigen Forschung, ihre Ausrichtungen sowie deren zentralen Erklärungsansätze. Innerhalb der ausgewerteten Literatur wird unterschieden zwischen

- Materialen aus Präventionsprogrammen und deren Begleitforschung,
- allgemein wissenschaftlicher Literatur zum Rechtsextremismus,
- Berichten und Analysen aus relevanten Praxisforschungen und
- deren Anschlüsse an internationale Debatten

Innerhalb der Forschung zu rechtsextrem orientierten Jugendlichen wurden auch Auswertungen bezüglich des Einflusses des familiären Umfeldes vorgenommen (ebenda, S.

109 ff). Eine Unterstützung von Eltern und anderen Angehörigen rechtsaffiner Jugendlicher wird als dringlich erachtet. Forschungen existieren dazu offensichtlich kaum (ebenda, S 110). Eine Ausnahme stellt offensichtlich Peter Beckers Studie mit dem Titel „Ein ganz normales Familienleben“ dar (Becker 2008). Auf der Basis narrativer Interviews, die Becker im Lahn-Dill-Kreis geführt hat, werden die Beharrlichkeit der Eltern bei gleichzeitiger Nutzung professioneller Hilfsangebote als wichtigste Erfolgsfaktoren für den Abbau rechtsextremer Orientierungen identifiziert (ebenda, S. 357, in: Aumüller 2014, S. 112).

Explizite Erwähnung findet der Abschlussbericht zur Evaluation des Berliner Landesprogramms gegen Rechtsextremismus (Roth / Gesemann / Aumüller 2010). Darin wird festgestellt, dass eine gelingende Unterstützung der Eltern wie auch der MitarbeiterInnen sozialer Fachdienste darauf basiert, dass:

- Rechtsextremismus bei Jugendlichen nicht als pubertäre Übergangsphase bagatellisiert wird,
- Eltern und Fachkräfte in die Lage versetzt werden, den Bedeutungsgehalt rechtsextremer Symbolik erkennen zu können,
- sie sich gegenüber den Jugendlichen (oder auch gegenüber den Eltern in ihrer Rolle als zu Beratende) in einer Weise positionieren können, die eine klare Distanzierung von rechten Inhalten ausdrückt, ohne die notwendige und kontinuierliche Beziehungsarbeit zu gefährden (ebenda, S. 194, in: Aumüller 2014, S. 112).

Methodik

In das Resümee der Expertise flossen auch die Einschätzungen von zwei Dutzend befragten Forschern und Forscherinnen ein. Es dominieren Verweise auf fehlende Gesamtkonzepte für Prävention und darauf bezogene Forschung (Aumüller 2014, S. 150) sowie auf die schlechte Beforschung des Zusammenhangs „Rechts orientierte Jugendliche – Sekundärprävention“ (ebenda, S. 151). Spezifische Forschungsbedarfe hinsichtlich der Fragestellungen dieser Vorstudie werden in den resümierenden Darstellungen der Expertise nicht näher thematisiert.

5.5 HBSC-Studie: „Anstieg fremdenfeindlichen Mobbings an Schulen in Thüringen 2005 bis 2010“

Die „Health Behaviour in School-aged Children“, kurz HBSC-Studie, welche unter der Schirmherrschaft der WHO und der Leitung von Prof. Dr. Petra Kolip erstellt wurde, befasst sich seit 1983 mit Erhebungen zum Gesundheitsstatus und Gesundheitsverhalten von Heranwachsenden. Hierbei werden die sozialen Determinanten von Gesundheit bei 11- bis 15-Jährigen erhoben. Die Themenskala umfasst körperliche, psychische und soziale Gesundheitsfaktoren sowie das Gesundheits- und Risikoverhalten.

Ohne vorheriges, primäres Augenmerk auf Fremdenfeindlichkeit an Schulen zu richten, konnte festgestellt werden, dass fremdenfeindliches Mobbing an Thüringer Schulen zwischen 2005 bis 2010 zugenommen hat (BILZ / MELZER 2005, 2010).

Die Tätererfahrungen stiegen von 1,9% auf 3,6% und die Opfererfahrungen von 1,2% auf 3,7% an (BILZ / MELZER 2010). Ferner ergab die Studie, dass vor allem Heranwachsende mit zweiseitigem Migrationshintergrund (16,6%) als Opfer betroffen waren. Heranwachsende mit einseitigem Migrationshintergrund waren zu 8,3% und jene ohne Migrationshintergrund mit 3,1% betroffen (ebenda).

Von den Menschen mit Migrationshintergrund, welche emotionale Probleme zeigten, waren 13,2% die Opfer fremdenfeindlichen Mobbings.

Ersichtlich ist, dass 71,4% der Täter und 58,7% der Opfer männliche Jugendliche im Alter zwischen 13 und 14 sind, von denen vier von fünf eine Regelschule besuchen, auf der sie befriedigende Leistungen zeigen (ebenda).

Was die Häufigkeit des Auftretens fremdenfeindlichen Mobbings anbelangt, existieren erhebliche Unterschiede zwischen den einzelnen Schulen. Bei 53 untersuchten Schulen lagen die Extreme in sechs Fällen bei 0% und in sechs Fällen bei über 10% bis fast 18%.

Bei beiden Extremen waren bis auf geringe Unterschiede ähnlich viele SchülerInnen mit zweiseitigem (2,5-2,7%) beziehungsweise einseitigem Migrationshintergrund (2,1 bis 2,3%) betroffen (ebenda).

Mobbing

Häufiger traten Probleme mit fremdenfeindlichem Mobbing dort auf, wo die SchülerInnen ihre Unterrichtsqualität, ihre Schülerpartizipation, die schülerzentrierte Bezugsnorm, die schulbezogene Elternunterstützung und die Unterstützung durch die Lehrenden besonders negativ einschätzten und die schulische Belastung als sehr hoch empfanden.

Im Umkehrschluss ist erkennbar, dass die mit fremdenfeindlichem Mobbing sehr gering belasteten Schulen von ihren SchülerInnen in den genannten Kriterien sehr positiv eingeschätzt wurden und auch die schulische Belastung als gering empfunden wurde.

5.6 Hinweise aus sonstigen Quellen

Aus dem Praxishandbuch „Verantwortlich Handeln: Praxis der Sozialen Arbeit mit rechtsextrem orientierten und gefährdeten Jugendlichen"

SILKE BAER, KURT MÖLLER und PEER WIECHMANN (2014) haben einen übersichtlichen Sammelband herausgegeben, welcher in seinen Beiträgen nach Klärung definitorischer und terminologischer Fragestellungen in verschiedenen Einzelbeiträgen Praxisansätze der Sozialarbeit mit rechtsextrem orientierten bzw. gefährdeten Jugendlichen anhand der hierfür wichtigsten Felder darstellt. Die Mehrzahl der Beiträge fasst die Beschreibungen und den Diskussionsstand der letzten Jahre nochmals zusammen. Dieses gilt auch für den Aufsatz von THORSTEN NIEBELING (2014), der die Beratungsarbeit mit Eltern rechtsaffiner oder rechtsorientierter Jugendlicher aus der Perspektive eines Mitarbeiters von Ausstiegshilfen zusammenfasst.

Ein ähnlich konzipierter Band wurde bereits zwei Jahre zuvor von STEPHAN BUNDSCHUH, ANSGAR DÜCKER und THILO SCHOLLE (2012) im Auftrag des Informations- und Dokumentationszentrums für Antirassismusarbeit (IDA) herausgegeben:

„Wegweiser Jugendarbeit gegen Rechtsextremismus. Motive, Praxisbeispiele und Handlungsperspektiven."

Etwas stärker als in dem Band von BAER, MÖLLER und WIECHMANN wird in die allgemeingültigen Jugendarbeitsstandards eingeführt. Darauf basierend sehen die Autoren als Kernelemente jeglicher Prävention allgemeine demokratiepädagogische Herangehensweisen, welche in den jeweiligen Praxisorten und -projekten der Jugendarbeit immer wieder neu herausgearbeitet bzw. entwickelt werden müssen.

Ein Jahr nach der ersten BDL-Studie (2009) wurde eine weitere Handreichung veröffentlicht, die ebenfalls hilfreiche Empfehlungen zum Umgang mit Rechtsextremismus in den ländlichen Räumen beinhaltete. Die AKADEMIE FÜR SOZIALPÄDAGOGIK UND SOZIALARBEIT E.V. und das BUNDESNETZWERK BÜRGERSCHAFTLICHES ENGAGEMENT veröffentlichten 2015 eine aktualisierte Neuauflage, die vielfältige Handlungsempfehlungen zum Umgang mit Rechtsextremismus im ländlichen Raum zum Gegenstand hat.

5.7 Titel der im fünften Kapitel dargestellten Texte und Studien:

AKADEMIE FÜR SOZIALPÄDAGOGIK UND SOZIALARBEIT E.V. UND BUNDESNETZWERK BÜRGERSCHAFTLICHES ENGAGEMENT (HRSG.): *Gemeinsam handeln: Für Demokratie im Gemeinwesen! Handlungsempfehlungen zum Umgang mit Rechtsextremismus im Ländlichen Raum.* Halle/Saale 2015

J. AUMÜLLER: *Forschung zu rechtsextrem orientierten Jugendlichen.* Eine Bestandsaufnahme von Ursachen, Gefährdungsfaktoren und pädagogischen Interventionen, hrsg. von der Kontaktstelle BIKnetz, o.O. 2014

S. BAER / K. MÖLLER / P. WIECHMANN (HRSG.): *Verantwortlich Handeln: Praxis der Sozialen Arbeit mit rechtsextrem orientierten und gefährdeten Jugendlichen.* Opladen, Berlin, Toronto 2014

L. BILZ / W. MELZER: *Gesundheit und Gesundheitsverhalten von Kindern und Jugendlichen.* Ergebnisse der HBSC-Gesundheitsstudie 2005 im Freistaat Thüringen. Forschungsbericht, Dresden 2005

L. BILZ / W. MELZER: *Schülergesundheit in Thüringen 2010.* Ergebnisse der HBSC-Gesundheitsstudie und Perspektiven der schulischen Gesundheitsförderung im Freistaat Thüringen. Forschungsbericht, Dresden 2010

U. BISCHOFF / C. GEHNE / F. GREUEL / S. JOHANSSON / F. KÖNIG / T. SCHLIMBACH / D. ZIEROLD / E. ZIMMERMANN: *Hinweise aus dem Abschlussbericht der Programmevaluation der Bundesprogramme „Vielfalt tut gut, Jugend für Vielfalt, Toleranz und Demokratie" und „kompetent, Für Demokratie – Beratungsnetzwerke gegen Rechtsextremismus".* Berichtszeitraum 1.7.2007 bis 31.12.2010, München und Halle 2011

S. BUNDSCHUH / A. DÜCKER / T. SCHOLLE (HRSG.): *Wegweiser Jugendarbeit gegen Rechtsextremismus.* Motive, Praxisbeispiele und Handlungsperspektiven, Schwalbach 2012

F. BURSCHEL (HRSG.): *Stadt – Land – Rechts.* Brauner Alltag in der Provinz, Berlin 2010

K. MÖLLER / N. SCHUMACHER: *Soziale und pädagogische Arbeit mit rechtsextrem affinen Jugendlichen.* Akteure, Projekte, Ansätze und Handlungsfelder, hrsg. von der Kontaktstelle BIKnetz, o.O. 2014

R. ROTH / F. GESEMANN / J. AUMÜLLER: *Abschlussbericht zur Evaluation des Berliner Landesprogramms gegen Rechtsextremismus, Rassismus und Antisemitismus.* Berlin 2010

6 Rechtsextremismus in den ländlichen Räumen der Flächenbundesländer – dargestellt in 13 Kurzexpertisen

Im Unterschied zum Zeitpunkt der Erstellung der ersten BDL-Studie zum Rechtsextremismus existieren mittlerweile in allen Bundesländern professionelle Strukturen, die sich mit den Erscheinungsformen des Rechtsextremismus im jeweiligen Bundesland, vor allem aber mit der Entwicklung zivilgesellschaftlicher und pädagogischer Maßnahmen und Programme sowie der Unterstützung von belasteten Vereinen, Verbänden und Gebietskörperschaften befassen. Um einen differenzierten Überblick zu rechtsextremistischen Aktivitäten und Akteuren in den jeweiligen Bundesländern sowie zu den eingeleiteten Gegenmaßnahmen zu erhalten, wurden für die 13 Flächenbundesländer wiederum Expertinnen und Experten angefragt, die einen dezidierten Überblick zu den genannten Aktivitäten vermitteln können. Es überrascht nicht, dass sich manches anders liest als in den Verfassungsschutzberichten der jeweiligen Bundesländer. Die nachfolgend alphabetisch geordneten Kurzexpertisen geben einen Einblick in die aktuelle Situation in den einzelnen Bundesländern. Bei den Verfassern handelt es sich ausnahmslos um ausgewiesene und weithin anerkannte Expertinnen und Experten, die jeweils landesweit und z.T. auch bundesweit tätig sind. Die Darstellungen erfolgen in Verantwortung der Verfasser und Verfasserinnen.

6.1 Die aktuellen Verfassungsschutzberichte irritieren

Nicht erst mit dem NSU-Skandal sind die Verfassungsschutzämter in die Kritik und einzelne sogar ins Zwielicht geraten. Im Vorgriff auf die 13 landesbezogenen Expertisen haben wir die aktuellsten Versionen der Verfassungsschutzberichte der einzelnen Bundesländer ausgewertet. Die (mit einer Ausnahme) 2015 veröffentlichten Berichte beziehen sich auf das Vorjahr, weshalb die dramatische Zunahme terroristischer Gewalt gegen Flüchtlinge und Flüchtlingseinrichtungen nicht erfasst ist. Dennoch:

auch die bereits 2014 auf rund 150 Gewalttaten gegen Asylbewerberunterkünfte (2015 waren es 924 Vorgänge) angestiegene terroristische Kriminalität findet in den Berichten selten Erwähnung. Gelegentlich wird zwar auf den dahinter stehenden Rassismus und einen rassistisch definierten Volksbegriff hingewiesen (ex.: INNENMINISTERIUM BADEN-WÜRTTEMBERG 2015, S. 155). Doch der gewaltsame Rechtsterrorismus findet in mehreren Länderberichten weder in Form der Brandanschläge noch im Verweis auf die Verwobenheit einzelner Ämter in den NSU-Skandal Beachtung. Insbesondere die Berichte für die Länder Baden-Württemberg und Thüringen können derzeit nur bedingt als taugliche Quelle für eine umfassende und glaubwürdige Betrachtung des Rechtsterrorismus herangezogen werden.

Quellen

In den meisten Berichten wird in allgemeiner Form von einer Verkleinerung der neonazistischen Szene (z.B. NIEDERSÄCHSISCHES MINISTERIUM FÜR INNERES UND SPORT 2015, S. 44, HESSISCHES MINISTERIUM DES INNEREN UND FÜR SPORT 2014[41]) berichtet. Detailgenauer dokumentieren lediglich die Länder Mecklenburg-Vorpommern und Brandenburg. In den Ostländern bleibt das Potenzial rechtsextremer Subkultur stabil (ex.: MINISTERIUM FÜR INNERES UND SPORT MECKLENBURG-VORPOMMERN 2015, S. 20). Aktuell werden für Mecklenburg-Vorpommern rund 15 (ebenda) und für Brandenburg über 20 (MINISTERIUM DES INNEREN UND FÜR KOMMUNALES DES LANDES BRANDENBURG 2015, S. 80 ff.) regionale Kameradschaften, Netzwerke und Verbünde aufgelistet. Einen deutlichen Rückgang neonazistischer Kameradschaften vermeldet allerdings Sachsen-Anhalt (MINISTERIUM FÜR INNERES UND SPORT DES LANDES SACHSEN-ANHALT 2015, S. 24). Wenig Beachtung findet die bundesweite Renaissance rechtsextremer Fußball-Fan-Szenen. Das Landesamt für Verfassungsschutz Sachsen-Anhalt kommt gar zu der verqueren Aussage: „*Es gibt keine eindeutig rechte Hooliganszene in Sachsen-Anhalt*" (ebenda, S. 33).

Mehrere Verfassungsschutzämter führen aus, dass 2014 fremdenfeindlich motivierte Gewaltstraftaten, darunter in der Mehrzahl Körperverletzungen, im Vergleich zum Vorjahr zurückgegangen seien (ex.: BAYERISCHES STAATSMINISTERIUM DES INNEREN, FÜR BAU UND VERKEHR 2015). Das stellt bestenfalls eine Momentaufnahme dar. Die Ereignisse des Jahres 2015 werden von einem rapiden Ansteigen aller Formen von Gewaltstraftaten begleitet. Auf die doppelte Hellfeld-Dunkelfeld-Problematik sei der Vollständigkeit halber verwiesen. Zwischen Polizei und Staatsschützern auf der einen und Akteuren der Zivilgesellschaft auf der anderen Seite bestehen seit jeher erhebliche Differenzen über die Bestimmung dessen, was als „fremdenfeindlich motiviert" zu gelten hat. Ferner besteht auch hier die klassische Problematik, dass nicht ohne weiteres

41 Aufgrund des späten Erscheinens des Berichtes für das Jahr 2014 wird für Hessen auf den 2014 erschienenen Bericht für das Vorjahr zurückgegriffen.

ersichtlich ist, wie sich die Zahl nicht erfasster, weil z.B. gar nicht angezeigter Gewaltstraftaten entwickelt hat.

Eine erhebliche Diskrepanz zwischen den Botschaften der Verfassungsschützer und ernst zu nehmenden Insider- und Expertenwahrnehmungen besteht bezüglich des Umfangs rechtsextremer Konzerte im Bundesgebiet. Zahlreiche Landesämter des Verfassungsschutzes weisen auf einen deutlichen Rückgang tatsächlich durchgeführter Konzerte hin. (ex.: ebenda, wenngleich mit dem Zusatz, dass die durchschnittliche Besucherzahl gestiegen sei; auch: MINISTERIUM FÜR INNERES UND SPORT DES LANDES SACHSEN-ANHALT 2015, S. 33). Kurioserweise scheint man im Nachbarbundesland Niedersachsen andere Erkenntnisse zu besitzen. Die regionalen Schwerpunkte lägen unverändert in Sachsen und Sachsen-Anhalt (NIEDERSÄCHSISCHES MINISTERIUM FÜR INNERES UND SPORT 2015, S. 37). Geradezu aberwitzig ist die Darstellung des brandenburgischen Amtes. Stolz vermeldet man für das Jahr 2014, dass es zu sieben Auflösungen geplanter Konzerte gekommen sei und nur ein einziges – im Landkreis Oberhavel – stattgefunden habe (MINISTERIUM DES INNEREN UND FÜR KOMMUNALES DES LANDES BRANDENBURG 2015, S. 102). Auf der anderen Seite weist das Amt auf 23 brandenburgische Bands und ein knappes Dutzend rechtsextreme Liedermacher hin (ebenda, S. 97, 99). Wird da am Ende nicht mehr musiziert? In der Suche nach Antworten auf diese ebenso naheliegende wie banale Frage werden gleich mehrere Problematiken deutlich:

- Als „Konzerte“ gelten nur Musikveranstaltungen, die offiziell angemeldet werden.
- Die brandenburgische Provinz war, wie andere ostdeutsche Gegenden auch, ein sicheres Terrain für ungenehmigte Konzerte in aufgelassenen landwirtschaftlichen Gebäuden, ehemaligen Fabriken, leeren Kuhställen und Open-Air-Veranstaltungen. („Was war'n datt ? Es war so laut am Wochenende.“).
- Etliche Musikbeiträge kamen unter dem Dach schwerer zu verbietender Parteiveranstaltungen zustande.
- Kleinere Events finden zahlreich jedes Wochenende im Umfeld der Bands statt, etwa in größeren Proberäumen.[42]
- Brandenburgische Bands und deren mitgereiste Unterstützer gastierten in grenznahen Orten Polens und Tschechiens.

In der Dokumentation und in der Analyse rechtsextremer Parteien fällt auf, dass in den aktuellsten Berichten mit wenigen Ausnahmen auf einen Rückgang von Mitgliederzahlen und Bedeutung der NPD und ihrer Jugendorganisation JN verwiesen wird (ex.: MINISTERIUM FÜR INNERES UND KOMMUNALES DES LANDES NORDRHEIN-WESTFALEN 2015, MINISTERIUM FÜR INNERES UND SPORT DES LANDES SACHSEN-ANHALT 2015, S. 78, THÜRINGER MINISTERIUM FÜR INNERES UND KOMMUNALES 2014[43]). Z.T. wird dies als

42 Über die mittlerweile sehr ausdifferenzierte rechtsextreme Musikkultur wird an anderer Stelle (S. 169 ff) ausführlicher berichtet.

43 Weder gedruckt noch als Internetquelle lag bis November 2015 für Thüringen ein Bericht für das Jahr 2014 vor. Die Darstellungen beziehen sich somit auf das Jahr 2013.

Folge staatsschützerischer Bemühungen dargestellt. Mecklenburg-Vorpommern ist das einzige Land, in dem die Partei damals noch im Landtag vertreten war. Neben Sachsen stellt dieses Bundesland unverändert eine der beiden Hochburgen dar. Bei der Europawahl erreicht die NPD jedoch auch im hohen Norden nur 3 % der Stimmen (MINISTERIUM FÜR INNERES UND SPORT MECKLENBURG-VORPOMMERN 2015, S. 49). Mit 3,2% sind die NPD-Erwartungen auch bei den Kommunalwahlen 2014 nicht erfüllt worden (ebenda). In Sachsen und in Mecklenburg-Vorpommern finden sich dennoch die meisten kommunalen Mandatsträger der Rechtsextremen. Entgegen des Trends verzeichnete die Partei in Sachsen-Anhalt 2014 – wenngleich winzige – Zuwächse bei der Zahl von Mandaten in Kommunalvertretungen (MINISTERIUM FÜR INNERES UND SPORT DES LANDES SACHSEN-ANHALT 2015, S. 79). Extreme Rückgänge sind vor allem in den westlichen Bundesländern zu verzeichnen. In Bayern gelang die Verteidigung der über Tarnlisten wie die „Bürgerinitiative Ausländerstopp" erlangten Mandate in München und in Nürnberg (BAYERISCHES STAATSMINISTERIUM DES INNEREN, FÜR BAU UND VERKEHR 2015, S. 111). In der Mehrzahl der westlichen Bundesländer hatte die Partei nach 2012 eher Misserfolge. Diese gehen spätestens ab 2014 auf den stark gewordenen Rechtspopulismus in Form der Pegida (Patriotische Europäer gegen die Islamisierung des Abendlandes)-Bewegung und der gerade in diesem Jahr bei Wahlen sehr erfolgreichen Partei Alternative für Deutschland (AfD) zurück. Es irritiert, dass dieser eindeutige Zusammenhang in keinem der aktuellen landesbezogenen Verfassungsschutzberichte Erwähnung findet.

Einige neue rechtsextreme Kleinparteien haben in einzelnen Bundesländern eine zumindest strategische Funktion und Bedeutung. Die 2013 gegründete, in ihrem Programm unverhohlen an den Nationalsozialsozialismus anknüpfende Partei Der III. Weg (ex.: MINISTERIUM DES INNEREN, FÜR SPORT UND INFRASTRUKTUR RHEINLAND-PFALZ 2015, S. 37 ff.) hat neben der innerhalb der rechtsextremen Szene nicht untypischen Abgrenzungsfunktion gegenüber anderen einschlägigen Parteien und Gruppierungen auch eine Auffangfunktion für zwischenzeitlich verbotene neonazistische Kameradschaften. So überrascht es nicht, dass sich sechs der derzeit bundesweit elf[44] als „Stützpunkte" bezeichneten regionalen Gliederungen in Bayern befinden und weitgehend den bisherigen geografischen Schwerpunkten des verbotenen „Freien Netzes Süd" (FNS) entsprechen (BAYERISCHES STAATSMINISTERIUM DES INNEREN, FÜR BAU UND VERKEHR 2015, S. 114). Nach dem bayernweiten Verbot des FNS verlagerte die zugehörige „Fränkische Aktionsfront" ihre Aktivitäten nach Plauen und gründete dort einen III.-Weg-„Stützpunkt".

Nach der – noch mit Zustimmung ihres 2013 verstorbenen Mäzens Gerhard Frey möglich gewordenen – Fusion der Deutschen Volksunion (DVU) mit der NPD kam es unter maßgeblicher Beteiligung des Neonazis Christian Worch 2012 zur Gründung der

44 Unklar ist, wie mit der Vermeldung einzelner Neugründungen umzugehen ist. Es könnte sich aktuell auch um 14 oder 15 derartiger „Stützpunkte" handeln.

Partei Die Rechte. Neben versprengten Angehörigen verbotener oder sich selbstauflösender Kameradschaften will sie auch jene ehemaligen DVU-Mitglieder binden, die den Übertritt zur NPD nicht vollziehen wollten. Das aktuelle Parteiprogramm wurde in seinen Grundzügen vom früheren Programm der DVU abgeleitet. In rund der Hälfte der Bundesländer können Aktivitäten dieser Partei nachgewiesen werden, so in Bayern (ebenda, S. 120), Nordrhein-Westfalen, Sachsen-Anhalt, Sachsen (STAATSMINISTERIUM DES INNERN DES FREISTAATES SACHSEN 2015, S. 49), in geringem Umfang in Mecklenburg-Vorpommern (MINISTERIUM FÜR INNERES UND SPORT MECKLENBURG-VORPOMMERN 2015, S. 66), Baden-Württemberg (INNENMINISTERIUM BADEN-WÜRTTEMBERG 2015, S. 208), in Brandenburg eher als „Familienbetrieb mit angeschlossenem Kreisverband“ (MINISTERIUM DES INNEREN UND FÜR KOMMUNALES DES LANDES BRANDENBURG 2015, S. 12).

Stützpunkte

In Nordrhein-Westfalen erzielte die Partei vor allem in Großstädten einzelne Mandate bei Kommunalwahlen. In Bautzen nahm eine führende Aktivistin gegen eine Asylbewerberunterkunft ihren für die NPD erzielten Stadtratssitz beim Parteiwechsel mit in die Partei Die Rechte (STAATSMINISTERIUM DES INNERN DES FREISTAATES SACHSEN 2015, S. 49).

Eine Sonderstellung hat die Partei Pro NRW. Diese nach dem Modell der an der Schnittstelle zwischen Neonazismus und Rechtspopulismus angesiedelten Gruppierung „Pro Köln“ gegründete Partei ist aktuell in 19 Kommunalvertretungen mit 65 Mandaten vertreten (MINISTERIUM FÜR INNERES UND KOMMUNALES DES LANDES NORDRHEIN-WESTFALEN, 2015).

6.2 Rechtsextremismus in den ländlichen Räumen Baden-Württembergs

bearbeitet von Günter Bressau

Vorbemerkung

Im Vergleich zum Zeitraum der Veröffentlichung der letzten Expertise „Rechtsextremismus im ländlichen Raum“ hat sich die Struktur in Baden-Württemberg zur Bearbeitung von Vorfällen und Zuständen mit rechtsextremen, fremdenfeindlichen und antisemitischen Hintergründen grundlegend geändert. Angeschoben durch die Bundesprogramme „kompetent für Demokratie“, „Toleranz leben – Kompetenz fördern“ und „Demokratie leben!“ konnten seit 2008 mit dem landesweiten Beratungsnetzwerk „kompetent vor Ort. für Demokratie – gegen Rechtsextremismus“ nachhaltige Beratungsangebote etabliert werden, die flächendeckend abgerufen werden und mit Regelstrukturen, vor allem im Bereich der Kinder- und Jugendarbeit, eng vernetzt sind. Entsprechend fließen Erkenntnisse über rechtsextreme Vorfälle in den überwiegend ländlichen Regionen Baden-Württembergs zentral zusammen und bilden die Grundlage für die vorliegenden Erkenntnisse. Einen detaillierten Überblick bietet der seit 2012 jährlich erscheinende „Online-Pressespiegel" des Demokratiezentrums Baden-Württemberg.

Zur Lage in Baden-Württemberg

Das Jahr 2015 stellt auch in Baden-Württemberg eine deutliche politische Zäsur dar. Mit den stark ansteigenden Zahlen an aufgenommenen Flüchtlingen aus Krisengebieten ging eine in ihrer Gewaltbereitschaft und Mobilisierungsfähigkeit nicht erwartete rechtspopulistische und rechtsextreme Radikalisierung einher. Rechtsextremer Terrorismus, Brandanschläge auf zukünftige Flüchtlingsunterkünfte und eine steigende Zustimmungsrate für die rechtspopulistische AfD stellen neue Bedrohungen und Phänomene dar, die „rechte" Einstellungsmuster in Teilen der Bevölkerung (siehe hierzu die von W. HEITMEYER herausgegebene Langzeitforschung „Deutsche Zustände") bedienen und durch bereits vorhandene rechtsextrem organisierte Strukturen verstärkt werden. Der NSU-Prozess und der NSU-Untersuchungsausschuss des Landtages spielen medial eine große Rolle in der öffentlichen Wahrnehmung des Rechtsextremismus.

Rechtsextreme Strukturen

Im August 2013 wurde in Karlsruhe der Landesverband Baden-Württemberg der rechtsextremen Kleinstpartei Die Rechte gegründet, der eine zentrale Rolle bei der Organisation der Aufmärsche der sogenannten HoGeSa (Hooligans gegen Salafismus) zugeschrieben wird. Die NPD ist in Kommunalparlamenten in Mannheim, in Villingen-Schwenningen, in Weil am Rhein und im Kreistag Böblingen vertreten. Die Alternative für Deutschland (AfD) konnte in Kommunalparlamenten u.a. mit NPD-ähnlichen Slogans Sitze gewinnen, so z.B. auch in der Landeshauptstadt Stuttgart. 2013 wurde die neue Kleinstpartei Der III. Weg in Heidelberg gegründet. Diese ist zu erwähnen, da sie sich in besonderer Weise gegen die Einrichtung von Flüchtlingsunterkünften in Gemeinden einsetzt, auch wenn sie vor Ort nicht explizit organisiert ist. Anfänglichen Flugblattaktionen folgen nun Auftritte auf Informationsveranstaltungen zur Flüchtlingsunterbringung vor Ort und Einschüchterungen von in Asyl-Helferkreisen aktiven Bürgern. Diese neue Partei setzt sich aus ehemaligen NPD-Funktionären und Aktivisten des im Juli 2014 verbotenen Freien Netzes Süd zusammen und zieht zunehmend weitere Rechtsextreme an.

Während des jüngsten Gaza-Kriegs kam es vermehrt zu antisemitischen Demonstrationen. Daraus resultiert innerhalb der jüdischen Gemeinschaft Baden-Württembergs die Sorge, dass der Zuzug von Flüchtlingen aus politisch antisemitisch geprägten Ländern zu einer Verstärkung des Phänomens beiträgt. Seit Anfang 2014 eine Petition – unterschrieben von mehreren zehntausend Menschen – mit dem Titel „Kein Bildungsplan unter der Ideologie des Regenbogens" gestartet wurde, hat es mehrere sogenannte „Demo(s) für alle" gegeben. Dabei handelt es sich um homo- und transphobe Demonstrationen, an welchen u.a. auch Mitglieder der AfD und organisierte Rechtsextreme teilnahmen.

Flucht und Asyl

Als Anfang des Jahres die Zahl der vor allem aus Syrien nach Deutschland flüchtenden Menschen anstieg, prägten zunächst fremdenfeindliche Bilder von Pegida in Dresden das öffentliche Bild. Ableger davon gab und gibt es auch in Baden-Württemberg, etwa in Karlsruhe, Villingen-Schwenningen und Lörrach. Diese wurden anfangs in der Öffentlichkeit überwiegend nicht als fremdenfeindlich motiviert bewertet. Verharmlosende Begriffe von „berechtigter Kritik" und „besorgten Bürgern" machten in den Medien und bei politisch Verantwortlichen die Runde. „Hassreden" im Internet – von rechtsextremen Organisationen und von Einzelpersonen – und eine Zunahme an tätlichen Übergriffen auf Asylbewerber begleiteten diese Entwicklung. Anders als in einigen Regionen im Osten Deutschlands war und ist die Grundstimmung gegenüber Flüchtlingen mit überwiegender Mehrheit positiv. Dann folgten immer gewaltbereitere Demonstrationen von Rechtsextremen und wöchentliche Berichte über bundesweite terroristische Brandanschläge auf Flüchtlingsunterkünfte – auch in Remchingen (Juli), Weissach (August), Riedlingen (September) und Wertheim (September), mitten in Baden-Württemberg. Dem stellen sich unzählige lokale Initiativen, Bündnisse gegen Fremdenfeindlichkeit und Asyl-Helferkreise mit ihrem Engagement entgegen. Die Welle der Hilfsbereitschaft und der Willkommenskultur war beim Eintreffen der vielen Flüchtlinge überragend. Auch in Baden-Württemberg engagieren sich viele Menschen in ihrer Freizeit für die Versorgung und Integration der Geflüchteten.

Rechtsextremismus/Hass im Internet

Im Zuge der Flüchtlingsentwicklung sind in Baden-Württemberg zahlreiche Aktionsseiten gegen Flüchtlingsunterbringung aufgefallen, vornehmlich auf Facebook. Die gesellschaftliche Debatte darüber steht erst am Anfang, auch wenn es das Phänomen seit langem gibt. Regionale oder lokale Seiten von Kameradschaften oder von Autonomen Nationalisten wechseln häufig die Plattformen und ihre Webadressen. Zumeist ist kaum zu erahnen, wie viele Personen dafür aktiv sind. Aber die Aussagen im Internet zeigen ihre Wirkung und unterstützen die Radikalisierung von Personen mit rechtsorientierten Tendenzen. Dies zeigt sich sowohl bei der Mobilisierung von „besorgten Bürgern“ als auch bei der Umsetzung von Angriffen gegen Flüchtlinge oder Flüchtlingsunterkünfte, bei denen die Täter laut Bundeskriminalamt zu über 70% zuvor nicht strafrechtlich aufgefallen sind und aus dem näheren Umfeld stammen.

Reaktionen der Zivilgesellschaft: Bündnisse und Bürgerinitiativen

In Baden-Württemberg sind vielfältige lokale Bündnisse und Bürgerinitiativen entstanden. Nach der Zunahme der Flüchtenden kam es seit dem Sommer 2015 zu zahlreichen Neugründungen. Nicht selten waren diese eine Gegenreaktion auf lokale Stimmungslagen gegen Flüchtlingsunterbringungen. In den Bündnissen trifft man häufig auf Akteure aus lokalen Asyl-Helferkreisen. Bekannte örtliche und regionale Bündnisse sind unter anderem: Mannheim gegen Rechts, Bündnis unterm Hohentwiel (Singen), Lörrach gegen Rechts, Öhringen bleibt bunt, Rems-Murr nazifrei!, Bündnis gegen Rechts Rastatt. Ein demokratisches Selbstbewusstsein unter den lokalen Bündnissen, verbunden mit hohem Engagement zur Schaffung einer Willkommenskultur für Flüchtlinge, ist flächendeckend spürbar. Ein Beispiel ist die Gegenwehr von Bürgern bei einer Informationsveranstaltung zur Flüchtlingsunterbringung. Der Versuch organisierter Rechtsextremisten des III. Wegs, die Veranstaltung zu stören, scheiterte an der Zivilcourage der Bürger. Gegendemonstrationen bei Nazi-Aufmärschen, Bürgerfeste als Antwort auf rechtsextreme Mobilisierungen – das Engagement ist in der gesamten gesellschaftlichen Breite nachhaltig vorhanden. Negativ getrübt wird das Bild durch gewaltbereite linksautonome Gruppen, die bei Naziaufmärschen wie beim NPD-Parteitag in Weinheim im November 2015 Polizeibeamte angriffen. Dies sind häufig Aktionen einer kleinen Minderheit, die jedoch in der medialen Berichterstattung die mehrheitlich friedlichen Gegenveranstaltungen überdecken.

Bündnisse

Das Demokratiezentrum Baden-Württemberg fördert und berät regionale und lokale Bündnisse gegen Rechtsextremismus, Gruppenbezogene Menschenfeindlichkeit und zur Demokratieentwicklung. Zahlreiche Bündnisse setzen sich aus rein zivilgesellschaftlichen Organisationen und Personen zusammen. Überwiegend beziehen sie aber sowohl staatliche als auch zivilgesellschaftliche Akteure ein und entwickeln gemeinsam Strategien. Das Albbündnis und das Bodensee-Hochrhein-Bündnis wurden mit Unterstützung des Beratungsnetzwerks „kompetent vor Ort“ gegründet und sehen sich als Teil von diesem. Beide Bündnisse verstehen sich als interdisziplinäre Verbindungen aus VertreterInnen der unterschiedlichsten Berufsgruppen, die im Bereich der Jugendarbeit tätig sind. Weitere MitarbeiterInnen und UnterstützerInnen im Albbündnis sind

VertreterInnen überregionaler Institutionen aus Baden-Württemberg. Die regionalen Bündnisse bestehen aus Vertretern von Freien Trägern, Öffentlichen Trägern, der Polizei, des Kommunalverbandes für Jugend und Soziales, des Diakonischen Werkes Württemberg, der Jugendstiftung Baden-Württemberg und weiteren regionalen Akteuren. Das Albbündnis besteht aus Organisationen aus den Landkreisen Biberach, Reutlingen, Sigmaringen, Tübingen und Zollern-Alb. Das Hochrhein-Bodensee-Bündnis setzt sich aus Organisationen zusammen, die aus den Landkreisen Konstanz und Waldshut stammen.

Programme und Maßnahmen in Baden-Württemberg

In Baden-Württemberg gibt es eine vielfältige Trägerlandschaft mit einer Vielzahl von Angeboten zur Rechtsextremismus-Prävention (und zur Prävention anderer Formen von Extremismus):

Demokratiezentrum Baden-Württemberg / Beratungsnetzwerk „kompetent vor Ort. für Demokratie – gegen Rechtsextremismus"
Das Demokratiezentrum Baden-Württemberg versteht sich als Bildungs-, Dienstleistungs- und Vernetzungszentrum im Handlungsfeld Extremismus, präventiver Bildungsarbeit und Menschenrechtsbildung. Das Demokratiezentrum baut auf die wirkungsvollen Strukturen des Beratungsnetzwerks „kompetent vor Ort" auf. Die Landeskoordinierung für das Demokratiezentrum liegt bei der Jugendstiftung Baden-Württemberg: www.demokratiezentrum-bw.de.

Beratungsnetzwerk „kompetent vor Ort"
Das Beratungsnetzwerk „kompetent vor Ort" entwickelte erstmals zur lokalen Intervention eine landesweite Beratungsstruktur mit 20 gut vernetzten regionalen Beratungsstellen. LehrerInnen, JugendleiterInnen, Eltern, KommunalpolitikerInnen und zivilgesellschaftliche und kommunale Bündnisse und Initiativen sowie Betroffene von rechtsextremen Übergriffen können in solchen Fällen den nächstgelegenen Beratungsstandort kontaktieren. Je nach Problemlage wird ein mobiles Interventionsteam aus Fachleuten zusammengestellt, das mit den Betroffenen vor Ort gemeinsam eine Handlungsstrategie entwickelt, die auf die individuelle Situation zugeschnitten ist.

Opferberatung
Unterstützung Betroffener und Opfer von rechtsextremer Gewalt haben das Sozialministerium und die Landeszentrale für politische Bildung eine eigene Beratungsstelle für Opfer rechtsextremer Gewalt in Baden-Württemberg beauftragt. Ende 2015 wurde die Türkische Gemeinde Baden-Württemberg e.V. mit dieser Aufgabe betraut, um ge-

meinsam mit ihren Partnerorganisationen ein dichtes Informations- und Beratungsnetz knüpfen.

Fachstelle Extremismusdistanzierung

Jugendliche und junge Erwachsene, die anfällig für rechtsextremistische Ideologien sind, bei denen sich aber Überzeugungen noch nicht in einem fundamentalen Sinne verfestigt haben, können über aufsuchende, akzeptierende Ansätze der Jugendsozialarbeit erreicht werden. Für die Fachleute aus diesem Bereich, insbesondere der Mobilen und Offenen Jugendarbeit, bietet die Fachstelle im Demokratiezentrum Beratung, Qualifizierungsangebote und Materialien an.

Partnerschaften für Demokratie

In Baden-Württemberg gibt es derzeit 14 über das Bundesprogramm „Demokratie leben!" geförderte Partnerschaften für Demokratie, die lokale Handlungskonzepte zur Förderung von Demokratie und Vielfalt entwickeln und umsetzen: Böblingen, Freiburg, Göppingen, Landkreis Göppingen, Herrenberg, Kirchheim unter Teck, Mannheim, Ostfildern, Ravensburg/Schussental, Landkreis Rems-Murr, Sindelfingen, Weil der Stadt, Weingarten.

Modellprojekte des Bundesprogramms „Demokratie leben!"

Für die Arbeit gegen die vielfältigen Formen des Rechtsextremismus im ländlichen Raum relevant sind das Modellprojekt „MENTOR – Miteinander für Engagement, Toleranz und Respekt" der Kulturwerkstatt e.V. Reutlingen, über das junge Menschen im Alter zwischen 16 und 27 Jahren die Möglichkeit erhalten, selbst als MentorIn gegen Islamfeindlichkeit aktiv zu werden sowie das Modellprojekt „Verein(t) gegen Rassismus! Stuttgarter Migrantenvereine gegen Islam-, Muslimfeindlichkeit und Alltagsrassismen!" des Forums der Kulturen Stuttgart e.V. Letzteres versucht sich den Themen Islamophobie und Gruppenbezogene Menschenfeindlichkeit über kulturelle Aktivitäten zu nähern, um bei den Zielgruppen, insbesondere bei MigrantInnenvereinen, aber auch bei der breiten Öffentlichkeit, eine Offenheit für heikle Fragestellungen zu erreichen.

Die Angebote des Demokratiezentrums, die Partnerschaften für Demokratie und die Modellprojekte werden detailliert unter www.demokratiezentrum-bw.de dargestellt.

Kompetenzzentrum zur Koordinierung des Präventionsnetzwerks gegen (islamistischen) Extremismus in Baden-Württemberg" (KPEBW)

Aufgabe des Ende 2015 eingerichteten KPEBW beim Innenministerium ist es, die Maßnahmen der Präventions- und Interventionsbemühungen gegen verfassungsfeindliche

Bestrebungen im Zusammenhang mit dem (islamistischen) Extremismus zentral zu steuern und zu koordinieren. Darüber hinaus soll es den Informationsfluss zwischen staatlichen und nichtstaatlichen Akteuren (einschließlich der Sicherheitsbehörden) gewährleisten. Die Präventionsarbeit gegen islamistischen Extremismus ist im Titel als zentrales Ziel genannt, aber auch der Rechtsextremismus wird eine wichtige Aufgabe darstellen.[45]

BIG Rex

Junge Menschen, die bereits ein verfestigtes rechtsextremes Weltbild aufweisen, erhalten Beratungsangebote zur individuellen Ausstiegshilfe durch die „Beratungs- und Interventionsgruppe gegen Rechtsextremismus (BIG Rex)" des Landeskriminalamtes Baden-Württemberg.[46]

Team meX – mit Zivilcourage gegen Rechtsextremismus

Ziel des Projekts der Landeszentrale für politische Bildung ist die Sensibilisierung für die Gefahren, die von extremistischen Parolen und den Propagandainstrumenten der Szenen ausgehen. Dazu gehört die Vermittlung demokratischer Werte ebenso wie die Förderung der politischen und sozialen Handlungskompetenzen für eine zivilcouragierte Haltung durch Rollen- und Planspiele für Jugendliche sowie Fachvorträge und Fortbildungen für MultiplikatorInnen der schulischen und außerschulischen Jugend- und Bildungsarbeit. Weitere Informationen dazu gibt es unter www.team-mex.de.

Landesnetzwerk für Menschenrechte

Im „Landesnetzwerk für Menschenrechte und Demokratieentwicklung – Gegen Rechtsextremismus und Menschenfeindlichkeit" haben sich Organisationen, Institutionen, Vereinigungen und Ministerien zusammengeschlossen, um sich über die namensgebenden Themen auszutauschen. Jedes Mitglied steht in einem eigenen Kontext, doch allen gemein ist das Eintreten für Demokratie und demokratische Werte. Die Mitglieder des Landesnetzwerks finden sich unter http://www.demokratiezentrum-bw.de/partner/landesnetzwerk-fuer-menschenrechte.

45 http://www.verfassungsschutz-bw.de/Lde/Startseite/Service/KPEBW
46 https://www.polizei-bw.de/Dienststellen/LKA/Seiten/BIG-Rex.aspx

6.3 Rechtsextremismus, Rechtspopulismus und (Alltags-) Rassismus in den ländlichen Räumen Bayerns

bearbeitet von Nicola Hieke

Einführung

Sowohl in der extrem rechten Szene als auch innerhalb der Zivilgesellschaft, die sich diesen Tendenzen entgegenstellt, gab es in Bayern in den letzten Jahren viel Bewegung. Die Sensibilität hat sich vor allem in der Aufmerksamkeit gegenüber extrem rechten Bestrebungen und Aktivitäten in Teilen der Bevölkerung deutlich erhöht. Noch immer fehlt es jedoch bei der Entwicklung wirksamer Strategien auf Landesebene an der notwendigen finanziellen Ausstattung einzelner Bereiche, wie beispielsweise in der Forschung. So gibt es weiterhin keine wissenschaftliche Analyse, die sich mit den speziellen Problemlagen und Bedarfen Bayerns beschäftigt. Durch die jahrelange Arbeit von Fach- und Dokumentationsstellen sowie der Etablierung von Beratungsstellen zu diesem Thema ist jedoch inzwischen auch über die extrem rechten Strukturen im ländlichen Raum mehr bekannt.

(Extrem) Rechte Strukturen in Bayern und in den ländlichen Räumen Bayerns

Das Bayerische Landesamt für Verfassungsschutz schätzt das rechtsextremistische Potenzial 2014 auf bayernweit ca. 2.200 Personen. Mindestens 1.000 – und damit fast die Hälfte – gelten dabei als gewaltorientiert (siehe: BAYERISCHES STAATSMINISTERIUM DES INNEREN, FÜR BAU UND VERKEHR, 2015, S. 84). Mit etlichen Umbrüchen und Umstrukturierungen hat sich die extrem rechte Szene in Bayern zunehmend radikalisiert.

Das im Juli 2014 verbotene Freie Netz Süd (FNS) gilt als das bislang größte und einflussreichste Neonazinetzwerk Bayerns. Trotz Querelen innerhalb der Szene gelang eine landesweite Vernetzung, die gegen Ende nahezu flächendeckend war. Vor allem für Neonazis im ländlichen Raum, die vorher nur wenig Anbindung und Organisationsstruktur hatten, boten sich u.a. über die FNS-Internetplattform zahlreiche Vernetzungs- und Aktionsmöglichkeiten in ganz Bayern. In einer kleinen Ortschaft im ländlichen Oberfranken wurde ein ehemaliges Gasthaus – von 2010 an im Besitz der Neonazis – als „Nationales Zentrum Hochfranken" zum Ort regelmäßiger Versammlungen. Oberprex in der kleinen Gemeinde Regnitzlosau wurde so zu einem Treffpunkt für Neonazis weit über Bayern hinaus. Mit dem Verbot beschlagnahmten die bayerischen Behörden auch die Immobilie. Den Organisationsstrukturen hat diese Maßnahme jedoch kaum geschadet, die Neonazis hatten längst vorgesorgt (WITZGALL 2014).

So installierten führende FNS-AktivistInnen bereits während des Verbotsverfahrens sog. „Stützpunkte" der im September 2013 in Heidelberg gegründeten Partei Der III.Weg in Bayern. Bis dato versammelte Der III. Weg im Wesentlichen ehemalige AktivistInnen des FNS in seinen bayerischen Reihen und wird deshalb zu Recht als dessen Nachfolgeorganisation betrachtet.

Der bayerische Landesverband der NPD befindet sich spätestens seit dem Misserfolg bei den Landtagswahlen 2013 in einer akuten Krise (HEBEL 2013). Zwar gelang es bei den Kommunalwahlen 2014 über die Bürgerinitiative Ausländerstopp (BIA) – die als Tarnorganisation der NPD gilt – die bereits früher erlangten Sitze in den Stadträten von München (ein Sitz) und Nürnberg (zwei Sitze) zu halten. Nach dem Zerfall der kompletten Führungsriege lassen sich im ländlichen Raum nur geringe Aktivitäten der NPD nachweisen (HARTL 2015). Dennoch stellt auch diese Entwicklung keine drastische Schwächung der rechtsextremen Strukturen in Bayern dar. In München wurde am 20. April 2014 – symbolträchtig zu des „Führers" (Adolf Hitlers) Geburtstag – ein Kreisverband der ansonsten insbesondere in NRW aktiven Partei Die Rechte gegründet. Im Mai folgte ein bayerischer Landesverband. Die Partei ist mit derzeit vier Kreisverbänden in Bayern grundsätzlich ausbaufähig und könnte im Falle eines Verbots der NPD – trotz bestehender Konkurrenzen – ein mögliches Auffangbecken werden. Die Neonaziszene ist somit im Jahr 2015 überwiegend in Parteien und parteiähnlichen Strukturen organisiert. Wohl auch, weil diese grundsätzlich schwerer zu verbieten sind.

Blickt man auf die Vernetzungen, so verwischen sich die Grenzen zwischen städtischem und ländlichem Raum zusehends. Diese finden zunehmend online statt. So können selbst abgelegene Gegenden leicht erreicht werden.

Für eine fundierte Analyse der Problemlagen spielen zudem auch die enormen wirtschaftlichen Unterschiede und die demographische Entwicklung in Bayern eine entscheidende Rolle. Es herrscht ein starkes Süd-Nord-Gefälle, das durch die demographische Entwicklung auf Dauer noch begünstigt wird. Vor allem der ländliche Raum in den bereits jetzt als strukturschwach geltenden Regionen Ober- und Unterfrankens ist künftig vom stärksten Rückgang der Bevölkerung betroffen (BAYERISCHES LANDESAMT FÜR STATISTIK 2015).

Nischen

Wie in den Grenzregionen Niederbayerns und der Oberpfalz begünstigt diese Entwicklung die Chancen einer dauerhaften Verankerung extrem rechter Strukturen vor Ort. Bereits jetzt sind die Kauf- und Mietpreise für Immobilien um ein Vielfaches niedriger als in den städtischen Ballungsräumen (ANDREASCH 2010). Zudem bleibt vor Ort immer weniger Geld für Kultur- und Freizeitangebote sowie die Förderung einer vielfältigen Jugendarbeit. Dadurch entstehen Nischen, die sich die extrem rechte Szene zunutze machen könnte.

Der zivilgesellschaftliche Gegenprotest ist darüber hinaus allein aus logistischen Gründen auf dem Land deutlich schwieriger zu organisieren. Zudem kennt man sich unter NachbarInnen. Vor Ort treten RechtsextremistInnen daher häufig moderat und bürgernah auf und versuchen, sich beliebt zu machen. Im oberfränkischen Unterhartmannsreuth, seit 2013 Wohnort des bekannten Neonazi-Liedermachers Frank Rennicke, packt dieser beispielsweise auch beim Maibaumaufstellen mit an (PRYZBILLA 2014). Im niederbayerischen Rain spendete der bekannte Neonazi Sascha Roßmüller über sein damaliges Sicherheitsunternehmen – in dem er überwiegend RechtsextremistInnen beschäftigte – Trainingsanzüge für den Fußballclub seines Sohnes (PANGERL 2014).

Bis vor kurzem bediente die extreme Rechte verschiedenste Themenschwerpunkte in Bayern. Mittlerweile konzentrieren sich nahezu alle Aufmärsche, Aktionen und Kampagnen, ob vor Ort oder online, ob auf dem Land oder in der Stadt, komplett auf die Hetze gegen Geflüchtete und AsylbewerberInnen.

Hetze

Und dabei bleibt es nicht!

Bei einer großangelegten Razzia gegen mehre Mitglieder der Partei Die Rechte in Nürnberg und Bamberg wurden im Oktober 2015 u.a. Anschlagspläne auf das örtliche Abschiebezentrum für Balkan-Flüchtlinge aufgedeckt.[47] In einer von der Amadeu Antonio Stiftung geführten Chronik sind bis Ende Oktober 34 Angriffe auf Unterkünfte in Bayern verzeichnet. Acht davon waren Brandanschläge.[48]

Das Projekt „no-nazi.net – Für Soziale Netzwerke ohne Nazis" führt darüber hinaus deutschlandweit 225 sogenannte „Nein zum Heim"-Seiten auf Facebook auf. 13 davon beziehen sich auf (geplante) Unterkünfte in Bayern.[49] Es ist davon auszugehen, dass die Dunkelziffer in beiden Fällen höher liegt.

Repräsentative Studien wie die sogenannten „Mitte-Studien" der Uni Leipzig belegen seit Jahren die Verbreitung rechtsextremer Einstellungen in der gesamten Bevölkerung. Aus der Einstellungsbefragung für 2014 ergibt sich bundesweit zwar ein deutlicher Rückgang explizit rechtsextremer Einstellungen in der Gesellschaft. Überraschend hoch fiel jedoch die Abwertung von Asylsuchenden, Sinti und Roma sowie Muslimen in Deutschland auf (DECKER / KIESS / BRÄHLER 2014, S. 59 ff).

Im Vergleich zu anderen westlichen Bundesländern sind die Zustimmungsraten zu ausländerfeindlichen Aussagen in Bayern bereits seit Beginn der Befragungen im Jahr 2002 überdurchschnittlich hoch (DECKER / BRÄHLER 2014, S. 1 ff).

Deutlicher als zuvor zeigt sich das an den Aufmärschen der Pegida bzw. ihrer regionalen Ableger in den bayerischen Städten, an der Mobilmachung gegen Flüchtlingsunterkünfte vor Ort und am Hass und zunehmender rassistischer Hetze in den

47 www.spiegel.de/panorama/justiz/rechtsextreme-in-bayern-planten-offenbar-anschlag-a-1059190.html, Zugriff: 02.11.2015

48 http://mut-gegen-rechte-gewalt.de/service/chronik-vorfaelle?field_bundesland_tid[]=16&field_date_value[value][year]=2015 Zugriff: 02.11.2015

49 (www.netz-gegen-nazis.de/artikel/monitoring-225-mal-nein-zum-heim-auf-facebook-10642, Zugriff: 30.10.2015

sozialen Netzwerken. Der öffentliche Diskurs bestimmt auch das Verhalten der RechtsextremistInnen und RechtspopulistInnen, die sich an all diesen Aktionen beteiligen. Die Grenzen zwischen organisiertem Rechtsextremismus und Alltags-Rassismus verschwimmen zunehmend.

Aufgrund der Strategie einer zentralen Unterbringung in Gemeinschaftsunterkünften befinden sich viele Geflüchtete sowohl in Städten als auch auf dem Land in einer sehr exponierten Situation. Vor allem im ländlichen Raum bieten diese Unterkünfte wegen der oft dürftigen Infrastruktur – z.B. keine Polizei vor Ort, Unterbringung am Stadtrand, wenig AnwohnerInnen etc. – eine ideale Angriffsfläche für rassistische Hetze und Gewalt. Neben dem gezielten Vorgehen gegen rechtsextreme und rassistische Gruppierungen und Einzelpersonen ist daher auch dringend eine dezentrale Unterbringung von Geflüchteten geboten.

Gegenwehr, ziviles Engagement und Beratung

Bürgerbündnisse und -initiativen, Runde Tische und Aktionsgruppen „Gegen Rechts" sind inzwischen nicht mehr die Ausnahme, sondern nahezu flächendeckend vertreten. Der Erfolg zeigt sich insbesondere dort, wo sich das Engagement nicht nur auf eine Reihe von Aktionen gegen die extrem rechte Szene beschränkt, sondern dauerhaft und aktiv an der Gestaltung einer vielseitigen Gemeinschaft vor Ort mitgewirkt wird. Vielfach sind es dieselben Personen, die sich derzeit auch in den HelferInnenkreisen engagieren. Das enorme Ausmaß an Hilfsbereitschaft und ehrenamtlichem Engagement für Flüchtlinge vor Ort ist daher auch auf diese Entwicklung zurückzuführen.

Die Initiativen sind untereinander vielfach vernetzt. Auch im ländlichen Raum finden in regelmäßigen Abständen Vernetzungstreffen der Bündnisse der einzelnen Bezirke statt. Neugegründete Zusammenschlüsse profitieren so von einem über die Jahre gewachsenen Erfahrungsschatz.

So wehrten sich zum Beispiel die BewohnerInnen der kleinen Gemeinde Scheinfeld in Mittelfranken – im Oktober 2013 noch Ort eines Rechtsrock-Events mit über 1.000 BesucherInnen aus der Neonaziszene – später erfolgreich gegen eine Wiederholung in ihrem Dorf. Im unterfränkischen Kolitzheim-Stammheim, wo Die Rechte im Mai 2015 eine bayerische Parteizentrale eröffnete, verhinderte eine Initiative aus zivilgesellschaftlichen und kommunalen VertreterInnen bislang die Nutzung des Gebäudes als Versammlungs- und Veranstaltungsort.[50]

Der Zuwachs an Handlungskompetenz und das schnellere und zunehmend effektivere Eingreifen vor Ort sind mitunter auch auf die Arbeit jener Fach- und Beratungs-

50 www.br.de/nachrichten/unterfranken/inhalt/kolitzheim-parteizentrale-die-rechte-illegal-100.html, Zugriff: 02.11.2015

stellen zurückzuführen, deren Tätigkeit stets eine nachhaltige Stärkung lokaler zivilgesellschaftlicher Strukturen zum Ziel hat. Diese sind in Bayern noch immer größtenteils aus Bundes- und Drittmitteln gefördert und haben seit Jahren Projektcharakter.

Die Bedeutung bürgerschaftlichen Engagements im Kampf gegen die extreme Rechte wird von der Staatsregierung nach wie vor nicht ausreichend gewürdigt. So kommt es, dass es auch im Jahre 2015 in einem der wirtschaftsstärksten Bundesländer Deutschlands an vielen Ecken und Enden noch immer an der notwendigen finanziellen Unterstützung mangelt.

Das Handlungskonzept gegen Rechtsextremismus der Bayerischen Staatsregierung deutet diesen noch immer als ein rein sicherheitspolitisches Problem. Dieses Verständnis greift jedoch viel zu kurz. Vorrangiges Problem ist Rassismus. Nicht nur am vermeintlich „rechten Rand", sondern im Alltag, in Institutionen, innerhalb der gesamten Bevölkerung.

6.4 Rechtsextremismus in den ländlichen Räumen Brandenburgs

bearbeitet von Dirk Wilking

Ländlicher Raum und der Begriff „Dorf" in Brandenburg

Im Vergleich mit anderen Bundesländern sollte zum Thema „ländlicher Raum" zunächst klar gestellt werden, dass mit dem Begriff „Dorf" in Brandenburg eine soziokulturelle Einheit von etwa 400 bis 600 Einwohnern gemeint ist, während in dicht besiedelten Bundesländern damit auch Einheiten von 1.500 und mehr Einwohnern bezeichnet werden.[51] Dieser Unterschied hat in der sozialen Realität durchaus Konsequenzen für Jugendliche: je kleiner das soziokulturelle Umfeld, desto weniger sind plurale Orientierungen für junge Menschen möglich. Ein weiterer wesentlicher Unterschied zu anderen Bundesländern ist, dass in Brandenburg Dörfer eine völlig andere ökonomische Struktur haben. Die land- und forstwirtschaftlichen Flächen um die Dörfer sind historisch bedingt weitgehend dem Wirtschaftsraum Dorf entzogen. Die aus den LPGs (Landwirtschaftlichen Produktionsgenossenschaften)entstandenen Betriebe produzieren hocheffizient für den Weltmarkt, deren Wertschöpfung kommt jedoch kaum der lokalen Wirtschaft zugute.[52] Die ökonomischen Strukturen in den

51 Dorf ist kein genau definierter Begriff. Die OECD verwendet einen Regionenbegriff, der von ländlichen Räumen spricht, wenn mehr als 50% der Menschen in Gemeinden mit weniger als 150 Personen/km^2 leben. Für unsere Zwecke ist dieser verwaltungsorientierte Begriff nur bedingt brauchbar, da in Brandenburg mehr als 85% der Gemeinden unter diesem Wert liegen.

52 Die Landwirtschaft ist die einzige Branche, die deutlich effizienter ist als in Westdeutschland. Hier ist es aber nicht „der Osten", sondern es sind Mecklenburg-Vorpommern, Brandenburg und Sachsen-Anhalt. Sachsen und Thüringen hatten ab 1990 eine andere Landwirtschaftspolitik gewählt.

Dörfern werden auch durch Handwerksbetriebe und klein- und mittelständische Industrie beeinflusst. Diese Strukturen sind jedoch sehr schwach ausgeprägt. Das bedeutet für Jugendliche, dass ihre Lebensperspektiven im Dorf sehr eingeschränkt sind.

Die ländlichen Kleinstädte Brandenburgs sind integraler Bestandteil der ländlichen Kultur. Mit Cottbus, Frankfurt (Oder) und Potsdam gibt es im ganzen Bundesland nur drei Großstädte. Alle anderen Städte liegen in kleinstädtisch-ländlichen Räumen.

Demographischer Wandel

Der demographische Wandel ist durch zwei wesentliche Faktoren bestimmt: den Geburtenrückgang und die Migration. Der Geburtenrückgang wird die Regionen noch über Jahrzehnte prägen. Das „demographische Echo" (Geburten, die mangels der derzeit nicht geborenen Mädchen in Zukunft nicht möglich sind) kommt auf das Land erst noch zu (Amt für Statistik Berlin-Brandenburg 2015, S. 8). Konsequenzen aus dieser Entwicklung sind aber schon deutlich zu spüren. Neben der existenziellen Bedrohung traditioneller Einrichtungen im ländlichen Raum (Sportvereine, Feuerwehr etc.), die große Nachwuchsprobleme haben, ist es in vielen Dörfern schon nicht mehr möglich, dass sich funktionierende Peer-Groups bilden können. Die Kinder müssen mit Hilfe der Eltern z.T. erhebliche Strecken zurücklegen, um Freunde zu treffen. Das führt zu einem veränderten Verhältnis der Kinder untereinander. Freundschaften werden häufig nur individuell gepflegt – nicht in einer Gruppe. Das führt zu dem Effekt, dass diese Freundschaften kompatibel zu den Eltern sind, die die Kinder zu den betreffenden Familien fahren müssen. Viele Schulen mussten geschlossen werden (ebenda, S. 17). Aus politischen Gründen waren von den Schließungen vor allem die ländlichen Schulen betroffen. In Kombination mit dem erweiterten Angebot an Ganztagsschulen werden die SchülerInnen in städtischen Kontexten sozialisiert, ihre ländliche Sozialisation findet in weiten Teilen nicht mehr statt. Es kommt also nicht nur zu einer quantitativen, sondern auch zu einer qualitativen Verödung von Kinder- und Jugendmilieus im ländlichen Raum (ebenda, S. 16).

Konsequenzen

Der Faktor Migration schlägt wie der demographische Wandel bereits unmittelbar auf die Lebenswelten von Kindern und Jugendlichen durch. Zuerst macht sich dies an den Vaterrollen bemerkbar. Wo es Väter in den Lebensgemeinschaften gibt, sind sie häufig in der Woche nicht präsent, weil sie auf Montage sind oder weit pendeln. Seit 2014 führt die veränderte Flüchtlingssituation allerdings zu einer Trendwende auch im schulischen Bereich. Wurden die Flüchtlinge zunächst überwiegend in den Kleinstädten angesiedelt, wurde 2015 auch der ländliche Raum in den Fokus der Verwaltungen genommen. Dabei entwickelten sich unterschiedliche Trends: Es gibt Landkreise, die versuchen, „Großsiedlungen“ in ehemaligen Kasernen und ähnlichen Immobilien aufzubauen, die keinen oder nur geringen Bezug zu umliegenden Dörfern haben. Anderswo hat man Immobilien innerhalb von Dörfern verwendet und z.T. schwierige Verhältnisse erzeugt, wenn etwa 300 Flüchtlinge in ein 150-Einwohner-Dorf verlegt wurden. In den meisten Fällen fand jedoch eine vernünftige Zuwanderung in den dörflichen Raum statt. Doch unterscheiden sich die Bedingungen für eine integrative Kultur erheblich. Es mutet paradox an, dass jene Regionen, die den Zuzug am dringendsten brauchen, sich am stärksten abwehrend verhalten. Dagegen sind die Gebiete des Speckgürtels um Berlin (wo durchaus Wohnungsnot herrscht) in der Regel sehr engagiert.

Konflikte

Rückbau der Versorgungssysteme

Entsprechend der wirtschaftlichen Entwicklung haben sich in den letzten Jahren die ländlichen Räume in Brandenburg unterschiedlich entwickelt. Die boomenden Gebiete des Berliner Speckgürtels verzeichnen einen erheblichen Zuzug an Wohnbevölkerung aus Berlin, Brandenburg und dem Bundesgebiet. Die hier vorhandenen staatlichen und nicht-staatlichen Institutionen sind stark ausgelastet und expandieren entsprechend. Konflikte entstehen vor allem zwischen der „Altbevölkerung“ und den Zugezogenen. Die kulturellen und sozialen Unterschiede bleiben nicht folgenlos, denn die Zugezogenen gehören zum überwiegenden Teil der Ober- und Mittelschicht an (Stöss 2008, S. 38). In den peripheren Gebieten haben wir jedoch eine nicht unerhebliche Erosion der Infrastruktur zu verzeichnen. Die Ortsbürgermeister sind weitgehend macht- und etatlos. Auch andere Dienstleister, die einen korrigierenden Einfluss auf die dörflichen Strukturen gehabt haben, sind heute nicht mehr funktionsfähig. LehrerInnen sind oft nur noch Schlafbevölkerung, die PfarrerInnen betreuen inzwischen Großgemeinden mit zahlreichen Dörfern und kennen die kapillaren Strukturen der dörflichen Gemeinwesen kaum noch. ÄrztInnen und andere AkademikerInnen spielen im Dorfleben praktisch kaum noch eine Rolle. Parteien und Gewerkschaften sind nur selten in den ländlichen Regionen präsent. Ein beobachtbares Resultat dieses Rückzugs ist, dass Dörfer in der Peripherie einen eigenen Kosmos bilden, in dem kaum noch korrigierende Einflüsse wirksam sind. Sie sind häufig von öffentlichen Diskursen abgekoppelt.

Demokratische Verhältnisse im ländlichen Raum

Eine Schwierigkeit in der Arbeit für demokratische Strukturen in Brandenburg stellt die weit verbreitete Unkenntnis der Verfassung der Bundesrepublik Deutschland dar. Die Werte der freiheitlich-demokratischen Grundordnung sind häufig nur vom Hörensagen bekannt, und so fällt es vielen Menschen schwer zu erkennen, was extremistische Positionen sind. So passen sich Eltern eher den extremistischen Meinungen ihrer Kinder an, als mit diesen in einen konstruktiven Konflikt einzutreten. Reibungspunkte sind dann häufig nur noch die Formen des Ausdrucks dieser Ansichten. Meinungen wie z.B., dass man sich aussuchen könne, wer in der Stadt leben darf und wer nicht, sind Allgemeingut, auch wenn es den Grundrechten widerspricht. Ähnlich verhält es sich mit den Rechten religiöser Gruppen. Antireligiöse Ressentiments sind weit verbreitet und korrelieren mit der geringen Mitgliedschaft in Kirchen (was nicht nur Ergebnis der DDR-Politik ist, sondern in Wellen seit dem 19. Jahrhundert vonstattenging). Etwa 25% der BrandenburgerInnen sind evangelisch, 8% katholisch, allerdings mit sehr unterschiedlicher regionaler Verteilung.

Parteien: Die demokratischen Parteien haben bis auf „Die Linke" in Brandenburg generell eine sehr schwache Mitgliederbasis. Strukturen finden sich dann auch überwiegend in den Städten, während im ländlichen Raum kaum arbeitsfähige Parteigliederungen vorhanden sind. Der Unterschied zwischen den peripheren Gebieten und dem Speckgürtel ist auch in diesem Punkt deutlich: in den ländlichen Gebieten des Speckgürtels werden die Parteien zu einem erheblichen Teil durch Zuziehende aus Berlin und den alten Bundesländern gestützt.

Wählerbündnisse: Die dörfliche Kommunalpolitik ist durch Wählerbündnisse geprägt, die einen starken regionalen Bezug haben. So sind die Gemeindeparlamente bestückt mit Heimatvereinen, Feuerwehren, Sportvereinen und anderen Gruppierungen, die in der Regel nicht in größere politische Netzwerke eingebunden sind. Durchaus mit Stolz erzählen Abgeordnete dann, dass im Parlament nicht gestritten wird. Man arbeite sich an Sachthemen ab. Das kommt einer freiwilligen Entpolitisierung gleich, da dort praktisch die Verwaltung die Entscheidungen trifft. Seit zwei Jahren macht sich speziell im ländlichen Bereich eine starke Affinität zu Pegida bemerkbar. Das äußert sich vorwiegend im Bereich der Einstellungsmuster, wirkt aber punktuell auch in den Handlungsmustern.

Oppositionsverständnis: Nicht nur durch die DDR, sondern bereits durch länger zurückliegende historische Epochen ist die Vorstellung von Opposition im brandenburgischen ländlichen Raum geprägt worden. Über die Jahrhunderte waren die Standesherrschaften und deren Gutsverwaltungen Legislative, Judikative und Exekutive in einem. Opposition zu den herrschenden Verhältnissen war immer auch verbunden mit der Ablehnung des gesamten Systems. Dieses Oppositionsverständnis ist heute noch anzutreffen. Die Mehrheit dörflicher Bevölkerung bevorzugt eine harmonisierende Politikhaltung des „Wir", und eine Minderheit lehnt das diffus erscheinende

System grundsätzlich ab. Ein demokratisches Verständnis einer Differenzierung von politischen Konzepten entwickelt sich erst langsam. Ein konturierter „Plan B“ wird in Gemeindeparlamenten kaum diskutiert. Die Position der radikalen Ablehnung der vorhandenen Strukturen wird überwiegend durch ältere, stark durch die DDR sozialisierte Menschen und durch junge männliche Erwachsene getragen.

Rechtsextremismus im ländlichen Raum

Bei den Kommunalwahlen im Mai 2014 blieb die NPD weit hinter ihren Erwartungen zurück. Insgesamt errangen sie 20 Mandate in den Kreistagen (bei den Kommunalwahlen galt die Fünf-Prozent-Hürde nicht). Berücksichtigt man aber, dass die AfD 39 Mandate bekam, deutet das auf eine besorgniserregende Stimmung hin. Bei den Landtagwahlen verhielt es sich ähnlich: die NPD erhielt für sie deprimierende 2,2% der Zweitstimmen, die AfD dagegen rückte mit 12,2% in Fraktionsstärke in den Landtag ein. Bei der Landtagswahl gab es zudem die Besonderheit, dass erstmals Jugendliche ab 16 Jahren wählen durften. Entgegen den Erwartungen der PolitikerInnen war die Wahlbeteiligung der 16- bis 18-Jährigen mit 41,5% außerordentlich hoch. In Kombination mit dem schlechten Ergebnis für die NPD ist hier eine optimistisch stimmende Entwicklung zu beobachten, zumal die AfD sehr wenig Zustimmung bei Jugendlichen bekam. Ähnlich verhält es sich bei Veranstaltungsversuchen Pegida-naher Gruppen. Die kommen nur höchst selten über 300 bis 400 Personen hinaus, sind sehr wenig konstant und werden kaum von Jugendlichen besucht.

Im ländlichen Raum ist auffällig, dass es zumeist junge WählerInnen (zwischen 21 und 30 Jahren) sind, die sich rechtsextrem orientiert haben. Die Mitglieder rechtsextremer Parteien – vor allem der NPD – kommen jedoch aus Städten. Das dürfte damit zusammenhängen, dass es schwer ist, sich im dörflichen Kontext als politisch extrem zu bekennen. Ein weiterer Faktor ist, dass sich diese jungen Männer häufig als faktische Ordnungsmacht in ihrer Region verstehen, die offensiv (rechtsextreme) Werte in die Dorfgemeinschaft vermitteln. Sie gehen davon aus, dass diese Werte „Allgemeingut“ sind und durch eine Konnotation mit einem ideologischen Überbau die Anerkennung nicht mehr gegeben wäre. Den demokratischen Parteien fällt es offenkundig sehr schwer, diese bildungsabgewandten Gruppen zu erreichen, die bald einen Teil der lokalen Entscheidungseliten stellen werden. Die Jugendorganisationen der demokratischen Parteien sind nahezu ausnahmslos durch junge Menschen mit Hochschulreife besetzt, die kaum ein Gespür für die Themen ländlicher Räume haben. Die Rechtsextremen haben hier den Vorteil, dass sie mit ihren Ideologieversatzstücken deutlich kompatibler sind. So nimmt es nicht Wunder, dass die NPD den niedrigsten Altersdurchschnitt aller Parteien, sowohl bei der Mitgliedern als auch bei ihren WählerInnen, hat. Die AfD und ihre Jugendorganisation erreichen kaum Jugendliche. Vor allem die Junge Alternative schwankt zwischen klar rechtsextremen Positionen wie die VeranstalterInnen der BRAMM (Brandenburger für Meinungsfreiheit und Mitbestimmung, ein Pegida-Ableger) und sich moderat gebendem Rassismus. Mit der ehemaligen (inzwischen verbotenen) Organisation „Spreelichter“ hat sich eine Form entwickelt, die sich speziell auf junge Menschen in den ländlichen Räumen fokussiert hat. Da diese Gruppe, die sich den „Autonomen Nationalisten“ (AN) zurechnet, das Organisationsverbot zu beachten hat, entwickelte man eine Strategie der Subversion. In Dörfern werden intelligente junge BewohnerInnen eingebunden, die gezielt versuchen, die Themen der AN in dörflichen Bürgerinitiativen zu platzieren. Dabei merken die Initiativen oft nicht, dass sie sukzessive rechtsextreme Positionen übernehmen. Eine weitere, sich sehr dynamisch und aggressiv entwickelnde Gruppe ist Der III. Weg. Mit ihren beiden führenden Exponenten wirbt diese Partei in Brandenburg der NPD die handlungsorientierten AktivistInnen ab und versteht sich als „elitäre“ Kampforganisation in der Nachfolge Otto Strassers. Die Partei will dabei keine „Massenorganisation“ werden, sondern versucht, etwa durch „Aufnahmeprüfungen“, eine zuverlässige Struktur aufzubauen. Auch hier sind Jugendliche eher nicht die vorrangige Zielgruppe. Die NPD steht in ihrem derzeitigen Zustand diametral gegen die öffentliche Wahrnehmung: Personell baut die Partei ab, stellt sich aber in der öffentlichen Wahrnehmung wegen des Themas „Asylantenstrom“ als hochaktiv dar.

Pegida

6.5 Rechtsextremismus in den ländlichen Räumen Hessens

bearbeitet von Reiner Becker

Einleitung

Rechtsextremismus in Hessen ist ein Phänomen, welches sich überwiegend in ländlichen Räumen wiederfindet. Rechtsextreme Parteien und Kameradschaften finden hier eher ihre Aktions- und Handlungsfelder als in den großen hessischen Städten. Auch die Vorkommnisse mit einem rechtsextremistischen, antisemitischen oder rassistischen Hintergrund, die etwa zu Anfragen an das „beratungsNetzwerk hessen – Mobile Intervention gegen Rechtsextremismus“ führen, kommen eher aus kleineren Städten oder ländlichen Gemeinden.

Zur Lage in Hessen

Die Zahl der organisierten extremen Rechten in Hessen bewegt sich mit rund 1.300 Personen auf einem eher niedrigen Niveau. Im Parteienspektrum verzeichnet die NPD seit Jahren einen Mitgliederrückgang, konnte jedoch bei den Landtagswahlen 2013 mit 1,1% einen Achtungserfolg erzielen (HESSISCHES MINISTERIUM DES INNEREN UND FÜR SPORT 2014, S. 88).

Der Versuch, in Hessen einen Landesverband der Partei Die Rechte zu etablieren, ist gescheitert. Zugleich hat die rechtsextremistische Kleinpartei Der III. Weg einen so genannten „Stützpunkt Westerwald/Taunus“ gegründet und ist zunehmend in Westhessen aktiv. Eher dynamische Entwicklungen lassen sich für das Spektrum der Freien Kameradschaften verzeichnen. Hierin kommt es immer wieder zur Gründung bzw. auch zur Auflösung von regionalen Strukturen. Stabiler Anker der rechtsextremen Szene in Hessen ist das so genannte Freie Netz Hessen, in dem sich verschiedene (regionale) Gruppen, Parteien und freie Kräfte auf einer gemeinsamen Plattform präsentieren. Die vom Landesamt für Verfassungsschutz registrierten Straf- und Gewalttaten bewegen sich in Hessen auf einem eher niedrigen Niveau, wobei eine Zunahme von so genannten Propagandadelikten zu verzeichnen ist.

Allerdings – und das zeigen die Zahlen des beratungsNetzwerks hessen aus dem Jahr 2014 – bedarf es keiner organisierten Strukturen, damit es zu Vorkommnissen mit einem rechtsextremen, rassistischen oder antisemitischen Hintergrund kommt.

2014 waren in rund 10% der Beratungsanfragen die Aktivitäten von organisierten Gruppen Anlass für eine Beratung (HTTP://BERATUNGSNETZWERKHESSEN.DE, Zugriff 20.10.2015). Der größte Teil der Beratungsanfragen von Schulen, Vereinen oder Kommunen bezieht sich auf eher „alltägliche" Ausdrucksformen einzelner ideologischer Facetten von Rechtsextremismus bzw. von Gruppenbezogener Menschenfeindlichkeit, ohne dass ein Organisationszusammenhang vorliegt. Die meisten Beratungsanfragen in Hessen stammen aus Kleinstädten und Gemeinden (rund 71%). Hierbei gilt es, die Besonderheiten des ländlichen Raumes zu berücksichtigen: Dazu zählen eine spezifische politische Kultur, die oftmals von einem eher niedrigen Bevölkerungsanteil mit Migrationshintergrund gezeichnet ist, damit einhergehende ausgeprägte Vorurteilskulturen gegenüber gesellschaftlich schwachen Gruppen und insbesondere gegenüber „Fremden", ein höherer Konformitätsdruck und spezifische Beziehungsgeflechte, die typisch für ländliche Räume sind.

Die folgenden Beispiele aus dem Jahr 2014 illustrieren die Mannigfaltigkeit von Problemlagen, die von den BeratungsnehmerInnen wahrgenommen und mitgeteilt wurden:

Der Hitlergruß auf Schulhof und Campus. Ein Grundschüler, der eine Hakenkreuzfahne malt. Eine junge Frau, die entdeckt, dass sich der neue Freund ihrer kleinen Schwester auf Facebook rassistisch und antisemitisch äußert und Fotos von Auschwitz mit zynischen Kommentaren postet. Eine junge Frau mit Springerstiefeln und dem Zahlencode „88" auf der Kleidung, die mit dem Argument, es gebe ältere Menschen, die noch die „guten alten Zeiten" kennen würden, ihr Freiwilliges Soziales Jahr im Altenheim absolviert. Eine Frau, die auf dem „Hessentag" von einem Mann als „Antifa-Schlampe" beschimpft und geschlagen wird. Ein afrodeutscher junger Mann, der auf einer Kirmes von Mitgliedern einer Kameradschaft zusammengeschlagen wird. Ein Wohnungseigentümer, der sein Vermietungsangebot für Flüchtlinge an die Kommune zurücknimmt, nachdem er durch Nachbarn eingeschüchtert wurde.

Insbesondere das letzte Fallbeispiel verweist auf die gegenwärtige gesellschaftspolitische Herausforderung – die Aufnahme und Integration von Flüchtlingen – und die auch in Hessen damit einhergehenden Vorkommnisse. Übergriffe auf Flüchtlinge oder Flüchtlingswohnheime finden auch hier statt. Kommunalpolitische Verantwortungsträger werden bedroht. Rechtsextreme Parteien versuchen, aus den Ängsten und Sorgen in Teilen der Bevölkerung Profit zu schlagen, indem sie z.B. in einzelnen Ortschaften gezielte Kampagnen durchführen, etwa durch die Verteilung von Flugblättern, Hetze über Facebook oder die Teilnahme an Bürgerversammlungen. Auch ist es ihre Strategie, Menschen mit eher ausgeprägten Vorurteilen gegenüber „Fremden", die sich bisher eher im Lager der Volksparteien wiedergefunden haben oder dem Lager der NichtwählerInnen angehören, für ihre parteiprogrammatischen Ziele zu gewinnen. Das Freie Netz Hessen zeigte sich vor den Kommunalwahlen im März 2016 zuversichtlich, wie der Online-Beitrag „Dank Asyl-Flut sind NPD-Erfolge auch im Westen möglich!“[53] beweist. Totglaubte Parteien wie die hessische NPD feierten dort Wahlerfolge, wo die AfD nicht angetreten war. Die meisten Stimmen bekam sie mit 14,2% in der ehemaligen Kreisstadt Büdingen, die auch ein Erstaufnahmelager für Flüchtlinge beherbergt.

Reaktionen der Zivilgesellschaft, Programme und Maßnahmen

Obwohl es in Hessen eine eher überschaubare, aber z.T. hoch differenzierte und aktivistische organisierte rechtsextreme Szene gibt, ist auf verschiedenen Ebenen ein starkes Engagement gegen Rechtsextremismus und für Demokratie und Vielfalt zu verzeichnen. Das Land Hessen hat 2013 mit dem Ziel der Koordinierung und Vernetzung der landesweiten Bemühungen zur Prävention und Intervention das ressortübergreifende „Hessische Informations- und Kompetenzzentrum gegen Extremismus“ (HKE) gegründet, welches im Hessischen Ministerium des Innern und für Sport angesiedelt ist. Zudem wurde 2015 erstmalig ein eigenes Landesprogramm „Hessen – aktiv für Demokratie und gegen Extremismus“ aufgelegt. Mit rund 1 Mio. Euro werden unterschiedliche Projekte zur Prävention und Intervention bei Rechtsextremismus und gewaltorientiertem Islamismus/extremistischem Salafismus finanziert. Dies geschieht in Form einer Kofinanzierung für die Förderung von Maßnahmen im Rahmen des Bundesprogramms „Demokratie leben! Aktiv gegen Rechtsextremismus, Gewalt und Menschenfeindlichkeit“ beim BMFSFJ (Bundesministerium für Familie, Senioren, Frauen und Jugend). Zu den geförderten Maßnahmen gehören Projekte wie das neue Demokratiezentrum Hessen an der Uni Marburg. Es dient als Fach- und Geschäftsstelle des „beratungsNetzwerks hessen – Mobile Intervention gegen Rechtsextremismus“. Neben der Steuerung und Koordinierung der Mobilen Beratung in Hessen und der Vernetzung relevanter Akteure ist eine neue Aufgabe des Demokratiezentrums, vorhandene Maßnahmen zur Präventionsarbeit gegen Rechtsextremismus zu sichten und zu bündeln, mögliche Lücken im Angebots-Portfolio zu identifizieren, um diese sukzessive zu schließen. Weiterhin wurde 2015 eine Regionalstelle Nord-/Osthessen des Demokratiezentrums mit Sitz in Kassel gegründet, insbesondere mit der Aufgabe, Landkreise zu erschließen, in denen es zwar immer wieder zu Vorkommnissen mit einem rechtsextremen Hintergrund kommt, jedoch die Anfragen nach Beratung oder auch nach Präventionsangeboten im Landesvergleich eher niedrig ausfallen. Die neue Opferberatung „response“ wurde ebenfalls 2015 bei der Bildungs-

Spurensuche

53 www.fn-hessen.net, Zugriff: 20.10. 2015

stätte Anne Frank, Frankfurt (Main), eingerichtet. Das Programm „Rote Linie – Hilfen zum Ausstieg vor dem Einstieg" beim St. Elisabeth-Verein in Marburg arbeitet seit 2009 und richtet sich an die Zielgruppe rechtsextrem orientierter Jugendlicher, die sich auf dem Weg in den organisierten Rechtsextremismus befinden. Die „Rote Linie" bietet neben Angeboten der Distanzierungsarbeit eine spezifische Elternberatung und eine Beratung von Einrichtungen der Jugendarbeit an.

Vielerorts trifft man auf ein entwickeltes zivilgesellschaftliches Engagement gegen den Rechtsextremismus. Tendenziell ist das Potenzial hierfür in den Städten größer als im ländlichen Raum. So scheiterten im Winter 2014/2015 die Versuche der Pegida-Ableger bzw. -Nachahmer in Kassel und Frankfurt (Main) vor allem deswegen, weil breite zivilgesellschaftliche Bündnisse zahlreiche Menschen für Gegenveranstaltungen mobilisieren konnten. Schwieriger gestaltet sich grundsätzlich ein zivilgesellschaftliches Engagement im ländlichen Raum – nicht nur in Hessen: „*In der Beratungspraxis kann sich zeigen, dass eine reale Zivilgesellschaft vor Ort nicht nur ‚Opfer' von rechtsextremer Angst und Gewalt ist, sondern in der Genese einen Beitrag dazu leisten kann, dass sich vor Ort eine rechtsextreme Szene, Kameradschaft oder eine rechte Jugendclique entwickelt. Dies ist insbesondere dann der Fall, wenn die Erfolgsbedingungen von Rechtsextremismus unter Berücksichtigung konkreter Gelegenheitsstrukturen analysiert werden. Dort, wo menschenfeindliche, rechtsextreme Einstellungen und Vorurteile in der ‚Mitte der Gesellschaft' vorhanden sind, ist die Möglichkeit der Anschlussfähigkeit rechtsextremer Akteure oder Gruppierungen über die Eigengruppe hinaus größer. Hinzu kommt das dichte Beziehungsgeflecht, das für den ländlichen Raum charakteristisch ist. Man kennt sich, geht nicht nur in einen Verein, sondern oftmals in mehrere, ist Mitglied der Feuerwehr oder des Kirchenvorstandes, engagiert sich in einer Bürgerinitiative zur Erhaltung des Schwimmbades usw. Dieses Beziehungsgeflecht kann sich in der Auseinandersetzung mit Rechtsextremismus als schwierige Barriere erweisen*" (BECKER / HAFENEGER 2012, S. 147-160). Die Hemmschwellen für ein zivilgesellschaftliches Engagement in ländlichen Räumen sind aufgrund der genannten Faktoren höher, und möglicherweise können Forderungen von „außen" danach, dass sich Menschen in Orten, die von Rechtsextremismus betroffen sind, deutlich sichtbar engagieren, zum gegenteiligen Effekt führen, nämlich dazu, dass die lokale Wagenburg enger geschlossen wird. Denn: „*Gerät man mit ihm* [dem Nachbarn; Anm. d. Verf.] *in Konflikt, ist es nicht nur ein politischer, sondern zugleich ein persönlicher Konflikt im Nahbereich der Nachbarschaft*" (PALLOKS / SEIL 2008, S. 35).

Doch gibt es viele ermutigende Beispiele zivilgesellschaftlicher Bündnisse im ländlichen Raum, die oftmals nach langwierigen kommunalen Beratungsprozessen entstanden sind. Ein Schlüssel ihres Erfolgs liegt u.a. darin, dass es vielen Bündnissen gelungen ist, ihre Motivation nicht ausschließlich in der Abwehr des lokalen Rechtsextremismus zu finden. Vielmehr gelingt es sukzessive, Ziele zu formulieren, die für das Zusammenleben im jeweiligen Gemeinwesen stehen. Ob es die Durchführung von niedrigschwelligen Projekten zur Demokratieförderung, die Spurensuche nach lokaler

NS-Geschichte oder das Engagement für Flüchtlinge ist: Es existieren vielfältige Möglichkeiten zivilgesellschaftlichen Engagements, das nicht (ausschließlich) auf die Aktivitäten lokaler rechtsextremer Akteure reagiert. Mitunter ist es regionalen zivilgesellschaftlichen Initiativen wie beispielsweise der „Antifaschistischen Bildungsinitiative" gelungen, sich durch ihr stetiges und vielfältiges Engagement in der Wetterau als geschätzter Ansprechpartner für Schulen, Vereine oder für die Lokalpolitik zu etablieren.

Zusätzlich zum zivilgesellschaftlichen Engagement nach Ereignissen mit rechtsextremem Hintergrund existiert in Hessen seit 2014 in nahezu jeder Kommune ein sehr breites ehrenamtliches Engagement für Flüchtlinge. Neben den persönlichen guten Erfahrungen der Ehrenamtlichen und der breiten Akzeptanz und Wertschätzung ihrer Arbeit mehren sich aber auch Hinweise (und Beratungsanfragen), in denen Ehrenamtliche davon berichten, dass sie vor Ort zunehmend Vorwürfen und Neiddebatten ausgesetzt sind – nach dem Motto „Wieso bekommen Flüchtlinge von euch neue Turnschuhe und wir nicht?"

Auch bereiten sich Initiativen gezielt darauf vor, wie sie selbst (möglichen) wachsenden fremdenfeindlichen Stimmungen im Ort begegnen können. Mit der Herausforderung für die Kommunen, bei gleichzeitigen Vorbehalten oder gar zunehmenden Vorurteilen eine wachsende Zahl Flüchtlinge zu integrieren, werden, so die These, zivilgesellschaftliche Initiativen im ländlichen Raum möglicherweise unter besonderen Druck geraten. Wachsende Ressentiments und Anfeindungen auf der einen und eine mögliche Erschöpfung der alltäglich Engagierten auf der anderen Seite stellen die oftmals ritualisiert vorgetragene Forderung, „die Zivilgesellschaft zu stärken", auf den Prüfstand.

6.6 Rechtsextremismus und Demokratiestärkung in Mecklenburg-Vorpommern

bearbeitet von Jochen Schmidt

Einleitung

Fremdenfeindlichkeit und Rechtsextremismus stellen spätestens seit den pogromartigen Ereignissen in Rostock-Lichtenhagen im August 1992 eine dauerhafte Herausforderung für Demokratie und Rechtsstaat in Mecklenburg-Vorpommern dar. Mit diesem Text soll zunächst ein kurzer Überblick über die Entwicklung des Rechtsextremismus in Mecklenburg-Vorpommern seit den 1990er Jahren und eine Darstellung der aktuellen Lage gegeben werden. Im Anschluss geht es vor allem um die politische Antwort auf die gesellschaftlichen und politischen Herausforderungen in Form des Landesprogramms „Demokratie und Toleranz gemeinsam stärken!".

Rechtsextremismus in Mecklenburg-Vorpommern

Rechtsextremismus in Ostdeutschland entwickelte sich in den 1990er Jahren zunächst als subkulturelle Erscheinung, die in einigen Regionen zur dominanten Jugendkultur wurde. Neben rechtsextremen Dresscodes und gewaltverherrlichender, rassistischer Musik prägten Gewalttaten insbesondere gegen MigrantInnen die Szene und ihr Erscheinungsbild in der Öffentlichkeit.

Auf der wahlpolitischen Ebene blieben rechtsextreme Parteien in Ostdeutschland lange Zeit ohne nennenswerte Ergebnisse. Die sogenannte „freie Szene" der rechtsextremen „Kameradschaften" legte hierauf auch keinen Wert und grenzte sich anfangs von legalistischen Organisationen wie der NPD ab. Dies änderte sich erst mit dem Beginn der 2000er Jahre. Zwei Entwicklungen spielten hier eine zentrale Rolle. Auf der „Angebotsseite" schloss die „freie Szene" ein Bündnis mit der unter dem neuen Parteivorsitzenden Udo Voigt radikalisierten NPD. Fortan traten „freie Kräfte" in die NPD ein und trugen durch ihre z.T. ausgeprägte regionale Verankerung zur wahlpolitischen Mobilisierung bei. Insbesondere in Ostdeutschland versuchte die NPD die verbreitete Ablehnung gegen die Sozialreformen der rot-grünen Bundesregierung ab 2002 durch die „Entdeckung" der sozialen Frage für sich zu nutzen.

Dresscode

Auf der Nachfrageseite bedeutsam für Mecklenburg-Vorpommern waren nicht nur die Auswirkungen der „Agenda 2010", die besonders in den vom Transformationsprozess betroffenen Regionen zu zusätzlichen sozialen Verwerfungen führte, sondern auch die Beteiligung der zuvor als Protestalternative wahrgenommenen PDS (heute: Die Linke) an zwei aufeinander folgenden Landesregierungen (1998–2006).

Der in Form der NPD organisierte Rechtsextremismus konnte sich nach dem erstmaligen Einzug in den Landtag (7,3% der Zweitstimmen) im Jahr 2006 auf wahlpolitischer Ebene stabilisieren. Trotz Stimmeneinbußen gelang vor allem dank einer Stabilisierung der NPD-Hochburgen 2011 mit 6,0% der Zweitstimmen der erneute Einzug in den Landtag. Bei den Kommunalwahlen 2014 musste die Partei Stimmenverluste hinnehmen. Sie ist aber weiterhin in allen Kreistagen und in der Bürgerschaft der Hansestadt Rostock sowie in 25 Stadt- und Gemeindevertretungen präsent. Die (inzwischen beendete) Verankerung der NPD im Landesparlament und den kommunalen Vertretungen führte zu einer partiellen Professionalisierung des organisierten Rechtsextremismus, vor allem aber zu einer verbesserten finanziellen Ausstattung. Das verschaffte der Partei die Möglichkeit, Mitglieder und andere Rechtsextremisten zu „Berufspolitikern" heranzubilden und die hinzugewonnenen Ressourcen verstärkt unter anderem für propagandistische Zwecke einzusetzen. Dies hat dazu geführt, dass die NPD seit Jahren die politische Agenda der hiesigen rechtsextremistischen Szene bestimmt und auf diese Weise das öffentliche Erscheinungsbild des Rechtsextremismus in Mecklenburg-Vorpommern prägt. Die Partei ist damit zu einem gut organisierten Knotenpunkt antidemokratischer Tendenzen geworden. Insgesamt kann konstatiert werden, dass in Mecklenburg-Vorpommern die „freie Szene“ die NPD dominiert: „*In Mecklenburg-Vorpommern bedient sich eine aktive rechtsextreme Szene des Parteilogos der NPD*“ (HEINRICH / SCHOON 2013, S. 167). Dabei darf allerdings nicht übersehen werden, dass neben den parteilich strukturierten Aktivitäten im Lande auch andere Formen des Rechtsextremismus existieren, die nicht ständig das Licht der Öffentlichkeit suchen, sondern primär in ihrem sozialen Umfeld Wirkung entfalten wollen, um langfristig eine Änderung der Gesellschaft in ihrem Sinne herbeizuführen. Grundsätzliche ideologische Unterschiede sind damit jedoch nicht verbunden.

In strategisch-taktischer Hinsicht haben Rechtsextremisten in unterschiedlichen Zusammenhängen im Rahmen der von ihnen selbst so genannten „geräuschlosen völkischen Graswurzelrevolution“ auf gesellschaftlicher Ebene verstärkt versucht, sich durch Hilfsangebote (Hartz-IV-Beratung, Bürgersprechstunden, Kinderfeste und weitere), die häufig eher propagandistischen Zwecken dienten, als dass sie tatsächliche Relevanz entfalten konnten, Teilen der Gesellschaft als „Kümmerer“ anzudienen. Damit sind Bemühungen verbunden, sich im Rahmen eines vordergründig unpolitischen Engagements in etablierte Formen der Gemeinwesenarbeit und des zivilgesellschaftlichen Engagements einzubringen (Mitarbeit in Elternvertretungen, Teilnahme an Stadtfesten, Mitgliedschaft in gemeinnützigen Vereinen und Organisationen) (ebenda).

Kümmerer

Das Landesprogramm „Demokratie und Toleranz gemeinsam stärken!“ und seine Umsetzung

Lange Zeit dominierte in den 1990er-Jahren der Blick auf die eher kurz- und mittelfristigen Ursachen des Rechtsextremismus. Dies gilt nicht nur für Mecklenburg-Vorpommern. So wurde bei der Ursachenanalyse vor allem auf die ökonomischen und sozialen Verwerfungen im Zuge des Transformationsprozesses abgestellt.

Tiefer liegende Probleme wie die nur schwach verankerte Demokratie und die politische Kultur einer Transformationsgesellschaft, die Fremdenfeindlichkeit und Rechtsextremismus zahlreiche Anknüpfungspunkte bietet, spielten demgegenüber nur eine untergeordnete Rolle.

Bedeutsam ist in diesem Zusammenhang neben den Prägungen durch die DDR-Diktatur der enorme politische, wirtschaftliche und soziale Umbruch seit 1990 gewesen, der eben auch zu vielfachen Verunsicherungen und Brüchen in den Familien geführt hat. Der Wegfall von Autoritäten und eine politische Orientierungslosigkeit trafen auf eine nur schwach entwickelte, eher diffuse und unreflektierte demokratische Grundhaltung bei vielen BürgerInnen. Die speziellen Probleme mit Abwanderung, insbesondere aus ländlichen Räumen, sowie das oftmals mangelnde Problembewusstsein und defensive Agieren von Kommunen, Verbänden und Vereinen waren weitere begünstigende Rahmenbedingungen für die zunehmende Verankerung des Rechtsextremismus. Hinzu kam die verbreitete Vorstellung in Politik und Gesellschaft, dass sich – aufgrund der Erfahrungen der 1950er Jahre aus der alten Bundesrepublik – durch eine Besserung der ökonomischen Situation quasi automatisch auch die Einstellungen zur Demokratie positiv entwickeln würden.

Fremdenfeindliche Übergriffe und aus heutiger Sicht eindeutig rechtsextremistische Gewalttaten wurden bis weit in die 1990er Jahre hinein mit unpolitischen Begriffen wie „Randale", „Rowdytum" und „Jugendgewalt" bezeichnet. Schon der Titel des 1992 aufgelegten Bundesprogramms „Aktionsprogramm gegen Aggression und Gewalt" (AgAG) deutet auf diese Sichtweise hin. Erst zum Ende der 1990er Jahre und insbesondere mit den relativen Wahlerfolgen der NPD setzte ein deutlicher Wandel der Wahrnehmung ein. Der Begriff des Rechtsextremismus fand eine breitere Akzeptanz auch in Politik und Öffentlichkeit. Das hatte positive Folgen für die Entwicklung von Gegenstrategien.

Zwei Ursachenbündel waren hierfür von Bedeutung:
Erstens wurde, nicht zuletzt durch den sichtbaren Strategiewandel rechtsextremer AkteurInnen und die folgenden relativen Erfolge rechtsextremistischer Parteien an der Wahlurne, ab Ende der 1990er Jahre vollends klar, dass der Rechtsextremismus zumindest in einigen Regionen ein Problem darstellt, das sich längerfristig aufgebaut hat und nicht von heute auf morgen zu beseitigen ist.

Zweitens und eng damit zusammenhängend setzte sich angesichts der anhaltenden Probleme zunehmend die Auffassung durch, dass eine Fokussierung allein auf die Angebotsseite (rechtsextreme Parteien und jugendkulturelle Erscheinungen) nicht ausreicht. Als Kernproblem muss die Entwicklung einer demokratischen politischen Kultur in den Blick genommen werden, die sich eben nicht in der bloßen Negation der rechtsextremistischen Erscheinungsformen erschöpft. Der „Kampf gegen Rechtsextremismus" kann insofern nur als „Ringen um die Demokratie" funktionieren.

Dazu führen in den ländlichen Räumen Mecklenburg-Vorpommerns unter anderem die Folgen des demographischen Wandels zu zivilgesellschaftlichen Defiziten, was rechtsextremistische Tendenzen und Strukturen gedeihen lässt. Die Bürgergesellschaft muss direkt vor Ort gestärkt und kompetent unterstützt werden. Daher sind die Angebote zur Stärkung demokratischer Prozesse so zu gestalten, dass sie jeweils direkt dort wirken können, wo rechtsextremistische Aktivistinnen und Aktivisten akut oder langfristig versuchen, im demokratischen Gemeinwesen Einfluss zu nehmen.

Anno 2006 verabschiedeten alle drei damals im Landesparlament vertretenen Parteien (SPD, CDU, Die Linke) das Landesprogramm „Demokratie und Toleranz gemeinsam stärken!“ (LANDTAG MECKLENBURG-VORPOMMERN o. J.). Nach wie vor ist es von entscheidender Bedeutung, dass das Programm von den demokratischen Fraktionen des Landtages gemeinsam getragen wird.[54]

Auf der Grundlage eines wissenschaftlichen Gutachtens der Universitäten Rostock und Greifswald formulierte die Landesregierung in der Folge eine mit konkreten Maßnahmen untersetzte Umsetzungsstrategie (LANDTAG MECKLENBURG-VORPOMMERN 2008). Diese verbindet präventive und integrative Ansätze mit Elementen der Intervention bzw. Repression. Neben der Bündelung schon bestehender Maßnahmen zur Auseinandersetzung mit dem Rechtsextremismus wurden zusätzlich stabile Strukturen im Themenfeld etabliert. Die Errichtung einer Landeskoordinierungsstelle „Demokratie und Toleranz“ (ebenda) und die Begleitung durch eine interministerielle Arbeitsgruppe sichern die notwendige Abstimmung der unterschiedlichen Maßnahmen innerhalb der Landesregierung und insbesondere den Abgleich des Landesprogramms mit den unterschiedlichen Bundesprogrammen.

Das Kernstück der neu etablierten Strukturen bilden sogenannte „Regionalzentren für demokratische Kultur“. Die über das Land verteilten fünf Regionalzentren in der Verantwortung freier Träger verfügen über jeweils vier Stellen.[55] In ihrer Arbeit verbinden die Regionalzentren die Beratung[56] mit demokratiepädagogischen Ansätzen. Durch die längerfristige Finanzierung über europäische, Landes- und Bundesmittel ist eine hohe Kontinuität der Arbeit gewährleistet.

Die professionelle Beratung und Begleitung von Institutionen, Vereinen, Verbänden und Einzelpersonen im Umgang mit rechtsextremen Phänomenen soll vor allem die Handlungssicherheit der Beratungsnehmenden stärken.

Die Regionalzentren für demokratische Kultur sind zugleich Organisatoren und Impulsgeber regionaler Beratungsnetzwerke und damit die Schnittstelle zwischen staatlichen und nichtstaatlichen Akteuren in der jeweiligen Region.

Für die Demokratieentwicklung verstehen sich die Regionalzentren als Agenturen für gute demokratische Praxis, die beispielsweise Projekte zur Entwicklung einer demokratischen Schulkultur oder der Bürgerbeteiligung fachlich begleiten.

Des Weiteren gibt die Ansiedlung der Regionalzentren in ländlichen Regionen ein starkes politisches Signal an die potenziellen lokalen Akteure sowie Bürgerinnen und Bürger. Diese sollen mit ihren Problemen nicht sich selbst überlassen werden.

Demokratieentwicklung umfasst sowohl Maßnahmen zur Unterstützung und Stärkung demokratischer Prozesse vor Ort als auch den Bereich der Demokratiepädagogik. Sie soll demokratische Prozesse und Einrichtungen in Kommunen begleiten

54 Aktuell sind folgende Parteien im Landtag mit Fraktionen vertreten: SPD, AfD, CDU, Die Linke.

55 Träger und Standorte: Regionale Arbeitsstelle für Bildung, Integration und Demokratie (RAA) Mecklenburg-Vorpommern e.V. (Ludwigslust, Anklam), Evangelische Akademie der Nordkirche (Rostock, Stralsund), Christliches Jugenddorfwerk Deutschlands e.V. (Neubrandenburg).

56 Vor der Errichtung der Regionalzentren existierten über den Bund geförderte so genannte „Mobile Beratungsteams“.

und stärken. Die Maßnahmen der Demokratieentwicklung, die den Umgang mit Vorbehalten gegenüber Zuwanderung einschließen, fördern die kommunale Streit- und Mitwirkungskultur sowie den Erfahrungsaustausch unter den Akteuren. Im Zentrum stehen die Sensibilisierung, Aktivierung, Befähigung und Vernetzung von kommunalen Handlungsträgerinnen und -trägern, Politik und Kommunalverwaltung sowie Bildungseinrichtungen, Kindertagesstätten, Vereinen, Verbänden, Migrantenorganisationen, Projekten, Initiativen, Netzwerken sowie interessierten Bürgerinnen und Bürgern.

Zusätzlich zu den Regionalzentren werden Beratungsstellen für die Opfer rechtsextremer Gewalt und ein betriebliches Beratungsteam (BBT) zur Sensibilisierung für rechtsextreme und fremdenfeindliche Herausforderungen in der Arbeitswelt gefördert (LANDTAG MECKLENBURG-VORPOMMERN 2008). Junge Menschen, die in rechtsextreme Zusammenhänge geraten sind, werden durch ein Distanzierungs- und Ausstiegsangebot, das mit Mitteln des Bundesprogramms „Demokratie leben!“ gefördert wird, unterstützt. Für die Zielgruppe der ausstiegswilligen Kader aus der rechtsextremen Szene existiert ein gesondertes Projekt im Verbund mit weiteren norddeutschen Bundesländern.

Impulsgeber

Im landesweiten Beratungsnetzwerk „Demokratie und Toleranz“ arbeiten die genannten, von nichtstaatlichen Trägern unterhaltenen Projekte mit staatlichen Einrichtungen zusammen (Landeskoordinierungsstelle, Schulabteilung des Bildungsministeriums, Sozialministerium, Justizministerium, Innenministerium [Verfassungsschutz, Landeskriminalamt, Landesrat für Kriminalitätsvorbeugung]). Hier erfolgen der Fachaustausch und die Diskussionen zur Entwicklung von Strategien zur Stärkung von demokratischer Alltagspraxis sowie zur allgemeinen Ausrichtung von Handlungsstrategien gegen Rechtsextremismus. Die kontinuierliche, von gegenseitigem Respekt getragene Zusammenarbeit zwischen staatlichen und nichtstaatlichen Einrichtungen ermöglicht den Austausch unterschiedlicher Perspektiven und trägt entscheidend zu einem koordinierten Handeln bei.

Die Mitglieder des Beratungsnetzwerkes unterstützen mit ihren Erfahrungen und Expertisen die Beratungsarbeit vor Ort. Darüber hinaus wird die Arbeit des Beratungsnetzwerkes durch die in einem Expertenpool vertretenen Einzelpersonen und Einrichtungen (zum Beispiel Juristinnen und Juristen unterschiedlicher Rechtsbereiche, Elternberatungen, Datenschutzexpertinnen/Datenschutzexperten) unterstützt. Nach einem durch die Mitglieder gemeinsam durchlaufenen Qualitätssicherungsprozess wurde das Beratungsnetzwerk Ende 2013 mit dem Qualitätssiegel für kundenorientierte Beratung zertifiziert.[57]

57 Das Leitbild des Beratungsnetzwerkes ist abrufbar unter http://www.mv-demokratie.de/cms2/DuT_prod/DuT/de/bnw/index.jsp.

Gründung

Zusätzlich zu diesen langfristig angelegten Maßnahmen kommt eine Vielzahl von Projekten kürzerer bzw. mittlerer Laufzeit, die aus Bundes- und Landesmitteln finanziert werden. Hervorzuheben sind hier insbesondere die über das Bundesprogramm „Zusammenhalt durch Teilhabe" unterstützten Bemühungen von größeren Verbänden, wie z.B. des Landesfeuerwehrverbands oder des Landessportbunds, sich mit dem Problemfeld in ihren Reihen auseinanderzusetzen.

Wesentliche Impulse gehen von den Partnerschaften für Demokratie (im Vorläuferprogramm Lokale Aktionspläne) aus, die seit 2007 bewusst mehrheitlich in Landkreisen umgesetzt werden. Ebenso zielgerichtet wurden Modellprojekte in ländlichen Räumen angesiedelt. Beispielhaft zu nennen ist hier das Modellprojekt „Politische Bildung im ländlichen Raum" aus dem der „Demokratieladen" in Anklam hervorgegangen ist.

Die fünf Modellprojekte des aktuellen Bundesprogramms „Demokratie leben!" setzen ebenfalls ihre Schwerpunkte in ländlichen Räumen und werden z.B. in Löcknitz-Penkun, Krakow am See, Friedland, Niepars und Bützow umgesetzt.

Zu den Bemühungen des Landes Mecklenburg-Vorpommern gehören neben den genannten Projekten auch der zwischen den demokratischen Fraktionen des Landtages abgestimmte Umgang mit der (nunmehr gewesenen) NPD-Fraktion im Landesparlament („Schweriner Weg")[58] und das Engagement des Landes im Rahmen des NPD-Verbotsverfahrens.

Fazit

Landesregierung und Landtag in Mecklenburg-Vorpommern haben wiederholt bekräftigt, dass die Stärkung der Demokratie ein fortwährender Auftrag ist und diese Daueraufgabe einen langen Atem und Geduld braucht.[59] Wenngleich sich aus diesem Grund nur schwer schon jetzt eine aktuelle Bilanz ziehen lässt, können doch positive Auswirkungen des Landesprogramms im Sinne der Demokratiestärkung benannt werden.

So gibt es kaum noch öffentliche oder nichtöffentliche Bereiche, die nicht für das Themenfeld „Stärkung von Demokratie und Toleranz – Bekämpfung von Rechtsextremismus" sensibilisiert sind. Gelebte Vielfalt, soziokulturelle Angebote vor Ort

58 Für die vergangene Legislaturperiode s. die gemeinsame Erklärung der demokratischen Fraktionen des Landtags: http://www.landtag-mv.de/fileadmin/media/Dokumente/Landtag/SchwerinerErklaerung2011.pdf.

59 S. z.B. den Antrag der Fraktionen der SPD, CDU, DIE LINKE und Bündnis 90/Die Grünen, das „Landesprogramm Demokratie und Toleranz gemeinsam stärken!" weiter wirkungsvoll umsetzen, vom 29.02.2012, Landtag Mecklenburg-Vorpommern, Drs. 6/394.

und bürgerschaftliches Engagement erwiesen sich als eine gute Abwehr gegen extremistische Tendenzen sowie politische Einflüsse der NPD und ihrer angeschlossenen Gruppierungen.

Die unterschiedlichen Programme auf Bundes-, Landes- und kommunaler Ebene, auch diejenigen, die den Bereich Demokratie und Toleranz nicht unmittelbar betreffen, haben hier einen erheblichen Einfluss. Dort, wo in Gemeinden ein Klima des Engagements und der bürgerschaftlichen Mitwirkung entstanden ist, haben extremistische Tendenzen kaum Einfluss oder sind rückläufig.

Ein sichtbares Beispiel hierfür lieferten die Gründung des Aktionsbündnisses „Vorpommern: weltoffen, demokratisch, bunt!", einem breiten zivilgesellschaftlichen Bündnis in Vorpommern, und die Gründung eines Bürgermeisterbündnisses aus Anlass des Pressefestes der NPD-Parteizeitung im Sommer 2012 in Pasewalk. Den Bündnissen gelang es, unterstützt vom regionalen und landesweiten Beratungsnetzwerk, eine Menschenkette mit 2.000 Teilnehmerinnen und Teilnehmern aus der Region als sichtbares Zeichen für Demokratie und Toleranz zu organisieren.

Für Demokratieentwicklung sind neben dem Landesprogramm viele andere Faktoren ausschlaggebend. Gleichwohl zeigen die ersten Ergebnisse, welche Bedeutung solche Programme als symbolisches Bekenntnis einerseits und als finanzielle Unterstützung der eminent wichtigen Arbeit vor Ort andererseits besitzen. Mit der langfristigen finanziellen Sicherung und dem Bekenntnis des Landtages, das Landesprogramm bis mindestens 2020 weiterzuführen, hat Mecklenburg-Vorpommern dafür Sorge getragen, dass im Land auch in Zukunft die Entwicklung einer demokratischen politischen Kultur unterstützt werden kann.

6.7 Rechtsextremismus in den ländlichen Räumen Niedersachsens

bearbeitet von Reinhard Koch

Einleitung

Obwohl auch das Land Niedersachsen nahezu das gesamte Erscheinungsspektrum des Rechtsextremismus abbildet, gibt es seit einigen Jahren Veränderungsprozesse. Prozesse, die Bedeutungszuwächse von aktionistischem Rechtsextremismus ausweisen und gleichzeitig mit einem Bedeutungsverlust tradierter Akteure einhergehen. Konkret ist z.B. festzustellen, dass die parteigebundene Zugehörigkeit zur NPD immer weniger Bedeutung hat bei gleichzeitig schwindendem Einfluss der Partei auf die Entwicklung der Szene insgesamt. Dagegen ist der aktionistische Rechtsextremismus zunehmend attraktiver geworden, verbunden mit der Bereitschaft, sich verstärkt in aktions- und kampagnenorientierten Zusammenschlüssen zu organisieren, häufig auch nur für temporäre Zwecke und Themen. Kurz: Die Heterogenität der Szene nimmt zu!

Parteipolitische Strukturen des Rechtsextremismus in Niedersachsen

NPD: Im Spektrum der rechtsextremen Parteienlandschaft hat die Nationaldemokratische Partei Deutschlands (NPD) als einzig bundesweit agierende Partei auch in Niedersachsen noch die Vorherrschaft. In der Mitgliederentwicklung und der Bedeutung für die Szene deutlich rückläufig, sind zudem diverse Unterorganisationen seit längerem inaktiv und öffentlich kaum noch präsent. Auch bei den Wahlergebnissen zum Bundestag 2013 und zur Europawahl 2014 blieb die NPD mit 0,8 bzw. 0,6% der Stimmen deutlich hinter ihren Erwartungen zurück. Landesweit verfügte die NPD nach den Kommunalwahlen 2011[60] noch über 20 Mandate: in der Harzregion mit den Gemeinden Vienenburg, Bad Lauterberg, Herzberg, den Landkreisen Goslar und Vienenburg, im Bereich Heide im Landkreis Heidekreis, der Stadt Munster und Schneverdingen, in Südost-Niedersachsen in der Vertretung des Landkreises Helmstedt, der Samtgemeinde Nord-Elm, Gemeinde Süpplingen, der Stadt Helmstedt sowie dem Ortsrat Emmerstedt. Weitere Mandate bestehen im Landkreis Stade, Landkreis Rotenburg (Wümme), Landkreis und Stadt Verden sowie in der Stadt Oldenburg.

In vielen Fällen handelt es sich dabei um langjährige MandatsträgerInnen, die von den Wählern vordergründig als „Kümmerer" oder „nette NachbarInnen von nebenan" und nicht als NPD-FunktionärInnen wahrgenommen werden, so dass sie in die überwiegend ländlichen Strukturen ihrer Region gut integriert sind.

In der Zwischenzeit sind einige Mandate durch Nachwahlen, Rücktritte von Mandatsträgern bzw. einen Wechsel zur Partei Die Rechte (Verden) verloren gegangen.

integriert

Auch von den Jungen Nationaldemokraten (JN) gehen derzeit keine landes- oder bundesweiten Impulse mehr aus. Lediglich der neu gegründete Stützpunkt in Braunschweig ist mit Aktivitäten in Erscheinung getreten, häufig im Verbund mit der Partei Die Rechte.

Die Rechte: Der 2013 erfolgten Gründung des Landesverbandes Niedersachsen ging zunächst die des Kreisverbandes Heidekreis voraus. Die Kreisverbände Braunschweiger Land, Emsland, Hildesheim und Hermannsland folgten. Insgesamt ist die eigentliche Parteiarbeit zu vernachlässigen, da einige Kreisverbände inaktiv sind und sich die Mitgliederzahl insgesamt im unteren zweistelligen Bereich bewegt. Die Partei

60 Der Abwärtstrend setzt sich fort. Bei den Kommunalwahlen im Jahr 2016 erhielt die NPD 0,1% der Stimmen und verfügt landesweit nur noch über 17 Kommunalmandate. Die AfD kam bei dieser Wahl auf 7,8%.

Die Rechte übernimmt in Niedersachsen – wie schon in Nordrhein-Westfalen – als Dachorganisation eine Scharnierfunktion zwischen den Aktionsgruppen, Autonomen Nationalisten, freien Kräften, Kameradschaften und JN-Aktivisten in den Regionen. Mitglieder der KV Hildesheim und Braunschweiger Land sind allerdings in Aktivitäten der „HoGeSa" („Hooligans gegen Salafismus"), Pegida, Trauermärsche, Aktionen wie „Refugees not welcome" u.a. eingebunden. Ankündigungen der Partei, etwa zu Bürgerversammlungen in Bezug auf die Einrichtung von Flüchtlingsunterkünften – z.B. in Wendeburg (Landkreis Peine) – zu erscheinen, wurden nicht immer umgesetzt.

Aktionsgruppen, „Kameradschaften", autonome Nationalisten und freie Kräfte

Der Trend zur Bildung loser, autonomer Gruppen mit lokalem oder regionalem Radius hat weiter zugenommen. Dies war häufig mit einer aktionistischen Orientierung und eines Labelwechsels hin zu sogenannten Aktionsgruppen verbunden. Ein Beispiel ist das Aktionsbündnis 38, in dem u.a. lokale Aktionsgruppen und Freie Kräfte aus Braunschweig, Wolfsburg, Gifhorn, Helmstedt und Wolfenbüttel aufgegangen sind. Hier bestehen zudem deutliche personelle Überschneidungen zur Partei Die Rechte. Weiterhin entstanden die „Aktionsgruppe Weserbergland" und die „Aktionsgruppe Nordheide", die neben den „Freien Kräften Celle", der „Kameradschaft Northeim", den „Freien Kräften Ostfriesland" oder den „Autonomen Nationalisten" in Bückeburg und Nienburg zu den aktivsten in Niedersachsen gehören.

Die Agitation fokussiert sich auf Internetauftritte oder die Präsenz in sozialen Netzwerken, Kundgebungen, Flugblatt- und „Spucki-Aktionen"[61], Mahnwachen, Trauermärsche, aber auch auf gewaltsame Auseinandersetzungen mit den politischen Gegnern (Antifa-Watch).

Unverändert weiter aktiv ist u.a. auch die Frauenorganisation „Düütsche Deerns" mit einem besonderen Schwerpunkt in der Lüneburger Heide.

Subkulturelle Strukturen

Auch in Niedersachsen gehören jugendkulturelle Angebote zur Infrastruktur des Rechtsextremismus, wie etwa im Bereich des Rechtsrock. Hier gehören die Bands „Kommando Freisler", „Terroritorium", „Division Wiking" und nicht zuletzt der Neonazi-Musiker Daniel Giese (Gigi) mit diversen Bandprojekten zu den bundesweit be-

61 Gemeint ist das Ankleben themenbezogener Spuckzettel.

kanntesten. Daniel Giese aus Meppen sang u.a. das Lied „Döner Killer" – eine Verhöhnung der Opfer des Nationalsozistischen Untergrunds (NSU).

Konzerte, Liederabende, konspirativ organisierte Geburtstags- oder Julfeiern – wie zuletzt in Northeim oder im Harz – gehören zum Standard einer „Erlebniswelt Rechts", deren Angebot sich tendenziell stärker nach Sachsen-Anhalt verlegt hat. Nach wie vor stellen hier Dorfgemeinschaftshäuser, Garten- und Vereinskantinen beliebte Veranstaltungsorte dar.

Rechter Versandhandel u.a. mit Streetwear Tostedt, Hatecore Lüneburg, Das Zeughaus in Lingen oder MaxH8 aus Cremlingen (Landkreis Wolfenbüttel) ist seit einigen Jahren ein aktiver Teil der Szene.

Zentren

Zu beobachten ist ferner die Entstehung von „Bruderschaften" und sogenannten Mischszenen aus organisierten Neonazis, Hooligans, Kampfsportlern, kriminellen Milieus, aber auch von Schnittmengen zur Türsteherszene, Sicherheitsunternehmen etc., aus denen sich „Bürgerwehren", „Volkswächter" und „Schutztruppen" rekrutieren. Bekanntestes Beispiel ist die Bürgerwehr in Schwanewede, die in der Umgebung einer großen Flüchtlingsunterkunft patroulliert.

In diesem Zusammenhang ist auch der Verein „Gemeinsam Stark e.V." als Produkt der HoGeSa-Akteure zu nennen, dessen Adresse unter Wolfenbüttel firmiert.

Weitere Aktivitäten und Akteure

Eine lange Tradition haben Sonnenwendfeiern, z.B. in Eschede auf dem Hof eines langjährigen NPD-Aktivisten. Diese sind mittlerweile fester Bestandteil des rechtsextremen Terminkalenders. Damit vergleichbar sind das jährliche Treffen der völkischen „Ludendorffer" in Dorfmark und weitere Aktivitäten rund um niedersächsische Ahnenstätten. Hier sind insbesonders völkisch orientierte Sippen zu nennen, deren Präsenz sich wesentlich in der Lüneburger Heide und im Wendland verorten lässt. Dort ist auch das Wirken sogenannter „Öko-Nazis" zu beobachten.

Reaktionen der Zivilgesellschaft

Zivilgesellschaftliche Aktivitäten haben in der Vergangenheit viel zur Prävention und Intervention im Feld Rechtsextremismus beigetragen. Zu nennen ist dabei vor allem eine Vielzahl von Bürgerbündnissen, die über die Entwicklung von Gegenprotesten auch eine Unterstützung von Projekten, Fortbildungen, Qualifizierungen und Kooperationen mit staatlichen Einrichtungen initiiert haben (Beispiele finden sich im landesbezogenen Materialteil dieses Bandes). Im Rahmen eines Sonderprogramms des Landes wurden bis 2013 insbesondere die Verantwortlichen der Feuerwehren und der Sportvereine in Niedersachsen gezielt in der Auseinandersetzung mit dem Rechtsextremismus qualifiziert. Ein weiterer Schritt war die Einrichtung von Demokratiezentren bei Trägern der niedersächsischen Erwachsenenbildung mit dem Ziel, ein Netzwerk zur Demokratiebildung sowie Kompetenzen der politischen Bildung gegen Rechtextremismus zu schaffen, zu qualifizieren und landesweit einzusetzen. Entstanden sind in diesem Prozess 16 Demokratiezentren, u.a. in Aurich, Hermannsburg, Gifhorn, Hustedt, Papenburg, Loccum, St. Andreasberg, Hildesheim, Lingen, Barnstorf und Leer. Bereits im Jahr 2010 gründete sich in Niedersachsen die Initiative „Kirche für Demokratie – gegen Rechtsextremismus" (IKDR), die mit vielfältigen Aktivitäten, Projekten, Materialien, Workshops etc. umfangreiche Aufklärungsarbeit betreibt und als Vorläufer der heutigen BAG (Bundesarbeitsgemeinschaft) Kirche und Rechtsextremismus gelten kann.

Ähnliche Aktivitäten aus dem gewerkschaftlichen Bereich wurden nicht nur in vielen Bündnisträgerschaften („Bunt statt Braun"), sondern auch in vielfältigen Aktionen von Deutschen Gewerkschaftsbund (DGB), der Industriegewerkschaft Metall (IG Metall), der Dienstleistergewerkschaft ver.di oder der Bundesvereinigung Arbeit und Leben entwickelt (praktische Beispiele finden sich im landesbezogenen Materialteil dieses Bandes).

Flankiert wurden dabei viele Aktivitäten durch den Landespräventionsrat Niedersachsen. Er wirkt nicht nur als Koordinierungsstelle des Beratungsnetzwerkes und der lokalen Aktionspläne aus den Bundesprogrammen, sondern auch über eine Clearingstelle (Aufgabe: Koordinieren und Schlichten) und einen Beirat, der die handelnden Akteure aus Staat und Zivilgesellschaft zusammenführt.

Ausblick

Für die Zukunft bedarf es allerdings einer besonderen Weichenstellung in Niedersachsen. Viele der skizzierten zivilgesellschaftlichen Aktivitäten, insbesondere die Ausbildung eines Netzwerks landesweiter Beratung und Qualifizierung, waren im Wesentlichen das Ergebnis einer Förderung aus Bundesprogrammen oder eines befristeten Sonderprogramms. Eine nachhaltige Förderung und Sicherung zivilgesellschaftlicher Präventionsarbeit ist auch aufgrund fehlender struktureller Rahmenbedingungen bisher kaum möglich gewesen.

So gibt es weder eine Landeszentrale für politische Bildung noch ein spezifisches Landesprogramm oder eine fachliche Beratung für Opfer rechtsextremer Gewalt aus Niedersachsen. Neben die fehlende Förderung und die unzulänglichen fachlichen und inhaltlichen „Back-Ups“ tritt somit auch die Behinderung der Träger bei der Akquise von Drittmitteln zur Ko-Finanzierung von Bundesprojekten.

Hier stehen grundlegende politische Entscheidungen an, in denen hoffentlich eine positive Veränderung erfolgt, die den zivilgesellschaftlichen Angeboten den Rücken stärkt.

Dies ist vor dem Hintergrund der aktuellen Flüchtlingssituation eine der größten Herausforderungen. Die Bundesrepublik und das Land Niedersachsen werden hier vor großen und langfristigen Aufgaben stehen: einer grundlegenden Wertediskussion in der Gesellschaft, dem Umgang mit „WutbürgerInnen“, der Auseinandersetzung mit rechtspopulistischen und rechtsextremen Instrumentalisierungsbestrebungen, zunehmender Politikverdrossenheit und steigender Gewaltbereitschaft.

Vor allem gilt es, die Einstellungspotenziale und -strukturen der Gruppenbezogenen Menschenfeindlichkeit und der Ideologien der Abwertung ins Visier zu nehmen, die nicht Bestandteil der Verfassungsschutzberichte sind und dennoch (mindestens) den gesellschaftlichen Resonanzboden für alle Aktivitäten des organisierten Rechtsextremismus bilden.

Ferner gilt es sich den inhaltlichen Herausforderungen zu stellen. Hierzu gehören die Möglichkeit verbesserter politischer Bildung in und durch soziale Netzwerke, die Schaffung neuer Zugänge über das Internet, Peer-to-Peer-Projekte oder die Implementierung erfolgreicher Modelle der Demokratieförderung in die professionelle Arbeit und den ehrenamtlichen Bereich. Die Zivilgesellschaft kann Erfahrungsräume mit Blick auf eine verbesserte „demokratische Teilhabe“ eröffnen, die im Sinne einer Rechtsextremismusprävention nachhaltig wirksam werden können.

Ideologien

6.8 Rechtsextremismus in den ländlichen Räumen: Nordrhein-Westfalen

bearbeitet von Michael Sturm

Prolog: „Gemeinsam gegen Asylmissbrauch“? – ein Abend in Oelde

Dieser Abend im November 2015 wird wohl vielen Bürgerinnen und Bürgern in Oelde noch lange in Erinnerung bleiben. Der Kreisverband der rechtspopulistischen Alternative für Deutschland (AfD) hatte zu einer Demonstration in der beschaulichen Kleinstadt im östlichen Münsterland aufgerufen, um gegen das „Asylchaos“ zu protestieren. Bei regnerischem Wetter versammelten sich rund 350 Menschen. Einige von ihnen schwenkten schwarz-rot-goldene Fahnen, andere wiederum warben auf einem

Transparent für den aggressiv islamfeindlichen Blog „Politically Incorrect". Die TeilnehmerInnen stammten freilich nicht nur aus Oelde oder den angrenzenden Orten des Kreises Warendorf. Auch aus anderen Kreisen Nordrhein-Westfalens hatten sich AnhängerInnen der AfD auf dem Marktplatz versammelt. Unterstützung erhielt die selbsternannte „Alternative" aber auch durch eine Delegation von circa 25 AktivistInnen der neonazistischen Partei Die Rechte, die von Dortmund, Hamm und aus dem ostwestfälischen Raum eigens für die Demonstration in die münsterländische Provinz gereist war, um (wie sie am folgenden Tag über Facebook verlautbaren ließ) über „Parteigrenzen hinweg" gegen „Asylmissbrauch [...] gemeinsam auf die Straße" zu gehen. Ihre lautstarken Parolen, wie beispielsweise „Wer Deutschland nicht liebt, soll Deutschland verlassen" wurden von vielen der TeilnehmerInnen begeistert aufgenommen. Eine öffentliche Distanzierung der AfD von ihren neonazistischen MitdemonstrantInnen blieb aus.

Im 20 Kilometer entfernten Ahlen versuchten Anfang Dezember 2015 sechs vermummte und teilweise mit Messern sowie Rauchbomben ausstaffierte Personen, in eine Unterkunft für Geflüchtete einzudringen, konnten jedoch rechtzeitig vom Sicherheitsdienst gestellt und entwaffnet werden. Nur einen Tag später zertrümmerten drei dunkel gekleidete Personen in der westmünsterländischen Kleinstadt Borken Fensterscheiben von zwei Flüchtlingswohnheimen durch Steinwürfe. In Sythen, einem Dorf im südlichen Münsterland, schoss ein Unbekannter in der gleichen Nacht offenkundig mit einer Schreckschusspistole auf eine Unterkunft für Asylsuchende. Im nördlich von Münster gelegenen Kreis Steinfurt wiederum hatten bereits einige Wochen zuvor Angehörige einer bislang unbekannten „Kameradschaft Braune Wölfe/Divison 44" Flugblätter verteilt, auf denen mit unverhohlenem Rassismus gegen Geflüchtete gehetzt wurde.

Zur Lage in Nordrhein-Westfalen

Die hier exemplarisch aufgeführten Aktionen und Übergriffe haben sich innerhalb von nur wenigen Wochen im Münsterland ereignet, einer vorwiegend ländlich geprägten Region, die in Nordrhein-Westfalen und erst recht in bundesweiter Perspektive nicht als Hochburg eines gewaltbereiten oder besonders gut organisierten Rechtsextremismus bekannt ist. Doch gerade deshalb vermittelt die kursorische und lückenhafte Aufzählung der flüchtlingsfeindlichen Geschehnisse im Herbst 2015 einen Eindruck davon, wie stark rechtsextreme und rassistische Haltungen in ländlichen Regionen verankert sind und sich in vielfältigen Aktionen spiegeln, die von rassistischen Flugblättern und Aufklebern über Demonstrationen bis hin zu manifesten Gewalttätigkeiten reichen können. In Nordrhein-Westfalen richtete sich der Fokus der Öffentlichkeit in den vergangenen Jahren – durchaus zu Recht – auf den Großraum Dortmund. In der Ruhrgebietsmetropole war und ist eine gut vernetzte, handlungsfähige Neonaziszene aktiv, die sich bis 2012 unter dem Label „Nationaler Widerstand Dortmund" formierte und nach dessen Verbot durch das nordrhein-westfälische Innenministerium im August 2012 unter dem Dach der Partei Die Rechte agiert, die seit den Kommunalwahlen im Mai 2014 sogar über einen Sitz im Rat der Stadt verfügt.

Die kritische Aufmerksamkeit für die immer wieder spektakulär in Erscheinung tretenden äußerst gewaltbereiten Neonazis in der drittgrößten Stadt Nordrhein-Westfalens sollte jedoch nicht dazu führen, Rechtsextremismus und Rassismus im bevölkerungsreichsten, durch starke Urbanisierung geprägten Bundesland als vorwiegend großstädtisches Problem zu deuten. Diese Feststellung gilt auch im Hinblick auf die Erfolgsaussichten und Resonanzräume allgemein als rechtspopulistisch bezeichneter Parteien wie etwa der AfD oder der „Bürgerbewegung Pro NRW", die zwar anders als die neonazistischen Gruppierungen und die NPD nicht einen Systemumsturz und die völkische Revolution postulieren, jedoch mit vergleichbaren rassistischen Parolen an die Öffentlichkeit treten. Zu konstatieren ist freilich, dass vor allem die selbsternannte „Bürgerbewegung" bislang in ländlichen Regionen kaum hat Fuß fassen können. Bei der Kommunalwahl im Mai 2014 erzielte sie ihre insgesamt 65 Mandate vorwiegend in den Großstädten des Rheinlands und des Ruhrgebiets. Nicht viel anders sieht es bei der NPD aus, die bei der Kommunalwahl landesweit lediglich 14 Mandate gewinnen konnte. Formal verfügen die „Nationaldemokraten" nach wie vor auch in ländlichen Regionen über Kreisverbände. Tatsächlich befindet sich die älteste rechtsextreme Partei der Bundesrepublik in einem kontinuierlichen organisatorischen, personellen und finanziellen Niedergang. Insofern ist die NPD allenfalls punktuell handlungsfähig. Ähnliches gilt für die nordrhein-westfälischen Ableger der „Patriotischen Europäer gegen die Islamisierung des Abendlandes" (Pegida). Die ohnehin in ihrer Größenordnung mit nur wenigen hundert TeilnehmerInnen im Vergleich zum Dresdner Vorbild recht bescheidenen Veranstaltungen beschränkten sich im Wesentlichen auf Düsseldorf und Duisburg.

Gleichwohl bildeten sich gerade in den ländlichen Gegenden, beispielsweise in Ostwestfalen, im Aachener Land, im Sauerland, aber auch anderswo bis heute immer wieder aktive extrem rechte Szenen heraus, die sich in der Regel weniger parteiförmig organisierten, vielmehr subkulturell und erlebnisorientiert geprägt und nicht selten durch eine hohe Gewaltaffinität gekennzeichnet waren (bzw. sind). Die Strukturen dieser Szenen sind unterschiedlich gefestigt und reichen von eher losen Cliquen, die sich an Bushaltestellen, auf Parkplätzen oder an sonstigen (halb)öffentlichen Orten treffen, bis hin zu verbindlichen, teilweise konspirativ agierenden Kameradschaften, deren Angehörige sich teilweise schon jahrelang in einem extrem rechten Kernmilieu bewegen.

Dies zeigt etwa der Blick nach Ostwestfalen (Regierungsbezirk Detmold) – eine Region, die für unterschiedliche Strömungen der extremen Rechten seit jeher hohe Anziehungskraft besitzt. Denn mit dem Hermannsdenkmal in der Nähe von Detmold, den mystisch verklärten Externsteinen, der Wewelsburg, die während der NS-Zeit zu einem Repräsentationsobjekt der SS umgestaltet werden sollte, sowie dem Kaiser-Wilhelm-Denkmal bei Porta Westfalica verfügt Ostwestfalen über eine Reihe bedeutsamer, gemeinschaftsstiftender Symbolorte. Im extrem rechten Sprachgebrauch wird die Gegend daher nicht selten als „Hermannsland" verklärt und gleichsam überhöht. In den vergangenen Jahren formierten sich hier immer wieder neonazistische Kameradschaften wie etwa die „Freien Kräfte Höxter" oder die „Freien Kräfte Gütersloh". In den Jahren 2010 bis 2012 gab es Versuche, die Aktivitäten der „parteifreien" Neonaziszene unter dem Label „Westfalen Nord" zu bündeln. Enge Kontakte pflegen viele der in der Region aktiven Neonazis zudem zu ihren KameradInnen im angrenzenden Niedersachsen. Ein auch für die ostwestfälischen AktivistInnen bedeutsames Demonstrations-„Event" stellt der jährlich im niedersächsischen Bad Nenndorf stattfindende „Marsch der Ehre" dar, bei dem seit 2006 regelmäßig am ersten Augustwochenende der deutschen Inhaftierten eines in den Jahren 1945 bis 1947 im Ort bestehenden Verhörzentrums des britischen Militärgeheimdienstes gedacht werden soll. In der geschichtsrevisionistischen Rhetorik der extremen Rechten werden diese umstandslos mit den Opfern der Shoah gleichgesetzt. Allerdings haben die OrganisatorInnen des Aufmarsches seit einigen Jahren mit sinkenden TeilnehmerInnenzahlen zu kämpfen, was nicht zuletzt an den massiven zivilgesellschaftlichen und antifaschistischen Protesten liegen dürfte.

Gegenwärtig scheint sich die militante Neonaziszene in Ostwestfalen in einem organisatorischen Umbruch zu befinden. Ein Teil der AktivistInnen des Kameradschaftsspektrums sammelt sich unter dem Dach der Partei Die Rechte, die sich seit Herbst 2015 verstärkt bemüht, einen Kreisverband „Ostwestfalen-Lippe" zu gründen. Bereits im Oktober 2014 konstituierte sich unter der Bezeichnung „Stützpunkt Hermannsland" ein Ableger der im Jahr 2013 gegründeten offen neonazistischen Kleinstpartei Der III. Weg. Auch diese Gruppierung, die ihre organisatorischen Schwerpunkte vor allem in Süddeutschland, Sachsen und Brandenburg hat, setzt in ihrer Agitation stark auf flüchtlingsfeindliche, völkisch-rassistische Propaganda. Gleichzeitig sind die AktivistInnen des „Stützpunktes Hermannsland" (der mit größeren eigenständigen Aktionen bislang noch nicht in Erscheinung getreten ist) bemüht, sich als besonders heimatverbunden zu präsentieren. Auf ihren Internetseiten berichten sie von „Jul- und Sonnwendfeiern" oder von angeblichen „Kulturausflügen" in die Region.

Agitation

Seit Jahrzehnten sind in Ostwestfalen aber auch organisierte HolocaustleugnerInnen und GeschichtsrevisionistInnen ansässig. In der an der Weser gelegenen Kleinstadt Vlotho residierte bis zu dessen Verbot durch das Bundesinnenministerium im Jahr 2008 das „Collegium Humanum", das seit den 1990er Jahren zunehmend zum Schauplatz von Kameradschaftsfeiern, Rechtsrockkonzerten und geschichtsrevisionistischen Veranstaltungen avancierte. Als schillernde Figur firmiert bis heute die nach wie vor in Vlotho lebende 88-jährige Ursula Haverbeck. Sie wurde im

November 2015 wegen „Volksverhetzung“ zu einer zehnmonatigen Haftstrafe[62] verurteilt. Nicht weit entfernt von Haverbeck wohnt der 89-jährige Udo Walendy, der ebenfalls wegen der Leugnung des Holocausts mehrfach vorbestraft ist. Trotz ihres hohen Alters treten beide weiterhin als RednerInnen bei Veranstaltungen etwa der NPD oder der Partei Die Rechte auch in anderen Regionen auf. Im Mai 2015 lud beispielsweise der Kreisverband Rhein-Erft der Partei Die Rechte zu einer Vortragsveranstaltung unter dem Motto „Der Wahrheit eine Gasse“ mit Walendy und Haverbeck ein, bei der es um die angebliche „Siegerjustiz im 21. Jahrhundert“ gehen sollte.

Der Rhein-Erft-Kreis ist eine weitere ländlich geprägte Region in Nordrhein-Westfalen, in der regelmäßig organisierte, extrem rechte Aktivitäten zu beobachten sind. Diese gingen in den vergangenen Jahren zum einen von der rechtspopulistischen Bürgerbewegung Pro NRW aus, die bei der Kommunalwahl 2014 rund 3% der Stimmen und somit zwei Mandate im Kreistag erzielen konnte. Zum anderen aber sorgten immer wieder neonazistische Aktionen für Aufsehen, für die zunächst eine recht umtriebige Kameradschaftsszene, beispielsweise die Autonomen Nationalisten Pulheim (ANP), verantwortlich waren. Zum Repertoire dieser und anderer Gruppierungen gehörten Farbschmierereien, Drohungen gegen politische GegnerInnen, Kundgebungen und Aufmärsche. Darüber hinaus war die ANP gut vernetzt mit und Teil der regional agierenden Aktionsgruppe Rheinland (AGR). Aber auch das im nördlichen Rheinland-Pfalz und in Nordrhein-Westfalen aktive Aktionsbüro Mittelrhein, dessen führende Kader sich seit 2012 wegen „Bildung einer kriminellen Vereinigung“ vor dem Landgericht Koblenz verantworten müssen, verfügte im Rhein-Erft-Kreis offenkundig über AnhängerInnen. Aufgrund der Strafverfolgungsmaßnahmen gegen Angehörige der Kameradschaftsszene und deren Organisationsstrukturen ist es aktuell vor allem der Kreisverband der Partei Die Rechte, der sich als handlungsfähig erweist.

Repertoire

Die Beobachtung, dass die Kreisverbände der Partei als faktische Auffang- und Nachfolgeorganisationen verbotener Kameradschaftsstrukturen firmieren, gilt auch für andere (nicht nur) ländlich geprägte Regionen Nordrhein-Westfalens. Zu nennen sind hier beispielsweise das Aachener Land bzw. die Städteregion Aachen – wo seit 2003 bis zu ihrem Verbot im August 2012 die äußerst gewaltaffine Kameradschaft Aachener Land (KAL) aktiv war, die in mehreren Orten und Kreisen eigene „Sektionen“ gebildet hatte. Unter dem Dach der Partei Die Rechte wird nun der Versuch unternommen, die bisherigen Aktivitäten weiterzuführen. Festzustellen war zudem die Herausbildung so genannter „Mischszenen“, bestehend aus Neonazis, Hooligans und Rockern, die sich unter der Bezeichnung „Westwall Aachen“ bzw. „Westfront Aachen“ organisierten.

62 Im November 2016 wurde sie zum achten Mal wegen Volksverhetzung verurteilt – zu einer Freiheitsstrafe von zwei Jahren und sechs Monaten.

Im Oberbergischen Kreis wiederum sorgte in den Jahren 2009 bis 2012 der „Freundeskreis Rade“ für Aufsehen. Die Mitglieder der Gruppierung, die vor allem in und um die Kleinstadt Radevormwald aktiv war, orientierten sich in ihrem Auftreten am Stil der „Autonomen Nationalisten“ und verübten zahlreiche Straftaten bis hin zu Körperverletzungsdelikten. Im April 2012 wurden mehrere Wohnungen mutmaßlicher Mitglieder sowie das Büro der örtlichen Pro-NRW-Fraktion im Rat der Stadt wegen des Verdachts der „Bildung einer kriminellen Vereinigung“ durchsucht. Im Januar 2014 verurteilte das Landgericht Köln schließlich sieben Neonazis des „Freundeskreises“ wegen „Bildung einer kriminellen Vereinigung“, „Körperverletzung“ und „Nötigung“ zu einer Haft- und mehreren Bewährungs- bzw. Geldstrafen. Bemerkenswert war, dass zwei der führenden Köpfe des „Freundeskreises“ offenkundig auch Pro NRW angehörten. Diese Verbindungen standen freilich im Widerspruch zur Selbstdarstellung der „Bürgerbewegung“ als vermeintlich „seriöse“ bürgerlich-konservative Partei. Deren indifferentes Verhältnis zu gewaltbereiten Gruppierungen und Netzwerken wie etwa den „Hooligans gegen Salafisten“ (Hogesa) oder zu offen neonazistischen Strömungen sorgt spätestens seit 2015 für erhebliche interne Spannungen und hat dazu geführt, dass maßgebliche AktivistInnen die „Bürgerbewegung“ verlassen haben. Pro NRW befindet sich somit in einer existentiellen Krise, zumal die AfD mit gleichermaßen rechtspopulistischen Positionen auf das Kern-Klientel der Partei abzielt. Umfangreichere Aktivitäten im ländlichen Raum erscheinen demnach auch künftig eher unwahrscheinlich.

Dennoch hat dieser kursorische Blick auf die jüngsten Entwicklungen der extremen Rechten deutlich gemacht, dass Rechtsextremismus und Rassismus nach wie vor eine politische und gesellschaftliche Herausforderung in Nordrhein-Westfalen darstellen. Vom Innenministerium wurden im August 2012 Organisationsverbote gegen den „Nationalen Widerstand Dortmund“, die „Kameradschaft Aachener Land“ sowie die „Kameradschaft Hamm“ verhängt. Ferner kam es zu Ermittlungsverfahren gegen das „Aktionsbüro Mittelrhein“, den „Freundeskreis Rade“ und Einzelpersonen. Diese Maßnahmen haben die neonazistischen Szenen jedoch nur kurzfristig beeinträchtigt. Es dauerte nur wenige Wochen, bis sich im September 2012 mit dem Landesverband der Partei Die Rechte sowie einer Reihe von Kreisverbänden eine Nachfolgestruktur für die aufgelösten Gruppierungen formierte. Dramatisch zugenommen hat die Zahl der Übergriffe auf Unterkünfte für Asylsuchende und auf Geflüchtete selbst. Die Amadeu Antonio Stiftung und Pro Asyl registrierten bis Mitte Dezember 2015 mindestens 64 Angriffe auf Unterkünfte, davon 19 Brandanschläge. Auffallend dabei ist, dass ein Großteil der Tatverdächtigen, sofern diese überhaupt gefasst werden, bislang nicht durch (organisierte) extrem rechte Aktivitäten in Erscheinung getreten war.

Das gesellschaftliche Klima, in dem derartige Übergriffe geschehen und gegebenenfalls auch Akzeptanz finden, wird maßgeblich durch mediale und politische Diskurse mitbestimmt. In diesem Kontext ist daran zu erinnern, dass sich polemische und rassistische Positionierungen keineswegs nur in den Parolen der extremen Rechten finden, sondern auch in der „Mitte der Gesellschaft“ verankert sind. Gleichwohl können vor allem rechtspopulistische Parteien wie aktuell die AfD mit ihren ressentimentgeladenen Polemiken gegen das „Asylchaos" zu einer Zuspitzung gesellschaftlicher Stimmungslagen beitragen – eine Intention, die nicht zuletzt die eingangs geschilderte Demonstration der AfD in Oelde zum Ausdruck brachte. Seit den Kommunalwahlen 2014 ist die Partei in zahlreichen Räten und Kreistagen Nordrhein-Westfalens vertreten, wenn auch das Gesamtergebnis im Vergleich zu den Zustimmungsquoten für die AfD bei den Landtagswahlen in Sachsen, Thüringen und Brandenburg eher bescheiden ausfiel. Den selbst formulierten Anspruch, sich als tatsächliche „Alternative" gegenüber den „Altparteien" zu etablieren, konnte die AfD bislang eher nicht einlösen. Vielmehr machten ihre MandatsträgerInnen – sowohl in Großstädten als auch in ländlichen Regionen – allenfalls durch interne Querelen und rechtspopulistische Phrasendrescherei auf sich aufmerksam. Dies befindet sich freilich im Einklang mit der Ausrichtung des AfD-Landesverbandes um seinen Vorsitzenden Marcus Pretzell, der sich von Beginn an auf dem rechten Flügel der Partei zu profilieren versuchte.

Maßnahmen gegen Rechtsextremismus

Die hier skizzierten Entwicklungen und Erscheinungsformen des nordrhein-westfälischen Rechtsaußenspektrums zwischen sich bürgerlich gebendem Rechtspopulismus und neonazistischem Aktionismus stoßen durchaus auf Widerstand – nicht zuletzt auch in ländlichen Regionen. Der regnerische Montagabend im November 2015 mag hier erneut als ein besonders markantes Beispiel dienen. Denn gegen die Versammlung der AfD-AnhängerInnen auf dem Oelder Marktplatz regte sich breiter Protest. Innerhalb weniger Tage hatte sich das Bündnis „Oelde steht auf" formiert, um den PopulistInnen der AfD nicht das Feld zu überlassen. Kirchen, Vereine, Wohlfahrtsverbände und Parteien unterstützten den Aufruf, „Flagge zu zeigen" für ein „buntes und weltoffenes Oelde". Gekommen waren schließlich rund 2.000 Menschen, die lautstark, aber friedlich ihren Protest gegen die AfD-Veranstaltung zum Ausdruck brachten. Das Bündnis in der münsterländischen Kleinstadt war relativ spontan und anlassbezogen entstanden, sein Zweck auf ein konkretes Ereignis gerichtet und unter diesen Voraussetzungen erfolgreich.

Das Beispiel Oelde ist kein Einzelfall. Auch in anderen Regionen Nordrhein-Westfalens bilden sich Bündnisse und Initiativen, die sich gegen Rechtsextremismus und Rassismus engagieren. Sie reichen von kurzfristigen Zusammenschlüssen wie in Oelde bis hin zu seit Jahren kontinuierlich arbeitenden Bündnissen, die sich nicht nur die situative Intervention gegen rechtsextreme Aktivitäten auf die Fahnen geschrieben haben, sondern auch im Bereich der politischen Bildung, der Erinnerungskultur oder der Förderung demokratischer Kultur vor Ort tätig sind. Zu nennen ist das Dürener Bündnis gegen Rechtsextremismus, Rassismus und Gewalt, das sich bereits im Jahr

2006 zunächst als Reaktion auf die zunehmenden Aktivitäten der Kameradschaft Aachener Land konstituierte. Mittlerweile gehören dem Bündnis nach eigenen Angaben über 1.000 Einzelpersonen und 195 Gruppen, Parteien und Initiativen aus dem Kreis Düren an. Die Zusammenarbeit dieser politisch, kulturell und gesellschaftlich höchst unterschiedlichen Akteure basiert auf einem gemeinsamen Leitbild. Darin formulieren die Mitglieder des Bündnisses ihre Überzeugung, dass der „Kampf gegen rechtsradikales Gedankengut und den Rechtsextremismus nicht immer nur von Fall zu Fall […], sondern mit langem Atem und durch nachhaltige Auseinandersetzung mit seinen Ursachen" zu führen ist. Als wichtige Handlungsfelder werden „Aufklärung" und „Überzeugungsarbeit" genannt. Zu diesem Zweck hat das Dürener Bündnis verschiedene Arbeitskreise gegründet, die sich mit den Themen „Integration", „Jugend und Schule", „Kultur und Sport" sowie „Aktion und Aufklärung" beschäftigen. In den vergangenen zehn Jahren haben die Aktivitäten des Bündnisses zweifellos dazu beigetragen, die Handlungsspielräume der extremen Rechten im Aachener Land einzuschränken. Ferner ist es gelungen, in der Region die Sensibilität in Sachen Rechtsextremismus und Rassismus zu erhöhen.

Aufklärung

Ähnliche, auf langfristiges Engagement hin ausgerichtete Bündnisse haben sich auch in anderen ländlich geprägten Räumen Nordrhein-Westfalens zusammengefunden. Einen langen Atem hatte etwa das Vlothoer Bündnis gegen das Collegium Humanum. Auch nach dem Collegium Verbot im Jahre 2008 blieb die Initiative nicht untätig, zumal Ursula Haverbeck, die langjährige Mentorin des Collegiums, nach wie vor ihre geschichtsrevisionistische Propaganda betreibt. Manche Bündnisse haben sich mittlerweile als Vereine konstituiert, wie beispielsweise „Unser Oberberg ist bunt, nicht braun." Auf diese Weise soll ebenfalls kontinuierliches Engagement, das über die bloße Auseinandersetzung mit „den Nazis" hinausweist, sichergestellt werden.

In den letzten Jahren haben Vernetzung und der Austausch zwischen den unterschiedlichen Bündnissen in Nordrhein-Westfalen an Bedeutung gewonnen. So findet seit sieben Jahren in der Region Aachen einmal jährlich eine Regionalkonferenz „Aktiv gegen Rechts" statt, an der zahlreiche Initiativen teilnehmen. Ebenfalls jährlich organisiert die Mobile Beratung gegen Rechtsextremismus in NRW unter dem Motto „Dagegen! … und dann?!" eine landesweite Workshoptagung für Bündnisse, um die Aktivitäten gegen Rechtsextremismus und Rassismus im bevölkerungsreichsten Bundesland zu vernetzen. Diese Veranstaltungen widmen sich jeweils einem inhaltlichen Schwerpunkt.

Eine bedeutsame Vernetzungsfunktion nimmt auch der „Arbeitskreis Ruhr gegen rechtsextreme Tendenzen bei Jugendlichen" ein. Der AK Ruhr wurde bereits im Jahre 1984 gegründet und umfasst mittlerweile über 50 kommunale Jugendämter, öffentliche Einrichtungen und Verbände. War dieses Netzwerk zunächst auf die Großstädte des

Ruhrgebiets beschränkt, so gehören dem AK Ruhr seit einiger Zeit auch Einrichtungen in eher ländlich geprägten Regionen an. Die Mitglieder des Arbeitskreises treffen sich dreimal jährlich. Meist am Jahresende veranstaltet der AK Ruhr eine Fachtagung, die sich meist mit pädagogischen Fragen in der Auseinandersetzung mit Rechtsextremismus und Rassismus befasst.

An Bedeutung gewonnen hat in den vergangenen Jahren auch das Netzwerk „Schule ohne Rassismus – Schule mit Courage" (SoR-SmC), dem allein in NRW über 500 Schulen angehören, von denen viele in ländlichen Räumen liegen. Neben einer Landeskoordination, die einmal jährlich ein landesweites SchülerInnentreffen organisiert, gibt es zahlreiche regionale und kreisweite Vernetzungen der SoR-SmC-Schulen, die meist von den Kommunalen Integrationszentren und den regionalen Teams der Mobilen Beratung gegen Rechtsextremismus koordiniert werden. Viele Netzwerk-Schulen haben sich seit 2015 stark für Geflüchtete engagiert und sich darum bemüht, den vielfach inflationär gebrauchten Begriff der „Willkommenskultur" vor Ort bzw. im schulischen Kontext mit Leben und Inhalt zu füllen. Gerade in ländlichen Räumen, in denen Flüchtlingsinitiativen bislang vergleichsweise schwach verankert waren, haben SOR-SmC-Schulen bemerkenswerte Projekte angestoßen, die von praktischer Unterstützung für neue (geflüchtete) MitschülerInnen bis hin zum Engagement für Asylsuchende reicht, die von Abschiebung bedroht sind.

Neben den hier skizzierten zivilgesellschaftlichen Initiativen und Vernetzungen im Bereich von Jugendhilfe und Schule gibt es in NRW eine Reihe von Beratungseinrichtungen, die sich schwerpunktmäßig und professionell aus unterschiedlichen Perspektiven mit Rechtsextremismus und Rassismus beschäftigten. Zum einen ist hier die schon mehrfach erwähnte Mobile Beratung gegen Rechtsextremismus zu nennen, die mit jeweils einem Team in den fünf Regierungsbezirken Nordrhein-Westfalens tätig ist. Dieses Regionalstellenmodell soll dazu beitragen, die Beratungsangebote in die Fläche zu tragen und vor allem auch für Ratsuchende in ländlichen Räumen nutzbar zu machen. Obgleich die Mobile Beratung in NRW bei verschiedenen Trägern angesiedelt ist, arbeiten die Teams auf Grundlage gemeinsam entwickelter Standards. Im Kern zielt die Mobile Beratung darauf ab, vor Ort vorhandene Ressourcen (Einzelpersonen, Initiativen, Vereine, Verbände und Institutionen) zu aktivieren und zu vernetzen, um auf diese Weise „Hilfe zur Selbsthilfe" zu leisten.

Arbeitet die Mobile Beratung an der Schnittstelle zwischen Behörden bzw. (staatlichen) Institutionen und der Zivilgesellschaft, richtet sich die Beratung für Betroffene rechter und rassistischer Gewalt explizit an jene Menschen, die von Rechtsextremen bzw. aus rassistisch motivierten Gründen bedroht und angegriffen werden. Opferberatung steht somit parteinehmend auf der Seite der Betroffenen. Die MitarbeiterInnen beraten in juristischen Fragen, begleiten auf Wunsch zu Terminen bei der Polizei oder anderen Behörden und vermitteln therapeutische Hilfe. In NRW gibt es mit der Opferberatung Rheinland und „Back Up-Beratungsstelle für Opfer rechter Gewalt“ (für den Raum Westfalen) zwei regionale Beratungseinrichtungen.

Zudem existieren in NRW zwei überregional arbeitende Ausstiegs- und Distanzierungsprojekte. Das eine ist seit 2001 beim Ministerium für Inneres und Kommunales angesiedelt und liegt dort in der Verantwortung des Verfassungsschutzes des Landes Nordrhein-Westfalen. Das andere wird von einem zivilgesellschaftlichen Träger, dem Verein RE/init e.V., in Recklinghausen betrieben. „Neue Wege in Ausbildung und Arbeit“ (NinA NRW) lautet der Name des Programms und verweist damit auch schon auf dessen zentralen Ansatz. Zielsetzung ist es, die Jugendlichen bzw. jungen Erwachsenen, die oftmals schon durch extrem rechte Straftaten, aber auch aufgrund anderer Delikte auffällig geworden sind, durch Qualifizierung, Ausbildung oder Arbeit in die Gesellschaft zu integrieren, um ein selbstbestimmtes Leben fernab extrem rechter und rassistischer Einstellungsmuster und Verhaltensweisen zu fördern.

Ein weiteres Beratungsangebot, das sich vorwiegend an Familienangehörige und Bezugspersonen rechtsextrem orientierter Jugendlicher richtet, ist beim Informations- und Dokumentationszentrum für Antirassismusarbeit in Nordrhein-Westfalen (IDA-NRW) angesiedelt. Das sogenannte „Elternberatungsnetzwerk“ deckt weite Teile des Bundeslandes ab. Über IDA-NRW können somit Ratsuchende an Beraterinnen und Berater vor Ort vermittelt werden. Diese sind häufig in der Jugendhilfe tätig, darüber hinaus aber im Themenfeld besonders qualifiziert. Die Elternberatung ist – wie auch die Mobile Beratung, Opfer- und Ausstiegsberatung – vertraulich und kostenlos. Sie bietet Hilfe bei der Beantwortung der Frage, ob der Jugendliche eine rechtsextreme Orientierung hat, informiert rund um das Thema Rechtsextremismus und bietet Unterstützung im pädagogischen Umgang.

Ein Austausch über die praktischen Herausforderungen und Entwicklungen findet vierteljährlich im Landesnetzwerk gegen Rechtsextremismus statt, zu dessen Sitzungen vom NRW-Ministerium für Familie, Kinder, Jugend, Kultur und Sport (MFKJKS) eingeladen wird. Dem Netzwerk gehören neben den hier vorgestellten Beratungseinrichtungen auch VertreterInnen von Antidiskriminierungsbüros, der Wohlfahrtsverbände, des DGB, des Landesjugendrings sowie verschiedener Ministerien an.

6.9 Rechtsextremismus in den ländlichen Räumen von Rheinland-Pfalz

bearbeitet von Felix Eitel und Rolf Knieper

Vorbemerkung

Zu Beginn des Beitrages möchten wir darauf hinweisen, dass unser Verständnis von „Rechtsextremismus" nicht in erster Linie der vom Verfassungsschutz geprägten Definition folgt. Diese birgt nämlich die Gefahr der Ausblendung demokratiegefährdender und menschenfeindlicher Phänomene des Rechtspopulismus oder extrem rechter Einstellungen in der Mitte der Gesellschaft in sich. Unser Verständnis berücksichtigt bzw. beinhaltet letzteres explizit.

Einleitung

Rheinland-Pfalz wird in die Regionen Westerwald, Eifel, Hunsrück, Rheinhessen und die Pfalz unterteilt. Das Land gliedert sich in 36 Kreise und kreisfreie Städte. Das Landschaftsbild ist geprägt von ausgedehnten Waldgebieten, Ackerbau und Weinbergen. Rund vier Millionen Einwohner verteilen sich auf ca. 130 Städte und 2.180 Gemeinden. Die Landeshauptstadt Mainz ist mit ca. 205.000 Einwohnern die größte rheinland-pfälzische Stadt. Gemeinsam mit ihr bilden die Städte Ludwigshafen, Kaiserslautern, Koblenz und Trier die Oberzentren.

Die Wirtschaftsleistung von Rheinland-Pfalz rangiert im Bundesvergleich im Mittelfeld. Verschiedene Regionen sind wirtschafts- und strukturstark, andere – vor allem die stark ländlich geprägten Regionen – sind deutlich schwächer.

Rheinland-Pfalz werden weitreichende Veränderungen als Folge des demographischen Wandels vorausgesagt. Wie in anderen Bundesländern gibt es eine zunehmende Überalterung der Bevölkerung. Ländliche Regionen haben Bevölkerungsverluste zugunsten der Städte und deren Peripherien zu verzeichnen.

Diese Angaben verdeutlichen, dass Rheinland-Pfalz ein stark ländlich geprägtes Bundesland ist. Dies beeinflusst sowohl Erscheinungsformen von Rechtsextremismus und Rechtspopulismus als auch die Wahrnehmungs-, Bearbeitungs- und Widerstandformen.

Zur Lage in Rheinland-Pfalz

Im Gegensatz zu urbanen Zentren zeichnen sich ländlich geprägte Regionen durch ein weitaus geringeres Maß an Kontaktmöglichkeiten und (sub-)kulturellen Entfaltungs-

und Zugehörigkeitsperspektiven aus. Sie sind ferner durch überschaubare Wahrnehmungs- und Sozialräume geprägt. Idiosynkrasie[63] lässt sich in urbanen Ballungsräumen aufgrund des Vorhandenseins vielfältiger Gruppen und (Jugend-)Subkulturen eher erwerben. In ländlichen oder kleinstädtischen Nahräumen herrscht ein höherer Konformitätsdruck, und die Selbstverständlichkeit bestimmter Denk- und Vorurteilstrukturen ist dort wesentlich ausgeprägter (vgl. BURSCHEL, 2010, S. 13), was die extrem rechten Gruppierungen bei der Hinzugewinnung oftmals jugendlichen Nachwuchses begünstigt.

In dem eher ländlich geprägten Flächenland Rheinland-Pfalz gibt es mehrere Zentren extrem rechter Gruppierungen und Aktivitäten. Der NPD mit ihren Kreisverbänden Trier (Vorsitzender Safet Babic), Westpfalz (Vorsitzende Ricarda Riefling) und Mittelrhein (Vorsitzender Christian Häger) ist es bei den Kreistags- und Stadtratswahlen der kreisfreien Städte im Jahr 2014 gelungen, vier Stadtratssitze (Pirmasens, Kaiserslautern, Worms und Ludwigshafen) sowie einen Kreistagssitz (Westpfalz) zu erlangen. Der Sitz im Stadtrat Worms ist mittlerweile durch den Austritt des dortigen NPD-Mitglieds aus der Partei zum 21. November 2015 für die Nationaldemokraten wieder weggefallen. Die Kleinstpartei Der III. Weg (Bundesvorsitzender ist der Weidenthaler Klaus Armstroff) macht durch einen straff organisierten Eindruck auf sich aufmerksam und scheint Mitglieder und Führungspersonen aus (scheinbar) nicht länger aktiven Kameradschaftsstrukturen wie den Vereinten Skinheads Westerwald, den Nationalen Sozialisten (NaSo) Mainz-Bingen um Mario Matthes oder dem 2014 verbotenen Freien Netz Süd (FNS) zu sammeln. In Konkurrenz zur NPD versteht sich Der III. Weg eher als (pseudo-)elitärer völkischer Flügel der extremen Rechten in Rheinland-Pfalz denn als eine offene und mitgliederstarke Partei. Die Kleinstpartei Die Rechte (Bundesvorsitzender: Christian Worch) ist in Rheinland-Pfalz relativ bedeutungslos. Dies liegt zum einen an parteiinternen Zerwürfnissen und zum anderen mangelt es in Rheinland-Pfalz im Gegensatz zu Nordrhein-Westfalen an Strukturen und an einer breiten Mitgliederbasis.

Austritt

Flankiert werden die Parteien des extrem rechten Spektrums in Rheinland-Pfalz durch verschiedene Kameradschaften wie beispielsweise die Kameradschaft Nationaler Widerstand Zweibrücken, den Pfalzsturm aus der Region Kaiserslautern oder die (ehemaligen) Strukturen des so genannten Aktionsbüros Mittelrhein, das beispielhaft für die personelle und strukturelle Verzahnung zwischen Partei (NPD) und Kameradschaften stand und weiterhin steht[64].

63 Es gibt Unterschiede in der sozialpsychologischen und in der anderweitigen Verwendung des Begriffs. Die Sozialpsychologie meint die Fähigkeit, ein von einer Gruppe abweichendes individuelles Veralten zu entwickeln.

64 Die mutmaßlichen Führungskader des Aktionsbüros Mittelrhein, Sven Lobeck und Christian Häger, waren bzw. sind auch gleichzeitig Vorsitzende des regionalen NPD-Kreisverbandes.

Es erscheint den Autoren sinnvoll, im weiteren Textverlauf kurz auf die Wechselwirkungen zwischen ländlich geprägtem Sozialraum, extrem rechten Strukturen und zivilgesellschaftlichen Akteuren einzugehen. Geschehen soll dies zum einen am Beispiel des extrem rechten Aktionsbüros Mittelrhein und zum anderen am Beispiel des flüchtlingsfeindlichen und rechtspopulistischen Bündnisses „Stegskopf, wir sagen NEIN“ (Westerwald).

Der März des Jahres 2011 stellt hinsichtlich des Umgangs der Sicherheitsbehörden mit den mutmaßlichen Mitgliedern des Aktionsbüros Mittelrhein eine Zäsur dar. Im Zuge polizeilicher Maßnahmen wurden damals mehrere Wohnobjekte durchsucht und insgesamt 26 Personen wegen Bildung bzw. Unterstützung einer kriminellen Vereinigung vor dem Landgericht Koblenz angeklagt. Ein Ende des Verfahrens, das im August 2012 als eines der größten Verfahren gegen extrem rechte Akteure in der Geschichte der Bundesrepublik Deutschland begann, ist nicht abzusehen. Erstaunlicherweise findet der Prozess in der öffentlichen Wahrnehmung kaum Beachtung.

Das Aktionsbüro Mittelrhein trat erstmals 2004 öffentlich in Erscheinung – damals noch unter dem Namen Aktionsfront Mittelrhein (AMR). Das Aktionsbüro hatte zweierlei Funktion: Zum einen wurden über das „Label“ zahlreiche Jugendliche und junge Erwachsene in der Region des Mittelrhein- und des Ahrtals in die Zusammenhänge desselbigen eingebunden, zum anderen diente es zur personellen Vernetzung von AkteurInnen, hatte so überregionale Bedeutung. Innerhalb von Vernetzungstreffen im sogenannten „Braunen Haus“[65] in Bad Neuenahr-Ahrweiler trafen sich laut Anklageschrift der Staatsanwaltschaft Koblenz Abgesandte verschiedener Kameradschaften und besprachen dort das gemeinsame Vorgehen. Insbesondere Aktivitäten, die gegen tatsächliche oder vermeintliche politische GegnerInnen gerichtet waren, wurden laut Staatsanwaltschaft dort geplant.

Prozess

Aber nicht nur im Verborgenen wurde dort agiert. Die mutmaßlichen Mitglieder der Kameradschaft Aktionsbüro Mittelrhein traten in der Region durchaus offen auf. So organisierten sie maßgeblich den alljährlich stattfindenden Aufmarsch, der die Rheinwiesenlager für deutsche Kriegsgefangene des zweiten Weltkrieges thematisiert. Sie organisierten Flugblattverteilungen, Infostände in der Innenstadt Remagens und traten bei der Wahl zu den Hochschulgremien des Rhein-Ahr-Campus am Hochschulstandort Remagen auf.

Über Jahre hinweg konnten die AkteurInnen des Aktionsbüros Mittelrhein ihre Aktivitäten in der Region relativ ungestört entfalten. Gegenaktivitäten gingen hauptsächlich von einem personell überschaubaren Bündnis aus, dessen Aktionen gegen die extrem Rechten über Jahre hinweg im Gemeinwesen eher als störend empfunden wur-

65 Beim „Braunen Haus“ handelte es sich um ein durch StudentInnen, die in der extrem rechten Szene aktiv waren und zum Teil noch sind, angemietetes Haus. Die Namensgebung verweist auf die örtlichen Parteizentralen der NSDAP. Das Mietverhältnis besteht nicht mehr.

den. „*Nicht zuletzt darin liegt die Gefahr, dass es* [gemeint ist das, was Auschwitz möglich gemacht hat; Anm. d. Verf.] *sich wiederhole, dass man es nicht an sich herankommen lässt und den, der auch nur davon spricht, von sich wegschiebt, als wäre er, wofern er es ungemildert tut, der Schuldige, nicht die Täter*" (ADORNO 1971, S. 93).

Auch dies stellt ein Charakteristikum ländlicher Regionen dar: „[Denn im] *Nahraum Dorf/Kleinstadt sind der Konformitätsdruck und die «Selbstverständlichkeit» bestimmter Denk- und Vorurteilstrukturen wesentlich bedeutender als in städtischen Umgebungen*" (BURSCHEL 2010, S. 13). Generell lässt sich konstatieren, dass es extrem rechte Akteure in ländlich oder kleinstädtisch geprägten Regionen leichter haben, sich öffentlich zu präsentieren. Dies ist oftmals den fehlenden zivilgesellschaftlichen Strukturen und, damit verbunden, fehlenden Gegenaktivitäten geschuldet. Aber auch die Durchführung von unbeobachteten Konzerten und Infoabenden fällt in einem solchen Sozialraum leichter. Dies hat zur Folge, dass sich das Bedürfnis Jugendlicher nach Abenteuern und „Action" innerhalb dieser extrem rechten Erlebniswelten leicht befriedigen lässt (vgl. STIMPEL / OLK 2012, S. 227). Der Druck, der durch die polizeilichen und justiziellen Maßnahmen gegen die mutmaßlichen Hauptprotagonisten und Unterstützer des Aktionsbüros Mittelrhein aufgebaut wurde, führte bisher nicht – oder nur in kleinen Teilen – zu einem wünschenswerten Erfolg. Die Protagonisten haben sich nicht, wie noch vor einigen Jahren prophezeit, aus dem konspirativen Untergrund zurückgezogen. Vielmehr wurde die Kameradschaftsstruktur in eine Partei überführt. Das Label heißt nun nicht länger Aktionsbüro Mittelrhein, sondern JN Ahrtal und NPD Kreisverband Mittelrhein. Die Ähnlichkeit im Namen ist wohl nicht zufällig. Klandestine Organisationsformen werden gegen Parteienprivilegien getauscht. Nach den Verboten einzelner Kameradschaften war deren Reorganisation unter dem Schirm der Kleinpartei Die Rechte auch in Nordrhein-Westfalen zu beobachten. Des Weiteren kann konstatiert werden, dass sich der Binnenzusammenhalt der mutmaßlichen Mitglieder des ehemaligen Aktionsbüros Mittelrhein, von Ausnahmen abgesehen, eher gefestigt denn verschlechtert hat. Auch hier gibt es Zusammenhänge mit den Wirkmechanismen ländlicher Regionen: Ein „*Gruppenausschluss auf dem Land bedeutet damit in höherem Maße eine totale soziale Ausgrenzung, während in der Stadt eher nur ein Teil des Netzwerkes betroffen sein würde*" (PETZKE / ENDRIKAT / KÜHNEL 2007, S. 59).

Nach diesem kurzen Abriss über extrem rechte Phänomene in Rheinland-Pfalz erscheint es den Autoren wichtig, zusätzlich einen Blick auf das rechtspopulistische Pegida-Phänomen zu werfen. Obwohl sich derzeit in Rheinland-Pfalz keine nennenswerten Pegida-Strukturen feststellen lassen, mehren sich Hinweise, dass diese im Zuge der Flüchtenden-Thematik stabiler werden könnten. Hier ist ein deutlicher räumlicher Zusammenhang mit der Installation von Unterkünften und Erstaufnahmestellen für flüchtende Menschen festzustellen. Gut sichtbar wird dies an den Protesten gegen die Aufnahmeeinrichtung für Asylbegehrende (AFA) am Stegskopf (Landkreis Altenkirchen) durch die Bürgerinitiative „Stegskopf – Wir sagen NEIN". Der Organisator der Proteste in Bad Marienberg und Rennerod, Torsten Frank, der im Internet schon mal für einen „gesunden Rassismus“ wirbt (www.rhein-zeitung.de, Zugriff: 04.11.2015), befleißigt sich bei seinen Aufmärschen Pegida-ähnlicher Symbolik und lädt Pegida-Agitatoren wie Edwin „Utrecht“ als Redner in den Westerwald ein.

Extrem rechte Parteien und rechtspopulistische Gruppierungen sind derzeit auch in Rheinland-Pfalz nahezu Ein-Themen-Zusammenschlüsse. Die Flüchtenden-Problematik steht bei allen genannten AkteurInnen massiv im Vordergrund. Weitere Themen sind der imaginierte „Ausverkauf deutscher Interessen durch die politischen Eliten“ und die mittlerweile übliche Diskreditierung der Medien als „Lügenpresse“. Hier ergibt sich eine große thematische Schnittmenge zwischen der extremen Rechten und rechtspopulistischen AkteurInnen.

Redner

Es besteht die Gefahr, dass sich auch in Rheinland-Pfalz über die Agitations- und Themenfelder des Rechtspopulismus leichter, als es über extrem rechte Einstellungsmuster möglich ist, eine Anschlussfähigkeit zu breiten Teilen der gesellschaftlichen Mitte herstellen lässt. Eine solche Gefahr besteht vor allem in ländlichen Regionen, in denen es eine lokale Monopolsituation einer deutungsmächtigen Gruppe gibt, die im öffentlichen Diskurs einen hohen normativen Druck auszuüben in der Lage ist. Für vereinzelte GegnerInnen eines solchen öffentlichen Druckes ist das Agieren schwer, wenn im *„ländlichen Raum* [der Diskurs] *durch ‚ideologische Gemeinschaften‘ besetzt [wird], die aus der Beschwörung eines auf das Gemeinwesen bezogenen Wir-Gefühls hervorgehen*“ (Stimpel / Olk 2012, S. 224).

Eine solche Wir-Sie-Dichotomie, die propagandistisch von lokal deutungsmächtigen rechtspopulistischen Akteuren ausgeht, kann in Gemeinwesen mit wenig zivilgesellschaftlichen Kräften eine spürbare Verschlechterung des politischen Klimas bewirken. Besonders betroffen davon sind Menschen, die eindeutig markierbar und exkludierbar sind.

Zusammenfassend lässt sich feststellen, dass sich Rheinland-Pfalz den gleichen oder ähnlichen Problemkonstellationen und Herausforderungen durch die extreme Rechte und den Rechtspopulismus gegenüber sieht, wie dies in anderen, ebenfalls stärker ländlich oder kleinstädtisch geprägten Bundesländern der Fall ist. Es bleibt abzuwarten, wie sich das politische Klima im Zuge der gegenwärtigen Flüchtenden-Problematik verändern wird und ob es gelingt, die bereits vorhandenen zivilgesellschaftlichen Kräfte zu stärken.

Reaktionen der Zivilgesellschaft, Programme, Maßnahmen

Dort, wo extrem rechte Gruppierungen verortet sind und/oder regelmäßig auftreten – zumeist bei Gedenktagen für „Helden“ des Nationalsozialismus oder für die Bombardierung verschiedener rheinland-pfälzischer Städte durch die Alliierten im zweiten

Weltkrieg (was die Rechtsextremen als „Bombenholocaust " bezeichnen) – existieren durchgängig gegenhaltende zivilgesellschaftliche Gruppierungen und Bündnisse. Oft steht für diese das Organisieren von zivilgesellschaftlich breit aufgestellten Gegenaktionen zu rechtsextremen Kundgebungen, Demonstrationszügen, etc. im Vordergrund. Viele Bündnisse arbeiten darüber hinaus aber auch pro-aktiv bzw. auch präventiv im Sinne des Veränderns bestehender, Rassismus fördernder gesellschaftlicher Zustände. Tragende Säulen der Bündnisse sind häufig regionale Gliederungen des Deutschen Gewerkschaftsbundes, der Vereinigung der Verfolgten des Naziregimes (VVN), die Kirchen, die demokratischen Parteien und deren Jugendorganisationen. Insgesamt gibt es in Rheinland-Pfalz etwa 25 stetig aktive Gruppen bzw. Bündnisse. Stellvertretend hier einige Beispiele:

- Das „Bündnis Remagen für Demokratie und Frieden", das es mittlerweile geschafft hat, gegen einen alljährlichen Aufmarsch von Rechtsextremen anlässlich des sogenannten „Rheinwiesenlager-Gedenkens" einen sehr breit aufgestellten, kreativen zivilgesellschaftlichen Gegenprotest zu realisieren. 2015 wurde der Marsch der Rechtsextremen zu einem Spendenlauf zugunsten eines Aussteigerprogramms umfunktioniert.
- Das „Netzwerk gegen rechte Gewalt und Rassismus Ludwigshafen – Vorderpfalz", das u.a. eigene Gegendemonstrationen anmeldet und koordiniert sowie anlassbezogen eigene Aktionen (z.B. Diskussionsveranstaltungen, Vorträge, Lesungen, Ausstellungen, Gedenkveranstaltungen) organisiert.
- Bemerkenswert ist das landesweite „Bündnis für Vielfalt und Toleranz Rheinland-Pfalz" als Zusammenschluss von lokal und regional agierenden Gruppen bzw. Bündnissen. Ein gemeinsamer eMail-Verteiler und zwei jährliche Treffen ermöglichen eine engere Zusammenarbeit und einen intensiven Informationsaustausch.
- In Städten, in denen Hochschulen und somit studentische Milieus vorzufinden sind, existieren auch in Rheinland-Pfalz z.T. ausgeprägte und aktionsfähige „Antifa"-Strukturen. In den überwiegend ländlichen Regionen sind diese eher selten oder gar nicht anzutreffen.

Die Verschränkung zwischen staatlichen und nicht-staatlichen Organisationen sowie zivilgesellschaftlichen Gruppen bzw. Bündnissen hat sich in den letzten Jahren deutlich verbessert. Einen wesentlichen Anteil daran haben seit 2007 Förderprogramme des Bundes. Aktuell ist dies das Programm „Demokratie leben!", vormals waren es „Toleranz fördern – Kompetenz stärken" und „kompetent. für Demokratie". Durch diese konnten in den Bundesländern vielseitig wirksame Unterstützungsstrukturen auf- und ausgebaut werden. Diese ermöglich(t)en eine deutlich intensivierte Vernetzung und somit die Abstimmung und die Zusammenarbeit zwischen den AkteurInnen. Expertisen und Projekte der staatlichen und nichtstaatlichen Organisationen sind wesentlich besser nutzbar für zivilgesellschaftlich Engagierte geworden. Das „Beratungsnetzwerk gegen Rechtsextremismus in Rheinland-Pfalz" mit seinen aktuell sieben regionalen

BeraterInnen und einem Opferberatungsangebot, elf regionale „Partnerschaften für Demokratie" und sogenannte „Weitere Partner als Unterstützer und Experten" bilden das „Kompetenznetzwerk «Demokratie leben!» in Rheinland-Pfalz". Dessen Anliegen wird weiterhin sein, Einzelpersonen, Gruppen und Organisationen zu beraten, die von extrem rechten Aktivitäten betroffen sind. Aber auch Einzelpersonen und Gruppen, die sich gegen Rassismus und Menschenfeindlichkeit und somit für Demokratie und Menschenfreundlichkeit engagieren wollen, werden weiterhin Adressaten der Unterstützungsleistungen sein.

6.10 Rechtsextremismus in den ländlichen Räumen des Saarlandes

bearbeitet von Uwe Albrecht, Jörn Didas und Michael Groß

Einleitung

Das Saarland mit knapp einer Million EinwohnerInnen ist das kleinste Flächenland der Bundesrepublik Deutschland und kann als vorwiegend ländlich geprägt bezeichnet werden. Der Landeshauptstadt Saarbrücken als Mittelpunkt des Saarlandes schließen sich kleinere Städte als Mittelzentren und viele Landgemeinden an. Aufgrund der kleinen Fläche des Saarlandes wird auf eine Grenzziehung zwischen dem ländlichen und städtischen Raum verzichtet.

Zur Lage im Saarland

Analog zum Bundesgebiet zeigt sich der Rechtsextremismus auch im Saarland in verschiedenen Facetten. Zu unterscheiden ist der organisierte und nichtorganisierte Rechtsextremismus. Darüber hinaus finden sich in der so genannten Mitte der Gesellschaft rechtsextreme Einstellungsmuster, die anlassbezogen in Handlungen wirksam werden. Zu nennen sind z.B. Beteiligung an rechtsextremen Demonstrationen, Leserbriefe oder Kommentare in sozialen Medien wie Facebook. Der organisierte Rechtsextremismus wird im Saarland durch die NPD sowie durch die Kameradschaftsszene geprägt. Die aktivste Kameradschaft im Saarland ist die Sturmdivision Saar. Zudem gibt es eine in der Öffentlichkeit kaum wahrnehmbare, aber sehr aktive Hammerskin-Szene.

Für das Jahr 2014 berichtet der saarländische Verfassungsschutz von 280 RechtsextremistInnen. Davon werden 40 Personen als gewaltbereit eingestuft. Des Weiteren wurden im Jahr 2014 168 Straftaten erfasst. Dies ist ein Anstieg von rund 25% im Vergleich zum Jahr 2013 (MINISTERIUM FÜR INNERES UND SPORT DES SAARLANDES 2015, S. 13 f.). Wie in den vorangegangenen Jahren auch, besteht nach Aussagen des saarländischen Verfassungsschutzes der Großteil der Täter aus Personen, die bis dato nicht im Beobachtungsbereich des Verfassungsschutzes waren. Dies ist als Beleg dafür zu sehen, dass auch außerhalb des organisierten Bereichs ein nicht zu unterschätzendes Personenpotenzial im Saarland existiert, das rechtsextreme Handlungen begeht.

Auch wenn die Saar-NPD in den vergangenen Jahren einen Rückgang an Mitgliedern verzeichnet, kann sie auf eine zwar kleine, aber durchaus aktive Basis zurückgreifen. Zudem stellte sie sowohl in der Vergangenheit als auch in der Gegenwart prominente Personen, die auf der Bundesebene aktiv sind bzw. waren. Zu nennen sind hier neben dem aktuellen Bundesvorsitzenden Frank Franz – ehemals Vorsitzender der Saar-NPD – auch der Jurist Peter Richter. Peter Richter vertritt bundesweit zahlreiche Mitglieder der Partei sowie die Partei selbst. Ihm wird bei dem anstehenden NPD-Verbotsverfahren[66] eine wichtige Rolle zugeschrieben. Neben Franz und Richter zählt der aktuelle Landesvorsitzende und ehemalige Generalsekretär der Bundes-NPD Peter Marx, zu den bekanntesten Personen der hiesigen NPD. Marx trat im Frühjahr 2014 nach der sogenannten „Peniskuchenaffäre" von seinem Amt als Generalsekretär zurück. In sozialen Netzwerken machten Bilder die Runde, auf denen Marx und weitere Mitglieder der Saar-NPD auf einer Feier mit Stripteasetänzerinnen (u.a. der ehemaligen Pornodarstellerin Ina Groll) und einem Kuchen in Penisform zu sehen waren[67]. Bemerkenswert ist, dass der aktuelle Parteivorsitzende Frank Franz im Saarland kaum in Erscheinung tritt. Dies und der Wettbewerb zwischen Marx und Franz um den Bundesvorsitz bei der letzten Wahl deuten auf wenig Kooperationsbereitschaft innerhalb der saarländischen NPD hin.

Die Saar-NPD verfügt über insgesamt fünf Sitze in Kommunalparlamenten. Diese verteilen sich auf Saarbrücken, den Regionalverband Saarbrücken und Völklingen. Im Rahmen der Kommunalwahlen 2014 erreichte die NPD bei den Bezirksratswahlen Saarbrücken-West mit 5,3%, den Stadt- und Ortsratswahlen in Völklingen mit 4% sowie in Völklingen-Lauterbach mit 6,1% ihre höchsten Ergebnisse.

Die NPD konzentriert sich aufgrund ihrer knappen Personaldecke auf die städtisch geprägten Regionen und ist in vielen Teilen des Saarlandes bei den Wahlen zu den Kommunalparlamenten nicht angetreten. Um die Präsenz im Saarland zu erhöhen, kam es in den vergangenen Jahren zur Gründung von Kreis- und Ortsverbänden. Zudem versucht die NPD mit sogenannten Gesprächskreisen, zu denen mehr oder weniger prominente Rechtsextremisten geladen werden, ihre Basis zu erweitern. Die Gesprächskreise finden mittlerweile nur noch sporadisch statt und die NPD macht keine

66 Das Urteil des Bundesverfassungsgerichts ist für Januar 2017 (nach Redaktionsschluss) angekündigt.

67 WWW.SPIEGEL.DE/POLITIK/DEUTSCHLAND/NPD-GENERALSEKRETAER-MARX-TRITT-NACH-PENISKUCHEN-AFFAERE-ZURUECK-A-962626.HTML, Zugriff: 15.10.2015

Anstalten, diese als Erfolg zu verkaufen. Zudem scheint die NPD nicht in der Lage zu sein, in Regionen des Saarlandes Fuß zu fassen, in denen es noch keinen Kreis- bzw. Ortsverband gibt.

Nichtsdestotrotz zeigen überregionale Wahlen, dass die NPD im Saarland WählerInnen mobilisieren kann. Bei den Bundestagswahlen 2013 erhielt die NPD im Saarland 1,7% der Stimmen,[68] was einen Zuwachs von 0,5% zu 2009 bedeutet; bei den Europawahlen 2014 waren es 1,3% der Stimmen. Beide Ergebnisse liegen nicht nur über dem Bundesdurchschnitt, sondern stellen zugleich die höchsten Zustimmungswerte für die NPD in den westlichen Bundesländern dar.[69]

Die in der Öffentlichkeit sehr präsente und auch aktivste rechtsextreme Gruppierung ist unter dem Namen „Saarländer gegen Salafisten" (SageSa) bekannt. Die Gruppierung prägt insbesondere im Jahr 2015 mit zahlreichen Demonstrationen und sogenannten Mahnwachen das Erscheinungsbild des Rechtsextremismus im Saarland. Die Gruppierung, die massiv und in aggressiver Art gegen Einwanderung sowie insbesondere gegen Flüchtlinge und Muslime hetzt, gibt vor, überparteilich zu sein. Allerdings ist SageSa ohne die Saar-NPD nicht vorstellbar. Treibende Kräfte sind hier Otfried Best, der sich als offizieller Sprecher von SageSa darstellt, und Sascha Wagner, der als Organisator aktiv ist. Otfried Best saß bereits für die NPD im Stadtparlament von Völklingen und beschuldigte 2005 den heutigen Vorsitzenden Peter Marx der Zusammenarbeit mit dem Verfassungsschutz.[70] Sascha Wagner war ehemaliger Kreisvorsitzender der NPD Westpfalz. Nach internen Differenzen verließ er den Kreisverband und ist seitdem im Saarland aktiv. Außer bei SageSa tritt Sascha Wagner auch als NPD-Funktionär in Erscheinung. Im Kreisverband Saar-Pfalz ist er stellvertretender Vorsitzender.

aggressiv

Die Kundgebungen von SageSa finden quer durch das Saarland statt. Die Zahl der TeilnehmerInnen ist dabei stark schwankend und reicht von einer Handvoll AktivistInnen bis hin zu rund 60 Personen. Allerdings beschränkte sich der Teilnehmerkreis bei den jüngsten Aufmärschen auf wenige NPD- und Kameradschaftsmitglieder sowie deren näheres Umfeld.

Nicht durchgesetzt hat sich die saarländische Variante von Pegida, Saargida genannt. Es kam lediglich zu zwei Demonstrationen zu Beginn des Jahres 2015. Auch hier waren zahlreiche NPD-Funktionäre zu beobachten. Dass nur zwei Demonstrationen stattfanden, lag nicht an der Teilnehmerzahl – es nahmen 150 bzw. 300 Personen teil – sondern an internen Streitigkeiten. Der Organisator der Saargida-Demonstrationen,

68 www.statistikextern.saarland.de/wahl/internet_saar/btw_bund/landesergebnisse, Zugriff: 15.10.2015

69 www.netz-gegen-nazis.de/artikel/bundestagswahl-2013-npd-schwach-pro-deutschland-und-co-bedeutungslos-8997, Zugriff: 15.10.2015

70 www.tagesspiegel.de/politik/hat-die-npd-staatsgelder-falsch-verbucht/651942.html, Zugriff: 15.10.2015

Danny Walter, distanzierte sich öffentlich von der NPD.[71] Die NPD behauptete dagegen, dass Danny Walter die Kooperation mit der rechtsextremen Partei bewusst eingegangen sei. Der nicht aus dem Saarland kommende Organisator verschwand wieder von der Bildfläche und Saargida gehört seitdem der Vergangenheit an.

Aus der Kameradschaftsszene ist die Sturmdivision Saar aus dem Raum Dillingen zu nennen. Nachdem ein Szenetreff in Dillingen geschlossen wurde, ist es vor Ort etwas ruhiger um die Kameradschaft geworden. Außerhalb von Dillingen sind einzelne Mitglieder sowie die Kameradschaft immer wieder durch Beteiligung an Aufmärschen und gewalttätigen Übergriffen aufgefallen. Die Mitglieder der Sturmdivision Saar sind mit AkteurInnen außerhalb des Saarlandes vernetzt. Sie beteiligten sich an diversen Aufmärschen des Nationalen Widerstandes Zweibrücken (Rheinland-Pfalz) sowie z.B. bei einem von der NPD organisierten Aufmarsch vor einer Unterkunft für Flüchtlinge in Trier (Rheinland-Pfalz). Ebenfalls im Saarland aktiv ist der bereits erwähnte Nationale Widerstand Zweibrücken. In den vergangenen Jahren kam es vermehrt zu Kundgebungen in Homburg und Blieskastel. In den Jahren 2014 und 2015 war der Kreis der Teilnehmenden an den Kundgebungen im Saarland überschaubar und hatte keine nennenswerte Breitenwirkung. Im März 2013 dagegen erhielt die Kundgebung in Homburg überregionale Aufmerksamkeit. Der als Leiter der Kreispolizeibehörde zuständige Landrat des Saarpfalz-Kreises, Clemens Lindemann (SPD), verbot das Abspielen aller drei Strophen des Deutschlandliedes. Darauf ist es zu einem Handgemenge gekommen, bei dem die NPD-Funktionärin Ricarda Riefling (seit 2014 Vorsitzende des Rings Nationaler Frauen) den Landrat schlug. Im Nachgang versuchte Ricarda Riefling, sich als Opfer darzustellen.[72]

Im Saarland existiert eine rechtsextreme Musikszene, die Bands wie „Jungsturm" oder „Wolfsfront" hervorgebracht hat. Beide Gruppen stehen im Kontakt zu dem international agierenden Netzwerk der Hammerskins. Bei den Hammerskins handelt es sich um eine elitär konspirative Vereinigung von Neonazis, die unter anderem Rechtsrockkonzerte veranstaltet. Größere Konzerte unter organisatorischer Beteiligung saarländischer Mitglieder der Hammerskins haben in den vergangenen Jahren aufgrund der Grenznähe in Frankreich stattgefunden und verzeichneten bis zu 2.500 BesucherInnen.

Die Hemmschwelle, menschenfeindliche Äußerungen zu tätigen, scheint über die Jahre hinweg gesunken zu sein. Festzumachen ist dies an Kommentaren über Flüchtlinge in sozialen Netzwerken wie z.B. Facebook. Neben den einschlägig bekannten Rechtsextremisten kommen menschenverachtende Aussagen auch von Personen, deren Profil nicht auf eine Szenenzugehörigkeit schließen lässt. Immer offener wird – zum Teil sogar unter Klarnamen – dem Rassismus freier Lauf gelassen. Die gleiche Tendenz beobachten auch MitarbeiterInnen aus der Gemeinwesenarbeit. Rassistische

71 WWW.FOCUS.DE/REGIONAL/SAARBRUECKEN/DEMONSTRATIONEN-SAARGIDA-HAT-MONTAGSDEMO-ABGESAGT_ID_4427267.HTML, Zugriff: 15.10.2015

72 WWW.SAARBRUECKER-ZEITUNG.DE/AUFMACHER/HOMBURG-LANDRAT-CLEMENS-LINDEMANN-NEONAZI;ART27856,4675952, Zugriff: 15.10.2015

Äußerungen gegenüber Flüchtlingen und Muslimen durch Personen ohne Szenezugehörigkeit haben zugenommen.

Betrachtet man den Rassismus der sogenannten Mitte der Gesellschaft sowie die Ergebnisse der NPD bei überregionalen Wahlen, dann ist es verwunderlich, wie wenig Kapital rechtsextreme AkteurInnen aus der aktuellen Stimmungslage schlagen können. Dies deutet auf deren Unfähigkeit hin, untereinander zu kooperieren. Bestätigt wird diese Annahme durch immer wiederkehrende Konflikte zwischen einzelnen Personen der rechtsextremen Szene. Auch wenn eine größere Mobilisierung bis dato im Saarland nicht stattgefunden hat, ist die rechte Szene auch dort ernst zu nehmen; zum einen aufgrund des zwar überschaubaren, aber doch sehr aktiven Kreises von Rechtsextremisten; zum anderen sind es die Verbindungen zwischen dem organisierten Rechtsextremismus und dem Rocker- und Hooligan-Milieu, welche die Brisanz verschärfen. Auch hier dient eine Szenekneipe – betrieben von einer NPDlerin – als Scharnier zwischen den Milieus.

Reaktionen der Zivilgesellschaft, Programme und Maßnahmen

Kommt es im Saarland zu rechtsextremen Vorfällen oder Aufmärschen, geht dies in der Regel mit einer Gegenreaktion der Zivilgesellschaft einher. Die Gegendemonstrationen, die sich für Vielfalt und gegen Rechtsextremismus positionieren, stellten dabei in der Vergangenheit weitaus mehr TeilnehmerInnen als die RechtsextremistInnen und deren SympathisantInnen. Die mit Abstand größte Demonstration fand im Januar 2015 in Saarbrücken statt, bei der über 9.000 Menschen Position gegen den saarländischen Ableger von Pegida bezogen. Bei der zur selben Zeit stattfindenden Saargida-Demonstration fanden sich lediglich ca. 300 Personen zusammen. Auch die zahlreich durchgeführten Aufmärsche von SageSa – zeitweise im Wochentakt – weisen weitaus geringere TeilnehmerInnenzahlen auf als die Gegenproteste. Daran zeigt sich, dass unabhängig davon, wo RechtsextremistInnen im öffentlichen Raum auftreten, die BürgerInnen vor Ort nicht nur darauf reagieren, sondern auch die deutliche Mehrheit darstellen.

Dort, wo sich rechtsextreme Aktivitäten häufen bzw. zum wiederholten Male auftreten, ist die Entwicklung von Strukturen zu beobachten, die ein besser abgestimmtes Gegen-Reagieren ermöglichen. In den vergangen Jahren hat sich in Homburg das permanente Bündnis „Homburg – vielfältig statt einfältig" als Reaktion auf die immer wiederkehrenden rechtsextremen Aufmärsche etabliert. Ebenso hat sich jüngst in Saarbrücken-Burbach das Bündnis „Gemeinsam in Burbach" gegründet. In diesem Stadtteil befindet sich eine rechtsextreme Szenekneipe. Weitaus länger existiert das Bündnis „Bunt statt Braun" in Saarbrücken, das von der evangelischen Kirchengemeinde in Saarbrücken-Schafbrücke ins Leben gerufen wurde. In der räumlichen Nähe zur Kirchengemeinde befindet sich eine Festhalle, die in der Vergangenheit immer wieder von der NPD angemietet wurde. Im Januar 2014 hatte die NPD vor, in der Festhalle ihren Bundesparteitag durchzuführen. Aufgrund eines Formfehlers bei der Anmietung der Räumlichkeit durch Peter Marx widerrief die Stadtverwaltung den Mietvertrag. Der Bundesparteitag musste kurzfristig nach Thüringen verlegt werden[73] und das Bündnis Bunt statt Braun lud zu einer Veranstaltung mit Musik und Bühnenkunst in die Festhalle ein.

Ein weiteres Beispiel für die Entwicklung von Strukturen als Reaktion auf Rechtsextremismus findet sich in Dillingen. Dort haben zivilgesellschaftliche AkteurInnen vor Ort gemeinsam mit der Stadt die „AG Vielcourage" gegründet, um auf die Aktivitäten der ortsansässigen Kameradschaft mit Aktionen zu reagieren. An vielen Stellen wird das zivilgesellschaftliche Engagement von staatlichen Akteuren unterstützt. Die Unterstützung reicht von der kommunalen Ebene bis hin zum Landtag, der im Januar 2014 eine Resolution im Namen aller Landtagsfraktionen verabschiedete.[74]

Formfehler

Im Rahmen des Bundesprogramms „Demokratie leben!" werden im Saarland insgesamt vier „Partnerschaften für Demokratie" sowie das „Netzwerk gegen Rechtsextremismus – für Demokratie" und drei Modellprojekte gefördert. In den einzelnen Teilbereichen des Bundesprogramms arbeiten zivilgesellschaftliche Akteure eng mit staatlichen Stellen zusammen, um Rechtsextremismus und Menschenfeindlichkeit entgegenzutreten.

6.11 In Sachsen nichts Neues in Sachen Rechtsextremismus

bearbeitet von Danilo Starosta

Einführung

In den politischen Debatten wird Sachsen mit den rassistischen Ausschreitungen in den Kleinstädten Heidenau, Freital, Einsiedel und Wurzen charakterisiert. Der Spiegel online schrieb im September: „Ein Brennpunkt rassistischer Gewalttaten ist Sachsen. Hier wurden 42 der bundesweit 202 Übergriffe auf Flüchtlinge im ersten Halbjahr 2015 registriert, mehr als 20%."[75]

---

73 WWW.SPIEGEL.DE/POLITIK/DEUTSCHLAND/NPD-PARTEITAG-MUSS-KURZFRISTIG-VERLEGT-WERDEN-A-943388.HTML, Zugriff: 15.10.2015

74 WWW.LANDTAG-SAAR.DE/DOKUMENTE/DRUCKSACHEN/SO15_0737-NEU.PDF

75 HTTP://WWW.SPIEGEL.DE/POLITIK/DEUTSCHLAND/OST-WEST-STREIT-FAKTENCHECK-ZU-RASSISMUS-A-1050637.HTML, ZUGRIFF 2.8.2016.

Die Landeshauptstadt des Freistaates Sachsen Dresden steht als Synonym für die seit 2014 wöchentlich stattfindenden rassistischen Aufmärsche von Pegida. Die sächsische AfD zog 2014 in den Sächsischen Landtag ein und wird durch die Fraktionsvorsitzende Dr. Petry und deren gleichzeitigen Bundesvorsitz in der konformistischen Rechtspartei als Gradmesser rechtspopulistischer Politik in Deutschland wahrgenommen.

2014 verlor die NPD ihre Mandate im Sächsischen Landtag und verpasst mit 4,9% Wählerstimmenanteil eine dritte Legislatur in Folge.

Die Gewalt der organisierten Rechten ist seit Ende 2014 enthemmt. Sprengstoffanschläge, Straßenschlachten mit der Polizei und Gewaltausübungen finden in dichter Folge statt. Es vergeht keine Woche, in der nicht irgendwo in Sachsen BürgerInnen, Nazis und Hooligans die im Freistaat eher geringe Anzahl von AsylbewerberInnen bedrohen, verletzten und beleidigen. Die Staatsregierung Sachsens vermutet alleinig soziale Gründe als Ursache des grassierenden und flächendeckenden Rassismus in Sachsen: „*Ministerpräsident Stanislaw Tillich (CDU) mutmaßt: «Nach der Wiedervereinigung ist viel erreicht worden. Das hat sich die Bevölkerung hart erarbeitet. Jetzt ist möglicherweise Angst da, dies wieder zu verlieren.»*“ (ebenda).

Übersicht zu wichtigen neonazistischen Parteien und Zusammenhängen

Die NPD ist als außerparlamentarische Opposition nicht mehr für alle organisierten Rechten parteipolitisches Sprachrohr. Einzelne Kader der NPD spalteten sich ab und gründeten sächsische Landesverbände der radikalen Parteien Die Rechte und III. Weg. „*Trotzdem ist die NPD in Sachsen und bundesweit die wichtigste neonazistische Partei. Immerhin haben bei den letzten Landtagswahlen im Jahr 2014 mehr als 81.000 Menschen aus Sachsen der NPD ihre Stimme gegeben …*“ (KULTURBÜRO SACHSEN E.V. 2015). Kernthema des parlamentarischen Arbeitens der NPD waren die Verhinderung von Ein- und Zuwanderung. „*… Bereits als 2011 die ehemalige Schneeberger Kaserne als zeitweilige Außenstelle der Chemnitzer Erstaufnahmeeinrichtung (EAE) für Asylsuchende genutzt wurde, nahm der NPD-Kreisverband Erzgebirge dies zum Anlass, in der Vorweihnachtszeit im Ort einen Angstdiskurs zu befördern. Zwei Jahre später, im Zusammenhang mit der erneuten Nutzung der Kaserne als Erstaufnahmeeinrichtung, griff der NPD-Kreisverband das Thema jetzt noch offensiver auf. Über das bereits erprobte Medium Facebook initiierte die NPD BürgerInnenproteste mit Lokalkolorit: Überregional wurde zu sogenannten «Lichtelläufen» aufgerufen. Im März 2014 führte die NPD landesweit analog zur «Brandstiftertour» 2012 eine Reihe von öffentlichen Kundgebungen in Sachsen unter dem Motto «Heimat schützen – Asylmissbrauch bekämpfen» durch.*“ (ebenda).

Die Kameradschaftsszene ist in Sachsen das Rückgrat der nationalsozialistischen Bewegung des Freistaates. Seit 1990 sind zahlreiche militante und gewaltfähige Ka-

Anlass

meradschaften in Sachsen aktiv. Sie organisieren sich in weit über die Ländergrenzen hinaus wirkenden Netzwerken. So entstand in Sachsen eine ausdifferenzierte und zur Mobilisierung fähige Bewegung. Die Besonderheit dabei ist deren generativer und sozialer Zusammenhang. Trotz Waffenfunden wurden Kameradschaften wie etwa der Verein Nationaler Jugendblock Zittau e.V. weiter öffentlich gefördert. Nach der Selbstentdeckung der sächsischen Terrorgruppe Nationalsozialistischer Untergrund wurde auch das Ausmaß der Unterstützung des NSU durch die sächsische Neonaziszene bekannt.
Eine Analyse und die nachfolgende Beseitigung wichtiger logistischer Netzwerkknoten finden allerdings nach wie vor nicht statt. Im letzten Jahr zählte das Kulturbüro Sachsen e.V. mehr als zehn Immobilien bzw. Räume in Sachsen, die im Besitz organisierter Neonazis waren und durch die Szene genutzt worden sind (Kauf, Pacht). Neben den oben genannten Immobilien existieren in Sachsen mindestens 20 weitere, für Treffen, Konzerte u.a. Veranstaltungen neonazistisch nutzbare Objekte (KULTURBÜRO SACHSEN E.V. 2015).

Zentrum der deutschen Nazimusikszene

Sachsen machte bereits in den 1990er Jahren als Veranstaltungs- und Heimatregion der rechten Erlebniswelt auf sich aufmerksam. 1997 gelang der für ihre Brutalität bekannt gewordenen Kameradschaft „Skinheads Sächsische Schweiz" ein besonderer Coup. Der Chef der SSS, Thomas Sattelberg, Sozialarbeiter und ehemaliges Mitglied der „Wiking-Jugend", gewann mit der Naziband „14 Nothelfer" den ersten Platz bei einem Wettbewerb sächsischer Nachwuchsbands und erhielt den von der „Sächsischen Zeitung" und der örtlichen Sparkasse ausgelobten Geldpreis. Das Ignorieren der politischen Dimension rechter Strategien, mittels derer der „Kampf um die Köpfe" geführt wird, bewiesen bereits im Jahr 2011 Staatssekretär Wilhelm und die Zwickauer Bürgermeisterin Pia Findeis, die einem NPD-Kreisrat eine Urkunde für dessen 4. Platz bei einem „Schwimmwettbewerb für Demokratie und Toleranz" überreichten.[76]

Selbst die rechten Aufmärsche, die seit Beginn der 2000er-Jahre mit oftmals mehreren tausend TeilnehmerInnen zur fehlgeleiteten „Erinnerung" an die Bombardierung Dresdens stattfinden, werden von der sächsischen CDU und ihren Regierungen weitgehend verharmlost.

76 HTTPS://WWW.MUT-GEGEN-RECHTE-GEWALT.DE/DEBATTE/KOMMENTARE/SCHWIMMGLOSSE-3567, Zugriff: 2.8.2016

So konnten sich mit den neonazistischen Musik-Label PC-Records in Chemnitz, OPOS-Records in Dresden und Front-Records in Wurzen bundes- und europaweit tätige Firmen erfolgreich und bis heute unbehelligt etablieren.

Die Funktion der nazistischen Musik ist für die innere Dynamik der Bewegung außerordentlich bedeutsam. Im Frühjahr 2014 verbot das Sächsische Innenministerium (SMI) die „Nationalen Sozialisten Chemnitz“, die „IG Chemnitzer Stadtgeschichte“ und den Organisationszusammenhang der „Raus in die Zukunft“-Kundgebungen.

Subkultureller Kristallisationspunkt der Chemnitzer Neonazi-Szene sind die zwei Ladengeschäfte „Backstreetnoise“ und „PC Records“. Bei den Sommerfesten des „Backstreetnoise“ traf sich das „Who's Who“ der Freien-Kräfte-Szene, etwa die Kämpfer von „Free Fight“-Veranstaltungen oder AkteurInnen der HooNaRa (Hooligans, Nazis, Rassisten) – einer bundesweit bekannten Hooligan Gruppierung mit enger Verbindung zur Haller Security, die Ordneraufgaben beim Chemnitzer Fußballclub (CFC) übernahm. In der Öffentlichkeit stärker wahrnehmbar war Yves Rahmel, der über „PC Records“ zu einem der führenden Anbieter von Neonazi-Musik aufstieg. Zahlreiche Veröffentlichungen wurden von der Bundesprüfstelle für jugendgefährdende Medien indiziert. Einige Monate vor der Selbstenttarnung des NSU 2011 wurde bei PC Records das Lied „Dönerkiller“ veröffentlicht, das dessen Morde wenig verbrämt feiert. Die Firma unterstützte u.a. das „Fest der Völker“ in Thüringen, wie auch die „Sachsentage“ der NPD-Jugendorganisation JN. Regelmäßig war „PC Records“ bei den Fraktionsfesten der NPD-Landtagsfraktion oder den „Deutsche-Stimme“-Pressefesten“ zugegen (KULTURBÜRO SACHSEN 2015).

Muslime

Die Pegida- und anderen -gida-Demonstrationen in Sachsen

Seit Oktober 2014 finden in Dresden immer montags rassistische Kundgebungen statt. Organisiert werden sie vom Verein Patriotische Europäer gegen die Islamisierung des Abendlandes (Pegida). Die TeilnehmerInnen der Pegida-Aufmärsche treten als Angehörige aus dem bürgerlichen Spektrum auf. Unter ihnen befinden sich auch zahlreiche organisierte Rechte, etwa sogenannte „Identitäre“, NPD-Funktionäre und Reichsbürger. Die Redebeiträge und Transparente von Pegida sind im Kern antidemokratisch und zielen auf eine kämpferische aggressive Veränderung des bestehenden politischen Systems ab. Vertreter der „Neuen Rechten“ wie z.B. Götz Kubitschek und Jürgen Elsässer berichteten darüber exklusiv in ihren Zeitschriften „Sezession“ und „Compact“.

Und die Aussichten?[77]

Mehrfach stellte die Einstellungsforschung bei sächsischen BürgerInnen hohe Werte bei Einstellungen diskriminierenden Charakters fest. Die aktuellen Krisen und Konflikte um die Aufnahme und Verteilung von Menschen, die Asyl und Zuflucht in Deutschland suchen, machen erneut deutlich, dass Sachsen sich nicht mit seinen fremdenfeindlich eingestellten Bevölkerungsteilen auseinandersetzt. Beredtes Beispiel dafür ist der Ministerpräsident Sachsens Stanislaw Tillich. Er, der dem Präsidium der Bundes-CDU angehört, stellte sich in einem Interview gegen die Einschätzung der Kanzlerin und CDU-Vorsitzenden, wonach der Islam zu Deutschland gehöre. „Ich teile diese Auffassung nicht", sagte Tillich der „Welt am Sonntag". Muslime seien in Deutschland willkommen und könnten ihre Religion ausüben. „Das bedeutet aber nicht, dass der Islam zu Sachsen gehört", sagte Tillich.[78]

Eine Veränderung in Sachsen scheint auf lange Sicht nicht erreichbar zu sein. Die Einstellungen der Mehrheiten und die der Regierenden ergänzen sich gut. Dies gilt auch für die Ignoranz der strukturellen Ursachen für Rassismus und organisierten Neonazismus.

6.12 Rechtsextremismus in den ländlichen Räumen Sachsen-Anhalts

bearbeitet von David Begrich

Einleitung

Die Erscheinungsformen des Rechtsextremismus sind wie in anderen Bundesländern auch in Sachsen-Anhalt im Wandel begriffen. Konnten rechtsextreme und neonazistische Parteien und Gruppen in der zurückliegenden Dekade vor allem zu Fragen sozialer Widersprüche die Reichweite ihrer Politikangebote erhöhen, so trat mit Beginn des Jahres 2013 mit dem sukzessiven Anstieg der Zahl der Flüchtlinge und AsylbewerberInnen eine Veränderung ein. In steigendem Maße agieren rechtsextreme AkteurInnen im lokalen Diskurs um die Unterbringung von Flüchtlingen als Anwälte jener Teile

77 Anmerkung der Redaktion: Die Zivilgesellschaft in Sachsen schläft derweil nicht. Davon zeugen die Anti-Pegida-Demonstrationen, Projekte wie „Herz statt Hetze" und „Dresden Nazifrei" oder die unzähligen Initiativen im ganzen Bundesland, die sich für Flüchtlinge engagieren. Davon zeugt auch die Arbeit des Kulturbüros Sachsen e.V. mit seinen drei Regionalbüros des Mobilen Beratungsteams (vgl. Anhang S. 230). Zugleich werden die Träger der Zivilgesellschaft von der Landesregierung zu wenig unterstützt. Das Landesprogramm „Weltoffenes Sachsen für Demokratie und Toleranz", das Maßnahmen und Projekte im Sinne von Toleranz, Weltoffenheit und einer demokratischen Kultur unterstützt, reicht nicht aus.

78 HTTPS://WWW.TAGESSCHAU.DE/INLAND/TILLICH-ISLAM-101.HTML, Zugriff: 2.8.2016

der Bevölkerung, die AsylbewerberInnen generell ablehnen und bei denen rechte und fremdenfeindliche Ressentiments auf Zustimmung stoßen. Wo es rechten AkteurInnen gelingt, sich dergestalt zu authentifizieren, treten sie als „Bürgerinitiative" und nicht unter dem Namen einer rechtsextremen Organisation auf und wahren somit den Schein des überparteilichen Charakters der Mobilisierungen gegen Flüchtlinge und AsylbewerberInnen.

Zur Lage in Sachsen-Anhalt

Als Kristallisationspunkt des Rechtsextremismus im ländlichen Raum erwiesen sich Strukturen des Sports und der Feuerwehr. Diese Strukturen bilden das Rückgrat der Soziokultur im ländlichen Raum und stehen somit im Schnittpunkt des Unterwanderungsinteresses von rechten Akteuren. Exemplarisch lässt sich dies am Beispiel des Landkreises Jerichower Land verdeutlichen. Mit dem FC Ostelbien Dornburg hatte sich dort ein Fußballverein in der Kreisliga etabliert, in dessen Reihen in der Mehrzahl Neonazis und rechte Hooligans organisiert waren. Die Mitglieder des Vereins traten in der Region durch gewalttätige Übergriffe auf gegnerische Mannschaften und gewalttätige Sanktionen gegenüber politischen und weltanschaulichen GegnerInnen in Erscheinung. Durch das Agieren des Vereins und seines neonazistischen Umfeldes wurde dessen Anspruch auf temporäre sozialräumliche Hegemonie deutlich. Als Akteur an der Schnittstelle zwischen Sport, dörflicher zivilgesellschaftlicher Selbstorganisation und Rechtsextremismus waren Mitglieder des Vereins und ihres Umfeldes in der Lage, nachhaltig Einfluss auf das kommunale Klima auszuüben und jene über den Bereich des Sports hinaus einzuschüchtern, die lebensweltlich, habituell oder weltanschaulich mit ihnen nicht übereinstimmen. Die Vorgänge um den mittlerweile aufgelösten Verein FC Ostelbien Dornburg zeigen exemplarisch, wie es subkulturell agierenden Neonazis im ländlichen Raum gelingt, subtile Mechanismen sozialen Vermeidungsverhaltens bzw. Anpassungsbereitschaft durchzusetzen. Dabei profitieren Neonazis von dem Umstand der Kleinteiligkeit der sozialen Strukturen und Beziehungen im ländlichen Raum, an die vielfach Mechanismen sozialer Loyalität gebunden sind. So gelang es dem Verein Ostelbien Dornburg, im sozialen Nahraum als gemeinwohlorientierter Akteur und Sponsor aufzutreten. Er erhielt soziale Anerkennung auch von jenen DorfbewohnerInnen, die rechten Akteuren ansonsten fernstehen.

Die faktische Unangreifbarkeit des Agierens des von Neonazis getragenen Vereins zerbrach letztlich an ihrer gewalttätigen Praxis im Umfeld von Fußballspielen, nicht an ihren Versuchen, mit gezielten sozialräumlichen Interventionen (Sanierung eines Spielplatzes auf eigene Kosten) Zustimmung und Konsens zu organisieren.

Die Situation des Rechtsextremismus im ländlichen Raum Sachsen-Anhalts ist durch eine Zunahme von Formen rassistischer und fremdenfeindlicher Mobilisierung gekennzeichnet. Als Indikator für diesen Umstand kann die gestiegene Zahl fremdenfeindlich motivierter Versammlungen und Demonstrationen gelten. Bis Mitte November 2015 zählte die Arbeitsstelle Rechtsextremismus bei Miteinander e.V. 113 fremdenfeindlich motivierte versammlungsrechtliche Aktionen. Diese richteten sich direkt oder indirekt gegen die Unterbringung von AsylbewerberInnen. Hier fällt ein Metropole-Peripherie-Gefälle auf. Denn obwohl mit dem Pegida-Ableger Magida in Magdeburg und den sogenannten „Montagsdemonstrationen für den Frieden" in Halle sich in Sachsen-Anhalt rechte Mobilisierungsformate auf niedrigem Niveau etablierten, findet die Mehrzahl der in Rede stehenden Veranstaltungen im ländlichen und kleinstädtischen Raum statt.

Parteipolitischer Rechtsextremismus

Zur Landtagswahl 2016 traten drei rechte Parteien in Sachsen-Anhalt an, die sich in ideologiegeschichtlicher Herkunft und politischer Praxis unterscheiden. Die NPD, die bei den Landtagswahlen 2011 noch 4,6 % der Stimmen erhielt, trat personell und strukturell geschwächt zur Wahl an. Sie kam im März auf 1,9 % der Stimmen. Die Partei Die Rechte rekrutiert und organisiert die jugendkulturell ausgerichtete militante Neonaziszene. Auch sie trat zu den Wahlen an. Ihre auf die Kreisstädte konzentrierte Demonstrationskampagne bot lokalen militanten Neonazis eine Plattform für die Ausübung von Gewalt und sozialräumlicher Propaganda. Zugleich war im Hinblick auf die AfD eine scharfe Strategie der Polarisierung und Zuspitzung der politischen Kultur in Sachsen-Anhalt im Hinblick auf die Flüchtlingsdebatte zu erwarten. Das Wahlprogramm der AfD zur Landtagswahl in Sachsen-Anhalt im März 2016 ließ darauf schließen, dass die Partei im Wahlkampf massiv die vorhandenen Ängste und Vorurteile aufzugreifen suchte, um sie in politisches Kapital in Form der weitreichenden Zustimmung zu ihren rigiden antiliberalen und extrem rechten Politikkonzepten umzumünzen. Nicht nur in Sachsen-Anhalt ist in der AfD die Hemmschwelle bezüglich des Kontakts mit neonazistischen AkteurInnen in den letzten Monaten deutlich gesunken. Die AfD bietet sich somit als ideologisches Sammelbecken für rechte Strömungen von rechts-konservativ bis neonazistisch an und hat diesen Kurs auch im Wahlkampf beibehalten.[79]

Agieren

79 Anmerkung der Redaktion: Die AfD zog 2016 mit 24,3 % der Stimmen als zweitstärkste Kraft in den Landtag Sachsen-Anhalt ein.

Zivilgesellschaftliche Akteure

In ländlich und kleinstädtisch geprägten Regionen sind zivilgesellschaftliche Kräfte schwach vertreten. Die Ursachen sind vielschichtig. Die Abwanderung junger, gut ausgebildeter Menschen schwächt seit Jahren die auf ehrenamtliches Engagement angewiesenen zivilgesellschaftlichen Akteure. Das erschwert sowohl das Eintreten für Demokratie und gegen Rechtsextremismus als auch die Entwicklung vielfältiger kultureller und sozialer Aktivitäten. Milieus, die sich in den letzten Jahren als Träger zivilgesellschaftlichen Engagements erwiesen, sind ebenso vom demografischen Wandel betroffen. Dennoch konnten in der letzten Dekade in ländlich und kleinstädtisch geprägten Sozialräumen stabile Kerne zivilgesellschaftlicher Aktivitäten über die Entwicklung von BürgerInnen- und Aktionsbündnissen etabliert werden. Die Arbeitsfähigkeit dieser Zusammenschlüsse ist in hohem Maße an die Einsatzbereitschaft einzelner Personen gebunden, die durch ihre lokale Rolle als BürgermeisterIn oder PfarrerIn eine herausgehobene Rolle in ihren Sozialräumen einnehmen. Zugleich wird erkennbar, dass und in welcher Weise Menschen sozial unter Druck geraten, die sich für Demokratie und Toleranz einsetzen. Der Fall des Tröglitzer Bürgermeisters Markus Nierdt, der unter dem Druck der regionalen Neonazi-Szene in der Flüchtlingsfrage zurücktrat, lieferte ein Schlaglicht auf die Herausforderungen, vor denen die lokale Demokratie in den Orten steht, in denen sie auf Formate rassistischer Mobilisierung zu reagieren hat, die in der Bevölkerung auf Resonanz stoßen.

Milieu

Auf die skizzierten Herausforderungen reagieren Staat und Zivilgesellschaft mit differenten Handlungsstrategien. So existiert in Sachsen-Anhalt ein Landesprogramm für Demokratie und Toleranz, welches die Aktivitäten der Zivilgesellschaft zusammenführen und bündeln soll. Jährlich stattfindende Landeskonferenzen dienen dem Austausch und der Fachberatung in Fragen der Stärkung der Demokratie. Darüber hinaus sind in Sachsen-Anhalt die Bundesprogramme „Demokratie leben" und „Zusammenhalt durch Teilhabe" des Bundesministeriums für Familie, Senioren, Frauen und Jugend implementiert und werden vor Ort durch freie Träger umgesetzt. Dass Sozialministerium des Landes stellt eine umfangreiche Ko-Finanzierung zur Verfügung.

Herausforderung für die Mobile Beratung

Der Erfolg rassistischer Mobilisierungsversuche hängt stark davon ab, wie gut die regionale rechte Szene auftreten kann und in welcher Form sich zivilgesellschaftliche Kräfte dieser Herausforderung stellen. Die Auseinandersetzung mit rassistischer Agitation – sei es im Internet, auf der Straße oder in den Parlamenten – stellt die zentrale Herausforderung für die Bildungs-, Recherche- und Beratungsarbeit im Land dar.

Aus der skizzierten Situation ergeben sich neue Herausforderungen für die Arbeit im Themenfeld der Mobilen Beratung. Es gilt, in der Beratungsarbeit nach Wegen der nachhaltigen Unterstützung und Stärkung jener zu suchen, die sich haupt- oder ehrenamtlich für Flüchtlinge und deren Integration einsetzen. Dabei werden Aspekte des individuellen Sicherheitsbedürfnisses und der Gefährdungslage eine stärkere Rolle hinsichtlich der Frage spielen, zu welchen Formen des Engagements gegen Rassismus und Rechtsextremismus die Mobile Beratung rät. Hierzu ist stärker als in der Vergangenheit die Klärung der zur Verfügung stehenden materiellen und psychischen Ressourcen derer, die vor Ort die Arbeit in Bürgerbündnissen tragen, nötig. Dazu gehört die Entwicklung von neuen Konzepten des Schutzes wie auch die Suche nach Formen des Wissens- und Handlungstransfers jenseits von Landeskonferenzen und Tagungen. Bereits in den letzten Monaten wurden verstärkt Beratungen zum Thema Sicherheit für zivilgesellschaftliche AkteurInnen angefragt.

Es kann davon ausgegangen werden, dass die neu im Landtag vertretene AfD (ähnlich wie in Thüringen) die neuen Mittel u.a. zur Diskreditierung zivilgesellschaftlicher Organisationen und Strukturen nutzen wird. Sowohl die zu erwartenden parlamentarischen Aktivitäten der AfD als auch die Unterstützung der angeschlossenen rechten Milieus dürften auf die Arbeit der Beratungsobjekte direkte Auswirkungen haben.

6.13 Rechtsextremismus in den ländlichen Räumen Schleswig-Holsteins

bearbeitet von Peter Perner

Zur Situation in Schleswig-Holstein

Unverändert ist auch der Norden nicht frei von Aktivitäten der rechten Szene. Sie unterliegt, wie auch anderswo in der BRD, in mehrerlei Hinsicht schwankenden Prozessen im Zeitverlauf. Die Erfolge örtlicher und regionaler Bündnisse und Gerichtsverfahren gegen einschlägige Straftäter aus rechten parteigebundenen und freien Strukturen haben zu einem vorsichtigeren Agieren und Agitieren der rechtsextremen Kräfte in Schleswig-Holstein geführt.

Ein Grund zum Durchatmen ist dies freilich nicht. Die rechte Szene scheint vor dem Hintergrund der aktuellen Entwicklungen (Pegida, AfD, ALFA, wachsende Xenophobie) Morgenluft für ihre Themen zu wittern.

In der jüngeren Vergangenheit konnten durch engagiertes zivilgesellschaftliches Handeln die öffentliche Wahrnehmung und Wirkung rechter Aktivitäten massiv eingehegt werden. Der Lübecker „Trauermarsch“ ist seit März 2013 Geschichte. Ein breites Bündnis hat sich in Lübeck über Jahre den marschierenden Nazis entgegengestellt, Aufmärsche blockiert und dazu beigetragen, dass der Marsch für die rechte Szene in Schleswig-Holstein kein oder nur noch ein geringes Mobilisierungspotenzial entfalten konnte.

Einer sehr jungen aktionistischen Kameradschaft im Herzogtum-Lauenburg trat ein ebenfalls sehr engagiertes zivilgesellschaftliches Bündnis entgegen. Nach heftigen Drohgebärden (unter anderem Morddrohungen gegen Bürgermeister, Pröpstin und die Polizei) kam es als Folge hohen Ermittlungsdrucks zu schnellen Gerichtsverfahren gegen die Protagonisten und nachfolgend zu mehreren Verurteilungen. Die Gruppe zerbrach und löste sich auf.

Ein nicht organisierter Neonazi aus dem Nordkreis fiel mit über 70 xenophoben hetzerischen Videos auf Youtube auf. Zunächst war nicht klar, wo dieser zu verorten war. Durch eine genaue Analyse der auf Youtube eingestellten Hetzvideos konnte der Autor identifiziert und vor Gericht gebracht werden. Auch in diesem Fall wurde eine empfindliche Strafe verhängt.

In Zusammenarbeit mit der örtlichen und überregionalen Presse wurde ausführlich über die Prozesse und die Urteile berichtet.

Als im Frühjahr 2015 der NPD-Kreisverband Neumünster vor einer temporären Flüchtlingsunterkunft (Turnhalle), die gerade bezogen werden sollte, einen Info-Tisch aufstellen wollte, konnten innerhalb von zwei Tagen über funktionierende Netzwerke zahlreiche Menschen zwischen Flensburg und Lübeck mobilisiert werden. Diese stellten sich nicht nur schützend vor die neuen BewohnerInnen, sondern waren auch zahlreich genug, um den geplanten Info-Tisch der NPD vor der Öffentlichkeit abzuschirmen. Die NPD Neumünster verzichtete auf die weitere Aufstellung.

Seit 2010 hat der NDR eine eigene Seite, auf welcher ausführlich über die rechte Szene in Norddeutschland berichtet wird.[80] Diese kontinuierliche Aufklärung der Öffentlichkeit über rechte Aktivitäten hat sicher dazu beigetragen, dass die Szene stark verunsichert ist und derzeit nicht mobilisierungsfähig zu sein scheint. Zudem mangelt es an Führungspersönlichkeiten.

Selbst die oftmals der Selbstdarstellung und Vergewisserung dienenden Internetauftritte der im Lande verteilten Gruppen werden nur von wenigen AktivistInnenen betrieben und gepflegt. Dies scheint sich aber im Licht der aktuellen Entwicklungen zu verändern.

Seit einigen Jahren können von Schleswig-Holstein ausgehende länderübergreifende Aktivitäten beobachtet werden. Es gibt einen kommunalpolitischen Arbeitskreis der NPD im südlichen Schleswig-Holstein, der mit Mandatsträgern des Landkreises Lüneburg und des Kreises Nord-West Mecklenburg zusammenarbeitet. Seit kurzem ist eine gemeinsame Gruppierung der Jungen Nationaldemokraten (JN) Hamburg-Nord-

80 HTTP://WWW.NDR.DE/NACHRICHTEN/DOSSIERS/DER_NORDEN_SCHAUT_HIN/DIE-RECHTE-SZENE-IN-NORDDEUTSCHLAND,RECHTSEXTREMISMUS179.HTML

land aktiv, die im Hamburger Raum unter Einbeziehung des Kreisverbandes Stormarn / Herzogtum Lauenburg gegründet wurde. Thomas Wulff, NPD-Landesvorsitzender in Hamburg und Bundesvorstandsmitglied der NPD, half mit, diese Gliederung aus der Taufe zu heben. Es hat den Anschein, dass er die organisatorische Schwäche des NPD-Landesverbandes Schleswig-Holstein nutzen will, um seinen politischen Einfluss auf dieses Bundesland auszuweiten. Nennenswerte Reaktionen des Landesverbandes Schleswig-Holstein blieben bisher aus.

In Richtung Mecklenburg-Vorpommern sind Kontakte zum NPD-Thinghaus des Jameler Hammerskins Sven Krüger (Grevesmühlen, Kreis Nord-West Mecklenburg) aus den bereits benannten Räumen und der Region Lübeck / Ostholstein zu beobachten.

Die demokratisch verfasste Gesellschaft hat darauf mit Regionalkonferenzen ebenfalls grenzübergreifend reagiert, um gegebenenfalls durch Netzwerkbildung auf Aktivitäten zu reagieren und gemeinsame Strategien zu formulieren und umzusetzen. Das Ziel ist, die Wirkung rechter Aktivitäten, so gut es eben geht, zu begrenzen oder sie im Idealfall zu unterbinden.

Zahlen und Fakten

Welche Zahlen und Fakten können für Schleswig-Holstein als gesichert gelten?

Die Innenbehörde vermeldet für das Land einen Rückgang von 1.220 Rechtsextremisten im Jahr 2012 auf 1.070 im Jahr 2014. Von diesen werden 550 Personen als gewaltorientiert eingeschätzt.

Die Statistik der PMK[81]-rechts zeigt von 2010 bis 2014 einen Rückgang der Straftaten von 660 auf 439. Die Zahl der erfassten Gewalttaten fiel im selben Zeitraum von 37 auf 21. Im Vergleichszeitraum haben sich NPD und Junge Nationaldemokraten (JN) von 200 Mitgliedern im Jahr 2012 auf 130 Mitglieder im Jahr 2014 „verschlankt". In einzelnen Kommunalparlamenten werden von NPD-PolitikerInnen Mandate wahrge-

nommen, die aber in der Regel keine öffentliche Wirkung entfalten können. Die Beteiligung an Wahlen durch die NPD Schleswig-Holstein führte in jüngster Zeit fast immer zu Ergebnissen, die eher im Promille-Bereich liegen. Bei der Europawahl 2014 bekam die NPD in Schleswig-Holstein 0,5 % der Stimmen.

81 Politisch Motivierte Kriminalität (PMK)

Als NPD-nah und HNG[82]-Nachfolger ist die „Nationale Hilfe Schleswig-Holstein e.V." einzustufen. Nach eigenem Bekunden geht es ihr darum, Parteikadern, die vor Gericht stehen, mit Rat und Tat oder auch Geld zur Seite zu stehen. Weiterhin betreibt der Landesverband der NPD Schleswig-Holstein eine Parteizeitung, die „Schleswig-Holstein Stimme". Sie soll viermal jährlich erscheinen. Über die Internet-Ausgabe hinaus ist sie mit einer angeblichen Auflage von 1.000 Exemplaren wohl nur InsiderInnen zugänglich. Inhaltlich lehnt sie sich an die Propaganda der „Deutschen Stimme" der Bundespartei an. Schleswig-Holsteiner Themen werden von den Kreisverbänden beigesteuert.

Jüngere Kader versuchen über Müllsammelaktionen („Umweltschutz ist Heimatschutz"), „Heldengedenken" (in Aumühle liegt das Grab von Dönitz), Märsche an der ehemaligen innerdeutschen Grenze oder die Teilnahme am Tollensesee-Marsch in Neubrandenburg Öffentlichkeit herzustellen. Meist haben diese Aktivitäten nicht die gewünschte Resonanz. Für die Selbstvergewisserung nach innen haben sie jedoch eine nicht zu unterschätzende Bedeutung.

Reichsbürger

Obgleich die NPD in Schleswig-Holstein einen Aderlass zu verzeichnen hat, sind die freien unorganisierten rechten Kräfte nicht aus dem Blick zu verlieren. Es sind vielfach regionale lose Bezugsgruppen, die keine organisierte Struktur aufweisen. Diese finden sich zeitweise zu bestimmten Themen und Aktionen zusammen, um danach wieder in anderen Bezügen zu wirken. In diesen Gruppen wird zuweilen eine sehr hohe verbale Aggressivität wahrgenommen, die auf ein hohes Maß an Radikalisierung schließen lässt.

In jüngster Zeit vereinzelt in Erscheinung getretene neue, scheinbar gemäßigte, rechte Gruppen wie Die Identitären spielen in Schleswig-Holstein noch keine wahrnehmbare Rolle. Auch die esoterisch rechtsaffinen „Reichsbürger" treten zwar sporadisch auf (u.a. in der Landeshauptstadt Kiel), haben aber bisher keine erkennbaren Strukturen oder Netzwerke aufbauen können. Republikaner (REP) und Deutsche Volksunion (DVU) spielen ebenfalls keine Rolle mehr.

Als neue Kraft ist die AfD zu nennen. Eine Pegida-Bewegung hat sich in Schleswig-Holstein trotz mehrerer Versuche nicht etablieren können. Der Anteil der NPDlerInnen und Rechten aus der freien Szene war zu offensichtlich und hat wohl die interessierten Gemäßigten nachdrücklich abgeschreckt.

Rechtsradikalismus ist in Schleswig-Holstein weniger eine städtische Erscheinung, sondern ein im gesamten Land wahrnehmbares Phänomen und kommt somit auch im ländlichen Raum vor.

82 Hilfsgemeinschaft für nationale politische Gefangene und deren Angehörige (HNG)

Im Raum Nordfriesland und Flensburg ist der NPD-Kreisverband nicht mehr wahrnehmbar. Die dortigen Rechtsextremen sind weitgehend auf sich gestellt. Allerdings bestehen Kontakte zu dänischen Rechten. Eine rechtsextreme Lehrerin, die vor drei Jahren in Bredstedt aktiv war, wurde aus dem Schuldienst entfernt.

Die „Wikinger Tage" in Schleswig ziehen regelmäßig Rechte und Rocker an und entfalten über Schleswig-Holstein hinaus Wirkung. In der Region, auch im Raum Kiel, geht der Rechtsextremismus fließend in das Rocker-Milieu über.

Unter der Tarnbezeichnung „Wahlalternative Kieler Bürger" hält der früher die NPD vertretende Neonazi Hermann Gutsche in der Kieler Ratsversammlung immer noch stramm rechts ein Mandat. Im Kreis Plön muss der rechte Munier-Verlag erwähnt werden. Dietmar Munier gibt dort in Martensrade am Selenter See eine Vielzahl von rechten bis ultrarechten Publikationen heraus, u.a. Periodika wie „Zuerst" und militärische und soldatische Schriften zur Geschichte von Wehrmacht, Luftwaffe und Marine. In seinem Verlag beschäftigt er überwiegend einschlägig bekannte Rechtsextremisten. Munier und seine MitarbeiterInnen verhalten sich sehr öffentlichkeitsscheu.

In der Region Neumünster hat sich im Frühjahr 2014 der Club 88 aufgelöst. Ein über die Grenzen Schleswig-Holsteins bekannter Szene-Treff schloss nach langen vergeblichen Bemühungen der Stadt Neumünster für immer. Die Reste der Szene fanden eine neue Heimat in der Kneipe „Titanic". Der NPD-Kreisverband Neumünster/Segeberg gehört zu den aktiveren im Land. Auch im eher ländlichen Umfeld der Städte versuchen die ProtagonistInnen durch regelmäßige Info-Stände und andere Aktionen eine bessere Verankerung zu erlangen. Dauerhaft gelingt dies nur in Einzelfällen. Die Partei verzeichnet in dieser Region regelmäßige Unterstützung durch freie, nicht gebundene Aktivisten. Breit aufgestellte Bündnisse und ein runder Tisch machen viele Aktivitäten der Rechten allerdings zu Makulatur, weil sie die geplante Wirkung nicht entfalten können.

Die rechtsextremen Gruppierungen an der Westküste Schleswig-Holsteins sind unverändert existent. Sie finden aber seit längerem nicht mehr zu öffentlich wirksamen Aktivitäten zusammen. In Pinneberg gab es vor zwei Jahren einen rechtsextremen Angriff auf die örtliche Moschee, was zur Folge hatte, dass ein intensiver interreligiöser Dialog über die Kreisgrenzen hinaus initiiert wurde, der große Aufmerksamkeit auf sich zog.

Was wird uns künftig beschäftigen?

Über die Situation im ländlichen südlichen Schleswig-Holstein wurde weiter oben bereits ausführlich berichtet. Auch hier gilt: eine gut aufgestellte und hellwache Zivilgesellschaft kann den rechten Umtrieben durchaus etwas entgegensetzen. Hervorzuheben ist, dass nicht nur die Regionalkonferenzen zu Vernetzungen und Informationsaustausch über rechte Aktivitäten führen, sondern auch gemeinsame Formate zur positiven politischen Bildung in den betroffenen Regionen realisiert wurden und weiterhin kontinuierlich realisiert werden. Mit den örtlichen Medien bestehen Absprachen darüber, ausführlich über Vorkommnisse zu informieren.

Das Thema Rechtsextremismus im ländlichen Raum macht es notwendig, noch einen weiteren Gesichtspunkt zu betrachten. Die demokratisch verfasste Gemeinschaft kann diesem auch jenseits von Ordnungsbehörden, Polizei, Verfassungsschutz und Justiz viel entgegenstellen. Ein Beispiel hat der NDR aufgegriffen. Ein Einzelner hat erfolgreich den Rechtsextremen etwas entgegengesetzt, sehr zum Ärger der betroffenen Organisatoren.[83]

Was kommt künftig in Schleswig-Holstein auf uns zu? Die Flüchtlingssituation und die darin eingebettete Frage „Wie schafft das Land genug Erstaufnahmeeinrichtungen?" ruft die RechtsextremistInnen seit langem auf den Plan. ANDREAS SPEIT, ein ausgewiesener Kenner der rechten Szene im Norden, schrieb am 23.10.15 in der taz: *„Im Norden rückt die rechte Szene zusammen. Die Kritik an der Asyl- und Flüchtlingspolitik lässt frühere Grabenkämpfe vergessen."* Er zitiert die Präsidentin des Niedersächsischen Verfassungsschutzes, Maren Brandenburger: *„Die Szene hat zwar keinen großen personellen Zulauf, sie profitiert aber von der Grundstimmung."* Das ist zutreffend und macht besorgt. Soweit ich es übersehen kann, sind die Bündnisse, Runden Tische und Aktionsgruppen gut aufgestellt. Über funktionierende Netzwerke können sie sich diesen neuen Anforderungen zeitnah und wirksam stellen.

Im ländlichen Raum, in der „Pampa" Schleswig-Holsteins, wird es wohl viel Ablehnung des Neuen und Unbekannten geben. So war es auch in der Zeit nach 1945, als in diesem Bundesland rund eine Million Heimatvertriebener angesiedelt und integriert werden musste. Die neuen Heimatvertriebenen haben unser Engagement nicht nur verdient, sie müssen auch vor den Rechten jedweder Couleur wirksam beschützt werden.

83 HTTP://WWW.NDR.DE/NACHRICHTEN/NORDDEUTSCHER-MACHT-RECHTE-KONTENDICHT,KONTEN100.HTML.

6.14 Die extreme Rechte in den ländlichen Räumen Thüringens

bearbeitet von Stefan Heerdegen

Ausgangslage

Thüringen ist generell ein eher ländlich geprägtes Bundesland, in dem es mit der Landeshauptstadt Erfurt (205.550 EinwohnerInnen) und Jena (107.943 EinwohnerInnen) überhaupt nur zwei Großstädte gibt. Insgesamt wohnt also die Mehrzahl der Menschen in kleineren Städten und Dörfern. Deshalb ist eine Zustandsbeschreibung der extrem rechten Szene in Thüringen an sich eine Darstellung der Verhältnisse im ländlichen Raum. Organisationsstrukturen der extremen Rechten sind oft regionale Zusammenschlüsse, d.h., sie besitzen ein „Einzugsgebiet" aus mehreren Dörfern und Kleinstädten.

In Thüringen befindet sich die extreme Rechte seit dem Jahr 2014 spürbar im Umbruch. Die 2000er Jahre waren in Thüringen von großer Einigkeit im extrem rechten Lager geprägt. Parteiunabhängige Kräfte, Deutsche Volks-Union (DVU), Deutsche Partei (DP) und NPD propagierten eine „Volksfront von rechts" und bündelten ihre Kräfte. Unter dem bekannten Banner des Thüringer Heimatschutzes (THS) saßen beispielsweise Thorsten Heise (Kameradschaft Northeim, Kameradschaft Eichsfeld und NPD), Walter Beck (damals DVU-Landesvorsitzender), Frank Schwerdt (damals NPD-Landesvorsitzender) und Kurt Hoppe (damals DP-Landesvorsitzender) gemeinsam am 4. Dezember 2004 in einer großen Saalveranstaltung im nordthüringischen Sondershausen zum Zweck der engeren Vernetzung auf dem Podium. Zu dieser Veranstaltung wurde auch in den Kreisen jenes THS mobilisiert, durch dessen Strukturen sehr viele AktivistInnen und FunktionärInnen der extremen Rechten gegangen waren. Rückblickend kann festgestellt werden: Dem THS gelang die Vernetzung rechtsextremer AktivistInnen in Thüringen. Neonazis aus dem THS traten der NPD bei und nutzten ihre gewachsenen Kontakte in der zweiten Hälfte der 2000er-Jahre zunehmend, um der Partei eine Vormachtstellung innerhalb der extremen Rechten in Thüringen zu erarbeiten. Konkurrenzparteien verschwanden und weitere Protagonisten der Kameradschaftsszene traten für bzw. in die NPD ein. Kritik an der NPD blieb meist verhalten und wurde eher intern diskutiert, sodass sich die Thüringer Szene bis zu den 2014er Kommunal- und Landtagswahlen weitgehend einig hinter der NPD darstellte.

Künftiges

Dieser Zustand einer weitgehend geeinten extrem rechten Szene sollte nach sächsischem und mecklenburg-vorpommerschem Vorbild auch in Thüringen zu einer Verankerung der NPD in den Kommunalparlamenten und im Landtag führen. Das Prinzip des „An-einem-Strang-Ziehens" trug auch nach dem 2009 verpassten Einzug in den Thüringischen Landtag zur Stabilisierung der Szene bei. Besonders in der Kommunalpolitik zeigten sich Erfolge des sogenannten „Kampfes um den organisierten Willen". FunktionärInnen aus den lokalen Kameradschaftsstrukturen wurden 2009 und 2014 in alle Kommunalparlamente gewählt, für die sie zur Wahl standen. WahlforscherInnen sprachen 2014 von einem Stammwählerpotenzial der NPD in Thüringen von ca. 40.000 Stimmen. Um weitere Stimmen zu organisieren, setzte die NPD in den letzten Jahren zunehmend auf ein bieder-bürgerliches Auftreten und vermied Aktionsformen, die einem seriösen Image abträglich sein konnten. Um die Bindekraft für die zuvor gewonnene Neonazi-Klientel und Subkultur zu erhalten und gleichzeitig Einnahmen für kommende Wahlkämpfe zu akquirieren, wurden seit 2007 jährlich drei bis vier Großveranstaltungen mit Reden und vor allem Rechts-Rock organisiert.

Zusammengefasst bedeutet das, dass die NPD in Thüringen bis zum Jahr 2014 die relevanteste und tonangebende extrem rechte Kraft war. Ihren FunktionärInnen gelang es, das „Vier-Säulen-Konzept" der NPD praktisch umzusetzen, wenngleich der „Kampf um die Straße" zunehmend als „Kampf" um die virtuelle Öffentlichkeit im Internet ausgetragen wurde und Infostände, Kundgebungen und Demonstrationen seltener angemeldet wurden.

Zur aktuellen Lage in Thüringen

Brüche

Die oben kurz dargestellte Vormachtstellung der NPD in Thüringen erodiert aktuell deutlich, nachdem es trotz zehnjähriger Unterstützung des Parteikurses wiederholt nicht gelungen war, einen Einzug in das Landesparlament zu erreichen. Zudem wuchsen im Neonazispektrum in den letzten Jahren Zweifel am Kurs der „seriösen Radikalität" der Bundespartei unter dem (mittlerweile die Partei verlassen habenden) Chef-Holger Apfel.

Insbesondere im Kerngebiet des früheren Thüringer Heimatschutzes (THS) in Ostthüringen organisierten sich Neonazis in parteifreien Zusammenschlüssen, oft unter dem Label „Freies Netz". Auch in anderen Teilen Thüringens sind mittlerweile wieder Gruppierungen jenseits der NPD aktiv. Beispiele hierfür sind das Bündnis Zukunft Hildburghausen (BZH), das Bündnis Zukunft Landkreis Gotha, die Aktionsgruppen Erfurt, Weimar und Nordhausen, Nationale Jugend Eisenach-Wartburgkreis oder die Brigade Werratal-Rennsteig.

Daneben bilden sich in Thüringen auch neue Parteistrukturen jenseits der NPD heraus. Im Jahr 2014 wurde zuerst im thüringischen Teil des Vogtlands der Einfluss der völkisch orientierten Kleinpartei Der III. Weg spürbar. Im Verlauf des Jahres stellte sich diese Partei beim FN[84] Saalfeld, beim FN Kahla und in Nordthüringen vor. Hierbei konnte auf langjährige Beziehungen von Funktionären des III. Wegs zurückgegriffen werden, die zuvor im verbotenen Freien Netz Süd in Bayern organisiert gewesen waren. Spätestens die Ankündigung des III. Wegs, seine bundesweit wichtige 1.-Mai-Demonstration im ostthüringischen Saalfeld durchzuführen, veranschaulicht, dass die NPD

84 Freies Netz (FN)

momentan keinen Führungsanspruch mehr gelten machen kann, ja sogar in die Defensive gedrängt wurde. Eilig hatte der Thüringer Landesverband der NPD eine eigene 1. Mai-Demonstration in Erfurt angemeldet, die jedoch mit 250 Teilnehmenden nicht nur deutlich hinter den eigenen Erwartungen zurückblieb, sondern auch gegenüber der Konkurrenzdemonstration in Saalfeld mit ca. 700 Teilnehmenden zurückfiel. Wenige Wochen danach gab Der III. Weg eine sogenannte Stützpunktgründung im Osten Thüringens bekannt.

Als dritte Partei bemüht sich die Partei Die Rechte um Anhängerschaft und Strukturen in Thüringen. Im Juli 2015 erfolgte auch hier die Gründung eines Landesverbandes. Im Landesvorstand sitzen zwei langjährig bekannte Neonazis, die schon sehr lange für eine deutliche Distanz zur thüringischen NPD standen. Im Landkreis Saalfeld-Rudolstadt und in Waltershausen (Landkreis Gotha) gründeten sich bereits Untergruppierungen.

Aktionsgruppen

Seit dem Jahr 2014 nimmt zudem die öffentliche Präsenz der „Europäischen Aktion" (EA) in Thüringen zu. VertreterInnen des Zusammenschlusses von HolocaustleugnerInnen, RassistInnen und AntisemitInnen hegen einen europaweitem Anspruch und treten mittlerweile häufig an die Öffentlichkeit. Führende Funktionäre wie der thüringische „Gebietsleiter" gehören zum Organisationskern der „Thüringen Gegen die Islamisierung des Abendlandes" (Thügida), dem momentan aktivsten Zusammenschluss im extrem rechten Spektrum in Thüringen.

Vor dem Hintergrund der im Laufe des Jahres 2015 immer stärker aufkommenden (bundesweiten) Asyldebatte entstanden diverse Bürgerinitiativen. Deren verbindendes Element ist die Ablehnung von Geflüchteten, das Verbreiten rassistischer Stereotype und oft frei erfundener Hetzgeschichten gegen Geflüchtete. Einige dieser Gruppierungen beschränken sich auf das Internet, andere organisieren regelmäßig wiederkehrende Kundgebungen und Demonstrationen.

Aus den im Januar 2015 als „Sügida" (Südthüringen gegen die Islamisierung des Abendlandes) gestarteten Demonstrationen in Suhl wurde im März Thügida, ein Netzwerk aus NPD- und BZH-Funktionären, Neonazis aus dem Spektrum der „freien Kräfte" und bisher unbekannten, extrem rechten AkteurInnen. Die Ausweitung des Aktionsraums auf ganz Thüringen führte dazu, dass sehr viele thüringische Städte mit solchen rassistischen Anti-Asyl-Protesten konfrontiert sind.

In allen skizzierten Gruppierungen treten neben diversen bekannten AktivistInnen der thüringischen extrem rechten Szene auch viele unbekannte, jüngere Personen in die Öffentlichkeit. Diese Jung-Funktionäre haben mit den Strukturen und Vernetzungen des alten Thüringer Heimatschutzes (THS) nichts mehr zu tun. Vielmehr sind sie

Ausdruck einer lokalen, informellen, nicht strategisch gesteuerten Nachwuchsgewinnung der extremen Rechten.

Verbindendes

Das oben benannte neue Organisationsnetzwerk Thügida hält die Szene trotz allen beobachtbaren Diversifizierungsbestrebungen der extremen Rechten in Thüringen weiterhin zusammen. In diesem Netzwerk arbeiten Neonazi-FunktionärInnen aus der NPD, dem BZH, der Partei Die Rechte, von der EA und AktivistInnen mehrerer rassistischer sogenannter Bürgerinitiativen, die besser als Thügida-Tarnstrukturen zu bezeichnen sind, arbeitsteilig zusammen. Sporadisch beteiligen sich auch Personen aus dem Umfeld des III. Wegs mit Redebeiträgen. Der Kern dieses Netzwerks umfasst ca. 25 Personen und organisierte im Verlauf des Jahres 2015 in ganz Thüringen zwischen einem und vier rassistischen Anti-Asyl-Protesten pro Woche. In Reden und auf Facebook wird immer wieder betont, dass man „in den Farben getrennt, aber in der Sache vereint" sei. Auch das Mobilisierungspotenzial wird durch das Zurückstehen der einzelnen Organisationsnamen zugunsten eines gesamtheitlichen „Thügida-Labels" gefördert. Die Aufmärsche haben durchschnittlich mehrere hundert DemonstrantInnen und sind von rassistisch-rechtsorientierten Teilnehmenden und erklärten Neonazis geprägt. Durch das „Wandern" der Aufmärsche und der jeweiligen Teilnehmenden aus dem lokalen bzw. regionalen Umfeld um den Demonstrationsort herum wird der rassistische, extrem rechte Anteil der thüringischen Bevölkerung sichtbar.

Konzert

GegendemonstrantInnen aus dem demokratischen Spektrum sind angesichts der Zahl der Aktivierten oftmals bestürzt. Allerdings haben die jährlichen repräsentativen Umfragen des Thüringen-Monitors[85] seit 2001 beständig eine große Zustimmung für rassistische Positionen belegt. Im Jahr 2015 gelingt es der untereinander vernetzten extrem rechten Szene allerdings, dieses Potenzial zu mobilisieren, woran in den zurückliegenden Jahren die NPD gescheitert war.

Durch die bereits oben erwähnten Großveranstaltungen, wie z.B. Rechts-Rock-Konzerte unter freiem Himmel im öffentlichen Raum sowie durch eine durchschnittliche Konzertfrequenz von 25 Rechts-Rock-Konzerten (HTTP://WWW.MOBIT.ORG/CHRONIK.HTM) pro Jahr kann Thüringen als ein Festival- und Erlebnisland der neonazistischen Subkultur bezeichnet werden. Die Konzerte haben neben ihrer Bedeutung als Vermittlungsinstanz für neonazistische Ideologie und Propaganda auch eine Vernetzungsfunktion. Hier treffen junge Szene-SympathisantInnen mit den älteren, fest in die Szene eingebundenen Neonazis zusammen und werden ideologisch und sozial eingebunden. Bedingt durch die ländliche Prägung Thüringens sind Rechts-Rock-Konzerte manchmal die am einfachsten zu erreichenden „Kultur"-Veranstaltungen.

85 HTTP://WWW.SOZIOLOGIE.UNI-JENA.DE/THUERINGEN_MONITOR.HTML

Der neonazistische Liederabend kann durchaus räumlich näher liegen als die Großraumdiskothek in der nächsten größeren Stadt. Damit erlangt der Rechts-Rock eine zentrale soziale Bedeutung für die thüringische extrem rechte Szene.

Reaktionen der Zivilgesellschaft, Programme, Maßnahmen

Das massiv gestiegene Demonstrationsaufkommen der extrem rechten Szene in Thüringen hält die demokratisch orientierte Zivilgesellschaft in ständigem Zugzwang. Engagierte in Aktions- bzw. Bürgerbündnissen beklagen in jüngster Zeit den reaktiven Charakter ihrer Tätigkeiten. Die Vorbereitung von Gegenaktivitäten oft binnen weniger Tage erlaubt weder durchdachte noch sonderlich kreative Protestformen. Meist reicht die Zeit lediglich zum Anmelden einer Gegendemo oder von Gegenkundgebungen, was samt öffentlichem Bewerben, Kooperationsgesprächen mit den Ordnungsbehörden und der Organisation des Programms sowie der Technik in wenigen Tagen erledigt sein muss. Zudem verbringen viele Engagierte viel Zeit in der aktuell wichtigen Arbeit mit den Geflüchteten. Sie sortieren Spenden, begleiten Geflüchtete zu Terminen oder geben Deutschkurse. Daneben bleibt keine Zeit für Proteste gegen die extreme Rechte. So gelingt es häufig nicht, eine ebenbürtige oder größere Anzahl an Teilnehmenden bei Gegenaktivitäten zu erreichen.

Andererseits ist zu beobachten, dass die Masse der rassistischen Aufmärsche auch bisher demonstrationsunerfahrene Menschen zu den Gegenprotesten zieht. Die große Bedeutung, die die Flüchtlingsdebatte in der bundesdeutschen Öffentlichkeit einnimmt, die mittlerweile zu einer erheblichen Polarisierung innerhalb der Bevölkerung geführt hat, führt zu einer stärkeren Positionierung und Politisierung der Menschen. Es wird diskutiert und ausgehandelt. In jedem Ort, in dem rassistisch motivierte Versammlungen angemeldet werden, finden sich Menschen, die diesen durch eigene Aktionen begegnen.

6.15 Anmerkungen zu den landesbezogenen Expertisen und Verfassungsschutzberichten

In Abfolge der zeitlich früher verfassten aktuellen Verfassungsschutzberichte und der nachfolgend zwischen August und Dezember 2015 eingehenden landesbezogenen Expertisen eskalieren in allen Bundesländern rechtspopulistische und rechtsextreme Positionierungen, Aufmärsche und Gewalttaten, die meist im Zusammenhang mit der wachsenden Zahl der nach Deutschland strömenden Flüchtenden stehen. Prognosen, inwieweit dies mittelfristig Rechtsextreme stärkt, sind spekulativ, aber plausibel. Bei der Bearbeitung dieses Berichts (im Mai 2016; die Verf.) hat der Rechtspopulismus einen weiteren Kulminationspunkt erreicht, der mit dem Einzug der AfD in die Landtage von Baden-Württemberg, Rheinland-Pfalz, Sachsen-Anhalt, Mecklenburg-Vorpommern und Berlin einhergeht.

Die NPD hat im letzten Jahrzehnt eine führende Rolle innerhalb des deutschlandweiten Rechtsextremismus eingenommen. Aktuell scheint sie diese flächendeckend zu verlieren, auch weil als Folge des erstarkenden Rechtspopulismus eigene Wahlerfolge ausbleiben, was wiederum die Finanzierung einer in der Fläche verankerten Infrastruktur beeinträchtigt.

Wie Expertinnen und Experten immer vermutet haben, führen Verbote von Vereinen und Kameradschaften, so begründet sie allesamt auch sein mögen, häufig nicht zu der intendierten Wirkung. Die handelnden AkteurInnen sind vielfach im Nu in anderen Aktionszusammenhängen aufgetaucht. Zunehmend spielen die beiden neuen rechtsextremen Parteien Der III. Weg und Die Rechte wichtige Rollen. Unterschiedlich stark in den einzelnen Bundesländern verankert, fungieren sie als Auffangbecken für verbotene Vereine und Kameradschaften. Es gibt ferner Spekulationen darüber, dass ihnen diese Funktion auch im Falle eines NPD-Verbots zukommt. Die aktiven Rechtsextremisten verfügen durch das Wirksamwerden des Parteienprivilegs rasch wieder über organisatorische Plattformen. Die Fähigkeit, dem verhassten Staat einerseits und seinen politischen Gegnern andererseits „die lange Nase zeigen zu können“, macht AkteurInnen und Organisationen auch für MitläuferInnen und noch nicht im Rechtsextremismus verankerte Personen attraktiv.

Der ländliche Raum ist vielerorts unverändert stark von Haltungen geprägt, die Anknüpfungspunkte zum Rechtsextremismus bieten. Dies äußert sich aktuell in ausgeprägten Abschottungsbedürfnissen, die mit Fremdenfeindlichkeit einhergehen. Auch wenn die Parteistrukturen der Rechtsextremen und der Rechtspopulisten mehrheitlich städtische sind, begünstigen die Rahmenbedingungen in prekären ländlichen Räumen – die unverändert vorwiegend in den neuen Bundesländern liegen – die Entfaltung rechtsextremer Erlebniswelten und parteiungebundener rechter Jugendkultur. Dies wird zusätzlich von jener qualitativen Verödung der Kinder- und Jugendmilieus begünstigt, die insbesondere die strukturschwachen, überalterten Dörfer erfasst hat (EX.: DIRK WILKING in diesem Band). Hinzu kommt, dass im „Kampf um die Gemeinwesen“ die Rolle von im rechtsextremen Milieu verankerten „Kümmerern“ und „netten Nachbarn von nebenan“ gerade im dörflichen Bereich besonders gut zur Wirkung kommen kann.

Im Vergleich zum Zeitpunkt der ersten BDL-Studie zum Rechtsextremismus wird in den aktuellen landesbezogenen Expertisen deutlich, dass es große Fortschritte bei der Entwicklung von Strukturen, Programmen, Projekten und Maßnahmen gegeben hat, die sowohl der akuten Intervention als auch der Entwicklung von nachhaltiger Rechtsextremismusprävention dienen. Auch der dörfliche Bereich und die dort anzutreffenden besonderen Bedingungen werden in den Blick genommen und somit zum Ausgangspunkt für vielfältige passgenaue und zunehmend effizientere Maßnahmen.

7 Die beschleunigte Modernisierung des Rechtsextremismus und deren Auswirkungen auf Jugendliche und junge Erwachsene

Der Rechtsextremismus ist nichts Statisches. Er verändert sich organisatorisch, personell und logistisch. Dies geschieht nicht linear, ist vielfach von Krisen und Brüchen begleitet (siehe: STAUD / RADKE 2014). Manchmal kann sogar von innovativen Momenten gesprochen werden. Rechte Gruppierungen haben in den 1990er Jahren das Internet früher und intensiver als andere für ihre Zwecke genutzt. Der für deutsche Gruppen attraktive „Casa Pound" versteht sich als „faschistische Kulturfabrik". Die AkteurInnen sind äußerst medienbewusst und vermeiden jede Aussage, die Bilder des alten brachialen Stiefelfaschismus aufkommen lassen (KOCH 2013, S. 23). Auch die für Jugendliche attraktiven kulturellen Ausformungen haben sich stark gewandelt. Die wieder in das Blickfeld geratenen „rechten Hooligans" sind zwar noch „old school". Gleiches gilt für die immer noch bedeutsamen Kameradschaften und die traditionellen Elemente der rechten Musikszene. Nicht mehr neu, aber bedeutsam sind die Autonomen Nationalisten. Daneben gibt es schwule Nazis, völkische Veganer, unter dem schwarzen Winkel (Lambda) auf orangenem Grund die „Identitären". Es gibt die „Freien Kräfte" und die „Unsterblichen", die mit ihren nächtlichen Spontandemos Verwirrung stiften und mit ihren Maskeraden an GlobalisierungsgegnerInnen erinnern.

Die vielfältigen sub- oder jugendkulturellen Ausdrucksformen zwingen die zivilgesellschaftlichen AkteurInnen immer wieder aufs Neue dazu, sich in der verwirrenden Vielfalt wechselnder Ausdrucksformen der Rechtsextremen zu orientieren.

7.1 Der europäische Motor der ästhetischen und kulturellen Modernisierung: Die Einflüsse des Casa Pound Italia

HEIKO KOCH (2013) leistet mit seiner gut recherchierten Schrift über den Casa Pound Italia (CPI) einen wertvollen Beitrag zur Identifizierung der Erneuerungen des europäischen Rechtsextremismus und dabei vor allem der Formen, die jene „Wütenden" ansprechen, die aufgrund der Krisen Europas von abgesicherten Lebensführungen ausgeschlossen sind oder in Gefahr geraten, an existenzielle Abgründe gedrängt zu werden. Dabei wird deutlich, dass der sich modernisierende Rechtsextremismus skrupellos Aktions- und Ausdrucksformen der Linken kopiert – so wie dies bereits in den frühen Stadien des deutschen und italienischen Faschismus der Fall gewesen ist. Die „faschistischen Piraten des 21. Jahrhunderts" werden geprägt von Einflüssen rechter Intellektueller, einer rechten Musikkultur, die – wie etwa die Kultband „ZetaZeroAlpha" – musikalisch dem traditionell linken Polit-Punk ähnelt. Man schafft ein Netzwerk, gemäß der Devise: nicht nur den Faschismus propagieren, sondern ihn im Alltag leben. Akteure der alten rechten Parteien und der Skinhead-Szene wurden unter den Einflüssen vielfältiger Kulturträger und Einzelpersonen in einen Prozess der Modernisierung eingebunden. Der Casa Pound ist die jüngste und derzeit attraktivste Strömung. Seine AnhängerInnen nennen sich mittlerweile „I Fascisti del terzo Millennio" – die Faschisten des dritten Jahrtausends. Fasziniert von den Aktionsformen der bereits in den 1990er-Jahren besetzten linken „Centri Sociali" und getragen durch den Traum von einer neuen Sozialbewegung von Rechts wurde 2003 in einem von MigrantInnen besetzten Stadtteil Roms ein leeres Mietshaus von Mitgliedern verschiedener rechtsradikaler Gruppierungen besetzt. Dieses erste rechte Zentrum, das in den nachfolgenden Jahren Modell für weitere Besetzungen von Rechts werden sollte, wurde nach dem amerikanischen Schriftsteller und Mussolini-Verehrer Ezra Pound benannt. Das Konzept sprach NationalrevolutionärInnen und TraditionsfaschistInnen an und wurde bald zum Ausgangspunkt eines neuen politischen, kulturellen und sozialen Netzwerks, das insbesondere für Jugendliche attraktiv ist. Die medienbewussten ProtagonistInnen wollen das Bild des alten Stiefelfaschismus nicht mehr aufkommen lassen: „Es ist eher der Jargon des hippen und smarten Turnschuhfaschismus eines noch jungen Mannes, der gerade von der Fußballtribüne seines Lieblingsvereins kommt, verantwortungsbewusst seinen kleinen Sohn ermahnt und in die Bürokleidung seiner Marketingfirma schlüpft."

Die ProtagonistInnen sehen sich in einem ständigen Kulturkampf. Ziel ist Hegemonie, ein „Gramscismus von Rechts". Man kopiert nicht nur die attraktiven Ausdrucksformen der Linken, recycelt nicht nur die unmodern gewordenen Begriffe des traditionellen Faschismus, sondern kreiert neue Begrifflichkeiten, Symbole und Mythen. Damit schafft man Gemeinschaftsgefühl, suggeriert neue, unverbrauchte Begriffe und erhöht sich zu den vermeintlichen Protagonisten von Exklusivität und Avantgarde. Man dockt schamlos an die Produkte der Linken und der Unterhaltungsbranche an. Comics, Graffiti und Street Art sind beliebte Stilmittel und zugleich Anleihen bei beliebten Jugendkulturen und deren Ausdrucksformen. Einfluss wird auch über Mode und stilistisches Auftreten genommen. Attraktiv ist eine Mischung aus Dandytum, englischem Tory-Tweed und antik drapiertem SS-Stil. Casa Pound versteht sich als Elite. Er ist Modell für den sich modernisierenden europäischen Rechtsextremismus. Auch die deutsche Neonazi-Szene, die mit veganen und autonomen Nationalisten, mit Rechts-Rock und frühen eigenen Kleider-Labels eine Zeitlang europäischer Vorreiter einer neuen rechten (Jugend)Kultur war, schaut und pilgert mittlerweile neidvoll nach Italien.

Europa

Die AkteurInnen des Casa Pound sind Meister der subversiven Provokation. Hierzu ein Beispiel. Für eine Präsentation im Rahmen einer Ringvorlesung (SIMON 2015 a) habe ich ein Bild ausgewählt. Man sieht darauf rund 100 Menschen, die sich auf einer Freifläche vor einem faschistischen Zentrum drängen. Am Haus ist der bekannte Schriftzug „Casa Pound“ angebracht. Es sind unauffällig gekleidete Männer und Frauen im Alter zwischen dreißig und fünfzig. Merkwürdig sind zwei Dinge. Alle tragen dunkle Sonnenbrillen. Und quer in ihren Mündern halten sie frische langstielige Rosen. Ein verwirrendes Bild. Seine Bedeutung bleibt mir erst einmal verschlossen. Fachliteratur, befragte Experten und das Internet helfen nicht weiter. Ich verwende das Bild, um das Haus und die „Unauffälligen“ zu visualisieren und erkläre auch, dass sich mir die Bedeutung der „Roseinbocca“ genannten Aktion nicht erschloss.

Nach dem Vortrag kommt eine Besucherin nach vorne, die zwischenzeitlich einer befreundeten italienischen Expertin eine Mail geschrieben hat. Diese erklärt, dass die gewaltlos wirkende skurrile Aktion einem Neofaschisten gewidmet wurde, der auf einem Markt in Florenz zwei Senegalesen ermordet hat. Man spielt mit der Inszenierung auf die schwarze Rose „Senegal“ an, eine bei Gartenbesitzern beliebte Kletterrose, und huldigt dem Attentäter mit 100 roten Rosen.

In diesem Beispiel wird ein typisches Gestaltungsprinzip deutlich, das generell für den modernisierten, für junge Menschen attraktiv(er)en Rechtsextremismus gilt: Seine Provokationen sind nicht mehr nur grobschlächtig (Hitlergruß, ausländerfeindliches Gegröle) sondern höchst filigran; nicht für jedermann, sondern nur für „Zugehörige“, „Erlesene“ zu entschlüsseln und zudem nicht ohne weiteres mit den klassischen Instrumenten der Strafverfolgung zu ahnden bzw. zu unterbinden.

7.2 Weitere „Modernisierer“ des Rechtsextremismus

Parteien

Auf die Veränderung des Parteienspektrums wurde ausführlich im Kapitel 6 eingegangen. Die beiden Kleinparteien Die Rechte und III. Weg sind ausgesprochen bewegungsorientiert. Beide stehen begründet im Verdacht, einerseits als Sammelbecken versprengter „freier Kräfte" zu dienen, andererseits werden sie offen als mögliche Auffangbecken für den Fall eines erfolgreichen NPD-Verbotsverfahrens gehandelt.

In ihrer Programmatik im Verhältnis zur NPD eher gemäßigt, stehen Verantwortliche beider Parteien derzeit als radikale und gewaltfixierte Akteure im Mittelpunkt der gewaltsamen Auseinandersetzungen im Zusammenhang mit der Unterbringung von Flüchtlingen.

Lange Zeit schien die Identitäre Bewegung Deutschland (IBD), häufig verkürzt „Identitäre" genannt, eher ein loser Verbund von Einzelpersonen oder kleinen Gruppen zu sein, die vor allem mit intellektuellem Gehabe im Internet aktiv waren. Vereinzelt konnten Gruppen identifiziert werden, die bislang außerhalb des klassischen rechtsextremen Spektrums standen, wie etwa der „Ellwanger Kreis" (SCHWÄBISCHE POST, 30.8.2013), eine Gruppe junger Leute, die sich auf verschiedenen Spielwiesen als Rechtsextremisten „ausprobierte". Meist handelt es sich dabei um junge Männer, im Erscheinungsbild eher studentisch als offen rechtsextrem.

Provokation

Die „Identitäre Bewegung in Schwaben" lädt halbjährlich zu einem „Aktivistenwochenende" ein. Es dient „vorrangig der geistigen und körperlichen Ertüchtigung"[86], sie wollen nicht „rechts" genannt werden, agieren aber offen islamfeindlich und wollen (so der Facebook-Auftritt der Identitären Bewegung Rottweil) „dem Asylwahnsinn eine Ende machen".[87]

Die IBD ist ein Ableger der einige Jahre zuvor in Österreich gegründeten „Identitären Bewegung". Sie verstehen sich als „Elite", sind eindeutig Teil des „diskursorientierten Rechtsextremismus", der andere Protagonisten der rechtsextremen Szene durch seinen „an moderner Jugendkultur orientierten Ansatz" inspiriert.[88] Die aktivistische Gemeinschaft ist mit einem Teil der rechtsextremen Burschenschaften verzahnt und wird der „Neuen Rechten" zugeordnet.[89] Deren Konzept der „ethnokulturellen Identität" wendet sich massiv gegen Rassenmischung. In ihren Internetauftritten sowie den wenigen öffentlichen Aktionen umweht die Aktivisten der „Identitären Bewegung" eine dottergelbe Fahne mit aufgedrucktem Lambda in schwarzem Kreis. Der elfte Buchstabe des griechischen Alphabets war Schildmotiv der spartanischen Hopliten. Die Anspielung bezieht sich auf die kleine elitäre Minderheit, die im 5. Jahrhundert vor Christus „sich selbst opfernd" gegen die Invasion der Perser antrat. In ihrer Bildsprache auf Facebook und YouTube stellen Identitäre gelegentlich einen Bezug zu dem 2007 uraufgeführten Film „300" her, einem Kriegsepos, in dem 300 Spartiaten bei Ther-

86 WWW.IDENTITAERE -BEWEGUNG.DE, Zugriff am 15.12.2015
87 DE-DE.FACEBOOK.COM/ IDENTITAERESCHWABEN/POSTS, Zugriff vom 15.12.2015
88 HTTPS://BURSCHENSCHAFTERPACKTAUS.WORDPRESS.COM, Zugriff am 15.12.2015
89 NIEDERSÄCHSISCHES MINISTERIUM FÜR INNERES UND SPORT 2015, S. 53

mopylen einem vielfach überlegenen persischen Heer gegenübertreten, um schließlich das „höchste aller Lebensziele“ zu erreichen: „Im Krieg als freier Spartiat zu fallen“.

NS Straight Edge

Schon 2009 haben wir auf das Randphänomen des NS Straight Edge verwiesen (BUND DER DEUTSCHEN LANDJUGEND 2009, S. 74): „*Die aus dem Punk derivierte Jugendkultur «Straight Edge» («Kein Sex, keine Drogen, kein Alkohol, keine Zigaretten, kein Fleisch...»), deren Hardcore-Musik (bekannteste Bands: «Gorilla Biscuits», «Youth of Today») einen Gegenpol zu den «destruktiven» Punk-Botschaften bilden sollte, speist sich eher aus humanistisch-ökologischen Ideologieversatzstücken. Eine Minderheit verbindet ihre Suche nach Askese mit Anleihen aus der Religion, wie in dem – heute weitgehend bedeutungslosen – «Krishna-Core». Problematischer sind neuere Strömungen, die sich an einem biozentristischen Weltbild ausrichten und dabei die traditionelle Drogenfeindschaft mit militantem Veganismus, Abtreibungsgegnerschaft und Schwulenfeindlichkeit verbinden. Hier können nun Vertreter eines NS Straight Edge anknüpfen.*“

Die nicht sehr zahlreichen „Außenseiter unter den Außenseitern“ sind unverändert in Deutschland, mittlerweile mehr noch in anderen europäischen Ländern vertreten (Ungarn, Frankreich, Russland). Über die russische Subströmung „Hate Edge“ wurden Beziehungen zu deutschen Hatecore Bands, etwa „Brainwash“, „Moshpit“ und „Path of Resistance“ geknüpft. Damit ist die eindeutige Gewaltbefürwortung der rechtsextremen Puristen angedeutet. Ihre militante Drogenfeindschaft mündet gelegentlich in Mordaufrufe gegen reale oder auch nur vermeintliche Drogendealer. Im Facebook-Auftritt des NS Straight Edge France (deutschsprachiger Untertitel: „Gemeinschaft“), findet sich ein Aufklebermotiv mit eindeutiger Botschaft. Von einem halb aufgeklappten Rasiermesser tropft Blut. Der Text: „Hospitalise Your Lokal Drug Dealer“. Dahinter steckt auch der für den NS Straight Edge typische Antisemitismus. Für den weltweiten Drogenhandel werden einmal mehr die „Nasen“ (wie Juden verächtlich bezeichnet werden) verantwortlich gemacht (KUHN 2010).

Nipster

Es ist nicht ganz klar, ob das seit kurzem vieldiskutierte Auftreten von „Nipstern“ mittel- oder langfristig zu einer relevanten Strömung interhalb des deutschen und europäischen Rechtsextremismus führen wird. „Wenn sich der Nazi mit dem Hipster trifft, entsteht der Nipster“ schreibt „DIE WELT“ (24.08.2014). Dass es sich bei „Nipstern“ zumindest zahlenmäßig noch nicht um ein bedeutsames Phänomen handelt, wird daran deutlich, dass alle, ob „WELT“ (ebenda), „TAGESSPIEGEL“ (07.09.2014) oder seriöse Rechercheportale (WWW.NETZ-GEGEN-NAZIS.DE, Zugriff 16.12.2015) und Blogs (BLOG.ZEIT.DE/STOERUNGSMELDER, Zugriff am 16.12.2015) in ihrem Bildmaterial auf das Foto eines jungen Mannes zurückgreifen, der am 16. Januar 2014 beim schon traditionellen Naziaufmarsch in Magdeburg im Hipsterlook mit hipstertypischem Jutebeutel aufgetreten ist. Der Beutel trug den im Kontext der stets gewaltgeprägt verlaufenden Demonstration skurril wirkenden Aufdruck: „Bitte nicht schubsen, ich habe einen Joghurt im Beutel".

Dieser „Nipster" fand samt Beutel seinen Weg über die „Tageszeitung" („taz" / 20.01.2014) in den „Rolling Stone", der den deutschen „Nipstern" in seiner internationalen Ausgabe eine mehrseitige Reportage widmete (T. Rogers in: „Rolling Stone", 23.6.2014).

Kein Zweifel: Es wird im Spektrum der dezidiert unmodisch auftretenden Konsumverweigerer auch etliche Rechtsextreme geben. Sie sind zumindest derzeit lediglich deshalb beachtenswert, weil mit ihnen dokumentiert ist, dass sich die alte Jugendkultur des „Stiefelfaschismus" in vielfältiger Weise diversifiziert hat und der Rechtsextremismus auch in Sub- und Jugendkulturen zu finden ist, die sich mehrheitlich davon entschieden abgrenzen.

Vegane Nazis

Die popkulturelle Groteske findet ihre Fortsetzung mit den ebenfalls zahlenmäßig nicht sehr häufig anzutreffenden „veganen Nazis": „Kauft keine Coca-Cola-, Nestlé- und Israel-Wixxe". Ein inhaltlicher Bezug wird von diesen gelegentlich zu Adolf Hitler hergestellt. Seine bekanntermaßen fleischlose Ernährungsweise wird zum Veganismus überhöht.

Eine dieser sich lebensweltnah und zeitgemäß inszenierenden Gruppierungen sind die Neonazis der „Balaclava"-Küche. Sie benennt sich nach der „Balaclava" genannten Sturmhaube. Mit solchen sind auch zwei junge Männer maskiert, die seit 2014 über Youtube und auf Facebook ihre veganen Kochversuche präsentieren. Sie grüßen mit „identitärem Gruß" – ein Hinweis auf die Zugehörigkeit oder die Nähe zur „Identitären Bewegung" – und verbinden vor der Kamera albernes Jungenverhalten mit veganem Kochen und rechtsextremen Provokationen.[90] Ähnliches wird auch auf der neonazistischen Website „Wacht am Rhein" präsentiert.

Deutsche Hilfe für deutsche Obdachlose

Ein Mitarbeiter der „Treberhilfe Dresden" äußerste sich im November 2015 irritiert über kleiderspendende Bürgerinnen und Bürger, die beim Versuch, ihre Kleiderspende abzugeben, darauf bestanden, dass die gespendeten Dinge nicht an Flüchtlinge, sondern an „verarmte deutsche Bürger" gehen. Dahinter steht ein „Deutsches Hilfswerk", das u.a. mit dem rechtsextremen „Zentralversand" in Beziehung steht, über den u.a. T-Shirts mit dem Aufdruck: „Todesstrafe für Kinderschänder – 0% Rückfallquote" vertrieben werden.

90 Vgl.: https://www.facebook.com/balaclavakueche/, Zugriff vom 04.11.2015

Das „Deutsche Hilfswerk“ lässt dazu verlauten: „Da in den Medien immer nur der Aufruf zur Spende für Flüchtlinge zu lesen ist, sehen wir uns in der Pflicht, den deutschen Obdachlosen zu helfen“ (WWW.ZENTRALVERSAND.INFO, Zugriff am 30.11.2015). Spenden können über eine bundesweite sowie drei landesbezogene Mailadressen angemeldet werden. Zur weiteren Unterstützung und Bewerbung werden T-Shirts mit dem Aufdruck „Volkstreue Obdachlosenhilfe“ hergestellt und verwendet.

7.3 Kleidung und Symbole

Die alten, brachial wirkenden Kleidungsstile der Rechtsextremen existieren noch. Aber allein seit der Veröffentlichung der ersten Landjugendstudie (2009) vollzog sich ein solch dynamischer Prozess der Erweiterung von Angeboten, Labeln, Vertrieben und Accessoires, dass hier nur exemplarische Darstellungen vorgenommen werden können und ansonsten auf die angegebenen Quellen und den Materialteil verwiesen werden muss.

Wer heute in Springerstiefeln und Bomberjacke daherkommt, trägt entweder bewusst „old school“, rettet die alten Klamotten des sehr viel älteren Bruders oder gar bereits des Vaters vor dem Kleidersack oder hat schon den Anschluss verloren. Am ehesten kleiden sich ältere Skinheadgruppen „traditionell“. Offen getragene faschistische Zeichen findet man auch unter Hooligans. In Bremen hat sich kürzlich eine der ältesten rechtsextremen Hooligangruppen aufgelöst. Man vermutet, dass die „Standarte Bremen“, die neben dem Gruppenlogo den Schriftzug „Blut und Ehre“ – die Losung der Hitlerjugend – angebracht hatte („WESERKURIER“ vom 26.1.2015), mit ihrer Selbstauflösung die Konsequenz aus einem abschließenden Bundesgerichtshof-Urteil zog, wonach einschlägig in Erscheinung getretene Hooligan-Gruppen als kriminelle Vereinigungen angesehen werden können. Zeitgleich und wohl aus ähnlichen Gründen hat sich auch der berüchtigte „Nordsturm Brema“ aufgelöst, dessen Mitglieder mit offen zur Schau gestellten Hakenkreuzen auf der „Kampfbekleidung“ noch heute im Internet posieren. Die Kontroverse über Lonsdale-Kleidung ist beendet. Die Firma hat sich mit aufwendigen Werbekampagnen und gezielter Unterstützung antirassistischer Initiativen so deutlich von den Neonazis distanziert, dass diese sich grummelnd von der Marke abwandten. Die Firmen-Kampagne „Lonsdale loves all Colours“ mündet in den Satz: „Eine Marke, die ein Mensch wie Muhammad Ali getragen hatte, darf nicht zum Erkennungszeichen von Faschisten werden.“[91]

Die in Königs Wusterhausen ansässige Firma „Erik and Sons“, die E&S-Produkte und „Consdaple“-Kleidung vertreibt, arbeitet bei letzterer bewusst mit einem Schein-

---

91 WWW.LONDSDALE.DE/GESCHICHTE/REBIRTH-WIE-LONDSDALE-DIE-NAZIS-LOS-WURDE, Zugriff vom 17.11.2015 anglizismus. Das englische Wort Constaple wird so verändert, dass – wenn z.B. ein T-Shirt bei offener Jacke getragen wird – die Buchstabenfolge NSDAP sichtbar wird. Nachdem Lonsdale in der NS-Szene „unbrauchbar“ geworden ist, greifen Neonazis gerne auf „Consdaple“ zurück. „Eric and Sons“ produziert und vertreibt auch unter eigenem Namen neben eher sportlicher Kleidung solche mit starken Anlehnungen an NS-Symbolik.

Ursprünglich ebenfalls in Königs Wusterhausen beheimatet war die NS-Kleidermarke „Thor Steinar“, die mittlerweile zur MediaTex GmbH mit Sitz in Mittenwalde gehört. „Thor Steinar“ hat mehrere eigene Läden in Deutschland (z.B. in Hamburg, Essen, Schwerin, Halle; Ende 2015 schloss die Rostocker Niederlassung mit einem „Räumungsverkauf“), aber auch in England, Italien, Kroatien, Finnland, Schweden, Tschechien, der Ukraine sowie rund 20 Niederlassungen in Russland, ferner Versande in Frankreich, Dänemark und den Niederlanden. „Thor Steinar“ bedient die Kundschaft mit völkischer Symbolik und sportlicher Kleidung des „modernen rechtsextremen Lifestyles“.

Einen eindeutig rechtsextremen Hintergrund hat die in Dresden ansässige Kleidermarke „Greifvogel Wear“. Unter dem Motto „Kampf war schon immer der Vater aller Dinge“ werden z.B. „Blut und Eisen“-T-Shirts vertrieben.

„Ansgar Aryan“ (aus dem oberpfälzischen Mantel) stellt ebenfalls einen deutlich sichtbaren Bezug zum Nationalsozialismus bzw. zu den gängigen Motiven der Rechtsextremen her. Die Firma tritt regelmäßig im In- und Ausland als Sponsor rechtsextremer Konzerte auf.[92]

Marken wie „Erik and Sons“ oder „Ansgar Aryan“ nutzen gezielt Aussagen, Mythen und Symbole der germanischen Kultur, um den Bezug zu Wikingern und Germanen herauszustellen und damit zu suggerieren, dass diese Stämme die arischen Ursprünge der deutschen Bevölkerung sind. Die Botschaften werden in die alten Zeichen wie z.B. die verschiedenartigen keltischen Knoten eingebunden, um nicht auf den ersten Blick offensichtlich zu sein.

Der Odin Versand vertreibt Shirts mit den Motiven „Hate Combat“, „Hatedance“ und – welch doppeldeutiges Wortspiel – „Gassenhauer“.

Vordergründig für Kampfsportler gedacht, in Wirklichkeit aber auch gerne von Rechtsextremen und Hooligans getragen werden „Fightwear-Produkte“ wie z.B. „Gladiator Fightwear“ aus Memmingen oder „Yakuza“ aus Bautzen. Auf mehreren Blogs und Seiten der Rechtsextremen wirbt „Khun Pon“. Ganz offen spricht dagegen die in Walderbach (Bayern) ansässige Marke „Walhall Athletik“ die Neonazi-Szene an.

Andere Marken wie zum Beispiel „Rizit“ werden auch von nichtrechten Jugendlichen, etwa in der HipHop-Szene, getragen. Im Sortiment finden sich aber Motive und Schriftzüge rechter Jugendkultur. Andere Marken wie „Masterrace“ oder „Outlaw“ wollen ohne Umschweife eindeutige Botschaften sichtbar werden lassen. Diese Klei-

---

92 ANSGARARYAN.COM/SPONSORING, Zugriff vom 28.11.2015

dung unterstützt mit ihren Aufschriften Gewalt und Hass gegen Ausländer und andere Gruppierungen.

„Troublemaker“ ist eine Marke, die nicht nur von Rechtsradikalen getragen wird, sondern auch von Punks, Hooligans oder in der Hardcore-Szene.

Symbolik

Ganz offen mit dem europäischen Rechtsextremismus in Beziehung steht die in Russland beheimatete Kampfsportmodemarke „White Rex“, die „Marke für die weißen Völker Europas“. Das Unternehmen vertreibt seine Produkte auch in Deutschland und tritt als Sponsor auf.

Die Sportkleidung der Marke „Fred Perry“ wird immer aufgrund des als Logo verwendeten Lorbeerkranzes traditionell in der Skinheadszene getragen und dies, obwohl der aus der englischen Arbeiterklasse stammende erfolgreiche Tennisspieler Perry Jude war.

Doch es geht auch wesentlich subtiler. HEIKO KOCH (2015) berichtet über die Gründung der Modemarke „Pivert“ (Grünspecht), die aktuell mit großem Promotionsaufwand von Akteuren des Casa Pound Italia auf den Markt gebracht wird. Fern aller brachialen NS-, Germanen- und Gewaltbezüge wird „sportliche Herrenmode für jedermann“ gemacht. Und dennoch: Unverhohlen wirbt man mit imposanten Gebäuden der Mussolini-Architektur.

Über das vielfältige Kleidungsangebot werden auch zahlreiche Botschaften, Logos, Zeichen und Parolen transportiert. Dabei ist das Spektrum der Ausdrucksformen vielfältig geworden. Neben Primitivem steht Subtiles. Manchmal wird der „Humor“ der Rechtsextremen deutlich, wie z.B. auf T-Shirts mit der Aufschrift: „Lieber Kernkraft als Flüchtlingsstrom“. Viele Labels verwenden Keltenkreuze, Thorhammer (Mjölnir) und Runen in überlieferter oder abgewandelter Form.

Seit Jahrzehnten sind Zahlencodes ein beliebtes Mittel, um Botschaften und Aussagen zu verschlüsseln. Ursprünglich verstanden nur Eingeweihte deren Bedeutung. Sowohl ExpertInnen als auch nichtrechte Jugendliche wissen mittlerweile viele dieser Codes zu deuten. Ein bekanntes Beispiel ist die Zahl 88. Mit der Ziffer ist der Rang des jeweiligen Buchstabens im Alphabet gemeint: 88 = HH, was für „Heil Hitler“ steht. Andere bekannte und beliebte Zahlencodes sind:

18	=	AH	=	Adolf Hitler
28	=	BH	=	Blood and Honour[93]
74	=	GD	=	Großdeutschland
124	=	ABD	=	Ausländerbefreites Deutschland
198	=	SH	=	Sieg Heil
1919	=	SS		

93 „Blood and Honour“: ein in Deutschland seit 2000 verbotenes neonazistisches Netzwerk rechtsextremer Musiker, Bands und Veranstalter. In anderen europäischen Ländern ist es legal. In England wird ein gleichnamiges Magazin produziert und das „28 Radio“ betrieben.

Andere Zahlencodes beziehen sich auf das Datum eines bestimmten Ereignisses, wie 4/20, die amerikanische Schreibweise von Hitlers Geburtstag, die Zahl 14 oder „14 Words". Damit ist die Aussage des US-Neonazis David Eden Lane gemeint: „We must secure the existence of our people and a future for white children" („Wir müssen die Existenz unseres Volkes und die Zukunft weißer Kinder schützen").

Daraus leiten sich immer weitere Zahlen- und Kürzelspielereien ab. Ein Beispiel hierfür ist die Zahl 1488. Sie kombiniert den Verweis auf die „14 words" mit der Zahl 88.

Zahlencodes ersetzen gelegentlich verbotene Zeichen. Nachdem das OLG (Oberlandesgericht) Karlsruhe[94] in der Kombination ACAB („All Cops Are Bastards") eine Beleidigung von Polizisten gesehen hatte, lösten Schriftzüge mit der Zahlenkombination 1312 die alte Buchstabenfolge ab. Neben den Zahlencodes werden auch Akronyme verwendet, um Aussagen in wortbildenden Buchstabenkombinationen zu verschleiern:

W.O.T.A.N = Will of the Aryan
WAR = White Aryan Resistance
WAW = Weißer arischer Widerstand.

Diese Codes und Akronyme werden vermehrt auf Kleider gedruckt und sind bei Demonstrationen und öffentlichen Versammlungen zu sehen.

7.4 Magazine und Blogs

Parolen

Rechtsextreme nutzen zunehmend soziale Netzwerke wie Facebook, Twitter oder Youtube, um ihr Gedankengut zu verbreiten. Aufgrund der hohen Reichweite und der Möglichkeit, Inhalte schnell weiterleiten zu können, laufen die sozialen Netzwerke den Websites zunehmend den Rang ab. Besonders weite Verbreitung und Zustimmung finden rechtsextreme Inhalte, wenn sie an aktuelle politische Debatten anknüpfen (JUGENDSCHUTZ.NET 2015, S. 3). Provokativ, gut inszeniert und selbstbewusst auftretend stellt die Identitäre Bewegung ein gutes Exempel dar. Die Identitären sind die erste rechtsextreme Bewegung, die vorrangig über ihre Medienpräsenz wahrgenommen wird. Indem sie reale soziale Missstände in Deutschland und Europa anspricht, bedient die Identitären-Bewegung bestehende Ängste. Sie präsentiert sich als Aktivist, der eine Lösung für die deutschen Probleme gefunden hat.

In jüngster Zeit war es den Rechten ein Leichtes, AsylbewerberInnen und Muslime zu Feindbildern zu machen. Facebook-Seiten wie „Nein zum Heim" oder „Anti-Islamisierung" sind Beispiele für die Agitation gegen diese Personengruppen. Letztere wurde vom Netz genommen. Dort waren Videos zu sehen, in denen Menschen von

94 Beschluss vom 20. Mai 2014 1 (8) Ss 678/13-AK 15/14

IS-Kämpfern brutal gefoltert oder umgebracht wurden. Dieses Material war meist aus dem Kontext gerissen und wurde dafür benutzt, die „wahre Identität“ von Muslimen zu beweisen (ebenda, S.7 f). Traditionelles Feindbild sind unverändert die Juden. Die aktuelle anti-jüdische Propaganda weist vorrangig auf den Nahost-Konflikt. Auf Seiten wie „Israel mordet“ wird unter dem Deckmantel politischer Aufklärung Antisemitismus verbreitet.[95] Unverändert stark im Netz vertreten sind alte und neue antijüdische Verschwörungstheorien. Unverändert werden auch Homosexuelle, Sinti und Roma und „Linke“ zu Zielen internetgestützter Gewalt- und Mordphantasien.

Seit der Veröffentlichung der ersten Studie des Bundes der Deutschen Landjugend zum Rechtsextremismus in den ländlichen Räumen hat sich die Zahl der internetgestützten Medien vervielfacht. In deren Erscheinungsjahr wurden 1.800 rechtsextreme Websites beobachtet (WWW.NETZ-GEGEN-NAZIS.DE vom 14.8.2009). Schon zwei Jahre später hat sich die Anzahl auf 3.700 rechtsextreme Webangebote verdoppelt (JUGENDSCHUTZ.NET 2012). Und wiederum nur zwei Jahre später konnten mehr als 6.100 rechtsextreme Webangebote festgestellt werden (JUGENDSCHUTZ.NET 2015, S. 19). Während ein Teil davon entweder den verschiedenen rechtsextremen und rechtspopulistischen Parteien nahesteht (z.B. die Netzseite der NPD-nahen deutsche-stimme.de) oder wie z.B. der „Trutzgauer Bote“ ganz offen den Nationalsozialismus verherrlicht, versuchen andere, ihre rechtsextreme Ausrichtung zu verschleiern. Die wohl wichtigste Plattform, „Politically Incorrect“ (PI), will „News gegen den Mainstream“ machen und bezeichnet sich dabei als „proamerikanisch“ und „proisraelisch“. Im „Kampf gegen die Islamisierung Europas“ wirbt sie regelmäßig für die „Abendspaziergänge“ der Pegida sowie die Veranstaltungen ihrer Ableger in anderen Städten. Weil es auch ein bisschen lustig zugehen soll, kann man über die Homepage zu einem „Willkommenskulturtest“ gelangen, dessen Ergebnis über Facebook oder Twitter kommuniziert werden kann.

Über den Heilbronner Rechtsaußen-Publizisten Karl-Heinz Merkle, der seine Hasstiraden gegen den Islam gelegentlich unter dem Pseudonym „Michael Mannheimer“ verfasst, wird die Brücke zu dem Internetpranger „Nürnberg 2.0“ geschlagen. Gegnern wird ein „neuer Nürnberger Kriegsverbrecherprozess“ angedroht (WIKI.ARTIKEL20.COM, auch: DE.INDYMEDIA.ORG, Zugriff jeweils am 20.11.2015).

Ein Ableger der sich intellektuell gerierenden neurechten Zeitschrift „Sezession“ ist das vorwiegend von Götz Kubitschek betriebene Netztagebuch „Sezession im Netz“.

Im Spektrum der neurechten Magazine und Internetauftritte bemüht sich die „Blaue Narzisse“ um einen akademischen Anstrich und gibt sich mit dem Träger „Verein Journalismus und Jugendkultur Chemnitz e.V.“ betont unauffällig. Vorsitzender ist Felix Menzel, ein Ex-Burschenschaftler. Er gilt als Teil der „Bewegungselite“ der „Identitären Bewegung“ in Deutschland (HENTGES / KÖKGIRAN / NOTTBOHM 2014, S. 13). Die Zeitschrift „Compact“ erscheint als Hochglanzpostille. Mittlerweile werden 30.000 Exemplare einer Ausgabe verkauft. In ihr sowie in der Online-Ausgabe www.

95 HTTPS://WWW.FACEBOOK.COM/ISRAELMORDET/?FREF=TS, Zugriff vom 04.11.2015

compactonline.de spielen sich der von der extremen Linken zur Rechten gewanderte vormalige „Konkret"-Journalist Jürgen Elsässer, Pegida und andere Rechtspopulisten in elaborierter Sprache die Propagandabrocken zu.

Die Nähe zu der skurril-rechtsextremen Kleinpartei „Die Reichsbürger" wird regelmäßig auf dem Weblog „derhonigmannsagt.wordpress.com" deutlich. Über Youtube sind täglich „Die Honigmann-Nachrichten" zu sehen. Über die zugehörige Homepage können auch diverse Honigprodukte bestellt werden.

„Kopp online" ist ein Internetangebot des Rottenburger Kopp-Verlages. Viele kennen den Verlag durch seine regelmäßige mehrseitige Werbung in Fernsehzeitungen, in der für krude „Gesundheitsbücher" geworben wird.[96] Weniger bekannt ist dessen weiteres Buchsegment. In diesem kommt es vor allem zur Verbreitung von Verschwörungstheorien mit demokratiefeindlichen, antisemitischen, rassistischen und sexistischen Bezügen (NETZ-GEGEN-NAZIS, Zugriff vom 20.11.2015).

Ebenfalls im Feld des verschwörungstheoretisch unterlegten Rechtsextremismus angelegt ist der Blog „lupo cattivo". Mit klar antisemitischer, auf Geschichtsrevisionismus ausgerichteter Linie bewegt er sich in vielen Beiträgen im Nebulösen, deutet an und stoppt dabei stets haarscharf vor der Grenze zu strafrechtlich sanktionierbaren Aussagen, feiert die Holocaustleugnerin Ursula Haverbeck, ohne selbst den Holocaust leugnen zu müssen[97]. Verlinkt ist dieser Blog mit rund 40 anderen Blogs und Websites.

Nachfolgend werden Beispiele aufgrund ihrer Besonderheiten herausgestellt: Die offen fremdenfeindliche „Alpenschau" umrankt ihre rassistischen Kommentierungen mit sonnigen Alpenpanoramen, bewirbt sowohl die Skandalschriften von Akif Pirinçci als auch Tourismusorte in Tirol, Slowenien – und hat geschaltete Werbung, deren Spektrum von völkischem Schrifttum über „Fightwear" und zweifelhafte „Überlebens- und Gesundheitsprodukte" bis zu Angeboten der Deutschen Bahn reicht.

„Die Einfachste Umgehung Rechtlichen Unfugs" (DEURU) ist zum einen eine Art Rechtsberatung mit deutlich fremdenfeindlichen Einfärbungen. Der Blog setzt sich ein für „Meinungsfreiheit im Internet", womit die ungehinderte Verbreitung rechtsextremer, volksverhetzender Inhalte gemeint ist. Zum anderen wird folgender Service angeboten:

„Nach Ihrer Anmeldung erhalten Sie von uns ein Impressum aus Südamerika und wir übernehmen in diesem Moment die Verantwortung für Ihren Webauftritt. Das Ganze wird durch einen mündlichen Vertrag in Form einer monatlichen Zahlung … abgesichert. Sie können sich dann immer darauf berufen, dass Sie die Verantwortung an uns ausgelagert haben. Da für uns die Bestimmungen des § 5 Telemediengesetz TMG nicht gelten, kann uns auch kein Anwalt belangen."[98]

96 mit Titeln wie „Heilung des Unheilbaren", „Wie Sie Ihre Selbstheilungskräfte aktivieren" oder „Wunderwurzel Kurkuma"

97 LUPOCATTIVOBLOG.COM, Zugriff vom 18.11.2015

98 WWW.DEURU.COM/WIE-FUNKTIONIERT UNSER SERVICE, Zugriff vom 19.11.2015

Über de.gravatar.com/unbequemewahrheit/ erreicht man diverse Blogs der extremen Rechten[99] und erhält auch Anweisungen zur technischen Installation von Gravatar[100]-URLs, Gravatar-Bildern und Gravatar-Profilen über „ApIs". Letztere erfordern keine Authentifizierung und weisen Wege für Implementierungen, die ein nicht identifizierbares Surfen im Netz ermöglichen.

Die „Kompakt-Nachrichten" werben im Untertitel: „Wir sprechen Deutsch". Herausgeber ist der Nationale Bildungskreis", der vorgibt, eine Hauptverwaltung in Großbritannien zu haben. Als „Direktor" firmiert der frühere Magdeburger Politologiestudent und NPD-Stadtrat Matthias Gärtner.

„Widerstand.Info" besteht seit 2002 und versteht sich als Plattform der freien Kräfte und der Kameradschaften. Diese betreiben z.T. eigene Blogs und Websites, häufig – nicht nur inhaltlich – minderer Qualität.

Über den Web-Auftritt des „Antisem Versands" gelangt man auch zum „Tremonia Podcast", der im Logo die gekreuzten Hämmer der in Deutschland verbotenen „Hammer-Skins" führt. Über diesen Podcast können technisch hochwertige Hörsendungen zu aktuellen Themen abgerufen werden.

Im oberpfälzischen Mantel hat der NPD-Funktionär eine Online-Sendung FSN.TV[101], mit Stream- und Hörfunkanteilen ausgestrahlt. Vorübergehend wurden die Ausstrahlungen von der Bayerischen Landeszentrale für neue Medien im September 2014 verboten (CRUZCAMPO 2014). Mittlerweile ist der Sender mit dem Namenszusatz „Voice of the Voiceless" wieder auf Sendung. Sonntags von 19 bis 21 Uhr wird ein Live-Stream gesendet. Über Radio FSN (Motto: „Hören macht frei") können vorprogrammierte Hörfunksendungen und Musikbeiträge abgerufen werden. Als Moderatoren präsentieren sich – mit Schal vermummt – „H8" und -mit der Larve des Anonymus – „Vendetta" (WWW.FSN-TV.DE, Zugriff am 30.11.2015).

Webangebote

Im Bereich der offen rechtsextremen Portale kommt es immer wieder zu Sperren im Internet, Ausstiegen und Neugründungen, somit zu einer gewissen Zersplitterung. Derzeit sind Altermedia, Thiaz.net und das ebenfalls rechtsextreme „DeutschlandEcho"

99 Der Blogger „Do Gui Life!" verbirgt sich hinter einem Avatar (einer nicht realen virtuellen Figur) und verwendet ein Logo mit dem Text: „Free Zyklon B – to the first six million customers".

100 Ein Gravatar (Globally recognized Avatar) ist ein global verfügbarer Avatar. Verknüpft mit einer Mailadresse auf einem Server im Ausland, der gestattet, diesen Gravatar hochzuladen, kann der Nutzer seinen Avatar hinterlassen, ohne sich bei den jeweiligen Blogs registrieren zu lassen.

101 FSN steht im Szene-Jargon für „frei, sozial und national".

vom Netz[102]. Auch der Blog der mit Spontan-Maskeraden irritierenden „Spreelichter" wird in Deutschland unterdrückt.

Es dauerte annähernd zehn Jahre, bis die in der ersten Ausgabe (BUND DER DEUTSCHEN LANDJUGEND 2009, S. 76) erwähnte Homepage der „Nationalen Sozialisten Mainz-Bingen" gelöscht wurde. Aktuell steht die Domain www.NASO-MZBI.DE zum Verkauf (Zugriff am 22.11.2015).

Hetze

Diesen berechtigten Sperrungen und Unterdrückungen steht jedoch eine Vielzahl von Neugründungen gegenüber, was zeigt, dass dem Staats- und Jugendmedienschutz nicht die nötigen Ressourcen zur Verfügung stehen, um auf rechtsextreme Propaganda (mit zum Teil menschenverachtender Hetze im Netz) adäquat reagieren zu können.

7.5 Vertriebe und Läden

Wer sich über die Produkte des „Weltnetzladen" informieren möchte, wird erstaunt sein. Statt vermuteter Produkte aus dem Dritte-Welt- und „Fair-Trade"-Sortiment findet man das komplette Warenangebot des rechtsextremen Spektrums:

- Bücher, die den Holocaust und die Verbrechen der Nazis relativieren oder leugnen,
- Tonträger von „Die Lunikoff-Verschwörung", der populären rechten Liedermacherin „Anett", über die „Barden" Frank Rennicke und Jörg Hänel bis hin zu „Heimat, deine Sterne Vol. 1 bis Vol. 9 – das Wunschkonzert der deutschen Wehrmacht",
- Kleidung von „Ansgar Aryan" und „Consdaple",
- Schmuck und Wandschmuck – darunter auch verbotene Versionen der Reichskriegsflagge oder Plakate mit Motiven propagandistischer NS-Malerei. Auch „Schnäppchen" dürfen nicht fehlen, wie z.B. der „Thorhammer Gotland" in Bronze für 7,99 Euro

In der letzten Ausgabe (BUND DER DEUTSCHEN LANDJUGEND 2009, S. 72) wurde auf eine Schätzung BEGRICHS (2005) verwiesen, der vor zehn Jahren von rund 70 Versandunternehmen der Rechtsextremen ausging. Diese Zahl hat sich mindestens verdoppelt. Dabei sind folgende Vertriebstypen auszumachen:

- Es gibt Hersteller rechtsextremer bzw. unter Rechtsextremen beliebter Kleidermarken, die ihre Produkte selbst vertreiben, wie z.B. „Erik and Sons" oder „Greifvogel Wear".
- Ebenso häufig existieren Vertriebe, die ein breiteres Spektrum anbieten: Produkte verschiedener rechtsextremer Bekleidungsmarken, aber auch „Fightwear" und

102 Am Mittwoch, dem 27. Januar 2016, verbot das Bundesinnenministerium „Altermedia" aufgrund des Verdachts, volksverhetzende Inhalte zu verbreiten (SÜDWESTPRESSE vom 28.1.2016). Das Internetportal existierte seit 2003.

sportliche Kleidung wie „Fred Perry". Rascal beispielsweise kokettiert mit dem Slogan: „Shop für verbotene Sachen – rascal.de".

- Rechtsextreme Musik wird auf verschiedenen Wegen vertrieben – direkt über die unterschiedlich großen Produktionsfirmen, über einzelne Bands, über Versande, die sich (vorwiegend oder ausschließlich) auf rechtsextreme Musikproduktionen spezialisiert haben (z.B. „Wewelsburg Records") sowie über Versandanbieter, die ein breiteres Spektrum verschiedener Waren anbieten.
- Zu letzteren gehörte bis vor kurzem der „Patria Versand". Über dessen Homepage wird man heute auf iks24.de umgeleitet, wo unverfängliche Outdoor- und Freizeitprodukte vertrieben werden. Geschäftsführer ist Franz Glasauer, ein umtriebiger Rechtsextremist, der u.a. an der Entwicklung der Marke Consdaple beteiligt war und auch den Patria Versand gegründet hat. Dieser hat nach dem Tod seines letzten Geschäftsführers Roland Sokol seine Geschäftstätigkeit eingestellt. Sokol war ein führender Nationalsozialist Baden-Württembergs und stand möglicherweise mit dem NSU in Kontakt und war höchstwahrscheinlich ein Spitzel des Landesamtes für Verfassungsschutz Baden-Württemberg. Das „volle Sortiment" bieten heute neben anderen das „Nationale Warenhaus" (leitet derzeit um auf „Spreadshirt.de" mit Sitz in Freital), das „Nationale Versandhaus" (Gohrich), das „Deutsche Warenhaus" (als Ableger der „Deutschen Stimme"), der „Odin-Versand" (Gohrich), der „Ostfront-Versand" (Gehren) und auch der mit der Partei Die Rechte verflochtene „Zentralversand" (Chorin).
- Zahlenmäßig am häufigsten sind Regionalversande, wie z.B. der „Nordsachsen Versand" (Gohrich), der in Bad Schandau das Ladengeschäft „Nordic Flame" unterhält.

Dass es sich bei den Akteuren des „Antisem Versands" um ausgewiesene Hetzer handelt, wird bereits im Firmennamen deutlich. Neben dem Vertrieb von in Neonazikreisen üblichen Produkten unterhält die Firma einen eigenen Blog. 2015 räumte der Versand sächsischen Rechtspopulisten und Neonazis einen „Heidenau-Rabatt" für Aufkleber mit den Motiven „Asylheime dichtmachen" und „Ausländer rein – wir sagen nein" ein. Ferner pries er Sturmhauben an „um etwa die eigene Anonymität zu schützen".

Ein kleines Werbegeschenk darf auch nicht fehlen: „Außerdem gibt es bei jeder Bestellung einer «Steinschleuder Zwille», die in keinem Haushalt fehlen sollte, 50 Stahlkugeln gratis dazu".[103]

Der Versand „Das Zeughaus" ist offiziell in Santa Ponsa (Spanien) angemeldet. Er vertreibt über das Internet eine Vielzahl indizierter Druckerzeugnisse und Tonträger. Eine zusätzliche Seite, die die indizierten Produkte – vermutlich zu Werbezwecken in einschlägigen Kreisen – nach dem Datum der Indizierung in Deutschland ausweist, ist im Aufbau.

---

103 *www. logr.org/atisem/2015/*, Zugriff vom 28.11.2015

7.6 Rechtsextreme Musik

Musik hat sowohl für die Sozialisation als auch für die spezifischen Jugendkulturen seit jeher eine besondere Bedeutung. Schon für die „Jugendbewegten" der 1920er und frühen 1930er-Jahre waren Lieder Ausdruck einer eigenständigen Jugend- und Fahrtenkultur, Beiträge zum stimmungsvollen Gruppen Erleben und zugleich auch ein Instrument, um sich von anderen Gruppen und Jugendströmungen abzuheben (WESTENBURGER 2008). Der Gesamtprozess des Umgangs Jugendlicher mit Musik entfaltet eine besondere „sozialisatorische Kraft" (HAJOK 2013, S. 80). Sie lässt Jugendliche an ausgesuchten Orten zusammenkommen, schafft Zugänge zu Peergroups und moderiert die Identitätsfindung junger Menschen (ebenda). Gerade weil bei der Rezeption von Musik emotionale Aspekte im Vordergrund stehen, sind Jugendliche über die gefühls- und gemeinschaftsbezogenen Erlebnisse auch lenkbar. Bei entsprechenden Dispositionen werden somit auch politische und unter diesen auch offen oder verdeckt rechtsextreme Inhalte angenommen oder wenigstens nicht auf Anhieb zurückgewiesen.

Von Ian Stuart Donaldson, dem verstorbenen Sänger der rechtsextremen Kultband „Skrewdriver"[104], ist folgendes Zitat überliefert: „Musik ist das ideale Mittel, Jugendlichen den Nationalsozialismus näher zu bringen. Besser als dies durch irgendwelche Reden geschehen kann." Die „Skrewdriver"-Musiker waren, neben anderen, die Protagonisten einer nachholenden Modernisierung. Seit den späten 1980er Jahren hat sich eine sich kontinuierlich weiter verbreitende Musikkultur entwickelt, deren Wirkung bis heute nicht nur ungebrochen ist, sondern weiter zunimmt.

Dieser These stehen vordergründig die Einschätzungen der meisten Verfassungsschutzämter entgegen, die insbesondere den Rückgang von Konzertveranstaltungen betonen (ex.: THÜRINGER MINISTERIUM FÜR INNERES UND KOMMUNALES 2014, MINISTERIUM DES INNEREN UND FÜR KOMMUNALES DES LANDES BRANDENBURG 2015, INNENMINISTERIUM BADEN-WÜRTTEMBERG 2015).

Auch im Verfassungsschutzbericht des Bundes wurde für das Jahr 2014 mit bundesweit nur noch 161 Musikveranstaltungen mit rechtsextremistischem Hintergrund ein deutlicher Rückgang angenommen (BUNDESMINISTERIUM DES INNERN 2015). Dass die Erfassungsweise der Verfassungsschutzämter die diesbezügliche Realität nur unzulänglich abbildet, kann besonders eindrucksvoll für Thüringen dargestellt werden. Das Thüringer Ministerium für Inneres und Kommunales weist für 2014 eine „stark abnehmende Zahl" rechtsextremer Konzerte aus, nämlich acht, die durchgeführt und weitere zwei, die aufgelöst wurden (ebenda). Dagegen dokumentiert die Mobile Beratung für Thüringen (MOBIT) in ihrer akribisch geführten „Chronik rechtsextremer Aktivitäten für Thüringen" gänzlich andere Sachverhalte mit genauen Orts- und Zeitangaben. Sie weist für 2013 25 rechtsextreme Konzerte aus, von denen vier verhindert bzw. aufgelöst

104 Donaldson verunglückte 1993 tödlich. Die Band trat nach 1990 häufig in Baden-Württemberg und dort bevorzugt in Stuttgart und im Rems-Murr-Kreis auf. In Neonazikreisen fanden und finden zahlreiche „Tribute"-Konzerte statt.

wurden.[105] 2014 waren es 28, von denen eines aufgelöst und ein weiteres im Vorfeld verhindert wurde. Zwischen dem 1.1. und dem 23.11.2015 fanden bereits 34 rechtsextreme Konzerte statt. In diesem Zeitraum wurde kein einziges aufgelöst oder verhindert. Diese hier exemplarisch dargestellte Diskrepanz kann für alle Flächenbundesländer nachgewesen werden. Sie wurzelt zum einen in den eingangs des 6. Kapitels dargestellten Gründen. Zum anderen muss in der Zuständigkeit jedes einzelnen Landesamtes für Verfassungsschutz der Frage nachgegangen werden, ob eine angemessene Erfassung der hier dargestellten Aktivitäten noch gegeben ist.

Als Folge der Modernisierung des Rechtsextremismus haben neben dem „klassischen" Rechts-Rock und rechtsextremen Liedermachern auch andere Musikstile Bedeutung erlangt.

Der Transport von Ideologie funktioniert gerade bei Musikstilen, die aktuell sind und über ein hohes inhaltliches Anknüpfungspotenzial verfügen; so etwa der Bezug zur alten germanischen Religion im Black Metal oder zu gesellschaftlichen Problemen im Hardcore.

In den USA entstand der oft rassistische und gewaltverherrlichende Hatecore, der in Deutschland im National Socialist Hardcore (NSHC) aufgegriffen wurde und besonders unter jungen Neonazis beliebt ist. 15% aller deutschen rechtsextremen Musikgruppen können in diesem Genre verortet werden (STAUD / RADKE 2014). Charakteristisch sind schnelle Rhythmen, harte Gitarrenriffs und oft auch auf Englisch geschrieene Texte, die sich inhaltlich mit Problemen wie sozialer Ungerechtigkeit oder Globalisierungsprozessen auseinandersetzen. Antiamerikanismus, Antikapitalismus, aber auch Umweltprobleme finden breite Wahrnehmung und werden unterschwellig mit rechter Ideologie verbunden.

Emotion

Selbst innerhalb des breiten Spektrums des Genres Rap hat die rechte Szene Fuß gefasst. Das Ziel, junge Menschen anzusprechen und zu ködern, steht über der eigentlich zu erwartenden Abneigung, begründet in den Ursprüngen des aus der afroamerikanischen Kultur stammenden Rap. Bekannte rechte Bands veröffentlichen in Nebenprojekten NS-Rap, wie etwa „Häretiker" aus dem Ludwigshafener Raum unter dem Namen „n'Socialist Soundsystem" (Enesess). MaKss Damage, der vermeintlich populärste NS-Rapper, spricht eine deutliche Sprache. In „Europa Erwache" heißt es: „Europa erwache! Deine Kinder warten, die weiße, die arische Rasse, Wotan mache, dass Europa erwacht aus dem Koma der Nacht." Die oft gewaltverherrlichenden, menschenverachtenden Botschaften werden offen transportiert. „King Bock" rappt: *„Das hier ist mein Kampf und das letzte was du hörst, weil morgen jeder Deutsche einen Eid auf mich schwört. Ich baue aus Hartz IV eine eigene Armee und gebe den Befehl zum Sturm auf die Moschee" („Mein Kampf", King Bock).*

105 WWW.MOBIT.ORG/CHRONIK/HTM, Zugriff vom 23.11.2015

Die größte Bedeutung haben unverändert jene Bands, die sich in dem Spektrum zwischen traditionellem Rechts-Rock, Hatecore und NS-Black Metal bewegen.

Nach wie vor findet die portugiesische Band „Corpus Christi“ europaweite Beachtung. Ihr Frontmann und Sänger, der sich unter dem Künstlernamen „Nocturnus Horrendus“ präsentiert, spielt in Bands mit wechselnden Besetzungen und tritt auch als faschistischer Aktionskünstler auf.

Wie bereits in der Vergangenheit liegen auch heute besondere Kristallisationspunkte des deutschen NS Black Metal in Sachsen, Thüringen und Franken. Aufgrund der in Deutschland erfolgten Indizierung zahlreicher NS Black Metal Bands nutzen die Veranstalter sowohl ihre internationale Vernetzung als auch im Ausland zugelassene Blogs, um entweder Konzerte im Ausland zu veranstalten oder diese nur vage anzukündigen. Hierzu zwei Beispiele: über den in der Ukraine führenden Kontakt werwolfsblut@hotmail.com findet man die Veranstaltungshinweise von HTTPS://HERRENBLUT.WORDPRESS.COM/CATEGORY/CONCERTS, vernetzt mit zahlreichen Blogs der europäischen, völkischen und nationalsozialistischen Rechten (Zugriff: 13. August 2016) und stellt fest:

- Die Band „Wotan Jugend“ trat als einer der „Headliner“ am 13. Dezember 2015 im Rahmen des 4. „Asgardsrei Festivals“ in Kiew auf.
- „Der schwarzen Sonne zugewandt“ spielten die beiden deutschen NS-Black Metal Bands „Nordglanz“ und „Stahlgewitter“ im Rahmen einer „Night of Honour“ am 20. Februar 2016 im Raum Paris. Der genaue Veranstaltungsort wurde über Szenekundige weitergegeben. Auch auf der englischen Website des in Deutschland verbotenen Netzwerks „Blood & Honour“ fand man diesen Veranstaltungshinweis, der nebenbei bezeugt, dass deutsche Bands in ausländischen B&H-Zusammenhängen auftreten.

Noch immer hat das „Landser“-Nachfolgeprojekt „Lunikoff Verschwörung“ einen herausragenden Stellenwert, adelt der „spontane“ Auftritt ihres Sängers Michael Regener viele Konzertveranstaltungen.

Mitglieder der Band „Absurd“ waren nachweislich im rechtsextremen Untergrund tätig. Auch sie mischen sich immer wieder auf Veranstaltungen unter andere Musiker, sind in ihrer Radikalität Vorbilder für andere und werden mittlerweile von weniger prominenten Bands gecovert.

Eine wichtige Scharnierfunktion nimmt mittlerweile die in ihren musikalischen Möglichkeiten eingeschränkte Band „Kategorie C“[106] ein. Die Gruppe, deren Beiträge vor allem auch auf rechtsextremen Samplern zu hören sind, verfügt über weitreichende Verbindungen in der rechten Szene. Im Oktober 2014 wirkte „Kategorie C“ an der in

106 Der Name leitet sich aus den Unterscheidungen / Klassifizierungen von Fußballfans ab. Von der Zentralen Informationsstelle Sporteinsätze (ZIS) wird seit den 1980er Jahren in deren Datei „Gewalttäter Sport“ unterschieden zwischen: Kategorie A: friedliche, fußballorientierte Fans; Kategorie B: gelegentlich gewaltbereit; Kategorie C: gewaltsuchende Fans, Hooligans.

eine Gewaltorgie mündenden „HoGeSa“-Demonstration in Köln mit. Die Band ist auf Veranstaltungen der Rechtsextremen stets gerne gesehen.

An diesen Beispielen werden folgende Prozesse deutlich:

- Den handelnden Protagonisten gelingt es, Strategien zur Verhinderung administrativer und bürgerschaftlicher Gegenmachtbildung erfolgreich umzusetzen.
- Auffällig und bedenklich ist der Umstand, dass auch nicht-nazistische Jugendkulturen, wie hier die Black-Metal-Szene, im wachsenden Maße Toleranz für neonazistische Subströmungen entwickeln.
- In den letzten Jahren hat sich in Europa ein engmaschiges Netz rechtsextremer Bands gegründet, die das traditionelle Spektrum, bestehend aus Rechts-Rock und rechtsextremer Skin-Musik, deutlich erweitern.
- Über mythische Überhöhungen des Heiden- und Germanentums, z.T. auch begleitet von unsinnigen Phantasieprodukten, werden Übergänge zur nationalsozialistischen Ideologie fließend. Ambivalenzen bestehen in der Auseinandersetzung um den Satanismus. Ein Teil der „streng-heidnischen“ Bands und Protagonisten sieht den Satanismus als „die andere Seite des Christentums“ und betrachtet satanistisch ausgerichtete Bands als nicht zur Szene gehörend. Auf der anderen Seite gibt es deutliche Bezüge zwischen den menschenverachtenden Paradigmen des Satanismus und des Rechtsextremismus.

- Über Neugründungen und kurzfristige Bandprojekte gibt es unverändert starke Verflechtungen mit Mitgliedern der rechtsextremen Band „Absurd“, deren Mitglieder 1993 einen ehemaligen Schulkameraden ermordeten und nach der Verbüßung ihrer Jugendstrafen seit Jahren wieder aktiv sind und innerhalb der NS Black Metal Szene Kultstatus genießen.

Die Vermischung rechtsextremer und „unpolitischer“ Strömungen ist während der letzten Jahre auch in anderen jugendkulturellen Musikszenen weiter fortgeschritten. Mit Blick auf das europaweit bekannte Leipziger Wave-Gotik-Treffen 2015 stellt der MDR kritisch fest, dass die mehrheitlich nichtrechte Szene das Auftauchen von Neonazis und die Verwendung nazistischer Symbolik toleriert (WWW.MDR.DE, Zugriff vom 29.11.2015).

Auch in der mehrheitlich nicht rechtslastigen Neofolkszene tauchen immer wieder rechtsextreme Bands auf oder aber Musiker kokettieren aus unterschiedlichen Gründen mit der Verwendung einschlägiger Symbolik und Anspielungen in ihren Liedtexten. Okkultes mischt sich mit Bezügen zum Nationalsozialismus, wie z.B. bei der Neofolkband „Allerseelen“. Hierzu gehören Runologie, neuheidnische „Philosophie“-Versatzstücke und „spielerische“ Annäherungen an den Satanismus. Den neurechten Bestrebungen werden Bands wie „Fire & Ice“, „Death in June“ und „Blood Axis“ zugeordnet.

Im Festivalsektor sind in Deutschland Verschiebungen von offen rechtsextremen hin zu Veranstaltungen zu beobachten, die vordergründig „unpolitisch" sind und trotzdem von Neonazis dominiert werden. Das 2015 zum 13. Male von der NPD und den Jungen Nationaldemokraten in Gera durchgeführte „Rock-für-Deutschland"-Festival hatte 2010 mit rund 1.200 Besuchern den größten Zulauf. Auch als Folge starker bürgerschaftlicher Gegenwehr kamen in den letzten Jahren nur noch zwischen 300 und 500 Besucher.

Getarnt als „Familienfest", wurde aus dem „Eichsfeldtag" im thüringischen Leinefelde am 14. Juni 2015 eine Revivalveranstaltung des militanten und rassistischen Rechts-Rocks der 1990er Jahre.[107]

Die mit rund 1.300 Besuchern größte Veranstaltung fand unter dem Titel „Rock für Meinungsfreiheit" am 23. Mai 2015 im südthüringischen Hildburghausen statt. Ein breit gefächerter Unterstützerkreis dokumentiert die gewachsenen ökonomischen Strukturen der Rechtsextremen.[108]

Zum Teil auf Initiative von Aktivisten des Casa Pound Italia werden in Italien überdurchschnittlich viele Festivals mit rechtsextremen Bands durchgeführt. Ein undercover agierender Szenebeobachter hat uns über einen Mittelsmann eine umfangreiche Auflistung zukommen lassen, aus der wir jene exemplarischen Auszüge aus dem Veranstaltungsportfolio der letzten zwölf Monate[109] auflisten, die die Mitwirkung deutscher Bands belegen:

Zeitpunkt, Ort, Art der Veranstaltung	**Teilnehmende deutsche Rechtsrock- bzw. NS-Black-Metal-Bands**	**Hinweise auf den Veranstalter**
11/2014, Milano „Hammerfest 2014"	Die Lunikoff-Verschwörung Kommando Skin	Hammerskin Nation + örtliche Aktivisten
16.1.2015, Bologna IX Congresso post industriale	Deutsch Nepal	„Old Europa Cafe"
24.1. 2015, Milano	Brainwash	Hammerskin-Skinhouse

107 WWW.BNR.DE, Zugriff vom 29.11.2015

108 Unterstützt von: Ansgar Aryan aus Mantel, PC-Records Chemnitz, Sturm 18 Versand Kellenhusen, WB-Versand Fretterode, Strike Back Shop Apolda, Germania Versand Sondershausen, Pommerscher Buchdienst Anklam, Nordsachsen Versand Gohrich, Idealistischer Bote und „Von und Für Kameraden Produktion" Hagenow, Zentralversand Chorin, Schwarze Sonne Versand Münster, Opos Records Dresden, Rebel Records Cottbus, Heimdall Versand Wittenberg, Nation & Wissen Versand Riesa, Oldschool Records Wolfertschwenden, Itsh84u Streetwear Karstädt, Front Records Falkenhain, Frontmusik Ludwigshafen, Das Zeughaus, postlagernd: Santa Ponsa (Spanien).

109 Ausgehend vom November 2015.

21.3.2015 Milano „Hot Shower III"	Satanachist Stahlfront	
21.3.2015 Norditalien „Hot Shower IV"	Satanarchist, Stahlfront oder Nordglanz	
4.4.2015 Verona Hatecore Festival	Thrima	Veneto Fronte Skinheads
23.5.2015, Roma „Memoriale Gianluchino – Mirko – Simone & Emanuela" „Blood & Honour"– Festival	Faustrecht	S.P.Q.R. Skins Roma
20.6.2015 Roma „Tana delle Tigri VII"	Sacha Korn[110]	CircoloCombattenti Casa Pound Italia
11.7. Lions of the Sea – Summer Fest Italien	Kraftschlag	
28.11. 2015, Milano „Hammerfest 2015" 20. aniv. Hammerskins Italia	Division Germania Frontalkraft	Hammerskin-Skinhouse
2. April 2016, TBA Milano „Hot Shower Olympia"	Leichenzug (in Deutschland mit Coverversionen von „Absurd" gesperrt)	

Auf vordergründig „unpolitischen" „Tribute"-Konzerten für die 2005 abgetretene (und seit 2014 wieder aktuve) Band „Böhse Onkelz" sind Neonazis relevanter Bestandteil und werden von den in der Mehrzahl nicht rechtsorientierten Rockfans akzeptiert. Die Veranstaltungsorte befinden sich im kleinstädtisch-ländlichen Raum: Im bayerischen Dörfchen Geiselwind kamen 2008 über 15.000 Besucher zusammen – darunter zahlreiche Rechtsextreme. Seit 2009 wird die Veranstaltung auf dem Gut Matheshof in Rieden-Kreuth durchgeführt. In mehreren Jahren kamen über 20.000 Besucher. Neben den schon „traditionellen" Onkelz-Coverbands wie „Glorreiche Halunken", „Stainless Steel", „Wilde Jungs" und „Kneipenterroristen" findet sich nahezu jedes Jahr mit „Berserker" eine Band im Programm, die in Deutschland zu den bekannteren rechten Rockbands gehört. Mehr als einmal im Programm war auch die offen rechte Band „Goitzsche Front", die ihren Titel „Schweinepriester" u.a. auf dem rechtsextremen Blog „volksbetrug.net" präsentiert.

Ein namentlich nicht genannt werden wollender Merchandising-Mitarbeiter berichtet über das G.O.N.D(Größte Onkelz Nacht Deutschlands)-Festival 2015:

110 Sacha Korn sieht sich selbst als „Avantgardemusiker". Er gehört zweifellos zu den umtriebigsten rechtsextremen Liedermachern. Hin und wieder tritt er unter Pseudonymen auf. Ein kleiner Skandal wurde entfacht, als er unter dem Pseudonym „Sick Man" – bei Konzerten stets mit Sturmhaube – einige Zeit unerkannt als neuer Sänger von „Funker Vogt" tourte.

„Früher hielten sich deutlich Rechtsextreme und andere Besucher die Waage. In den letzten Jahren ist das gekippt. Es dominieren eindeutig die Rechten. Das geht so weit, dass du als Mitarbeiter ständig angemacht wirst, wenn du durch dein Outfit als Nichtrechter eingeschätzt wirst."

Debatten, wie sie früher um die Rolle bzw. die Gesinnung der Band „Böhse Onkelz" geführt wurden, wiederholen sich heute im Zusammenhang mit „Frei.Wild". Deren sehr erfolgreiche Auftritte werden regelmäßig von Boykottaufrufen begleitet (ex.: WWW.INFRANKEN.DE, Zugriff vom 1.12.2015). Diese gehen auf die früher eindeutig rechtsextremen Positionierungen des Gitarristen und Sängers Philipp Burger, aber auch auf aktuelle Texte und Merchandisingartikel zurück. Ungeachtet der Frage, ob die Band als heimatverliebt-konservativ oder bereits als rechtsextrem einzuordnen ist, werden ihre Konzerte in erheblichem Umfang von Rechtsextremen (in Deutschland, der Schweiz, Österreich und Südtirol) frequentiert.

Der wichtigste „deutsche Musikbeitrag", der in NS-Straight-Edge-Kreisen und weit darüber hinaus Anklang findet, wurde durch das Musikprojekt „Feindflug" geleistet. Es handelt sich dabei um eine elektronische Musikperformance ohne Gesang, in der durch Texte und Bilder aus der NS-Zeit provoziert wird. Die Titel der über Amazon erhältlichen Alben sind eindeutig: „Volk und Armee", „10. August 1940", „Sterbehilfe". Eine Musik-DVD trägt den Titel „Hinter feindlichen Linien". Seit 2012 sind keine Liveauftritte mehr gemacht worden. Für die Zeit danach sind noch einige im Internet auffindbare Studioproduktionen nachgewiesen.

Rechte MusikerInnen versuchen HörerInnen in unterschiedlichen Subkulturen zu gewinnen. Das Internet bietet den Raum zur einfachen und schnellen Verbreitung. Kostenlose Downloads auf den Webseiten der Musiker und hunderte Songs auf Plattformen wie YouTube lassen sich mit wenigen Klicks finden. Auf Download-Portalen finden sich Nazibands neben Charthits.

Jugendlichen NutzerInnen standen bereits 2011 weltweit mehr als 500 Onlinemusikdienste zur Verfügung (siehe: HAJOK 2013), die auch indizierte rechtsextreme Musik als Download, als Stream, in der Cloud oder an soziale Netzwerke gekoppelt zugänglich machen.

7.7 Rechtsextreme Einflüsse im Kampfsport

Vor allem die Protagonisten brachialen „Kampfsports", der „Cage-Fights" und der Mixed Martial Arts (MMA), stehen europaweit in Verbindung mit dem organisierten Rechtsextremismus. Bei den vor allem in Russland und in Italien stark von Rechtsextremen dominierten Veranstaltungen treten auch Deutsche an. Der „Circolo Combattanti" des bereits erwähnten Casa Pound Italia veranstaltet einmal jährlich die

Großveranstaltung „Tanta delle Tigri". 2015 waren neben mehreren profaschistischen italienischen Kampfbünden auch Neonazi-Mannschaften aus anderen europäischen Ländern vertreten. Das bislang in internationalen Vergleichen nicht sonderlich erfolgreiche „Fight Team Germany" wird von „Walhall Athletik" ausgestattet – gemäß der auf der Homepage verkündeten „Philosophie": *„Wir unterhalten engen Kontakt zu Menschen mit wahren Werten über Ländergrenzen hinweg."*

Auf „Tremonia Podcast" findet man eine Reportage über NS-Kampfsport, genannt „Kampf der Nibelungen"[111]. Betont werden „germanische Tugenden". Fast alle befragten Kämpfer betonen die Bedeutung von „Wehrhaftigkeit".[112]

Diese Veranstaltungen dokumentieren die brutale Kampfkraft von Teilen der rechtsextremen Szene, schaffen aber auch Gemeinschaftserlebnisse für junge Rechtsextremisten. Die Vorläuferform „Ring der Nibelungen" wurde wohl mehrfach im rheinland-pfälzischen Örtchen Vettelschoß durchgeführt.[113] In einem winzigen Spot der 2015er Veranstaltung sind Kämpfer des „Greifvogel-Teams", von „Streetsport" und der französischen Rechtsextremisten von „Pride France" zu erkennen.

In ganz Europa engagiert sich die russische Bekleidungsfirma „White Rex". In Großveranstaltungen wirbt sie gelegentlich gleichberechtigt neben anderen Sponsoren wie Nissan, Red Bull, Porsche oder Audi, und dies, obwohl Denis Nikitin, der Gründer von „White Rex", das Ziel derartiger Veranstaltungen ganz unverschleiert formuliert: *„Die Verankerung des Sports im gesunden Teil unserer europäischen Jugend"* (WWW.NETZ-GEGEN-NAZIS.DE, Zugriff vom 28.11.2015).

7.8 Die Mumie kehrt zurück – Rechtsextreme im Fußballmilieu

Gewalt, Rassismus, Sexismus und Homophobie haben im Fußball – im Unterschied zu nahezu allen anderen Sportarten – immer eine wahrnehmbare Rolle gespielt. Diese Feststellung gilt für das Verhalten von Spielern und Zuschauern gleichermaßen. Gelegentlich, wenngleich deutlich seltener, wird ruchbar, dass auch Funktionsträger unrühmliche Rollen spielen. Verwiesen sei an dieser Stelle auf peinliche Vorgänge im italienischen Fußballverband.

Fußball

Es ist ein großes Verdienst des ehemaligen Präsidenten des Deutschen Fußball-Bundes (DFB), Dr. Theo Zwanziger gewesen, erstmals in der Geschichte des DFB von führender Stelle aus Missstände nicht nur zu benennen, sondern deren Behebung zu

111 Deren Vorläufer war offensichtlich eine Kampfsportveranstaltung mit dem Titel „Ring der Nibelungen".

112 HTTPS//LOGR.ORG/TREMONIA/1577, Zugriff vom 28.11.2015

113 WWW.OIRSZENE.BLOGSPORT.DE, Zugriff am 28.11.2015

einer Aufgabe des organisierten Fußballs zu machen. Eine wichtige Rolle bei deren Bearbeitung haben an vielen Orten auch aktive Fans gespielt. An erster Stelle nenne ich jene Gruppen, die im „Bündnis aktiver Fußballfans“ (BAFF) organisiert sind.

Während der nationale und auch der internationale Profisport Problemwahrnehmung, Sensibilisierung und die Entwicklung von Handlungskonzepten verzeichnen, haben die Problembereiche in den Einzugsbereichen nahezu aller Landesverbände des DFB Konstanz, wenn nicht sogar Zuwachs. Manche Erscheinungsformen wie zum Beispiel rassistische Äußerungen, Gewalt gegenüber Schiedsrichtern und die gewalttätige Einmischung von Zuschauern weisen deutlich steigende Fallzahlen auf.

Gewalt im Zuschauerverhalten

Die Verantwortlichen des Profisektors im deutschen Fußball haben über viele Jahre hinweg mit einem gewissen Stolz vermeldet, dass „der Rassismus in den deutschen Stadien“ weitgehend gezügelt sei. In der Tat waren die Initiativen des DFB und der DFL (der Deutschen Fußball Liga), der Vereine, der Sozialarbeit mit Fußballfans in Form von Fan-Projekten sowie nicht zuletzt zahlreiche Initiativen innerhalb der Fanszenen durchaus erfolgreich. Das Stadion schien kein Raum mehr zu sein, in dem rassistisch gepöbelt oder gar Gewalt ausgeübt werden durfte.

Sexismus

Dass der „missratene Teil der Fußballfamilie“ in Gestalt (rechtsextremer) Hooligans eines Tages wieder auf die Bühne zurückkehren würde, hat viele überrascht. Nach dem Schock der äußerst gewalttätigen „HoGeSa“-Aufmärsche[114] in Köln (10/2014) und Hannover (11/2014) vermeldeten „Experten“ in einer Analyse des Bundeskriminalamtes, die HoGeSa-Bewegung befinde sich bereits in der Auflösung (WAZ, 28.10.2015). Doch nach den sexistischen Straftaten und Übergriffen in der Silvesternacht 2015 jagten wiederum in Köln selbsternannte „Bürgerwehren“ im Verein mit Kölner Hooligans Ausländer im Bahnhofsviertel und in der Innenstadt (SÜDDEUTSCHE ZEITUNG, 12.01.2016). Und während am 11.1.2016 in der Leipziger City der Leipziger Pegida-Ableger Legida demonstrierte, nutzen 250 meist rechtsextreme Hooligans aus dem Umfeld des 1. FC Lok Leipzig und des mit ihm in „Fanfreundschaft“ verbundenen Halleschen FC die Innenstadtpräsenz der Polizei, um durch das Szeneviertel Connewitz eine Schneise der Gewalt und der Verwüstung zu ziehen.

Nahezu sämtliche Landesverbände des DFB vermelden, dass Gewalttaten bei Fußballspielen im Amateurbereich während der letzten Jahre zugenommen haben. Davor sind sogar der Jugend- und der Seniorenbereich nicht gefeit. Als besondere Schwierigkeit wird eine wachsende Anzahl von Übergriffen auf Schiedsrichter vermeldet. Daran sind sowohl Spieler als auch Zuschauer beteiligt. Verbale Entgleisungen sind eher die

114 HoGeSa = „Hooligans Gegen Salafismus“.

Regel als die Ausnahme. In Berlin und in Ballungsräumen Westdeutschlands haben Konflikte um Fußballspiele unter Beteiligung von Mannschaften ausländischer Herkunft stark zugenommen.

Sexismus im Fußball

Sexismus war im Fußballumfeld schon immer allgegenwärtig und reicht von anzüglichen Kommentaren über sexualisierte Beleidigungen bis hin zu körperlichen Übergriffen, umfasst aber auch Kommentare, die Frauen Kompetenz in Sachen Fußball absprechen.

Der Fußballplatz oder das Stadion als besondere Räume mit besonderen formellen und informellen Regeln erlauben Verhaltensweisen, die in anderen gesellschaftlichen Kontexten nicht ohne weiteres möglich wären.

Frauen müssen sich – im Unterschied zu Männern – ihre Rolle als „echte" Fans im Stadion erst erarbeiten. Sie laufen Gefahr, die schwer erkämpfte Akzeptanz wieder zu verlieren, wenn sie gegen sexistische Diskriminierungen angehen und sich damit außerhalb der Fangemeinschaft positionieren. Sexismus hat ferner die Funktion, die eigenen Fans, der eigenen Gruppe oder der eigenen Person z.B. durch erstaunliche sexuelle Potenzphantasien zu erhöhen. Und da die Stilisierung von Männlichkeit in einem männlich besetzten Raum zu den einfachsten Mitteln gehört, den eigenen Status zu erhöhen, sind anti-sexistische Interventionen von männlicher Seite wenig wahrscheinlich, zumal sich ein männlicher Fan damit außerhalb des stillschweigenden Konsens stellen würde.

An dieser Stelle muss allerdings darauf verwiesen werden, dass sich der Einsatz von Schiedsrichterinnen im Männerfußball bislang mit weitaus weniger Problemen vollzieht als befürchtet wurde. Männliche Zuschauer halten sich gegenüber Schiedsrichterinnen mit sexistischen Anwürfen mehr zurück als gegenüber Zuschauerinnen.

Homophobie und Bilder von Männlichkeit im Fußball

Fußball als männlicher Sport führt zu Bildung von Männerbünden unterschiedlicher Art: der Mannschaft, der verschworenen Fangemeinschaft. Ausgelöst von schwulen Fanclubs, schwulen Fußballmannschaften und spätestens durch das Bekenntnis des ehemaligen semiprominenten Erfurter Fußballers Marcus Urban und sein Buch „Versteckspieler" von 2008 wird Homosexualität und der Umgang damit im Fußballmilieu mittlerweile differenzierter diskutiert. Von vielen Verbands- und MedienvertreterInnen geradezu herbeigesehnt, hat sich mit Thomas Hitzlsperger ein Prominenter nach Beendigung seiner aktiven Laufbahn geoutet. Schmähgesänge bekommt er somit nicht mehr zu hören.

„Bist wohl 'ne Schwuchtel", ein Satz, häufiger bei besonders enger Manndeckung, der bei der so genannten „Pärchenbildung" dem gegnerischen Kontrahenten zugeflüstert wird, hat heute eher seinen Platz in der Kreisklasse.

Antisemitismus ohne Juden: Phantomschmerz und neue Hatz

Antisemitische Lieder und Parolen in deutschen Stadien und auf Sportplätzen sind Ausdruck des fortdauernden Antisemitismus, wenngleich eines Antisemitismus ohne Juden. Sie dienen der Provokation und der Herabwürdigung des Gegners, etwa durch das Absingen des „U-Bahn-Liedes" ("... wir bauen eine U-Bahn von -Ortsname- bis nach Auschwitz ...) oder die Verwendung des Begriffs „Jude" als Mittel der Provokation und der Entwertung des Gegners. Lok-Anhänger singen gelegentlich. „Wir sind Lokisten – Mörder und Faschisten", so z.B. im Sommer 2013 während der Begegnung Babelsberg 03 – Lokomotive Leipzig.

Die damals noch stärker rechtsorientierte Szene im Fanbereich des FC Magdeburg hat vor Jahren Spieler und Anhänger von Dynamo Berlin beim Relegationsspiel zur Regionalliga Nord mit Fangesängen allerschlechtester Art begrüßt: „Berlin, Berlin – Juden Berlin".

Für die Spieler der wenigen jüdischen Vereine – es sind drei bis vier Dutzend, die heute wieder in den unteren Klassen Deutschlands am Spielbetrieb teilnehmen – sind antisemitische Beleidigungen ein Alltagsphänomen. Die Spieler hören das traditionelle „Judenschwein" oder: „Dich hat der Hitler wohl vergessen". Der Antisemitismus kommt aber auch subtiler daher, etwa wenn bei Spielerwechseln von den „reichen Juden-Vereinen" ausgegangen wird (BADISCHE ZEITUNG, 27.5.2014). In Berlin kommt es bei Spielen von Makkabi Berlin regelmäßig zu Konflikten mit muslimischen Spielern anderer Mannschaften. 2012 erhielt der Landesligaverein BSV Hürtürkel aufgrund gravierender antijüdischer Beleidigungen Punkte abgezogen und verpasste dadurch den Aufstieg in die Berlin-Liga. Von Zuschauern des Ostberliner Vereins VSG Altglienicke wurden jüdische Vereine bereits früher auf eine solche Weise beschimpft, dass der Berliner Fußballverband mit strikteren Regelungen und Antigewaltkursen für ehrenamtliche Vereinsfunktionäre und Spieler reagierte (KRAUSS 2014). Neu hat man den Tatbestand „Diskriminierung und ähnliche Tatbestände" in die Spielordnung eingefügt.

Auch Jugendspieler von Makkabi Frankfurt werden regelmäßig antisemitisch beleidigt, außer von Neonazis auch von muslimischen Jugendlichen, die Makkabi-Spieler stellvertretend für Israel zur Projektionsfläche für ihren Hass machen.

Neben der antisemitischen Beleidung jüdischer Spieler wird der Begriff „Jude" in zahlreichen Fällen zur Herabwürdigung auch nichtjüdischer Spieler und Vereine verwendet. Diese Form der beleidigenden Herabsetzung ist in Deutschland die häufigere.

Warum gibt es das im Fußball?

Auffällig ist, dass Gewalt, Rassismus, Homophobie, Sexismus und Antisemitismus im Fußball weitaus häufiger auftreten als etwa in den Mannschaftssportarten, die als besonders brachial gelten.

Im Fußballsport, der Gewalt verbietet, kommt diese häufig als hinterhältige Heimlichtuerei daher. Die Gründe dafür sind vielfältig (SIMON 2015b, S. 115ff.):

- Es gelten natürlich auch die vielfältigen Ursachen, die aus Disposition, Sozialisation und Milieuerfahrungen resultieren.
- Im vielbeachteten Massensport Fußball tauchen eher die „Bad Boys" auf, die nicht gelernt haben, ohne Gewalt zu spielen oder zuzuschauen.
- Der Fußball hat heute eine Positionierung erreicht, die ihn für manche über alles stellt – auch über Konventionen, Recht und Gesetz. Diese Verabsolutierung des Fußballs fördert die irrige Meinung, es sei alles erlaubt. Gewalt und andere Rechtsbrüche werden bagatellisiert.
- Dabei spielen die negativen Modelle aus dem Profifußball durchaus eine Rolle. Pyrotechnik in der Kreisklasse, Choreographien (auch wenn es nur 15 Leute sind), der drohend fordernde Fan, Autokorsos um den gegnerischen Sportplatz als Zeichen des Triumphs und der Provokation – das sind Praktiken, die sich die Provinzfans aus dem Verhaltensrepertoire der Ultras großer Vereine abgeschaut haben.
- Fußball schafft äußerste Erregungszustände. Die Medien tragen dazu bei und inszenieren Sensationen und Dramatik auch da, wo dröge gekickt wird.
- Erfolg geht hier stärker noch als in anderen Sportarten über alles. Schauspielern, tricksen, Fouls simulieren, verdeckt foulen, Zeit schinden – wenn es der eigenen Mannschaft dient, wird es akzeptiert.
- Niedrige Instinkte werden freigesetzt, entladen sich in Gebrüll, Beleidigungen, Drohungen und Gewalt.
- Fußball bildet mehr als andere Sportarten die Konkurrenzbeziehungen unserer Gesellschaft ab.
- Gleiches gilt für die in komplexen Gesellschaften steckenden ethnischen und sozialen Konflikte. Für Spieler und Zuschauer geht es nicht selten um Abwehr tatsächlicher oder vermeintlicher Benachteiligungen der eigenen Ethnie oder sozialen Gruppe.

Rechtsorientierte gewalttätige Fanszenen werden eher als großstädtisches Phänomen wahrgenommen. Da junge Menschen mittlerweile hochmobil und gut vernetzt sind, stoßen mittlerweile jüngere Erwachsene aus den ländlichen Räumen zu diesen Gruppen (ENDEMANN / DEMBOWSKY in: Burschel 2010, S. 27).

Rechtsextreme (in) Vereinsstrukturen

Gerade in den peripheren ländlichen Räumen, in denen der Anteil von zum gemeindebezogenen Engagement fähigen jüngeren Menschen als Folge von Abwanderung und Überalterung gering ist, gab es immer wieder Vorfälle, die die Einbindung „engagierter" Rechtsextremer in das örtliche Sport- und Vereinswesen sichtbar werden ließen. Wohl am bekanntesten wurde der „Fall Battke". Der Bezirksschornsteinfegermeister sitzt unverändert für die NPD im Stadtrat von Laucha und im Kreistag des Burgenlandes und bekam als Bürgermeisterkandidat 24% der Wählerstimmen. Der „Kümmerer" trainierte im Lauchaer BSC 99 den Nachwuchs. Die Forderung nach Beendigung dieser Funktion führte zu einer Solidarisierung mit dem Mann, der „sich engagierte und sich nichts zuschulden kommen ließ". Erst auf massiven Druck von außen wurde er seiner Trainerfunktion enthoben. Mittlerweile hat das Land dem Mann, der mit anderen Rechtsextremen die Mörder Walter Rathenaus (1867–1922, als Reichsaußenminister Haßfigur für die Reaktion, ermordet durch Angehörige der nationalistisch-antisemitisch ausgerichteten terroistischen Vereinigung „Organisation Consul") gefeiert hat, die Lizenz als Bezirksschornsteinfeger entzogen (MITTELDEUTSCHE ZEITUNG, 14.07.2013).

Obwohl über den DFB, die DFL und die Landesverbände mittlerweile eine erhöhte Sensibilisierung gegenüber rechtsextremen Bestrebungen auf Vereinsebene hergestellt werden konnte, kommt es selbst im Profisektor immer wieder zu Auffälligkeiten. So gehörte zum Teilnehmerkreis eines Strategiegesprächs des VfR Aalen ein NPD-Funktionär (STUTTGARTER NACHRICHTEN, 25.08.2015), der auch Kandidat bei den baden-württembergischen Landtagswahlen 2016 war.

Ausschluss

ENDEMANN / DEMBOWSKY (in: BURSCHEL 2010) haben auf Vorfälle in Windischholzhausen, Zella-Mehlis und Hornburg hingewiesen: Dort war eine systematische Unterwanderung klassischer Sportvereine durch rechtsextreme Aktivisten weit gediehen. Im thüringischen Hildburghausen war schon früher der Versuch unternommen worden, mit dem Fußballclub Germania einen von Rechtsextremen gegründeten Verein in den regulären Spielbetrieb zu überführen.[115] In Sachsen-Anhalt wurde 2015 der von Rechtsextremen dominierte FC Ostelbien Dornburg vom regulären Spielbetrieb ausgeschlossen (SÜDDEUTSCHE ZEITUNG, 27.09.2015). Während die Verbandsoberen noch zögerten, gab ein klares Signal der Schiedsrichter den Ausschlag. 59 von 65 Schiedsrichtern des Jerichower Landes weigerten sich, künftig Spiele zu leiten, an denen dieser Club beteiligt ist (MITTELDEUTSCHE ZEITUNG, 06.08.2015). An diesem Beispiel wird auch die Schwerfälligkeit der sportgerichtlichen Entscheidungen deutlich: Bereits 2011 erstritt sich der Verein eine Wiederzulassung vor einem ordentlichen Gericht. Gegen den Ausschluss aus dem Landessportbund, mit dem er zugleich die Zugehörigkeit zum Fußballverband Sachsen-Anhalt verliert, hat der Verein Einspruch eingelegt und verfolgt den Klageweg.[116]

Die Sportjugend Hessen, die bereits seit 2007 ihr Projekt „Mobile Interventionsteams gegen Rechtsextremismus im Sport" (MITS) einsetzt, verweist in ihren Falldarstellungen auf ein breites Spektrum weiterer Problemstellungen:[117]

---

115 Unmittelbar vor dem Ausschluss waren dem Landesamt für Verfassungsschutz Sachsen-Anhalt 15 von 18 Stammspielern als Rechtsextreme bekannt.

116 Der Projektleiter verfügt über Hintergrundinformationen in seiner Eigenschaft als Mitglied des Arbeitskreises „Sicherer Fußball in Sachsen-Anhalt" des Innenministeriums Sachsen-Anhalt.

117 WWW.SPORTJUGEND-HESSEN.DE, Zugriff vom 23.1.2016

- Spieler laufen mit der Rückennummer 88 auf
- Ein NPD-Funktionär verklagt einen Verein, weil dieser seinen Sohn nicht aufnimmt.
- rechtsextreme Fangesänge und einschlägige Kleidung bei Zuschauern in unteren Spielklassen
- Typisch: Probleme mit jugendlichen Sportlern, die in der rechtsextremen Szene verankert sind
- Rechtsextreme wirken als Übungsleiter oder Funktionäre am Vereinsgeschehen mit.
- Anmietung eines Vereinsheims durch Rechtsextreme

Letzteres vollzieht sich häufig unter dem Deckmantel der Durchführung eines „Konzertes" oder einer „privaten Feier". Nicht immer geht es so spektakulär zu wie im Sportheim des TSV Watenbüttel e.V. in der Nähe von Braunschweig. Dort feierten Neonazis ein „Julfest", bei dem neben dem rechtsextremen Liedermacher „Fylgien" als „Überraschungsgast" der Gitarrist der wohl bekanntesten englischen Neonazi-Band, „Brutal Attack", auftauchte.[118]

Unabhängig von der Zugehörigkeit zu Vereinen sind von Rechtsextremen selbstorganisierte Fußballturniere ein wichtiger Teil der neonazistischen Erlebniswelt (ENDEMANN / DEMBOWSKY in: BURSCHEL 2010, S. 36).

7.9 Völkische und rechtsextreme Siedlungen im ländlichen Raum

Zu den Strategien der extremen Rechten gehört auch eine „Siedlungskultur von rechts". Die Schaffung von „national befreiten Zonen" soll durch die gezielte Ansiedlung in ländlichen Räumen forciert werden. Auch wenn die diesbezügliche Propaganda und die tatsächlich eingetretene Realität nicht deckungsgleich sind und immer wieder übernommene Immobilien aufgegeben werden müssen, sind doch in den letzten Jahren mehrere Dutzend derartiger Siedlungsprojekte bekannt geworden. Gerade in strukturschwachen Gebieten können sich Parallelwelten mit eigener Kultur und Ökonomie entwickeln. ANDREA RÖPKE (2015) beschreibt dies gleichermaßen exemplarisch wie gut recherchiert für Mecklenburg-Vorpommern.

Besonders häufig sind derartige Projekte im Wendland, in der Lüneburger Heide und in den strukturschwachen Räumen Ostdeutschlands zu finden. Aber auch in Baden-Württemberg, Hessen und Bayern kam es zumindest zum Ankauf von Immobilien, die als Treffpunkte, Veranstaltungs- und Versammlungsorte der Rechtsextremen dienten oder auch heute noch dienen. Dabei ist zu unterscheiden zwischen

118 WWW.RECHERCHE38.DE, Zugriff vom 23.01.2016

- kleineren Orten, die mittlerweile von Rechtsextremen dominiert werden
- „Artgemeinschaften“ oder „völkischen Siedlern“
- Stützpunkten von Kameradschaften, Autonomen Nationalisten und freien Kräften
- Veranstaltungsorten und Kneipen
- „rechten“ Wohngemeinschaften oder Wohnprojekten

Aus zwei Gründen ist derzeit die rechtsextreme Ansiedlung im mecklenburgischen Jamel am bekanntesten. Dort hat ein Kreis um den freundlich und routiniert mit den Medien umgehenden Hammerskin Sven Krüger das Sagen, der auch zu den Initiatoren des Grevesmühlener „Thinghauses“ gehört. Auf der anderen Seite engagiert sich das zugezogene Künstlerehepaar Lohmeyer unverdrossen gegen die nicht nur drohende, sondern weitgehend von Rechtsextremen vollzogene Übernahme des Ortsteils von Gägelow nahe der Ostseeküste.[119]

In den mecklenburgischen Räumen Güstrow und Teterow sind seit den 1990er-Jahren eigenständige Siedlungen[120] entstanden, in denen Ökolandbau im Geiste der Artamanen betrieben wird, einer in den 20er-Jahren des letzten Jahrhunderts entstandenen völkischen Bauernbewegung.[121] In mehr als einem Dutzend Familien wachsen im Dreieck zwischen Krakow, Koppelow und Klaber mehrere Dutzend Kinder in einer völkisch geprägten Parallelwelt auf.

Anmietung

Eine typische „Artgemeinschaft“ lebt auch in Wibbese in Nordostniedersachsen. „Völkische Sozialisten“ versuchen sich dort im ökologischen Landbau. Der Niedersächsische Verfassungsschutz schätzt, dass derzeit „weniger als hundert“ derartige SiedlerInnen im dortigen Bundesland leben.

Ein typischer „alteingesessener“ rechtsextremer Treffpunkt existiert seit Jahrzehnten auf dem Bauernhof des Rechtsextremisten Joachim Nahtz in Eschede. Zu Sonnwendfeiern und Erntefesten finden sich dort seit Jahren bis zu 300 Neonazis zusammen.[122]

Dass es auch in Kleinstädten gelingen kann, eine auf Immobilien begründete Infrastruktur aufzubauen, zeigt das Beispiel Anklam. Über die im Ort stark verankerte NPD wurden dort ein Treffpunkt mit Bürgerbüro, eine „Volksbibliothek“ und ein Sportstudio aufgebaut (SÜDDEUTSCHE ZEITUNG vom 29. Mai 2015).

---

119 Die Lohmeyers veranstalten jedes Jahr „Jamel rockt den Förster“, ein Rockfestival für eine „bunte Welt“. 2015 war dieses nach einem Brandanschlag auf die Scheune der Lohmeyers durch einen Spontanauftritt der „Toten Hosen“ prominent besetzt.

120 WWW-NETZ-GEGEN-NAZIS.DE, Zugriff am 16.2.2016

121 Artamanen = „Hüter der Scholle“. Die Bewegung vertrat in der Rückbesinnung auf ein Zerrbild germanischer Lebens- und Wirtschaftsformen eine völkische Blut-und-Boden-Ideologie.

122 WWW.DEUTSCHLANDFUNK.DE, Zugriff 11.2. 2016

Schon lange haben Rechtsextreme als Privatpersonen Immobilienkäufe versucht und zum Teil auch erfolgreich getätigt. Der mittlerweile verstorbene Rechtsanwalt Jürgen Rieger war so bekannt, dass eine von ihm geäußerte Kaufabsicht manchmal genügte, um lokale Abwehr auf den Plan zu rufen. In Sachsen existieren derzeit wenigstens zehn Lokalitäten, die sich in der Verfügungsgewalt organisierter Neonazis befinden. Darüber hinaus gibt es in diesem Bundesland noch mindestens weitere 20 Immobilien, die für Konzerte und Versammlungen genutzt werden (KULTURBÜRO SACHSEN 2015). Lange Zeit wurden über Angehörige des „Freien Netzes Süd" auch in Bayern Immobilien erworben, die, wie etwa das „Nationale Zentrum Hochfranken", als Versammlungs- und Veranstaltungsorte dienten. Der bayerische Weiler Oberprex wurde zu einem überregional bekannten Treffpunkt für Neonazis. Diese Immobilie wurde nach dem Verbot des „Freien Netzes Süd" beschlagnahmt (siehe den Beitrag von NICOLA HIEKE in diesem Band S.86). Ein wichtiger Veranstaltungsort für rechtsextreme Konzerte in Südwestdeutschland war das mittlerweile geschlossene „Rössle" in Rhein-Münster-Söllingen.

Eine hohe Fluktuation besteht bei reinen Wohngemeinschaften oder -projekten. Meist handelt es sich hierbei um junge Rechtsextreme. Oft mit großen ideologischen Ansprüchen gestartet, lösen sie sich oftmals „in den Niederungen zwischen Abwasch und Gemeinschaftskasse" relativ schnell wieder auf. Interessant ist diesbezüglich vor allem der Umstand, dass diese jugendgemäße Form des Wohnens mittlerweile auch von – mehrheitlich männlichen – Angehörigen der rechten Szene praktiziert wird.

8 Herausforderung Rechtspopulismus

8.1. Warum die Auseinandersetzung mit Rechtspopulismus nötig ist

In Erweiterung der Auseinandersetzung mit dem Rechtsextremismus ist es mit Blick auf den aktuellen Zustand unserer Gesellschaft zwingend geboten, einen Exkurs zum Rechtspopulismus vorzunehmen. Dies hat mehrere Gründe:

- Erstmals scheinen sich mit Pegida und AfD (Alternative für Deutschland) auch in Deutschland nebeneinander außerparlamentarische und parlamentarische Kräfte zu etablieren, die zumindest vorübergehend die traditionellen rechtsextremen Parteien überflügeln.
- Der AfD ist es trotz großer Krisen und der Abspaltung ihres gemäßigten Flügels[123] gelungen, nach dem bereits früher erfolgten Einzug in die ostdeutschen Landtage von Thüringen, Sachsen, Brandenburg und mit noch spektakuläreren Ergebnissen in die Landtage von Sachsen-Anhalt, Mecklenburg-Vorpommern, Berlin und in die westdeutschen Landtage von Baden-Württemberg und Rheinland-Pfalz einzuziehen.
- Damit erreicht eine Entwicklung Deutschland, die in anderen Ländern Europas bereits seit vielen Jahren nicht nur spürbar geworden ist, sondern – wie z.B. in Dänemark, Finnland, Ungarn, Polen und Italien – wo Rechtspopulisten entweder an Regierungen beteiligt sind und waren oder, wie z.B. in Dänemark, selbst als Oppositionspartei maßgeblich die Landespolitik beeinflussen.
- Für eine auf Jugendarbeit ausgerichtete, sozialräumliche und gemeinwesenbezogene Betrachtung ist ferner von Bedeutung, dass die Grenzen zwischen Rechtsextremismus und Rechtspopulismus unscharf sind. Damit ist es auch schwieriger geworden, klar zu bestimmen, was noch berechtigte oder wenigstens zulässige

123 Eine Gruppe um den AfD-Gründer Bernd Lucke hat die Partei „Allianz für Aufbruch und Fortschritt" (ALFA) gegründet, der es bislang nicht gelungen ist, ihr Schattendasein neben der „Mutterpartei" AfD zu überwinden. Im November 2016 hat sie sich umbenannt in Liberal-Konservative Reformer.

Kritik – etwa an der aktuellen Flüchtlingspolitik der Bundesregierung – darstellt und wo bereits Gruppenbezogene Menschenfeindlichkeit beginnt.

In der bundesrepublikanischen Politik vollzog sich der erste Resonanz erzeugende Einsatz des Stil- und Kampfmittels Rechtspopulismus in den 1970er Jahren in Form der „Aktion Widerstand" (PFAHL-TRAUGHBER 2015, S. 14), einem Bündnis der damals in mehreren Landesparlamenten verankerten NPD, Teilen der Vertriebenenverbände und „besorgten" BürgerInnen gegen die damalige Entspannungspolitik der sozialliberalen Bundesregierung. Zum nächsten rechtspopulistischen Hoch kam es rund 15 Jahre später durch die in den 1990er Jahren bei Europa- und Landtagswahlen erfolgreichen Republikaner. Den Resonanzboden hierfür bildete die verstärkte Zuwanderung zu Beginn dieses Jahrzehnts. Die Partei bewegte sich allerdings an der Schnittstelle zwischen Extremismus und Populismus. Sie wies vielerlei Bezüge zum antidemokratischen, rassistischen Extremismus auf, hatte aber – wie zum Beispiel in Person ihres wichtigsten Akteurs, Franz Schönhubers (eines ehemals prominenten CSU-Mitglieds), oder in Rolf Schlierer, dem langjährigen Vorsitzenden der baden-württembergischen Landtagsfraktion – wichtige Akteure, die man trotz kritischer Analyse ihres Auftretens wohl als Rechtspopulisten, nicht aber als Rechtsextreme bezeichnen konnte. Die letzten beiden Jahrzehnte dominierten am rechten Rand extreme Parteien, allen voran die NPD, gelegentlich, wie z.B. in Sachsen-Anhalt, die DVU (Deutsche Volksunion, 2011 aufgegangen in NPD – Die Volksunion). Die in Hamburg kurzzeitig erfolgreiche Schill-Partei kann als eigentlicher Prototyp des erfolgreichen Rechtspopulismus gesehen werden. Ihr beschleunigter Niedergang ging in erster Linie auf die Eskapaden ihres Namensgebers und innerparteiliche Zerwürfnisse zurück.

Populismus und Extremismus erzielen ausschließlich in den Phasen Erfolge, in denen der globale Wandel in der Arbeitswelt, in den Sozialsystemen oder in der Verfasstheit der Zivilgesellschaft – etwa in Form von Arbeitslosigkeit oder verstärkter Zuwanderung – besonders spürbar wird. Populismus kann sowohl in einer linken (seltener) als auch (meistens) in einer rechten Spielart auftreten. Es ist kein Zufall, welche der beiden Ausrichtungen in einer Bevölkerung oder in einem Sozialraum erfolgreich ist. Rechtspopulismus beruht im Wesentlichen auf rückwärtsgewandten Leitbildern, auf vor- oder undemokratischen Zielen, der Illusion von einer überschaubaren, heilen Welt, die von starken Führern gestaltet wird. Erfolgreicher Linkspopulismus entsteht meist dann, wenn – wie aktuell in Griechenland und in Spanien – der Rechtspopulismus diskreditiert ist und auf der anderen Seite unbelastete, oftmals jüngere Protagonisten an die Erfolge regierungskritischer sozialer Bewegungen anknüpfen können. Häufig gehen sie aus diesen hervor. Beiden Populismus-Spielarten gemein sind utopische Züge und unrealistische Vorstellungen von den Gestaltungsoptionen nationalstaatlicher Politik. Der große, der entscheidende Unterschied liegt darin, dass der Linkspopulismus in der Regel nicht auf Ideologien der Ungleichheit und die Herabsetzung anderer Gruppen und Ethnien zurückgreift. Letzteres gibt dem Rechtspopulismus meist die besseren Erfolgschancen. Im Verweis auf das „Fremde, das von außen kommende Bedrohliche", appelliert er an die Bedürfnisse der Enttäuschten, sich über andere zu erheben, wenigstens kraft der ethnischen Zugehörigkeit „besser", „höherwertiger" oder zumindest „berechtigter" zu sein.

Unruhe und Verunsicherung innerhalb demokratischer Gesellschaften produzieren Ungeduld und Unzufriedenheit (KULESSA / MÜHLHAUSEN 2015, S. 6), aber auch – wie in der jüngsten Zuwanderungskrise – Zweifel an der Leistungsfähigkeit der Gesellschaft oder gar der Demokratie als Staatsform. WERNER A. PERGER[124] verweist auf den in der Politikwissenschaft gebräuchlichen Begriff der „democracy fatigue". Gemeint ist damit eine Art der **„Übermüdung"** und ein in Teilen der Bevölkerung wachsendes Desinteresse an der Demokratie: *„Die Enttäuschten, die sich oft auch betrogen fühlen, fordern (...) Veränderungen, mehr Effizienz, und das heißt häufig auch: straffere Führung, stärkere «Führer», mehr Entschlossenheit und Machtworte, wie sie nicht gerade demokratietypisch sind"* (ebenda). Ein besonderes Kennzeichen des Rechtspopulismus ist die Emotionalisierung von Politik. Deren Problem besteht darin, dass der Populismus zugleich den Frust seiner Anhänger verstärkt, ohne ihm tatsächlich Abhilfe schaffen zu können: *„Das Maulheldentum gegen die Etablierten kann die Macht des verhassten Systems nicht brechen"* (DIE ZEIT, 9. Juli 2015).

Populismus

8.2. Die schrille Vielfalt des Rechtspopulismus

Wie dargestellt, geht der Rechtspopulismus weiter zurück als zu den Ursprüngen von AfD und Pegida. ULRIKE BAUREITHEL (2015) verweist auf den Kulturwissenschaftler ANDREAS HUYSKEN, der nach den Gewaltexzessen der 1990er-Jahre ein „xenophobes Dreieck" ausmachte, das von den rechtsradikalen Populisten geschickt genutzt wurde. Mit dem Wegfall des „fremden Deutschen" (des jeweils anderen Staates; d.V.) sei der historisch gewachsene „natürliche" Feind verloren gegangen und durch den „störenden" Ausländer ersetzt worden. Hinzu kommt ein Staatsbürgerschaftsrecht, das dazu führt, dass ein in dritter Generation hierzulande geborener Türke als weniger deutsch gilt als ein „Blutsdeutscher" von der Wolga oder aus Kasachstan. Ferner wird sichtbar, dass der politische Rechtspopulismus sich aufgrund der emotionalen und psychischen Disposition seiner Mitläufer unschwer mit Verschwörungstheorien aller Art vermengt. Neben die Angst vor der Islamisierung unserer Gesellschaft tritt – wie etwa bei klei-

124 Werner A. Perger ist ein langjährig tätiger politischer Journalist. Zuletzt war er Leiter des Politikressorts der Wochenzeitung „Die Zeit".

neren Aufmärschen des Münchner Pegida-Ablegers – immer wieder der „traditionelle" Antisemitismus, und sei es in Form neuer Varianten der uralten Idiotie von der „Verschwörung des Weltjudentums".

Eine Studie der TU Dresden widerlegt einmal mehr die falsche Annahme, wonach sich die Anhängerschaft des Rechtsextremismus bzw. des Rechtspopulismus vor allem aus dem Kreis deklassierter Jugendlicher, Arbeitsloser und Kleinrentner speise. Der Politikwissenschaftler HANS VORLÄNDER hat 2015 die schwierige Aufgabe bewältigt, die Frage zu erhellen, welche Personenkreise sich an den Dresdener Montagsdemonstrationen von Pegida beteiligen. Als zentrales Ergebnis seiner Erhebung hält er fest: *„Der «typische» Pegida-Demonstrant entstammt der Mittelschicht, ist gut gebildet, berufstätig, verfügt über ein für sächsische Verhältnisse leicht überdurchschnittliches Nettoeinkommen, ist 48 Jahre alt, männlich, gehört keiner Konfession an, weist keine Parteigebundenheit aus und stammt aus Dresden oder Sachsen."*[125]

Letzteres hat natürlich maßgeblich mit der Wahl des Veranstaltungsortes zu tun. 75% der Befragten sind Männer, nur 2% sind arbeitslos. Immerhin 28% besitzen einen Hochschulabschluss. Fast zwei Drittel geben an, keiner Partei verbunden zu sein.[126] 17% sympathisieren mit der AfD, 9% mit der CDU und 4% mit der NPD (ebenda).

Mehr als die Hälfte gibt an, aus Unzufriedenheit mit der Politik teilzunehmen. Ein Fünftel sieht in der Teilnahme an den Kundgebungen vor allem eine Kritik an den Medien. 15% formulieren grundlegende Vorbehalte gegenüber Zuwanderern und Asylbewerbern und 5% fürchten sich vor allem vor religiös oder ideologisch motivierter Gewalt (ebenda).

Zwischen Pegida- und AfD-Anhängern gibt es Überschneidungen. Und vor allem im ersten Halbjahr 2016 stand für beide Organisationen die massive Kritik der „Überfremdung" im Vordergrund. Dabei wird oft übersehen, dass die AfD derzeit noch keine gefestigte Partei ist. Derzeit weist sie noch mehrere Flügel auf:

- Die ursprünglich dominierende neoliberale eurokritische Strömung ist stark geschrumpft und wird heute von einem kleinen Kreis um Jörg Meuthen repräsentiert.
- Dann gibt es die Nationalkonservativen, deren Staatsverständnis im 19. Jahrhundert wurzelt. Zu diesen zählt der brandenburgische Vorsitzende Alexander Gauland.
- Verschiedene Gruppen konservativer Christen finden sich in der Islamfeindlichkeit, im Versuch, ein antiquiertes Familienbild zu bewahren und in der Ablehnung nichtkonventioneller sexueller Orientierungen. Eine typische Vertreterin ist Frauke Petry.

125 WWW.TU-DRESDEN.DE/AKTUELLES, Zugriff vom 1.3.2016

126 Hier sei ausdrücklich auf die besondere Hellfeld-Dunkelfeld-Problematik verwiesen, die Befragungen zu politischen Orientierungen unter „angespannten Verhältnissen" erzeugen, wie dies eine aufgeheizte Demonstration darstellt. Zu vermuten ist, dass Befragte unter diesen Bedingungen eher als sonst dazu neigen, parteipolitische Präferenzen zu verschweigen.

- Schließlich gibt es vor allem in den ostdeutschen Ländern Gruppen und Einzelpersonen, die regelmäßig die Grenze zum Rechtsextremismus überschreiten. Zu diesen gehört Björn Höcke (Vorsitzender der AFD-Fraktion im thüringischen Landtag).

Ungeachtet ihrer Vielstimmigkeit gelangen der Partei auf der Welle der Flüchtlingsproblematik Wahlerfolge. Während der baden-württembergische Spitzenkandidat Meuthen schrille Töne vermied, wurde in Sachsen-Anhalt mit völkischen Parolen um die Wählerschaft geworben. In emotional aufgeladenen Situationen können sich auch dann Wahlerfolge einstellen, wenn das Personal Irritierendes von sich gibt:

- Beatrix von Storch, immerhin Mitglied des Europaparlaments, wünscht sich: „Merkel nach Chile" (wohin einst die DDR-Spitzen, die Honeckers, geflüchtet waren).
- Aus Brandenburg ist antisemitische AfD-Hetze zu vermelden.
- In den Kommunalparlamenten Mecklenburg-Vorpommerns kommt es immer wieder zur Kooperation mit NPD-Abgeordneten.
- Der „völkische" Wahlkampf in Sachsen-Anhalt hatte seine Ursache in den dort handelnden Personen, aber auch in dem Umstand, dass man dort um das respektable Wählerpotenzial der NPD und anderer rechtsextremer Parteien buhlte.
- Die WählerInnen dort hat nicht abgeschreckt, dass Mitglieder des Landesvorstands Sachsen-Anhalt den Holocaust verharmlosen und Tötungsphantasien gegenüber US-Präsident Barack Obama absondern.
- Björn Höcke: der Rassekunde-Redner, der auch in der NSDAP seinen Platz gefunden hätte
- Die AfD-Vorsitzende Frauke Petry wollte auf Flüchtlinge schießen lassen.

Flagge

Es liegen mittlerweile zahlreiche Belege dafür vor, dass die Grenzen zwischen AfD und Rechtsextremen durchlässig geworden sind. Parlamentarisch und außerparlamentarisch fungieren sie in wechselnden Rollen als die geistigen Brandstifter, die den Brandfackelterroristen das Gefühl geben, sie seien „im Namen des Volkes" zum Vollzug ihrer Schandtaten berechtigt. Mit Gewalt aufgeladen werden Pegiada-Veranstaltungen vor allem dann, wenn sich Kameradschaftsangehörige und autonome Nationalisten unter die TeilnehmerInnen mischen. Auch die Mitwirkung von Hooligans aus dem HoGeSa-Spektrum lädt Pegida-Veranstaltungen gewalttätig auf, und dies nicht nur in Dresden. Die maximal 50 Personen umfassende Stuttgarter Pegida-Demonstration im Mai 2015 setzte sich mehrheitlich aus rechtsextremen Hooligans wie etwa den Pforzheimer „Berserkern" und den „VfB-Hooligans Neckar-Fils" zusammen. Die auf Pegida-Demonstrationen auftauchenden Flaggen mit rot umrandetem gelbem Kreuz auf schwarzem Grund (alternativ auch: rote Flagge mit gelb umrandetem schwarzem Kreuz)[127] werden von Mitgliedern oder Anhängern der „German Defence League (GDL) getragen, einer Splittergruppe, die sich in einzelnen „Legionen"[128] dem „Heimatschutz" widmet und vorgibt, „sich der aus Brüssel gelenkten Diktatur" zu widersetzen.[129]

Im Unterschied dazu versucht die AfD, dem Geruch der Anstiftung zur Gewalt zu entkommen. Weil ihre parlamentarischen Mittel aber untauglich sind, haben sich die ostdeutschen Landtags-Fraktionen mittlerweile deutlich radikalisiert. Im Landtag von Sachsen scheinen die Abgeordneten der AfD äußerst inkompetent. Und gerade in Sachsen agieren AfD und Pegida wie „Brüderchen und Schwesterchen". Auch in Magdeburg traf man bei den Demonstrationen des Pegida-Ablegers Magida regelmäßig die regionale Prominenz der AfD. Die mit den leisen Tönen, Volksverhetzer und Straftäter spielen sich die Bälle zu.

Dass es – insbesondere im Zusammenhang mit dem Problem der Auslandseinsätze der Bundeswehr – zu unerwünschten Begegnungen der traditionellen Friedensbewegung mit Rechtspopulisten kommen kann, zeigte sich 2015 im Rahmen der bundesweiten „Montagsmahnwachen für den Frieden" (BRAUN 2015, S. 4 ff). Neben Friedensbewegten zeigten sich an manchen Orten Personen aus dem Umfeld des Verschwörungstheoretikers Jürgen Elsässer und der rechten Splittergruppe „Reichsbürger" (ebenda).

8.3 Zu Problemen des Umgangs mit Rechtspopulismus

Ist die rechtspopulistische Welle erst einmal in Gang gesetzt worden, ist sie nur schwer vor den jeweiligen Kulminationspunkten zu stoppen, was in Deutschland meist mit Wahlergebnissen für derartige Parteien einhergeht, die zwischen 10 und 20 Prozent der abgegebenen Wählerstimmen liegen können. Damit wird allerdings nur ein Teil des Potenzials ausgeschöpft, das Überfremdungsängste ausweist[130] (siehe ZICK / KÜPPER 2011, 2015). Die Strategie der etablierten Parteien, populistische Thesen und Bewegun-

127 Die Verwendung dieser „Dreifarb"-Flaggen stellt einerseits missbräuchlich einen Bezug zu den deutschen demokratischen und revolutionären Bewegungen des 19. Jahrhunderts dar, andererseits zur „Wirmer"-Flagge, die 1948 von Josef Wirmer, einem Widerständler des 20. Juli 1944 (Stauffenberg-Attentat auf Hitler), als deutsche Nationalflagge in Vorschlag gebracht, aber vom Parlamentarischen Rat verworfen wurde. In modifizierter Form von 1953 – ca. 1970 Parteifahne der CDU.

128 Eigenen Angaben zufolge gliedert sich die den „Identitären" nahe stehende GDL in mehr als 20 „Legionen". Nachzuweisen sind derzeit allerdings nur eine „Legion Hildesheim" und auf Medienauftritte beschränkte Aktivitäten von Einzelpersonen, z.B. aus Köln und Leipzig.

129 WWW.DEFENCELEAGUE.DE, Zugriff: 8.3.2016 (aktuell nicht mehr erreichbar)

130 ZICK / KÜPPER (2012, 2015, S. 165) belegen auf der Basis des GMF-Surveys („Gruppenbezogene-Menschenfeindlichkeit"-Studie) der Universität Bielefeld, dass bereits im Jahr 2011 die These, wonach Deutschland in einem gefährlichen Maß überfremdet wird, bei 26,2% der Befragten volle Zustimmung erfährt. Als „eher zutreffend" wird diese These von weiteren 23,8% eingeordnet.

gen zu ignorieren und damit in der Isolation zu fixieren, führt regelmäßig nicht zum Erfolg. KULESSA und MÜHLHAUSEN (2015, S. 10) beschreiben einen nachfolgenden fließenden Übergang zum (partiellen) Imitieren dieser Parteien, was meist mit der scheinrationalen Begründung „die sprechen ja die richtigen Probleme an" geschieht.[131] Daraus entstehen allerdings zwei weitere Probleme:

- Das Original wird meist als authentischer und damit als glaubwürdiger angesehen als die in Panik geratenen Kurswechsler.
- Mit der partiellen oder sogar vollständigen Übernahme der populistischen Problembeschreibungen wird ferner das Gefühl vermittelt, dass es mit „denen" ja gar nicht so schlimm sein könne (ebenda).

Hektische Aktionen oder Debatten wie etwa über ein Burka-Verbot oder eine „Schweinefleischpflicht in öffentlichen Kantinen" sind in der Sache wenig tauglich, geben aber den Rechtspopulisten das falsche Signal, mit ihrem Handeln und Fordern auf dem richtigen Wege zu sein.

Die Medien sind dabei ein Teil des Problems. Oberflächlichkeit, mangelnde Recherche als Folge des Zwangs zur schnellen Berichterstattung auf der einen und eine Übertreibungs- und Zuspitzungskultur auf der anderen Seite führen eher zur Problemverschärfung statt zur niveauvollen Aufklärung. Die aggressive Debattenkultur der sozialen Netzwerke verstärkt diese Schieflage zusätzlich. Sie privilegiert jene, die mit schrillen, aggressiven und oftmals an Verschwörungstheorien und -phantasien angebundenen Beiträgen reale oder auch nur vermeintliche soziale und politische Probleme zu Untergangsszenarien umdeuten.

131 CLAUDIUS VOIGT (2016) sieht in der Umsetzung der Asylpakete I und II eine weitgehende Realisierung von Forderungen der AfD und von Pegida.

9 Handlungsanforderungen und Handlungsansätze gegen Rechtsextremismus in den ländlichen Räumen

9.1 Zu den Ausgangspunkten für Interventionsmöglichkeiten auf dem Lande

Seit der Vorlage der ersten BDL-Studie im Jahr 2009 wurden im Bereich der Maßnahmen gegen Rechtsextremismus viele der damals beschriebenen Lücken geschlossen. Mittels der durchgängig weiter aufgelegten, modifizierten und erweiterten Bundes- und Landesprogramme wurden das zivilgesellschaftliche Engagement gestärkt, neue Wege der Kooperation begangen und eine Vielzahl spezialisierter Angebote geschaffen. Im nachfolgenden Kapitel werden Hinweise zu nahezu allen relevanten Themenbereichen und Anbietern gegeben. Deren Ausrichtung und Praxis hat meist auch Relevanz für Rat- und Unterstützungssuchende in den ländlichen Räumen. An dieser Stelle sollen, ausgehend von der Strukturentwicklung über die Schaffung von Synergieeffekten über Grundzüge der Jugendarbeit bis hin zu Möglichkeiten der ehrenamtlich getragenen Vereins- und Verbandsarbeit, vor allem jene Optionen aufgegriffen werden, die für die Jugendarbeit in ländlichen Räumen besondere Relevanz besitzen.

Der Vorgänger dieses Buches enthielt zahlreiche Empfehlungen, deren Umsetzung auch heute noch Sinn macht, weil sie sich in der Praxis bewährt haben. Sie werden deshalb in diesem Kapitel unter Berücksichtigung notwendiger Aktualisierungen weiterhin Erwähnung finden.

Während des Zeitraums, in dem diese Studie erstellt wurde, wurde eine vorwiegend erregte Debatte um die Zuwanderung von Flüchtenden geführt. Aus diesem Grund haben wir auch im vorausgehenden Kapitel einen Exkurs zum Thema Rechtspopulismus eingefügt.

Auch in den ländlichen Räumen wird die Auseinandersetzung um vermeintliche und reale Folgen der Migration geführt. Sie erfährt in jenen Sozialräumen eine besondere Verschärfung und Zuspitzung, in denen eine Unterbringung von Geflüchteten vorgesehen ist. In den ländlichen Räumen sind die Reaktionen der Bevölkerung oftmals krasser, weil sich eine relativ kleine Gemeinschaft einer aus ihrer Sicht zu großen Aufgabe gegenüber sieht. Dieses Gefühl schlägt oftmals um in Wut, wenn deutlich wird, dass die Mittel zur Gegenwehr beschränkt sind und bildet oft den Nährboden dafür, dass Rechtsextremisten und Rechtspopulisten Einfluss gewinnen und manchmal sogar als Bündnispartner gegen „die da oben" bzw. „die Etablierten" gesehen werden.

Exemplarisch wird deshalb dieses Kapitel mit einem Beispiel eingeleitet, das einen anderen, für Außenstehende überraschenden Verlauf nahm:

Oberneustetten ist ein winziger Weiler im Rems-Murr-Kreis. Er ist Teil von Murrhardt. Die Kleinstadt mit rund 14.0000 Einwohnern ist weit großflächiger als vergleichbare Städte. Dies liegt an der Siedlungsstruktur mit zahlreichen verstreut liegenden kleinen und kleinsten Teilorten und Wohnplätzen. Nachdem ein Altersheim mit rund 65 belegten Plätzen geschlossen wurde, weil der private Heimträger die notwendigen Modernisierungen nicht auf sich nehmen wollte, lebten in dem Weiler noch acht Erwachsene und eine ähnliche Anzahl Kinder. Es gibt in dem Wohnplatz keinerlei Infrastruktur. Arbeitsplätze, Einkaufsmöglichkeiten, Kindertageseinrichtungen, Grundschulen und andere öffentliche Einrichtungen sind mehrere Kilometer entfernt. Die Anbindung an den ÖPNV (Öffentlicher Personennahverkehr, sprich: öffentliche Verkehrsmittel) beschränkt sich auf jeweils zwei tägliche Busverbindungen in entgegengesetzte Richtungen. Im Spätsommer 2015 drang das Gerücht durch, dass in der alsbald völlig geräumten Immobilie durch den Landkreis 200 Flüchtlinge untergebracht werden sollten. Anfangs gab es hierzu keine präzisen Informationen von offizieller Seite. Da auch kein klares Dementi erfolgte, nahm die Unruhe zu, die rasch von Gerüchten und nunmehr auch artikulierten Ängsten geschürt wurde. Es bildete sich eine Initiative gegen die Unterbringung, an der sich auch BürgerInnen beteiligten, die nicht in dem kleinen Weiler wohnten. Die örtliche Tageszeitung reagierte in ihrer Berichterstattung zurückhaltend, war aber voll mit Leserbriefen, in denen vor allem Befürchtungen ihren Ausdruck fanden.

Im Herbst 2015 wurde in der Sport- und Gemeindehalle des benachbarten Nachbarteilorts Fornsbach eine stark besuchte Informationsveranstaltung durchgeführt. Als in der phasenweise lautstark und erregt geführten Debatte deutlich wurde, dass bereits ein Vertrag zwischen dem Landkreis und dem Immobilieneigner abgeschlossen wurde und der Bürgermeister nicht nur seit längerem darüber informiert war, sondern auch keine Einwände vorgetragen hatte, kochte die Stimmung über. Es war damit zu rechnen, dass die Dinge einen ähnlichen Verlauf nehmen würden wie dies in zahlreichen Orten in ganz Deutschland geschieht: wütende Ablehnung, gepaart mit heftigen Kontroversen, begleitet von Gerüchten, Ängsten und möglicherweise „handfester", gewalttätiger Gegenwehr. Doch es ereigneten sich keine Vorfälle wie in Clausnitz oder anderswo. Wenige Wochen später kommt es zu „Begegnungen am prachtvollen Büfett". Weiter heißt es: „Bei der Feier in der Flüchtlingsunterkunft Oberneustetten tischten Bewohner, Nachbarn und Helfer gemeinsam auf." (MURRHARDTER ZEITUNG, 15. Februar 2016)

Wir sind der wichtigen und zugleich spannenden Frage nachgegangen, was dazu geführt hat, dass in diesem Fall nicht „das Übliche" vonstattenging:

- Wie in unserer alten Handreichung (BUND DER DEUTSCHEN LANDJUGEND 2009) beschrieben, ist von entscheidender Bedeutung, dass glaubwürdige regional Verantwortliche gegen Ängste, Hetze und Vorurteile, aber auch für die Entwicklung konstruktiver Lösungen eintreten. In diesem Fall ist es vor allem der erst vor kurzem neu gewählte Landrat. Er sucht das Gespräch mit den BewohnerInnen des Weilers und mit Bedenkenträgern. Wichtige Dinge erledigt er stets selbst. Er kommt zu Festen und anderen Veranstaltungen und erarbeitet sich ein hohes Maß an Glaubwürdigkeit.
- Wichtig war auch, dass es in dem kleinen Weiler neben Bedenkenträgern auch AkteurInnen gab, die trotz ihrer kritischen Haltung zur Unterbringung von 200 Flüchtlingen generell einer Nutzung des ehemaligen Altenheims für Flüchtlinge aufgeschlossen waren.
- Hieraus ergab sich eine gute Gelegenheit für ein dialogisches Vorgehen. Der Landkreis versprach, vorerst nur 65 Menschen unterzubringen und später bei weiterem Bedarf bei 100 Untergebrachten eine Obergrenze zu ziehen. Die Orientierung an der Anzahl der früheren Altenheiminsassen war hilfreich. Wichtiger war aber die Erfahrung, „dass man im Gespräch mit denen «da oben» etwas erreichen kann".
- In dem nunmehr günstigen Klima wurden auch Anlieger in der Flüchtlingshilfe aktiv.
- Der Prozess wird von den Aktiven eines Arbeitskreises Asyl der Kleinstadt unterstützt.
- In diesem wirken kultur- und veranstaltungserfahrene AkteurInnen mit, die darauf achten, dass die Helfer und Helferinnen auch eine Gratifikation erhalten. Ein Verantwortlicher meint: *„Diejenigen, die sich engagieren, müssen auch Spaß dabei haben."*
- Von großer Bedeutung war auch die direkte Begegnung zwischen den beteiligten Gruppen und der damit einhergehenden Erfahrung, dass die Flüchtlinge auch Qualitäten und Organisationsfähigkeit mitbringen.

9.2 Verbindliche Programme für die prekären ländlichen Räume

Es versteht sich von selbst, dass den Dynamiken, die aus den „großen Themen" erwachsen (Armut und Überalterung, Abwanderung der besser Gebildeten, unklare Perspektiven prekärer Regionen, Probleme der Migration), vor allem mit Antworten und Maßnahmen begegnet werden muss, die aus gezielter politischer Steuerung der europäischen, der Landes- und der Bundespolitik resultieren. Erst so wird ein Rahmen geschaffen, in dem Jugend- und Jugendverbandsarbeit wichtige Beiträge zur Stärkung lokaler Demokratie und zur Stabilisierung zivilgesellschaftlicher Strukturen leisten können. Unverändert werden Impulse für zukunftsgerichtete Entwicklungsprozesse der ländlichen Räume durch unterschiedliche, nicht immer koordinierte Ebenen und Zuständigkeiten gesetzt. Um nicht durch fragmentierte Planungsverantwortlichkeiten behindert zu werden, sollte Raumplanung als Prozess angelegt sein, in dem mittel- und langfristige Entwicklungen fokussiert werden.

Schaut man sich in Europa um, so ist erkennbar, dass sich das Verständnis von Raumplanung weiterentwickelt hat. Statt schwerfällige Sonderprogramme umzusetzen, die auf ausgesuchte Defizite oder Förderbedarfe zielen, hat sich – zumindest theoretisch – das Leitbild einer integrierten Strukturpolitik und -entwicklung durchgesetzt. Es geht somit weniger um Sonderprogramme für Benachteiligte oder gegen Rechtsextremismus, sondern um integrative Konzepte zur Überwindung von Benachteiligung oder konkreten Problemlagen.

Ausgehend von Bestandserhebungen und aus diesen abgeleiteten Prognosen werden Leitbilder für bestimmte Sozialraumtypen entwickelt. Schon in der ersten Landjugendstudie wurde auf zwei Schwierigkeiten hingewiesen (BUND DER DEUTSCHEN LANDJUGEND 2009, S. 203):

1. Raumplanung ist kein geeignetes Instrument für die Einleitung kurzfristig wirksamer Maßnahmen.
2. Raumplanung erlangt in der Regel keine Gesetzes- oder Verordnungskraft, ihre Ergebnisse sind wichtige Beiträge der sozialraumbezogenen Diskurse. Praxis und Maßnahmen entstehen jedoch erst aus weitergehenden Entscheidungsprozessen.

In den vergangenen Jahren wurde in Deutschland versäumt, Raumplanung offensiv als hilfreiches Instrument zur Identifizierung jener Prozesse einzusetzen, die Disparitäten fördern. Man hat die Chance vertan, auf Entwicklungen aufmerksam machen, die in den peripheren ländlichen Räumen für die Entstehung und Stärkung des Rechtsextremismus mit verantwortlich sind. Raumplanung vollzog sich meist als Form wenig transparenter Zuarbeitspolitik. Man scheute sich, die zum Teil prekäre Faktenlage zum Ausgangspunkt eines dialogischen Prozesses zwischen Politik, Planung und BürgerInnen zu machen.

Schaut man in die sich langsam entvölkernden und stark überalternden Gegenden Ostdeutschlands, Oberfrankens und Teilen von Rheinland-Pfalz, so wird deutlich, dass es zwar eine Fülle von planerischen Entwürfen und Ideen gibt. Von der Angst geleitet, man könne sie der Bevölkerung nicht zumuten, wurden diese bislang jedoch nicht in nachhaltige Gestaltungs- und Entscheidungsprozesse eingespeist. Weder auf Bundes-, noch auf Landesebene existiert eine klare Entscheidung zwischen bestehenden, anderenorts längst praktizierten Alternativen:

- Geht man den „finnischen Weg"? Dieser basiert auf einem Leitbild, selbst in extrem dünn bevölkerten Regionen eine dichte Infrastruktur vorzuhalten, die allen im Land den Zugang zu vergleichbarer Bildung, Versorgung und Mobilität verschafft. Die Übernahme der besonderen Kosten für die Versorgung der dünn besiedelten Gebiete ist staatliche Angelegenheit.

- Gibt man Dörfer auf und betreibt aktiven Rückbau, wie es seit einigen Jahren in Dänemark praktiziert wird? Hier wurden seit 2010 öffentliche Mittel eingesetzt, um unbewohnte und unveräußerliche Immobilien aufzukaufen und abzureißen und die frei gewordenen Flächen der Natur bzw. der Landwirtschaft zu überlassen (STÖBER 2014, S. 40). Diese vordergründig brachiale Herangehensweise folgt einer Sichtweise, wonach der schleichende Verfall mancher „sterbender Dörfer" unumkehrbar und es deshalb sinnvoller ist, Orte und Weiler ohne Perspektive rasch aufzugeben, statt lange anhaltende „Downgrading"-Prozesse in Kauf zu nehmen, in deren Folge die Abwanderung weiter anhält.

In Deutschland stoßen Überlegungen, die dem dänischen Prinzip folgen, eher auf Ablehnung. Statt sich aber konsequent für eine der beiden skizzierten Alternativen zu entscheiden oder aber gegebenenfalls andere Konzepte zu entwickeln, vermeidet die Politik klare Entscheidungen. Hier wäre eine Raumplanung gefordert, die sich stärker als Politikberatung versteht und sich als solche unmittelbarer an der Entwicklung der Rahmenbedingungen beteiligt. Sie hätte auch die Funktion, sich in den Dialog mit den anderen Disziplinen und Institutionen zu begeben, die sich mit der Entwicklung ländlicher Sozialräume beschäftigen. Daraus resultiert auch die Chance zur Verzahnung von Raum- und Jugendhilfeplanung. Letztere ist ein geeignetes Instrument, um spezifische Maßnahmen im Spektrum der Jugendhilfe – und somit auch für den Bedarfsfall „jugendlicher Rechtsextremismus" – zu entwickeln. Doch schon in der Vorläuferstudie wurde kritisch angemerkt, dass derartige Formen disziplin- und ressortübergreifender Planung nicht weit gediehen sind (BUND DER DEUTSCHEN LANDJUGEND 2009, S. 203). Immerhin konnte an einzelnen Beispielen aufgezeigt werden, dass es sehr wohl gelingen kann, aus eigenem Antrieb und unter konsequenter Einbindung der verschiedenen Förderoptionen erfolgreich einer weiteren Erosion entgegenzuwirken. Gelingende nachhaltige Dorfentwicklung ist eine Gestaltungsaufgabe, die sehr wohl Beiträge zur Bekämpfung des Rechtsextremismus leistet, obwohl sie sich aus anderen Logiken speist. Sie stärkt zivilgesellschaftliche Strukturen, fördert demokratische Prozesse und leistet auch einen erheblichen Beitrag zur Verbesserung der kleinräumigen demographischen Entwicklung. Die Stärkung lokaler Ökonomie trug an einzelnen Standorten zur wirtschaftlichen Belebung von Kleinunternehmen und zur Schaffung von Arbeitsplätzen bei (ebenda, S. 206). In dieser Tradition stehen auch die mehr als 150 Dorfläden, die – genossenschaftlich oder als wirtschaftlich tätiger Verein organisiert – nicht nur einen Beitrag zur Verbesserung kommunaler Versorgung leisten, sondern Orte des Zusammentreffens, des gemeinsamen Arbeitens und mancherorts auch flankierender kultureller Aktivitäten geworden sind. Wer beispielsweise den Dorfladen im unterlän-

Raumplanung

dischen Langenbeutingen aufsucht, stellt überrascht fest, dass dort kein alter „Tante-Emma-Laden“ revitalisiert, sondern ein auch architektonisch anspruchsvoller Supermarkt erstellt wurde. In diesem stehen die Erzeugnisse regionaler Produzenten neben dem EDEKA-Sortiment im Angebot. Mit einem kleinen Café wurde ein weiterer lokaler Begegnungsort geschaffen, in dem auch kleinere Konzerte, Feiern und Lesungen stattfinden. KLEMISCH und HEINS (2015, S. 46) sehen gerade in der wachsenden Zahl derartiger Dorfläden einen zarten Trend zur Rekommunalisierung von Maßnahmen. BürgerInnen werden zu AkteurInnen in – sicherlich bescheidenen – regionalen Wirtschaftskreisläufen und gelangen auf neue Weise in sozialen Austausch. In begrenztem Umfang sind auch Arbeits- und Ausbildungsplätze entstanden.

Über die Aktivierung der dorfeigenen Potenziale sind in jüngster Vergangenheit auch neue Formen von Versorgungs- und Mobilitätshilfen für ältere oder nicht mobile Menschen in abgelegenen Landgemeinden entstanden.[132] Gelingen derartige Schritte nicht flächendeckend, könnte eine qualitativ hochwertige Daseinsvorsorge, die einerseits wohnortsnah, andererseits auch bezahlbar ist, ihre bisherige Selbstverständlichkeit verlieren (GROSSE-STARMANN 2015, S. 45).

Immer häufiger wird im Ausbau des schnellen Internets eine Chance für den ländlichen Raum gesehen (Ex.: BONDE 2015). Auch wenn zutreffend ist, dass ein wachsender Anteil der Arbeit im technikgestützten Homeoffice erbracht wird, müssen Zweifel daran angemeldet werden, dass dies die prekären ländlichen Räume entscheidend voranbringt. Zumindest werden ihnen die durch Abwanderung verloren gegangenen Humanressourcen nicht automatisch zurückgebracht.

Verzahnung

Seit der ersten BDL-Studie sind die Versuche, die den strukturschwachen ländlichen Räumen innewohnenden Potenziale vorrangig zum Ausgangspunkt geförderter Maßnahmen zu machen, nicht im notwendigen Maße weiterentwickelt worden. Dabei steht der notwendigen Wiederbelebung der Institution eines „Dorfkümmerers" (KLEMISCH / HEINS 2015, S 47) keineswegs das Fehlen geeigneter Programme und Fördermittel entgegen. Die neue Förderperiode der EU-Struktur- und Investitionsfonds (ESIF) bietet genügend Möglichkeiten, eine nachhaltige Entwicklung anzustoßen (ebenda). Dies kann über die Programme ESF, EFRE und für den ländlichen Raum insbesondere über ELER und LEADER erfolgen.[133] Zentrales Problem bleibt unverändert, dass kleineren

132 Exemplarisch: „Bürger unterstützen Senioren“ (BuS), in Babenhausen: WWW.BUS-BBH.DE.

133 ESF: Europäischer Sozialfonds; EFRE: Europäischer Fonds für regionale Entwicklung; ELER: Europäischer Landschaftsfonds für die Entwicklung des ländlichen Raums; LEADER (meint: Liaison entre actions de développement de l'économie rurale), Gemeinschaftsinitiative der Europäischen Union zur Förderung innovativer Aktionen im ländlichen Raum, mittlerweile in der 5. Phase: LEADER 2014-2020.

Antragstellern oftmals die Lotsen fehlen, um an der Schnittstelle zwischen europäischer Sozial- und Strukturpolitik erfolgreich agieren zu können.

Hinweise auf hilfreiche europäische Programme:

AGENTUR FÜR QUERSCHNITTSZIELE IM ESF (HRSG.): *Die Querschnittsziele im ESF in der Förderperiode 2014-2020*. Ein Leitfaden, Berlin 2015, kontakt@esf-querschnittsziele.de

EUROPÄISCHER FONDS FÜR REGIONALE ENTWICKLUNG / LAND MECKLENBURG-VORPOMMERN (HRSG.):, *Europäischer Fonds für Regionale Entwicklung*. Operationelles Programm des Landes Mecklenburg-Vorpommern, Förderperiode 2014-2020, Schwerin o.J., www.europa-mv.de

DEUTSCHE VERNETZUNGSSTELLE LÄNDLICHE RÄUME (DVS) (HRSG.): *Was ist ELER: www.*netzwerk-laendlicher-raum.de/themen/eler-2014-2020

DEUTSCHE VERNETZUNGSSTELLE LÄNDLICHE RÄUME (DVS) (HRSG.): *LEADER seit 2014: www.*netzwerk-laendlicher-raum.de/regionen/leader/leader-2014-2020

9.3 Verzahnung von Elternberatung und Elternbildung als Chance für die Strukturentwicklung in prekären ländlichen Räumen

Nunmehr gut 25 Jahre intensiver wissenschaftlicher und aus der Praxis stammender Auseinandersetzung mit Interventionsstrategien im Problemkreis Rechtsextremismus haben gezeigt, dass weder monofaktorielle Ursachenbeschreibungen noch isolierte einzelne Maßnahmen zielführend sind. In der Vorgängerstudie haben wir die Wichtigkeit kommunaler Netzwerkbildungen und deren Dimensionen beschrieben (BUND DER DEUTSCHEN LANDJUGEND 2009, S. 212 ff).

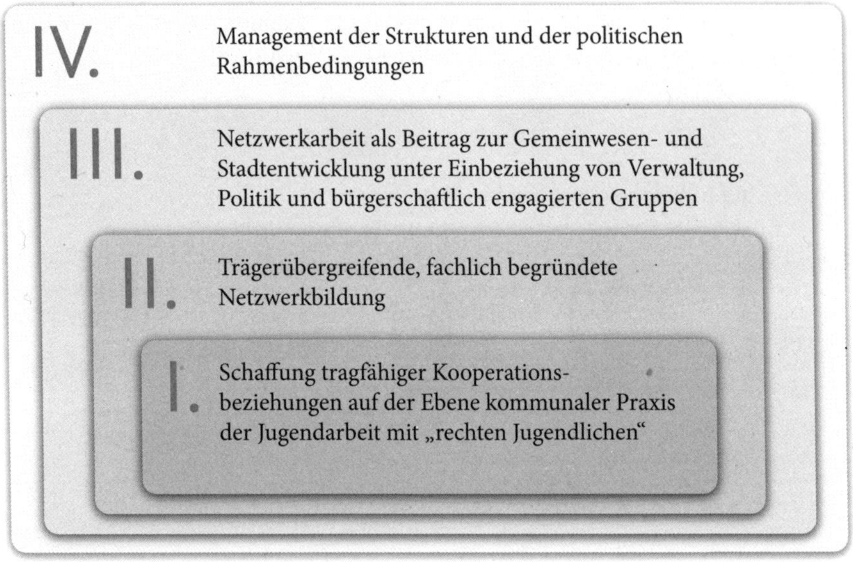

Abb. 2: Ebenen und Reichweiten von Netzwerkarbeit zur Reduzierung von rechtsextremen Belastungen in Gemeinwesen (SIMON 2005)

Ferner wurde herausgearbeitet, dass Verzahnungsoptionen verschiedener Hilfen da bestehen, wo Jugendhilfe und darauf bezogene Planung einen individuellen Hilfebedarf in den Vordergrund stellen und Raumplanung sich im Rahmen einer reformierten Ausgleichspolitik stärker als bislang auch einer Subjektförderung verpflichtet sieht (ebenda, S. 207). Aus der Perspektive der Jugendhilfe war es hilfreich, dass dem zuständigen Ministerium Ähnliches auch vom Beirat für Raumordnung empfohlen wurde (BMVBS 2007, S. 22). Dieser Gedanke greift eines der neuen Leitbilder der Raumentwicklung auf: die Idee von der Förderung der endogenen (von innen entstehenden) Potenziale. Die „Streueffekte" klassischer Strukturförderung werden durch Individualförderung abgelöst.

Des Weiteren haben wir empfohlen, das Instrument der Erwachsenenbildung als regionalen Entwicklungsfaktor zu verstehen und stärker als bislang zur Entwicklung von Dialog- und Netzwerkstrukturen heranzuziehen (BUND DER DEUTSCHEN LANDJUGEND 2009, S. 205).

Dabei gilt zu beachten, was FISCHER und RÖMER (2015, S. 59) mit Blick auf die prekären ländlichen Räume festgestellt haben: Stärker als in anderen Siedlungsstrukturen scheuen sich Adressatinnen und Adressaten, einschlägige Angebote in Anspruch zu nehmen. Dies gilt gerade auch für Eltern, deren Kinder Berührungspunkte zu rechten Szenen haben oder in diesen bereits verhaftet sind. Stärker als andernorts scheuen sie sich, ihre Problemsituation offenzulegen, weil sie befürchten, dass vertrauliche Informationen rasch im Ort kursieren (ebenda).

Die Praxisforschung zeigt auch, dass sich traditionelle Formen elternbezogener Beratung gerade in prekären ländlichen Räumen schwer tun, wenn

- das Netz professioneller Beratungseinrichtungen weitmaschig ist und
- das Setting der Beratung zusätzlich dadurch belastet wird, dass entweder die Eltern selbst oder die Jugendlichen im Rechtsextremismus verankert sind.

Anfang 2016 legte eine Projektgruppe der HS Magdeburg-Stendal eine Studie vor, in der es um die Frage ging, inwieweit in der Beratungspraxis Handlungsunsicherheiten in der Arbeit mit Eltern, Angehörigen und sonstigen Bezugspersonen im Umgang mit rechtsextrem orientierten bzw. einschlägig gefährdeten Jugendlichen auftreten. Ferner beschäftigte sie sich mit der Frage, ob daraus der Bedarf der Einrichtung einer Kompetenzstelle „Eltern und Rechtsextremismus" (KER) abzuleiten ist (SIMON / BEHRENDT / BERTRAM / JAHNKE / KUNSTMANN / MAIKATH / PRELL / RIEDEL / WASSILENKO 2016). Bereits aus der vorgeschalteten Befragung von in anderen Bundesländern bestehenden professionellen Beratungsangeboten für Eltern rechtsextremer Jugendlicher wurde deutlich, dass diese Dienste nach einer kritisch betrachteten begleitenden Anlaufphase sehr gut angenommen worden sind (ebenda).

Dort, wo unmittelbar mit Eltern und anderen Angehörigen rechtsextrem orientierter Jugendlicher zusammengearbeitet wird, sind komplexe fachliche Qualifikationen vonnöten. Diese resultieren aus:

- den aktuellen Entwicklungen des (jugendlichen) Rechtsextremismus,
- den meist auch anders gelagerten Beratungs- und Unterstützungsbedarfen der Eltern und Angehörigen,
- den nicht selten unzulänglichen Struktur-, Organisations- und Personalgegebenheiten der jeweiligen Dienste und Angebote

Insbesondere Zusatzqualifikationen für systemische und non-direktive Beratung sind geboten. Dies geht allein schon darauf zurück, dass Eltern und andere Angehörige höchst unterschiedliche, manchmal äußerst komplexe Verhaltensmuster und Bedarfe aufweisen:

- sachliche und inhaltliche Beratungsbedarfe direkt anfragend bzw. auf andere Weise signalisierend,
- eine rational-pragmatische Orientierung unter weitgehender Ausblendung der eigenen Rolle an den Tag legend: „Wir müssen was tun – helfen Sie uns dabei",
- sie sind gelegentlich hilflos, verzweifelt, suchen psychosoziale Unterstützung,
- sie leben manchmal selbst in prekären ökonomischen und sozialen Verhältnissen,
- sie sehen im Verhalten des Kindes / des Jugendlichen das Produkt bzw. den Ausdruck eigenen (Erziehungs-)Versagens,
- sie zeigen Ratlosigkeit, haben keine Antwort auf die Frage: „Was haben wir falsch gemacht?",

- sie suchen in dem Berater/der Beraterin eine Person, mit der sie sich – manchmal über ein breites Themenspektrum hinweg – einmal aussprechen können,
- manche sind über das Verhalten ihres Kindes empört, dies gilt insbesondere für Elternhäuser, in denen die Orientierung bzw. das Verhalten des Kindes /des Jugendlichen auch als Protest gegen das eigene „linke", „bürgerliche", „spießige" Milieu gedeutet werden kann,
- andere argumentieren relativierend, rechtfertigend: „Die Ausländer benehmen sich …",
- wiederum andere sympathisieren offen oder latent mit der Einstellung des Kindes / des Jugendlichen, verurteilen aber dessen „krasse" (gewalttätige, strafbare) Handlungen,
- in seltenen Fällen zeigen Eltern eine offen rechtsextreme Haltung und betrachten den aufgezeigten Beratungsbedarf als Zumutung, als Affront oder als Strafe,
- ferner existieren Fälle, in denen Eltern eine offen rechtsextreme Haltung zeigen und jede Form der Kooperation ablehnen.

Ausgehend von der Feststellung, dass KERs (Kompetenzstellen „Eltern und Rechtsextremismus") hilfreiche Einrichtungen sein können, wurde nachfolgend erörtert, was Aufgaben derartiger Stellen sein sollten und was von anderen geleistet werden muss. Eindeutig dem Aufgabenbereich einer KER zuzuordnen sind:

- der gewünschte feste Ansprechpartner vor Ort zu sein,
- das fallbezogene Coaching,
- die Hinzuziehung von KER-MitarbeiterInnen im Einzelfall, etwa zur Durchführung systemischer oder anderweitig spezialisierter Beratung,
- sämtliche Bedarfslagen, auf die über spezialisierte Trainings- und Kommunikationsübungen eingegangen werden muss sowie
- Impulssetzungen, die geeignete sozialräumliche Netzwerkbildungen befördern helfen

Eine mittelfristige Absicherung von Kompetenzstellen „Eltern und Rechtsextremismus" (KER) ist in der Kombination landesbezogener Bemühungen und der komplementären Mittelzuflüsse aus Bundesprogrammen möglich. Wie in der Vergangenheit bei einer Vielzahl anderer Maßnahmen sind die Programmgebundenheit und zeitliche Befristungen die größten Hemmnisse für die Entwicklung von Nachhaltigkeit. Um an dieser Stelle größere Wirkungen und größere Reichweiten zu erzielen, soll der Gedanke weiterverfolgt werden, ob derartige, auf Elternberatung spezialisierte Angebote nicht stärker als bislang mit der in nahezu allen Bundesländern stiefmütterlich behandelten Familienbildung kooperieren solten.

Die öffentlichen Träger der Jugendhilfe sind durch SGB VIII§ 16 Abs. 2 (konkret: der Familienbildung im engeren Sinne) verpflichtet, der Finanzierung derartiger Aufgaben denselben Stellenwert einzuräumen wie anderen Leistungen der Jugendhilfe. Dem stehen jedoch andere Schwerpunktsetzungen der Jugendhilfe entgegen.

Familienbildung hat dort bessere Chancen zur Weiterentwicklung, wo sie begonnen hat, in Netzwerken mit Schulen, Kindertageseinrichtungen, Jugendarbeit und den durchgängig familienbezogenen Erziehungshilfen wirksam zu werden. Bereits in früheren Forschungen zur Netzwerkarbeit (SIMON 2004) wurde herausgearbeitet, dass komplexe Netzwerke langfristig nur dann erfolgreich arbeiten, wenn ein Mindestmaß an professioneller Steuerung gewährleistet ist. Wer dabei „den Hut auf hat“, ist weniger von Bedeutung, sondern ergibt sich in der Regel aus den jeweiligen kommunalen Besonderheiten. Entscheidender ist, dass diese Rolle ausgefüllt wird und die Akzeptanz aller Kooperationspartner findet. MARA DEHMER (2012, S. 118) betont mit dem

Beratungsangebote

Verweis auf §§ 78, 81 SGB VIII, dass Familienbildung als Teil der Jugendhilfe in ein System eingebunden ist, das zur Erreichung seiner Ziele mit all den anderen Akteuren zusammenwirken soll, die das Lebensumfeld von jungen Menschen gestalten. Dabei kommt insbesondere der Zusammenarbeit zwischen Erziehungsberatung und Familienbildungsstellen eine besondere Bedeutung zu (ebenda).

Es lohnt sich deshalb, sich in einem Ausblick jenen Optionen zuzuwenden, die sich aus einer Verknüpfung von Tätigkeitsfeldern ergeben, die vordergründig nur bedingt miteinander in Beziehung stehen:

- Strukturentwicklung – und hier insbesondere der peripheren ländlichen Räume,
- sozialräumliche Modifikationen familienbezogener Hilfen,
- der in ländlichen Räumen schwächelnden Familienbildung sowie
- eines Spezialdienstes, wie ihn eine Kompetenzstelle „Eltern und Rechtsextremismus“ (KER) darstellt.

DER DEUTSCHE VEREIN FÜR ÖFFENTLICHE UND PRIVATE FÜRSORGE (2009) hat zu Recht darauf hingewiesen, dass die Erreichbarkeit von Familienbildung in der Fläche häufig deutlich schwächer entwickelt ist als in den Ballungsräumen. 68% der deutschen Bevölkerung leben jedoch außerhalb der Ballungsräume und davon lebt wiederum ein Teil in besonders strukturschwachen ländlichen Regionen, die wir vorrangig, aber nicht ausschließlich in den neuen Ländern finden. Was hindert uns daran, in den peripheren ländlichen Räumen Planungen für eine nachhaltige Dorfentwicklung, Jugendhilfe- und Schulentwicklungsplanung künftig stärker als bislang miteinander zu verzahnen? Und resultieren nicht gerade für Sozialräume, die höher mit Rechtsextremismus belastet sind, Unterstützungsoptionen aus einem beratenden, coachenden Dienst, wie ihn eine Kompetenzstelle „Eltern und Rechtsextremismus“ (KER) darstellt? Bei einer entsprechend vorgenommenen konzeptionellen Ausrichtung und einer qualifizierten personellen Besetzung kann eine derartige Stelle neben ihren anderen Funktionen zu einem festen „Knoten“ im Netz der Entwickler strukturschwacher Sozialräume werden.

9.4 Mehr Planung und Absicherung der kommunalen Jugendarbeit und Jugendhilfe in den ländlichen Räumen

Unstrittig ist, dass das letzte Jahrzehnt eher eine Abwertung der Jugendarbeit gebracht hat. Manche Debatten vermitteln den Eindruck, sie sei eigentlich nur noch als Appendix des schulischen Ganztages denkbar.

Seit Jahren konstatieren wir, dass Vereins- und Jugendverbandsarbeit, langsam zwar, aber dennoch kontinuierlich, abnehmen. Vor allem in den ländlichen Räumen haben sie gerade für die jüngeren Jugendlichen immer noch eine wichtige Sozialisationsfunktion.

Zu Beginn des Jahrtausends konnten für die Jugendhilfeplanung *„dynamische Wachstumsprozesse an Ideen und Projekten ausgemacht werden. Doch seit rund zehn Jahren hat der Stellenwert der Jugendhilfeplanung stetig abgenommen"* (SIMON 2015 c). Dabei benötigen wir zur Bewältigung einer Vielzahl von Aufgabenstellungen eine dynamisch steuernde Jugendhilfeplanung in Stadt und Land. Zu diesen gehören:

- die Herausforderungen und Folgen des demografischen Wandels,
- die bislang immer noch nicht angemessen bewältigten Folgen der Migration,
- die Konkretisierung und Umsetzung dessen, was in fachlichen Diskursen für die Entwicklung von Angeboten einer geschlechtersensiblen Jugendhilfe dargelegt wurde,
- eine weitere Umsetzung der Ausgestaltung und Suche nach neuen, außerschulischen Lernorten,
- die Fortentwicklung der Verzahnung von schulischen Angeboten und der Jugendhilfe,
- die Transformation der Jugendhilfe im Sinne geforderter Inklusion sowie
- die Entwicklung von tragfähigen und zukunftsträchtigen Jugendhilfestrukturen in den prekären städtischen und ländlichen Räumen.[134]

Wie dargestellt, hat die Bundesregierung die Erstellung des 15. Jugendberichts auf den Weg gebracht.[135] Dessen geplante, die Medienwelt einschließende Konturierung zeigt neben den gängigen Bezügen: Jugendhilfe und Jugendpolitik müssen sich vermehrt

134 Prekäre ländliche Räume sind vorwiegend in Teilen Ostdeutschlands zu finden. Hoch belastete städtische Sozialräume befinden sich sowohl in Ost- als auch in Westdeutschland.

135 Dieser soll voraussichtlich 2017 vorgelegt werden.

mit dem Verhaftetsein Jugendlicher mit den virtuellen Welten auseinandersetzen. Jugendarbeit sollte ihre kreativen Potenziale nutzen (siehe: SIMON 2015 d, S. 32):

- indem sie darauf beharrt, dass es sowohl in städtischen Quartieren als auch in den Dörfern weiterhin „eigensinnige“ und eigenständige außerschulische Jugendarbeit geben muss, die nicht an den Schulstandort, sondern an außerschulische jugendliche Lebenswelten gebunden ist,
- indem sie ihre aus langjähriger Erfahrung abgeleiteten Kompetenzen zur Entwicklung von Selbstverwaltung und Partizipation immer wieder neu auf zeitgemäße Weise einbringt,
- indem sie sich (mit sexualpädagogischer Kompetenz) mit der über neue Medien vermittelten Sexualisierung des kindlichen und jugendlichen Alltags befasst,
- und mit medienpädagogischem Können sich noch mehr als bislang der Sisyphusarbeit zuwendet, Nerds in kreative Medienprojekte einzubinden, in denen sie gelegentlich sogar mit allen Sinnen analog kommunizieren und erleben,
- indem sie sich stärker als bislang für jene als hilfreich erweist, die ihre Kinderrechte gegenüber autoritären Communities zu behaupten versuchen,
- indem sie eigene Wege bei der Entwicklung von Inklusion sucht. Dabei muss sie mit der Sonderpädagogik kooperieren. Jugendarbeit sollte sich aber auch an dieser Stelle nicht von der Sonderpädagogik dominieren lassen.

Debatten

9.5 Was benötigt eine abgesicherte Jugendarbeit mit rechtsextrem orientierten Jugendlichen?

In der praktischen pädagogischen Arbeit gab es in Folge der Diskreditierung früherer Maßnahmen als „staatlich alimentierter Glatzenpflege“ einen extremen Rückbau der unmittelbaren sozialpädagogischen Projektarbeit mit rechtsextremen und einschlägig gefährdeten Jugendlichen.

Nach dem Auslaufen der einschlägigen Bundesprogramme fand nachhaltige Arbeit mit dieser Zielgruppe nach der Jahrtausendwende nur noch an wenigen Praxisorten statt. Im Vordergrund standen von nun an die Stärkung der Zivilgesellschaft, die Suche nach sinnvollen Multiplikatoren, die Schaffung von Netzwerkstrukturen sowie Beiträge zur kommunalen Gegenmachtbildung. Die Säulen des Programms „Toleranz fördern – Kompetenz stärken“ waren die Prävention, die besondere Beachtung der Opferperspektive und die Stärkung der Zivilgesellschaft.

MÖLLER und SCHUMACHER (2014, S. 34) weisen für die Zeit nach 2011 in Gesamtdeutschland noch 22 Projekte der offenen sowie zwölf Projekte der aufsuchenden Jugendarbeit mit „rechten Jugendlichen" aus (Vgl. Kapitel 5.3, S. 50). Diese Zahlen sind sicherlich zu niedrig gegriffen, da sie sich lediglich auf Projekte und Standorte beziehen, die Leistungen aus einem der Bundesprogramme erhalten haben. Die nicht aus Bundesprogrammen alimentierten „Mühen der Ebene" werden nicht erfasst. Zu etwas optimistischeren Angaben gelangen GREUEL / KÖNIG (2014). Sie kommen in ihrer Nachfolgeerhebung zum Programm „Toleranz fördern – Kompetenz stärken" zu dem Ergebnis, dass 43% der 93 Modellprojekte die begonnene Arbeit mit rechtsextremen Jugendlichen weiter verfolgen (ebenda, S. 270).[136] Ob es sich dabei um eine punktuelle oder eine kontinuierliche Zusammenarbeit handelte, war nicht ersichtlich.

Inklusion

Das aktuelle Bundesprogramm „Demokratie leben! Aktiv gegen Rechtsextremismus, Gewalt und Menschenfeindlichkeit" ermöglicht stärker als die Vorgängerprogramme wieder die unmittelbare Arbeit mit rechtsextrem orientierten bzw. gefährdeten Jugendlichen. Auch wenn es banal und vielleicht nassforsch klingt: Wenn Entscheidungsträger zu der Erkenntnis gelangen, dass es neben den Maßnahmen zur Stärkung der Zivilgesellschaft künftig wieder unmittelbarer (sozial)pädagogischer Arbeit mit rechtsorientierten und gefährdeten Jugendlichen bedarf, so müssen die hierfür geeigneten Prinzipien und Handlungskonzepte keineswegs neu erfunden werden. Die Soziale Arbeit hat seit den 1950er Jahren vielfältig geeignete Konzepte und in der Praxis erprobte Maßnahmen entwickelt.

Wichtige Kriterien sind (SIMON 2015 e, S. 203):

- die Herstellung eines tragenden, unterstützenden Umfeldes,
- die Fachlichkeit und persönliche Geeignetheit des Personals, das über ein angemessenes Handlungs- und Methodenwissen verfügen muss,
- die Herstellung einer belastbaren pädagogischen Beziehung,
- eine angemessene Personalausstattung,
- sowie Nachhaltigkeit.

Letztere hat zur Konsequenz, dass Projekte, in denen Gruppen mit verfestigten Einstellungs- und Verhaltensmustern nicht über einen längeren Zeitraum begleitet werden können, zu unterlassen sind.

Dieses sozialpädagogische Handlungswissen resultiert im Übrigen keineswegs nur aus der „Arbeit mit Rechten", sondern entstammt jahrzehntelanger umfangreicher Forschung, Entwicklung und Praxis einer Sozialarbeit mit unterschiedlichen Zielgruppen (Suchtmittelabhängige, Gewalttäter, massiv Verhaltensauffällige, psychisch erkrankte Personen usw.). Gelingen oder Misslingen liegen in der Arbeit mit schwieriger Klientel stets nahe beieinander. Ob das Pendel eher in die eine oder in die andere Richtung aus-

136 Die Autoren verwenden andere Prozentangaben, da sich ihre Darstellung auf 60 der 93 Projekte bezieht, die sich an der Umfrage beteiligt haben.

können die Realitäten komplexer wiedergegeben werden (ebenda, S. 211). Das Ziel ist, möglichst viele kommunale Bereiche (Schule, Jugendarbeit, Verwaltung, Polizei, Parteien, Kirchen, Gewerkschaften, Wirtschaft, Jugendgruppen, zivilgesellschaftliche Organisationen, Flüchtlinge, engagierte Bürger usw.) zu beschreiben und Demokratiepotenziale ausfindig zu machen. MultiplikatorInnen werden sensibilisiert. Es kann zur Schaffung belastbarer Netzwerke kommen.

Ausgehend von den Erhellungen, die aus der Gemeindemachtanalyse und beginnender Netzwerkarbeit hervorgehen, hat kommunale Jugendhilfeplanung – richtig gemacht – genügend Fachlichkeit, um den Bedarf an Angeboten, Programmen und Personal zu benennen, um wieder zu einer seriösen pädagogischen Praxis mit rechtsextrem orientierten Jugendlichen übergehen zu können. Dies geschieht nicht isoliert, sondern eingebettet in das Gemeinwesen. Beratung und Supervision („Überwachung") gehören für eine Arbeit mit besonderem Schwierigkeitsgrad zu den notwendigen Flankierungen.

Eigentlich ist erschreckend, dass der negative Hype, der um das AgAG[137]-Programm gemacht worden ist, zehn Jahre lang eine systematische pädagogische Arbeit mit rechten Jugendlichen außerhalb der Bewährungs- und Jugendgerichtshilfe, der Psychiatrien und Gefängnisse weitgehend verhindert hat. Die Wenigen, die sich außerhalb der Programmwelten in Jugendeinrichtungen noch dieser Aufgabe stellten, waren häufig dem Generalverdacht ausgesetzt, doch irgendwie rechte Einflüsse zu fördern.

Mittlerweile hat sich, wie dargestellt, auf der Ebene der Bundesprogramme wieder ein vorsichtiger Richtungswechsel vollzogen. Jetzt können auch wieder Projekte gefördert werden, die unmittelbar mit rechten Jugendlichen arbeiten (BAER 2014, S. 53).

GREUEL / KÖNIG (2014, S. 271) weisen darauf hin, dass sich über die wechselnden Programmfinanzierungen eine eigenständige modellprogrammfinanzierte Praxis herausgebildet hat, die quer zur übrigen Regelpraxis der Kinder- und Jugendhilfe bzw. der Sozialen Arbeit liegt. Das Problem der „schlingernden Zielsetzungen" liegt unverändert darin, dass die Gestaltung der Programme ein auf Nachhaltigkeit ausgerichtetes fachlich fundiertes Festhalten an bewährten Handlungskonzepten bislang verhindert hat. Mehr als 25 Jahre nach dem „Urprogramm" AgAG sollten endlich Strukturen geschaffen werden, die das „Programmhopping" für eine bewährte, auf Nachhaltigkeit ausgerichtete Praxis überflüssig machen. Dies kann nur dadurch geschehen, dass neben kleinen Programmen zur Entwicklung und Erprobung von Modellen eine verstetigte Finanzierung eingerichtet wird, mittels derer nach vorliegender örtlicher Problemanalyse und (Jugendhilfe)Planung kommunale Jugendarbeit mit rechtsorientierten Jugendlichen innerhalb örtlicher Regelangebote mit Zusatzleistungen unterstützt werden kann (SIMON 2015 e, S. 206).

137 Aktionsprogramm gegen Aggression und Gewalt (1992 – 1997) des Bundesministeriums für Frauen und Jugend (BMFJ)

Ausgesuchte Arbeitshilfen für die unmittelbare pädagogische Praxis mit „rechten" Jugendlichen:

S. BAER/K. MÖLLER/P. WIECHMANN (HRSG.): *Verantwortlich Handeln: Praxis der Sozialen Arbeit mit rechtsextrem orientierten und gefährdeten Jugendlichen.* Opladen, Berlin, Toronto 2014 (Eine Sammlung kritischer Beiträge, die die Grenzen für eine praktische Arbeit mit „rechten Jugendlichen" sehr eng setzen.)

S. BORRMANN: *Soziale Arbeit mit rechten Jugendcliquen.* Wiesbaden 2006 (Schlüssige Praxishilfe, die vor allem zeigt, dass eine unmittelbare Jugendarbeit mit rechtsextrem orientierten Jugendlichen zum einen langfristig angelegt, zum anderen mit weiteren Maßnahmen im Gemeinwesen abgestimmt sein muss.)

J. KRAUSSLACH / F. DÜWER / G. FELLBERG: *Aggressive Jugendliche.* Jugendarbeit zwischen Kneipe und Knast, München, 1976

J. KRAUSSLACH: *Aggression im Jugendhaus.* Konfliktorientierte Pädagogik in der Jugendsozialarbeit, Wuppertal 1981: Die beiden „Kraußlach-Bände" sind noch immer mit die besten Handreichungen für die unmittelbare Arbeit mit gewalttätigen Jugendlichen, die in Deutschland auf dem Markt sind; von zentraler Bedeutung sind in beiden Bänden die Hinweise zum Erwerb von Interventionsberechtigung.

F. J. KRAFELD: *Akzeptierende Jugendarbeit mit rechten Jugendcliquen.* Bremen 1992 (Die geschätzte und kritisierte Ursprungsversion „akzeptierender Jugendarbeit".)

F. J. KRAFELD: *Für die Zivilgesellschaft begeistern statt nur gegen Rechtsextremismus ankämpfen.* Arbeitsmaterialien zum Konzept der gerechtigkeitsorientierten Jugendarbeit, Berlin 2001 (Ein über sein „altes" Konzept akzeptanzbasierter Jugendarbeit hinausgehender und erweiterter Arbeitsansatz Krafelds; kürzere Darstellungen vom selben Autor in mehreren Beiträgen in der „deutschen jugend".)

T. SIMON: *Von wegen Glatzenpflege – die Arbeit mit rechtsextremen Jugendlichen.* in: M. LANGEBACH / C. HABISCH (Hrsg.): *Zäsur?* Politische Bildung nach dem NSU, Schriftenreihe der Bundeszentrale für politische Bildung, Band 1640, Bonn 2015 e (Eine aktualisierte Darstellung bereits früher konzipierter Grundzüge.)

9.6 Möglichkeiten der ehrenamtlich getragenen Vereins- und Verbandsarbeit im Umgang mit Rechtsextremismus und anderen Formen Gruppenbezogener Menschenfeindlichkeit

Der Frage, wie ehrenamtlich getragene Vereine und Verbände möglichst wirkungsvoll gegen Gruppenbezogene Menschenfeindlichkeit agieren können, wurde in der Vorläuferstudie umfangreich nachgegangen. Wenn einerseits betont wird, dass Vereine und Verbände gerade im ländlichen Raum wichtige Pfeiler der Zivilgesellschaft sind, so haben wir andererseits darauf hingewiesen, dass die klassischen Formen der außerschulischen Jugend(verbands)arbeit und des Sports im „Kampf gegen Rechtsextremismus" nur begrenzt mitwirkungsbereit sind und deshalb auch nicht unangemessen überfrachtet werden dürfen (BUND DER DEUTSCHEN LANDJUGEND 2009, S. 184). Trotz der gerade in den ländlichen Räumen anhaltenden Erosion der Ehrenamtlichkeit gilt noch immer: Das Ehrenamt demokratisiert (RIEKMANN 2015, S. 207). Nachfolgend greifen wir die in der Vorstudie getroffenen Überlegungen auf (BUND DER DEUTSCHEN LANDJUGEND 2009, S. 186 ff) und ergänzen diese durch einzelne Aktualisierungen.

9.6.1 Zur zivilgesellschaftlichen Bedeutung von Vereins- und Verbandsarbeit

Vereins- und Jugendverbandsarbeit haben eine wichtige präventive Funktion, die freilich viele nicht erfasst, die sich subkulturellen – etwa rechtsextremen – Gruppen zugehörig fühlen. Ein wichtiges Element ist dabei das Erlernen und Erleben demokratischer Spielregeln und Aushandlungsprozesse. Voraussetzung dafür ist, dass Jugendverbände und Vereine die Partizipation ihrer Mitglieder fördern. Was sich so flüssig formulieren lässt, ist überall da, wo prekäre ländliche Räume für junge Menschen zunehmend unattraktiv werden, ein mühevolles Unterfangen. Gerade die Umsetzung nachhaltiger Beteiligungsprojekte ist Sisyphusarbeit. Auch wenn sie einmal erfolgreich implementiert werden konnten, haben sie für nachfolgende Alterskohorten nur eine begrenzte Gültigkeit. Partizipation muss praktisch mit allen Jahrgängen in der Kinder- und Jugendarbeit immer wieder neu entwickelt werden. Wichtig dabei sind Durchhaltevermögen, Kreativität und altersgleiche Multiplikatoren (Peers).[138]

Als eine der ersten ländlich geprägten Gebietskörperschaften macht der unterfränkische Landkreis Miltenberg die Partizipation (Teilhabe) von Kindern und Jugendlichen ab 2016 zu einem Schwerpunktthema im Spektrum der Strategien zur Bekämpfung der auch dort spürbaren Landflucht junger Menschen. Erste Schritte sind Jugendparlamente, ein Jugendkreistag und die Beteiligung von Jugendlichen bei der Verteilung der Landkreismittel für die Kulturarbeit (SCHERF 2015). Aktuell scheint selbstverwaltete offene Jugendarbeit wieder im Aufwind zu sein (SECKINGER u.a. 2016). Diese ist in den Landkreisen und damit in kleineren Gemeinden mit einem Anteil von 27% stärker vertreten als in den größeren Städten, in denen lediglich 12% der Einrichtungen selbstverwaltet sind (GESKE 2015).

9.6.2 Umgang mit jugendlichen Rechtsextremisten im eigenen Verein oder Verband

Jenseits der beiden Pole „Ignorieren" oder „Ausschluss" sollte im Kontext des vereins- oder verbandsbezogenen Gruppengeschehens auf rechtsextreme Äußerungen der Jugendlichen eine Reaktion erfolgen. Allerdings sollte dabei vermieden werden, dass der Jugendliche einen exklusiven Status zugewiesen bekommt oder gar in die Lage versetzt wird, durch sein Verhalten gegenüber den Vereins- oder Verbandsverantwortlichen

138 Belegt wurde das bereits in den 1990er-Jahren durch die modellhaften Beiträge des Kreisjugendrings Rems-Murr zur Kreisjugendplanung. Erneute Bestätigung findet es in den vom Autor zwischen 1996 und 2005 in Ostdeutschland durchgeführten Jugendhilfeplanungen und auch in den 2008 vorgelegten Studien des Hessischen Jugendrings und des Landjugendverbands Schleswig-Holstein e.V. Aktuell ist auf das Projekt „Zukunft im ländlichen Raum" zu verweisen, das sich auf die Landkreise Biberach und Ravensburg erstreckt. In letzterem wurden auch erfolgreich Online-Befragungen durchgeführt und nutzbar gemacht.

Vorbild oder Modell für andere Kinder und Jugendlichen zu werden. Der HESSISCHE JUGENDRING (2008, S. 117) hat hierzu sinnvolle Empfehlungen zusammengefasst, die wir ergänzt haben (BUND DER DEUTSCHEN LANDJUGEND 2009, S 186 f.):

- Ausloten, was hinter der Äußerung oder der Tat steckt
- Frühzeitig persönliche Einzelgespräche führen und Grenzen so setzen, dass der Jugendleiter oder der Verein auch in der Lage ist, gegebenenfalls die angedrohten Konsequenzen zu ziehen, denn jugendarbeiterisches Handeln ohne Konsequenzen ist keine Pädagogik mehr
- Bei Bedarf sollten mit der Gruppe auch außerhalb der Übungszeiten Gespräche geführt werden.
- Der Umgang mit rechtsextremen Äußerungen, Symbolen und Handlungen muss immer aus einer abgesicherten Position heraus geschehen.
- Frühzeitig sollten Vorstände und Eltern informiert werden (auch auf die Gefahr hin, dass Eltern die rechtsextremen Haltungen ihrer Kinder teilen).
- Innerhalb der eigenen Vereinsstrukturen muss ausgelotet werden, was von den Ehrenamtlichen geleistet werden kann und wo die Heranziehung externer Hilfen (Fachleuten zum Thema Rechtsextremismus, gegebenenfalls auch der Polizei und der Verantwortlichen für die Aussteigerprogramme) geboten ist. Der Vorstand, andere Ehrenamtliche und gegebenenfalls von außen hinzugezogene BeraterInnen sollten zu einem abgestimmten Handeln gelangen.
- Gerade das ehrenamtliche Engagement jüngerer Ehrenamtlicher darf nicht überfordert werden. Auch mit Blick auf die Rechtsextremismusproblematik ist die Arbeit mit Ehrenamtlichen ein auf Entwicklung angelegter pädagogischer Prozess.

9.6.3 Schulung der JugendgruppenleiterInnen

Die Einbindung von ÜbungsleiterInnen in gezielte Veranstaltungen, Schulungen und Trainings zum Umgang mit Rechtsextremismus und Homophobie in der eigenen Organisation bzw. im Gemeinwesen ist seit jeher Aufgabe der politischen Jugendbildung sowie der Fortbildung von Ehrenamtlichen. Für die TeilnehmerInnen erweisen sich diese Qualifizierungen als hilfreich. Es entsteht Verhaltenssicherheit. Der Austausch mit ähnlich betroffenen Ehrenamtlichen aus anderen Vereinen, Verbänden und Regionen trägt zur Sensibilisierung und zur Aktivierung bei. In mehreren Bundesländern berät die Sportjugend in Fragen des Umgangs mit Rassismus im Vereinswesen. In der Vorgängerstudie (BUND DER DEUTSCHEN LANDJUGEND 2009) haben wir auf ein wichtiges Pilotprojekt verwiesen:

Die Hessische Sportjugend hat 2007 ein Projekt namens „Mobile Interventionsteams gegen Rechtsextremismus im Sport“ (MITS) gestartet, das Modell für Projekte in anderen Bundesländern wurde und bis heute in Hessen zur Anwendung kommt.

Dessen zentraler Ansatzpunkt ist die Beratung und Begleitung von Sportvereinen, die von Rechtsextremismus betroffen sind. ANGELIKA RIBLER (2008, S.15) berichtete davon, dass in der Regel die Vereine nicht auf die externen BeraterInnen zukommen. Von den Vorfällen und Problemen erfährt das Beratungsteam meist über Dritte. Eine wichtige Aufgabe besteht somit in der Erarbeitung eines Beratungsauftrags in Kooperation mit den Vereinen. Sowohl in der Fan-Arbeit als auch in der vereinsbezogenen Beratung haben Aspekte der Gewaltprävention und der Mediation einen hohen Stellenwert.

Eine wichtige Rolle bei der Vermittlung professioneller Hilfe und Beratung spielen auf der verbandlichen Ebene die jeweiligen BildungsreferentInnen. Dabei muss gerade mit Blick auf Rechtsextremismus verstärkt darauf hingewirkt werden, dass vermehrt vereins- und verbandsübergreifende Schulungen von JugendleiterInnen und anderen MultiplikatorInnen auf lokaler Ebene durchgeführt werden, um eine bessere Abstimmung zwischen örtlich wirksamen Akteuren zu erreichen.

An die Erfahrungen von MITS knüpften die von den jeweiligen Landessportbünden getragenen Projekte „Mobile Beratung im Sport“ (MoBis) in Mecklenburg-Vorpommern und „Menschlichkeit und Toleranz“ (MuT) in Sachsen-Anhalt an.

MoBis versteht sich als aufsuchende und begleitende Beratung. Über eine modularisierte Fortbildung werden KonfliktberaterInnen qualifiziert. Diese können von Vereinen mit Problemen im Themenkreis Rechtsextremismus zur Unterstützung angefordert werden.[139] Es ist vorgesehen, dass diese BeraterInnen im Jahr fünf bis maximal zehn Sensibilisierungs- bzw. Beratungseinsätze machen.

Teilhabe

Der Verantwortliche dieser Studie hat das auf den hessischen Erfahrungen basierende Projekt MuT in Sachsen-Anhalt einige Jahre als Beiratsmitglied begleitet. Dieses Projekt hat sich zur Aufgabe gemacht, Gewalt und Rassismus im Amateursport wirkungsvoller zu begegnen. Ein wichtiger Baustein ist auch hier die Qualifizierung von Ehrenamtlichen (FunktionärInnen, TrainerInnen, engagierten Einzelpersonen), die Vereinen beratend und auf Wunsch auch als Mediatoren zur Verfügung stehen.

Die anfängliche Reserviertheit vieler Vereine und Kreisverbände wich langsam wachsender Aufgeschlossenheit, die sich aus den „erfolgreichen kleinen Schritten“ abgeleitet hat.

Exemplarisch sei auf eine typische und erfolgreiche Intervention bei einem Verein verwiesen. Dieser hatte einen Trikotsponsor gewonnen, der Sport- und Freizeitbekleidung mit gewaltverherrlichenden Aufdrucken vertreibt, die auch in der rechten Szene gerne getragen wird. Der Verein wurde vom Projekt MuT auf die damit in Verbindung stehende Problematik aufmerksam gemacht. Der Verein hat sich auf eine Beratung

139 WWW.LSB-MV.DE/SPORTWELTEN/PROJEKTE/MOBIS, Zugriff vom 30.4.2016

eingelassen und gab am Ende den Trikotsatz zurück. Seine Mannschaften spielen nun in Trikots mit dem MuT-Logo.

In einem zweiten aktuellen Fall ging es darum, einen Verein dahingehend zu sensibilisieren, einen aktiven Neonazi als Jugendtrainer abzulösen. Zwei weitere Neonazis sind Spieler des Vereins. Nach einem Jahr intensiver Fallarbeit wurde zwar der Jugendtrainer abgelöst, die beiden Spieler sind jedoch weiter aktiv.[140] Erste einzelne erfolgreiche Interventionen haben dazu beigetragen, das MuT-Projekt in die Landschaft der sportflankierenden Maßnahmen einzubetten. Nach zögerlicher Distanz zu Beginn werden von immer mehr Vereinen die Chancen und Vorteile für die Bewältigung eigener Schwierigkeiten erkannt.

Auch die Landesregierung sieht im Wirken der MuT-Mitarbeiter eine wertvolle Komponente in der Gewaltprävention und bei der Intervention bei bzw. nach Gewaltdelikten (LANDTAG VON SACHSEN-ANHALT 2014, S. 13). In Einzelfällen war die Teilnahme an einer Maßnahme des MuT-Projektes Bestandteil der Auflagen der Sportgerichtsbarkeit (ebenda, S. 25 ff.).

9.6.4 Gezielte Jungenpädagogik im Rahmen der Verbandsarbeit

Seit mehr als 30 Jahren ist Mädchenarbeit und -förderung ein wichtiger Bestandteil der Jugend- und Verbandsarbeit. Gerade vor dem Hintergrund der stärkeren Anfälligkeit von Jungen für rechtsextreme und gewaltaffine Orientierungen muss Jungenarbeit gleichberechtigt neben das breite Spektrum mädchengerechter und mädchenorientierter Programme und Maßnahmen treten.

Es gibt heute kein einheitliches Bild davon, wie Mädchen und Jungen sein sollen und wie sie sich folglich zu entwickeln haben. Auf der einen Seite existiert unverändert ein traditionelles, historisch überliefertes Bild von Männlichkeit. Es ist interessant, dass dieser Typus in zwei gesellschaftlichen Gruppen immer noch besonders häufig vertreten ist, die sich im öffentlichen Diskurs nicht besonders nahe stehen.

Gemeint sind auf der einen Seite Kinder und Jugendliche aus deutschen Armutsfamilien mit schlechter Bildung, Schulabbrüchen oder nicht mehr marktfähigen Schulabschlüssen und jene, die in der Vergangenheit und in der Zukunft nie am ersten Arbeitsmarkt angekommen sind, die häufig die bekannten Warteschleifen durchlaufen haben.

Die zweite große gesellschaftliche Gruppe, die unverändert an überkommenen Bildern von Männlichkeit und Weiblichkeit festhält, rekrutiert sich aus einem großen Teil der Migrantenfamilien.

140 Spielzeit 2015/2016.

Das extreme Gegenbild hierzu ist das von einem sensiblen, konfliktfähigen modernen Mann, der Gefühle zeigt, die soziale und berufliche Emanzipation seiner Partnerin unterstützt und sich partnerschaftlich um Haushalt und Kinder kümmert.

Im beruflichen Alltag werden zunehmend Fähigkeiten eingefordert, die man früher als „klassisch weiblich" eingeordnet hätte: Empathie und Kreativität. Das ändert allerdings nichts daran, dass insbesondere Spitzenpositionen in Verwaltung und Wirtschaft überwiegend in Männerhand sind.

Auch wenn das Spektrum der gesellschaftlich relevanten Männerrollen vielfältiger und bunter geworden ist, gilt weiterhin, dass die Mehrzahl der Männer ihre Rollenzufriedenheit noch immer über eine erfolgreiche Berufstätigkeit und die Fähigkeit, messbare Leistungen zu erbringen, definieren.

Mädchen und Jungen unterscheiden sich heute nicht mehr auf althergebrachte Weise, die besagt, dass Jungen das „wilde Spiel im Freien" praktizieren, während die Mädchen in behüteter Häuslichkeit auch im Spiel die künftige Rolle als Versorgerin und fürsorgliche Mutter einüben. Die Radien der Mädchen sind größer geworden, was allerdings nicht für alle Mädchen aus Migrantenfamilien gilt.

Jungenpädagogik ist kein Ableger des radikalen Feminismus und besteht in erster Linie auch nicht darin, Bilder traditioneller Muster von Männlichkeit zu demontieren. Jungenpädagogik sollte Entwicklungsförderung für alle Jungen sein, deren Ziel es ist, eine gelingendere Existenz als Junge und später als Mann zu ermöglichen. In Anlehnung an NEUBAUER (2006) sind dabei vier Bezugsebenen zu berücksichtigen:

1. die Perspektive auf die Jungen selbst, ihren Alltag, ihre Lebenslagen und die praktische Pädagogik mit ihnen,
2. die Perspektive auf die Jungenarbeiter und Jungenpädagoginnen samt ihren Entwicklungs- und Weiterbildungsinteressen,
3. die institutionelle Verankerung und Absicherung von Jungenarbeit sowie
4. eine neben der Mädchenpolitik gleichberechtigte Jungenpolitik, was auch entsprechende Förderinstrumente voraussetzt.

Daraus ergeben sich Anhaltspunkte für eine gezielte Jungenförderung. Zu einer solchen gehören:

- die Aufarbeitung eigener Erfahrungen;
- das Aufgreifen und die Weiterentwicklung vorhandener eigener Fähigkeiten;
- die Förderung der emotionalen Ausdrucksfähigkeit von Jungen;
- die Förderung von Selbstwertgefühl und Kontaktfähigkeit der Jungen;
- Hilfen bei der Auseinandersetzung mit der männlichen Rolle und männlichen Verhaltensmustern;
- der gezielte Umgang mit „unmännlichen" Anteilen wie Angst und Schwäche;

- die Thematisierung „typisch männlicher“ Verhaltensweisen, die möglicherweise kurzzeitig zu Vorteilen führen, in vielen Alltagssituationen aber eher Nachteile mit sich bringen;
- die Auseinandersetzung mit den verschiedenen Facetten funktionalisierter Sexualität wie Pornographier, sexuelle Instrumentalisierung von Frauen und Mädchen und sexueller Gewalt;
- die kritische Reflexion der bei Jungen verbreiteten Frauenbilder sowie
- die Problematisierung des „jugendlich-männlichen“ Gewaltverhaltens.[141]

9.6.5. Ein Plädoyer für mehr gezielte Medienarbeit in der Verbandsarbeit

Der Vergleich mit der ersten BDL-Studie zu Rechtsextremismus in den ländlichen Räumen (2009) verdeutlicht eindrucksvoll, wie rasch sich innerhalb weniger Jahre sowohl die technische Entwicklung und Verbreitung von Kommunikationsmedien als auch die vielfältigen Formen des Mediengebrauchs verändert und vervielfacht haben. Bei einer wachsenden Zahl Jugendlicher dominiert der Gebrauch des Internets jede andere (Freizeit)Beschäftigung. Daten hierzu wurden an anderer Stelle in knapper Form eingefügt, wohl wissend, dass der Boom ungebrochen und nicht absehbar ist, was in drei, fünf oder zehn Jahren bestimmend sein wird. Jugendarbeit und Jugendverbandsarbeit haben vor diesem Hintergrund eine besondere Verantwortung, ihr kreatives Potenzial für die Vermittlung von Echtraumerfahrungen einzusetzen. Daneben haben diese außerschulischen Angebote eine besondere medienpädagogische Verantwortung, die sich aus wenigstens fünf problematischen Dimensionen[142] der Mediennutzung ableiten lässt (1. Dauernutzung, Sucht, 2. Veränderte Kommunikation und Interaktion, 3. Einflüsse auf das Gewaltverhalten, 4. Sexualisierung des kindlichen und jugendlichen Alltags sowie 5. Konfrontation mit rassistischen und rechtsextremistischen Inhalten).
An dieser Stelle sei nur auf zwei der Dimensionen vertieft eingegangen:

Einflüsse auf das Gewaltverhalten
Trotz umfangreicher Forschungen und Debatten gibt es zwar Indizien dafür, dass die

141 Aggression und Gewalt dürfen nicht gleichgesetzt werden. Während Gewalt die Verletzung der Grenzen anderer und häufig deren Schädigung beinhaltet, ist Aggression ein Teil der Fähigkeit zur Selbstbehauptung und ist nicht per se durch Erziehung auszuschalten bzw. zu minimieren. Ein konstruktiver, kompetenter Umgang mit Aggression sollte in der Arbeit mit Jungen eingeübt werden, da dieser zu konstruktiven Formen der Konfliktlösung beitragen kann.

142 Wie für andere Erfahrungswelten auch gilt für den Umgang mit Medien: die Dosis macht's. Ebenso sind – in Anlehnung an die Debatte über den Gebrauch mit Rauschdrogen – Set, Setting und individuelle Disposition des Nutzers bzw. der Nutzerin von Bedeutung.

Konfrontation mit gewaltaufgeladenen Medieninhalten das Gewaltverhalten der NutzerInnen stimulieren kann. Wie und in welchem Umfang dies geschieht, ist nicht so erforscht, dass allgemeingültige Aussagen gemacht werden können. Immerhin scheint es gesicherte Indizien dafür zu geben, dass lang anhaltende gewalthaltige Bildschirmspielnutzung zu einer Herausbildung aggressionsbezogener Wissensstrukturen führt, die in der weiteren Praxis überlernt und verstärkt werden. In den Spielen, in denen es ums Töten geht, erleben die Spieler dadurch Selbstermächtigung, dass sie auch in der Fiktion das Gefühl haben, durch ihre Beeinflussung der Spielhandlung Macht auszuüben. DIETRICH / GÖLDNER / KATHÖFER / KOTTHAUS / SCHNITZLER / SCHILLER / GRADINGER / STROHMEIER (2014) belegen einen deutlichen Zusammenhang zwischen der Nutzung altersinadäquater gewalthaltiger Bildschirmspiele und sogenanntem Cyberbullying. Darunter sind verschiedene Formen internetgestützter Gewalt zu verstehen wie Mobbing, Belästigung, Beleidigung, Bedrohung und Nötigung.

Konfrontation mit rassistischen und rechtsextremistischen Inhalten

Im 7. Kapitel wurde dargestellt, dass Rechtsextreme zunehmend soziale Netzwerke wie Facebook, Twitter oder Youtube nutzen. Sie kommunizieren in ihren Zirkeln und schaffen daneben Veröffentlichungsmöglichkeiten für ihr Gedankengut. Ferner haben wir darauf verwiesen, dass die sozialen Netzwerke und die sozialen Medien aufgrund ihrer großen Reichweite und der Möglichkeit, Inhalte schnell verbreiten zu können, den Websites zunehmend den Rang ablaufen. In wachsendem Maße werden auch QR-Codes und Apps eingesetzt. Gerade bei ersteren sind rechtsextreme Inhalte nur bei einer gezielten Beschäftigung mit ihnen zu erkennen.

Die Vorstellung, wonach man Kinder und Jugendliche möglichst vor dem Zugang zu derartigen Medien schützen müsste, ist antiquiert und untauglich. Kinder und Jugendliche surfen im Netz, sind findig und finden Zugänge – und dies meist, ohne dass Eltern, Lehrer oder andere Erwachsene darüber Bescheid wissen, welche Seiten, Netzwerke und Blogs besucht werden und über welche Sozialen Medien kommuniziert wird. Der Bund der Deutschen Landjugend hat bereits 2014 darauf verwiesen, dass im Netz brutale Videos kursieren, in denen Neonazis Homosexuelle misshandeln und demütigen (BDLSPEZIAL 3/2014, S. 14).

Medien und Mediennutzung sind und bleiben wichtige Erfahrungs- und Erlebniswelten von Kindern und Jugendlichen. Mit Blick auf problematische Hintergründe und Einflüsse ist erst einmal wichtig, vor der Macht des Internets nicht zu resignieren. Stoßen Zugehörige der Zielgruppen der Jugend- und Jugendverbandsarbeit auf problematische Inhalte, so gilt erst einmal: „Wegschauen nutzt nichts – und abschalten geht nicht".

Die Träger der Jugendhilfe und die Verbände sind gehalten, schlüssige medienpädagogische Konzepte zu entwickeln, sich zur Verbesserung der eigenen Schlagkraft zu vernetzen und mit den Jugendmedienschützern auf kommunaler, Bundes- und Landesebene stärker zu kooperieren. Einzelne Schritte hierzu können sein:

- Wenn bemerkt wird, dass Kinder und Jugendliche vermehrt problematische Seiten, Apps und Blogs besuchen, sollten Jugendarbeiter und Jugendarbeiterinnen darüber gezielt die Auseinandersetzung suchen.
- Dabei kann es auch hilfreich sein, gemeinsam mit Jugendlichen jene Seiten oder Blogs zu besuchen, die sie bereits kennengelernt haben, um sich kritisch mit Inhalten zu beschäftigen und der Frage nachzugehen, wer hinter den Botschaften steckt.
- Das schafft auch die Möglichkeit, rechtsextreme Inhalte, z.B. ein Youtube-Video oder einen Kommentar in einem Forum negativ zu bewerten oder einen eigenen Kommentar zu verfassen (WEB2OPH.BLOGSPOT.DE, Zugriff vom 8. Mai 2016).
- Letzteres setzt voraus, dass sich haupt- oder ehrenamtlich Tätige entsprechende Medienkompetenz erworben haben oder diese über Kooperationspartner hinzugezogen werden kann.
- Jugendverbände haben die Chance, diese Diskurse auch mit Hilfe geschulter Altersgleicher (Peers) zu führen.
- Innerhalb medienpädagogischer Projektarbeit besteht ferner die Möglichkeit, sich gezielt an den Provider zu wenden und die Entfernung rechtsextremer Inhalte zu verlangen.[143]
- Auch können problematische Fundstellen an den Jugendmedienschutz gemeldet werden, etwa über jugendschutz.net.de.
- Gelegentlich – und sofern die Ressourcen dafür vorhanden sind – bietet sich auch an, gezielt zu Elterngesprächen und Elternschulungen einzuladen.

Praktische Anregungen sind erhältlich über das Modellprojekt „no-nazi-net“, welches die Amadeu Antonio Stiftung mit zusätzlicher Förderung durch die Freudenberg-Stiftung, die Robert-Bosch-Stiftung und Google auf den Weg gebracht hat. Die Arbeit des Projektes kann in drei Säulen unterteilt werden: Pädagogische Arbeit, Monitoring und Policy (WÜRFEL u.a. 2015, S. 179 f.):

- Mittels der pädagogischen Arbeit sollen vor allem Nutzerinnen und Nutzer erreicht werden, die zum Kreis der Gefährdeten gehören. Gibt es hierzu Anzeichen über deren Netzaktivitäten, wird versucht, mit diesen online in Kontakt zu kommen.
- Im Rahmen des Monitoring werden rechtsextreme Aktivitäten im Netz aufgespürt und beobachtet. „No-nazi-net“ arbeitet als „Frontliner-Projekt“ (ebenda, S. 180), d.h. es wird analysiert, entschlüsselt und es werden nachfolgend Dossiers und Videos erstellt, die auch der Presse zugänglich gemacht werden. Die Expertinnen und Experten des Projektes sind bemüht, tagesaktuell den unterschiedlichsten Formen des Rechtsextremismus im Netz zu begegnen.

143 Provider sind für die Inhalte verantwortlich. Sie haften auch für verfassungsfeindliche oder menschenverachtende Kommentare fremder Nutzer. Auf gängige Verschleierungstechniken haben wir im Punkt 7.4 hingewiesen.

- Im Rahmen der „Policy“ arbeitet das Projekt mit den Plattformbetreibern. Diesen werden Expertisen zu neuen Phänomenen des Rechtsextremismus mit der Intention zur Verfügung gestellt, dass eine adäquate Antwort der Plattformverantwortlichen erfolgt.

Handlungskonzepte im Kontext Sozialer Medien:

J. KEILHAUER /B. SCHORB (HRSG.): *Themenzentrierte Medienarbeit mit Jugendlichen.* München 2010

KLICKSAFE (HRSG.): Rechtsextremismus hat viele Gesichter. Wie man Rechtsextreme im Netz erkennt – und was man tun kann. Materialien für den Unterricht. Ludwigshafen 2013

M. WÜRFEL / J. BALDAUF / S. DREFAHL: *Countering Cyberspace – Präventionsansätze in den Sozialen Medien, in:* M. LANGEBACH / C. HABISCH (HRSG.), Zäsur? Politische Bildung nach dem NSU, Schriftenreihe der Bundeszentrale für politische Bildung, Band 1640, Bonn 2015

9.7 Abschließende Bemerkungen

Für die Akteure der Sozialen Arbeit wird es zunehmend schwieriger, an ihren selbst gestellten Zielen einer parteilichen Sozialarbeit sowie der Verbesserung und (Weiter-) Entwicklung sozialer Infrastruktur zu arbeiten. Zu verweisen ist in diesem Zusammenhang auf die uralte, aber unverändert richtige Charakterisierung KLAUS OFFES, der Sozialarbeit schon vor gut 40 Jahren als nur begrenzt organisations- und konfliktfähig identifiziert hat.

Jugendhilfe und innerhalb dieser die Jugendarbeit und die Jugendverbandsarbeit müssen sich in einer Welt zahlreicher ungelöster Probleme und unbeantworteter Fragen behaupten und weiterentwickeln. Darauf bezogen hat LOTHAR BÖHNISCH (2012) die Malaise der Profession treffend beschrieben:

„In einer markteffizienten Dienstleistungsgesellschaft wird man von der Sozialen Arbeit verlangen, dass sie das auch effizient tut, wofür sie bezahlt wird und will selbst nicht damit behelligt werden. Kommunen, die im ökonomisch-kulturellen Standortwettbewerb stehen, erwarten von der Sozialen Arbeit, dass sie das Quartier befriedet und die sozialen Probleme nicht sichtbar werden lässt. Bürger, die von Abstiegs- und Sicherheitsangst heimgesucht sind, werden die Sozialarbeit anhalten, dass sie Jugendliche kontrolliert und nicht zu irgendwelchen sozial und kulturell riskanten Experimenten anstiftet.“

Mit Blick auf den Problemkreis Rechtsextremismus haben wir in der ersten Landjugendstudie resümierend festgestellt:

„Es ist durchaus möglich, dass zwischen dem Zeitpunkt des Abschlusses dieser Studie (Dezember 2008) und ihrer Veröffentlichung durch den Auftraggeber wieder «Entwarnung» ausgerufen wird, etwa weil im Jahr 2009 die seit 2003 anhaltende Zunahme rechtsextremer Straftaten gestoppt werden konnte oder gar eine rückläufige Entwicklung feststellbar ist. Gerade in solchen Phasen ist eine besondere Bemühung darauf zu rich-

ten, dass die einzig wirksame Waffe gegen Rechtsextremismus nicht noch voreiliger mit dem Verweis auf wegfallenden Bedarf und finanzpolitische Kalamitäten beiseite gelegt wird: Nachhaltigkeit in der Personal-, Programm- und Strukturentwicklung" (BUND DER DEUTSCHEN LANDJUGEND 2009, S. 215).

Diese Prognose war zutreffend: Unmittelbare praktische Arbeit mit den „Troublemakers" (Ägermachern) wurde bei der nachfolgenden Ausgestaltung der Bundesprogramme vernachlässigt. Erst der Schock angesichts der NSU-Verbrechen hat die Kenntnis wachsen lassen, dass es gelingen muss, fachlich unterlegte, nachhaltig wirksam werdende Maßnahmen auf den Weg zu bringen. Trotz der vielfältigen Erfahrungen sind die Bedingungen für eine erfolgreiche Jugend- und Verbandsarbeit im ländlichen Raum schwieriger geworden. Rechtsextremismus und Gruppenbezogene Menschenfeindlichkeit sind keine statischen Probleme – sie entwickeln sich stetig weiter (WÜRFEL u.a. 2015, S. 180). Der traditionelle Rechtsextremismus befindet sich aktuell auf dem Rückzug. Die gesellschaftliche Situation ist dafür umso mehr durch die Erfolge der Rechtspopulisten aufgeladen. Deren Zuspruch ist gerade in den ländlichen Räumen besonders groß. Aus diesem Grund ist es wichtig, endlich mit demokratiefördernder Strukturentwicklung in den prekären ländlichen Räumen ernst zu machen. Haupt- und ehrenamtlich geleistete Jugend- und Jugendverbandsarbeit haben in beschriebenem Umfang ihre Beiträge zu leisten. Sie sollten aber nicht wieder, wie dies schon früher der Fall war, neben Polizei und Justiz zu den Alleinzuständigen für die Bekämpfung von Rechtsextremismus und Rechtspopulismus gemacht werden.

10 Kontakte, Projekte, Adressen des Bundes und der Länder

Bundesweite Akteure:

BUNDESPROGRAMM „DEMOKRATIE LEBEN! AKTIV GEGEN RECHTSEXTREMISMUS, GEWALT UND MENSCHENFEINDLICHKEIT“

Bundesministerium für Familie, Senioren, Frauen und Jugend, Glinkastraße 24, 10117 Berlin
✉ *poststelle@bmfsj.bund.de*
www.demokratie-leben.de
Das zwischen 2015 und 2019 angelegte Programm fördert Demokratiezentren, Modellprojekte speziell auch im ländlichen Raum, ferner die Struktur bereits einschlägig tätiger Träger und bis zu 36 Modellprojekte zur Radikalisierungsprävention.

„ZUSAMMENHALT DURCH TEILHABE – PROGRAMM FÜR BÜRGERSCHAFTLICHES ENGAGEMENT UND DEMOKRATISCHES HANDELN“

Das in Verantwortung des Bundesministeriums des Inneren aufgelegte Förderprogramm wird umgesetzt von der Bundeszentrale für politische Bildung
Regiestelle „Zusammenhalt durch Teilhabe“
Friedrichstraße 50, 10117 Berlin
✉ *regiestelle@bpd.de*
www.zusammenhalt-durch-teilhabe.de
Das Programm „Zusammenhalt durch Teilhabe“ fördert gezielt in ländlichen und strukturschwachen Gegenden Maßnahmen zur Entwicklung und Stärkung demokratischer Gemeinwesenkultur.

BUNDESZENTRALE FÜR POLITISCHE BILDUNG

Adenauerallee 86, 53113 Bonn
✉ *info@bpb.de*
www.bpb.de

BÜNDNIS FÜR DEMOKRATIE UND TOLERANZ (BFDT)

Geschäftsstelle
c/o Bundeszentrale für Politische Bildung
Friedrichstraße 50, 10117 Berlin
buendnis@bpd.bund.de
Seit 2000 bestehendes Bündnis zur Stärkung des zivilgesellschaftlichen Engagements, unter dessen Dach aktuell über 900 lokale Initiativen und Vereinigungen organisiert sind. Neue Initiativen, auch aus der Vereins- und Jugendarbeit heraus, können sich jederzeit anmelden. Umfassendes Publikationsangebot zu einem breiten Themenspektrum. Unter www.buendnis-toleranz.de/service/newsletter/ kann ein kostenloser E-Mail-newsletooter abgerufen werden.

VEREIN(T) GEGEN RECHTSEXTREMISMUS

www.vereint-gegen-rechtsextremismus.de
Kampagne zur Bekämpfung von Rechtsextremismus und Rassismus im Sport

GEGEN VERGESSEN – FÜR DEMOKRATIE E.V.

✉ *info@gegen-vergessen.de*
www.gegen-vergessen.de
Mittels verschiedener Unterprogramme (z.B. „Demokratie vor Ort“) soll die Beteiligung Jugendlicher an historischer Aufarbeitung gefördert und deren Engagementbereitschaft gestärkt werden.

BERATUNGSSTELLE RADIKALISIERUNG

☎ *0911 / 9 43 43 43*
Anlaufstelle für Eltern, sonstige Angehörige und nahestehende Personen bei auftretender Radikalisierung Jugendlicher (vor allem in Hinblick auf die Zuwendung Jugendlicher zum radikalen Islam, Muster der Abschottung sind oftmals der Hinwendung zum Rechtsextremismus ähnlich)
www.netz-gegen-nazis.de
Recherche, aktuelle Informationen und (meist kurze) Aufsätze zu einem breiten Themenspektrum
www.endstation-rechts.de
JUSO-nahe Plattform, die vor allem Jugendliche anspricht, leicht verständliche Beiträge über Szenen, braune Kultur und Gegenaktionen veröffentlicht. Entwickelt und vertreibt in Anspielung auf die Szene-Marke „Thor Steinar“ satirische Produkte unter dem Label „Storch Heinar – Nazis den Vogel zeigen“.

www.mut-gegen-rechte-gewalt.de
Portal gegen Neonazis, ein Projekt des Magazins „Stern“ und der Amadeu Antonio Stiftung.
www.bnr.de
Der Informationsdienst „blick nach rechts“ informiert über aktuelle Entwicklungen im Feld Rechtsextremismus. Um Zugang zum umfangreichen Archiv zu erlangen, ist eine Registrierung mit Nutzername und Passwort erforderlich.
www.linksunten.indymedia.org
Aus undogmatisch-linker Perspektive wird neben Beiträgen zu anderen Diskursen eine Fülle aktueller Beobachtungen über die rechtsextreme Szene gesammelt und publiziert. Über die Verknüpfung mit indymedia-org, einem weltweiten Netzwerk sozialer Bewegungen, können weltweite Vorgänge aus nichtstaatlicher Perspektive verfolgt werden.

BLOG.ZEIT.DE/STOERUNGSMELDER
Ein Blog der „Zeit“, in dem Aktivitäten der Rechtsextremen kritisch diskutiert und kommentiert werden. Unter den Autoren und Autorinnen sind bekannte Experten wie Toralf Staud, Rebecca Weis und Andreas Speit.
www.recherche38.info
Der Blog recherchiert vorrangig in der Region zwischen Harz und Heide über rechtsextreme Aktivitäten und Strukturen.

BUNDESVERBAND DEUTSCHER STIFTUNGEN
www.stiftungen.org.de
Über den Bundesverband Deutscher Stiftungen können Auskünfte über jede Stiftung bezogen werden, die Projekte gegen Rechtsextremismus und Gewalt und für die gezielte Stärkung der Zivilgesellschaft fördern.

STIFTUNG ZUR FÖRDERUNG DER CIVIL-COURAGE
Oskar-Maria-Graf-Straße 19, 90425 Nürnberg
☎ *0911 / 53 89 82*
✉ *frohmut@menze.de*
✉ *jolanig@aol.com*
www.civil-courage.net

BUNDESARBEITSGEMEINSCHAFT KIRCHE & RECHTSEXTREMISMUS (BAG K + R)
Ein Zusammenschluss kirchlicher Initiativen, Organisationen und Arbeitsgruppen mit dem Ziel des Erfahrungsaustauschs über und die Entwicklung von Maßnahmen gegen Rechtsextremismus und zur Förderung demokratischer Alltagskultur.
www.bagkr.de

BUNDESNETZWERK BÜRGERSCHAFTLICHES ENGAGEMENT (BBE)
Zusammenschluss von knapp 300 Mitgliedsorganisationen aus Bürgergesellschaft, Staat und Wirtschaft.
www.b-b-e.de

SCHULE OHNE RASSISMUS – SCHULE MIT COURAGE BUNDESKOORDINATION
Ahornstraße 5, 10787 Berlin

Baden-Württemberg

DEMOKRATIEZENTRUM BADEN-WÜRTTEMBERG (ALLE ADRESSEN UND WEITERE DETAILS ZU DEN FACHSTELLEN UNTER WWW.DEMOKRATIEZENTRUM-BW.DE)
Landeskoordinierungsstelle Demokratiezentrum Baden-Württemberg
Jugendstiftung Baden-Württemberg
Postfach 1162, 74370 Sersheim
☎ *07042 / 83 17 17*
Fax *07042 / 83 17 40*
✉ *info@demokratiezentrum-bw.de*
www.demokratiezentrum-bw.de
Twitter: @DZBaWue

FACHSTELLE „KOMPETENT VOR ORT. FÜR DEMOKRATIE – GEGEN RECHTSEXTREMISMUS“
bei der Jugendstiftung Baden-Württemberg
Schlossstraße 23, 74372 Sersheim
☎ *07042 / 83 17 17*
Fax *07042 / 83 17 40*
✉ *beratungsnetzwerk@jugendstiftung.de*

FACHSTELLE „KOMPETENT VOR ORT. FÜR DEMOKRATIE – GEGEN RECHTSEXTREMISMUS“
bei der Landesarbeitsgemeinschaft Offene Jugendbildung (LAGO)
Siemensstr. 11, 70469 Stuttgart
☎ *0711 / 89 69 15 -23 oder -26*
Fax *0711 / 89 69 15 88*
✉ *beratungsnetzwerk@lago-bw.de*

FACHSTELLE „FEX – FACHSTELLE EXTREMISMUSDISTANZIERUNG“
LAG Mobile Jugendarbeit/Streetwork Baden-Württemberg e.V.
Heilbronner Straße 180, 70191 Stuttgart
☎ *0711 / 1 65 64 75*
Fax *0711 / 16 5 63 29*
☎ *0173 / 74 8 96 12*
✉ *fex@demokratiezentrum-bw.de*

OPFERBERATUNG RECHTSEXTREMISMUS IN BADEN-WÜRTTEMBERG
Türkische Gemeinde Baden-Württemberg e.V. (TGBW) u. Partner
Reinsburgstraße 82, 70178 Stuttgart
☎ *0711 / 88 89 99 33*
✉ *kontakt@leuchtlinie.de*

Partnerschaften für Demokratie (Alle Adressen und weitere Details unter www.demokratiezentrum-bw.de/partner/partnerschaften-fuer-demokratie)

STADT BÖBLINGEN
Stadtverwaltung Böblingen
Marktplatz 16, 71032 Böblingen
☎ *07031 / 6 69 24 71*

✉ *integration@boeblingen.de*
🌐 *www.boeblingen.de*

STADT FREIBURG IM BREISGAU
Dezernat III
Büro für Migration und Integration Freiburg
Rathausplatz 2-4, 79098 Freiburg
☎ *0761 / 2 01 30 60*
✉ *migration@stadt.freiburg.de*
🌐 *www.stadt.freiburg.de*

STADT GÖPPINGEN
Stadtverwaltung Göppingen
Hauptstraße 1, 73033 Göppingen
☎ *07161 / 65 04 62*
✉ *jugend@goeppingen.de*
🌐 *www.goeppingen.de*

LANDKREIS GÖPPINGEN
Landratsamt Göppingen
Kreisjugendamt – Bildungsbüro
Lorcher Straße 6, 73033 Göppingen
☎ *07161 / 20 29 42*
✉ *w.czech@landkreis-goeppingen.de*
🌐 *www.landkreis-goeppingen.de*

KOORDINIERUNGS- UND FACHSTELLE:
Kreisjugendring Göppingen e.V.
☎ *07331 / 30 17 58*
☎ *07331 / 30 17 59*
✉ *info@kjr.org*
🌐 *www.kjr.org*

STADT HERRENBERG
Stadtverwaltung Herrenberg
Koordinatorin für Bürgerschaftliches Engagement
Marktplatz 5, 71083 Herrenberg
☎ *07032 / 9 24 -2 20*
✉ *i.mohr@herrenberg.de*
🌐 *www.herrenberg.de*

KIRCHHEIM UNTER TECK
Stadt Kirchheim unter Teck
Widerholtplatz 3, 73230 Kirchheim unter Teck
☎ *07021 / 50 23 51*
✉ *h.mueller@kirchheim-teck.de*

KOORDINIERUNGS- UND FACHSTELLE:
Kreisjugendring Esslingen e.V.
☎ *01577 / 4 22 33 80*
✉ *werner.schulz@kjr-esslingen.de*

STADT MANNHEIM
Beauftragter für Integration und Migration Mannheim
E 5, 68159 Mannheim
☎ *0621 / 2 93 94 37*
✉ *amt19@mannheim.de*
🌐 *www.mannheim.de*

STADT OSTFILDERN
Fachbereich 2 – „Bildung, Kultur und Familie“ Ostfildern
Klosterhof 4, 73760 Ostfildern
☎ *0711 / 3 40 45 10*
✉ *lap@Ostfildern.de*
🌐 *www.ostfildern.de*

KOORDINIERUNGS- UND FACHSTELLE:
Kreisjugendring Esslingen e.V.
☎ *0711 / 3 40 42 09*
📠 *0711 / 34 04 95 10*
✉ *lap@ostfildern.de*
🌐 *www.lap-ostfildern.de (im Aufbau)*

STADT RAVENSBURG
Amt für Soziales und Familie
Marienplatz 35, 88212 Ravensburg
☎ *0751 / 82 -2 35*
📠 *0751 / 82 -6 02 35*
✉ *stefan.goller-martin@ravensburg.de*
🌐 *www.ravensburg.de*

KOORDINIERUNGS- UND FACHSTELLE: *TAVIR – Türkischer Akademikerverein in Ravensburg* e.V.
☎ *0751 / 36 23 58 99*
📠 *0751 / 36 23 58 98*
✉ *aksoyan@tavir-ravensburg.de*
🌐 *www.tavir-ravensburg.de*

LANDKREIS REMS-MURR
Kreisjugendamt Rems-Murr/Fachbereich Jugendarbeit
Marktstraße 48, 71522 Backnang

KOORDINIERUNGS- UND FACHSTELLE:
Kreisjugendring Rems-Murr e.V.
☎ *07191 / 9 07 92 09*
📠 *07191 / 9 07 92 29*
✉ *info@jugendarbeit-rm.de*
🌐 *www.jugendarbeit-rm.de*

STADT SINDELFINGEN
AMT FÜR SOZIALE DIENSTE
☎ *07031 / 9 42 69*
✉ *hans-georg.burr@sindelfingen.de*
🌐 *www.sindelfingen.de*

STADT WEIL DER STADT
Marktplatz 4, 71263 Weil der Stadt
Koordinierungs- und Fachstelle: Verein für Jugendhilfe e.V.
☎ *0163 / 8 98 90 07*
📠 *07031 / 21 81 91 18*
✉ *stadt@weil-der-stadt.de*
🌐 *www.demokratie-leben-wds.de*

STADT WEINGARTEN
Fachbereich Gesellschaft, Bildung und Soziales
Kirchstraße 1, 88250 Weingarten
☎ *0751 / 40 51 13*
✉ *r.beck@weingarten-online.de*
🌐 *www.weingarten-online.de*

Modellprojekte des Bundesprogramms „Demokratie leben!“ in Baden-Württemberg (Alle Adressen und weitere Details unter www.demokratiezentrum-bw.de/partner/modellprojekte)

„ANDREJ IST ANDERS UND SELMA LIEBT SANDRA“ – KULTURSENSIBLE SEXUELLE ORIENTIERUNG
Türkische Gemeinde Baden-Württemberg e.V. (TGBW)
Heiko Bäßler

Reinsburgstraße 82, 70178 Stuttgart
☎ *0711 / 88 89 99 -14*
℻ *0711 / 88 89 99 -20*
✉ *baessler@tgbw.de*
www.tgbw.de

MENTOR – MITEINANDER FÜR ENGAGEMENT, TOLERANZ UND RESPEKT
Kulturwerkstatt e.V. Reutlingen
Museumstraße 7, 72764 Reutlingen
☎ *07121 / 33 40 71*
✉ *d.mozgiel@kulturwerkstatt.de*
www.mentor-reutlingen.de

VEREIN(T) GEGEN RASSISMUS! STUTTGARTER MIGRANTENVEREINE GEGEN ISLAM-, MUSLIMFEINDLICHKEIT UND ALLTAGSRASSISMEN!
Forum der Kulturen Stuttgart e.V.
Marktplatz 4, 70173 Stuttgart
☎ *0711 / 2 48 48 08 21*
℻ *0711 / 2 48 48 08 88*
✉ *info@forum-der-kulturen.de*
www.forum-der-kulturen.de

KOMPETENZZENTRUM ZUR KOORDINIERUNG DES PRÄVENTIONSNETZWERKS GEGEN (ISLAMISTISCHEN) EXTREMISMUS BADEN-WÜRTTEMBERG
im Innenministerium Baden-Württemberg
Willy-Brandt-Straße 41, 70173 Stuttgart
☎ *0711 / 2 31 -53 81*
✉ *kpebw@im.bwl.de*
www.kpebw.de

LANDESNETZWERK FÜR MENSCHENRECHTE UND DEMOKRATIEENTWICKLUNG – GEGEN RECHTSEXTREMISMUS UND MENSCHENFEINDLICHKEIT (ALLE ADRESSEN UND WEITERE DETAILS UNTER HTTP://www.demokratiezentrum-bw.de/partner/landesnetzwerk-fuer-menschenrechte)

ARBEITSGEMEINSCHAFT JUGENDFREIZEITSTÄTTEN BADEN-WÜRTTEMBERG E.V.
Siemensstraße 11, 70469 Stuttgart
☎ *0711 / 89 69 15-0*
✉ *info@agjf.de*
www.agjf.de

AKTION JUGENDSCHUTZ LANDESARBEITSSTELLE BADEN-WÜRTTEMBERG
Jahnstraße 2, 70597 Stuttgart
☎ *0711 / 2 37 37 14*
✉ *wegner@ajs-bw.de*
www.ajs-bw.de

ALBBÜNDNIS FÜR MENSCHENRECHTE – GEGEN GRUPPENBEZOGENE MENSCHENFEINDLICHKEIT IN DER REGION SCHWÄBISCHE ALB
✉ *albbuendnis@kompetentvorort.de*
www.demokratiezentrum-bw.de/beratungsangebote/beratung-gegen-rechtsextremismus/albbuendnis/

DIAKONISCHES WERK WÜRTTEMBERG
Heilbronner Straße 180, 70191 Stuttgart
☎ *0711 / 1 65 63 83*
✉ *Reuting.M@diakonie-wuerttemberg.de*
www.diakonie-wuerttemberg.de

DGB-BEZIRK BADEN-WÜRTTEMBERG
Abt. Jugend
Lautenschlagerstraße 20, 70173 Stuttgart
☎ *0711 / 20 28 -2 31*
✉ *jugend-bw@dgb.de*
www.bw-dgb.de

FÖDERATION DER DEMOKRATISCHEN ARBEITERVEREINE – JUGEND-LANDESVERBAND BW E.V.
(DIDF Jugend BW e.V.)
Landesbüro
Spreuergasse 45, 70372 Stuttgart
☎ *0711 / 8 36 82 49*
✉ *didf-jugend@gmx.de*
www.didf-jugend.net

KREISJUGENDAMT REMS-MURR
Fachstelle Rechtsextremismus
Sonja Grosshans
Marktstraße 48, 71522 Backnang
☎ *07191 / 9 07 92 23*
✉ *sonja.grosshans@jugendarbeit-rm.de*
www.jugendarbeit-rm.de/fachbereich-jugendarbeit-rm/fachstelle-rechtsextremismus/

FANPROJEKT MANNHEIM
Sportkreis Mannheim
Merowingerstraße 15, 68259 Mannheim
☎ *0621 / 72 49 34 50*
℻ *0621 / 72 49 34 51*
☎ *0157 / 75 96 14 19*
✉ *willig@sportkreis-ma.de*
www.fanprojekt-mannheim.de

FRITZ-ERLER-FORUM BADEN-WÜRTTEMBERG
Landesbüro der Friedrich-Ebert-Stiftung
Werastraße 24, 70182 Stuttgart
☎ *0711 / 24 83 94 46*
℻ *0711 / 24 83 94 50*
☎ *0172 / 8 20 92 02*
✉ *info.stuttgart@fes.de*
www.fritz-erler-forum.de

GEGEN VERGESSEN FÜR DEMOKRATIE E.V.
Regionale Arbeitsgruppe (RAG) Baden-Württemberg
Krebsbachstraße 34, 71116 Gärtringen
☎ *07034 / 92 96 83*
℻ *07034 / 6 57 37 74*
✉ *kipfer.rohrau@t-online.de*
www.gegen-vergessen.de (Bundesverband)

HEINRICH-BÖLL-STIFTUNG BADEN-WÜRTTEMBERG E.V.
Rieckestraße 26, 70190 Stuttgart
☎ *0711 / 28 33 94 10*
℻ *0711 / 28 33 94 19*
✉ *info@boell-bw.de*
www.boell-bw.de

ISRAELITISCHE RELIGIONSGEMEINSCHAFT WÜRTTEMBERGS KdöR Sozial- und Migrationsabteilung
Werner Meier
☎ *0711 / 2 28 36 29*

☏ 0711 / 22 83 63 82
✉ *meier@irgw.de*
🌐 *www.irgw.de*

„SCHULE OHNE RASSISMUS – SCHULE MIT COURAGE" LANDESKOORDINATION BADEN-WÜRTTEMBERG,
Kolping Bildungswerk Württemberg e.V.,
Theodor-Heuss-Straße 34, 70174 Stuttgart
☎ *0711 / 21 47 25 30*
☏ *0711 / 21 47 25 55*
☎ *0174 / 99 0 36 63*
✉ *schule-ohne-rassismus@kolping-bildungswerk.de*
🌐 *www.schule-ohne-rassismus-bw.de*

KOMMUNALVERBAND FÜR JUGEND UND SOZIALES BADEN-WÜRTTEMBERG
Dezernat Jugend-/ Landesjugendamt
Lindenspürstraße 39, 70176 Stuttgart
☎ *0711 / 6 37 58 59*
☏ *0711 / 6 37 54 49*
✉ *Bettina.Pfluger@kvjs.de*
🌐 *www.kvjs.de*

LAG MOBILE JUGENDARBEIT/STREETWORK BADEN-WÜRTTEMBERG E.V.
Heilbronner Straße 180, 70191 Stuttgart
☎ *0711 / 1 65 62 22*
☏ *0711 / 1 65 63 29*
✉ *servicestelle@lag-mobil.de*
🌐 *www.lag-mobil.de*

LANDESAMT FÜR VERFASSUNGSSCHUTZ BADEN-WÜRTTEMBERG
Taubenheimstraße 85A, 70372 Stuttgart
☎ *0711 / 95 44 00*
☏ *0711 / 9 54 44 44*
✉ *info@lfvbw.bwl.de*
🌐 *www.verfassungsschutz-bw.de*

LANDESKRIMINALAMT BADEN-WÜRTTEMBERG BERATUNGS- UND INTERVENTIONSGRUPPE GEGEN RECHTSEXTREMISMUS (BIG REX)
Taubenheimstraße 85, 70372 Stuttgart
☎ *0711 / 54 01 36 00*
✉ *big-rex@polizei.bwl.de*
🌐 *www.polizei-bw.de/Dienststellen/LKA/Seiten/BIG-Rex.aspx*

LANDESKRIMINALAMT BADEN-WÜRTTEMBERG
Zentralstelle Prävention
Taubenheimstraße 85, 70372 Stuttgart
☎ *0711 / 54 01 34 58*
✉ *praevention@polizei.bwl.de*
🌐 *www.polizei-bw.de/praevention/*

LANDESZENTRALE FÜR POLITISCHE BILDUNG BADEN-WÜRTTEMBERG
Stafflenbergstraße 38, 70184 Stuttgart
☎ *0711 / 16 40 99 -81 oder -82*
☏ *0711 / 16 40 99 77*
✉ *mail@team-mex.de*
🌐 *www.lpb-bw.de*
🌐 *www.team-mex.de*

NETZWERK FÜR DEMOKRATIE UND COURAGE LANDESNETZSTELLE BADEN-WÜRTTEMBERG
c/o LAGO e.V.
Siemensstraße 11, 70469 Stuttgart
☎ *0711 / 89 69 15 24*
☏ *0711 / 89 69 15 88*
✉ *s.boguth@lago-bw.de*
🌐 *www.netzwerk-courage.de*

POPBÜRO REGION STUTTGART
Im Römerkastell
Naststraße 11 a, 70376 Stuttgart
☎ *0711 / 4 89 09 70*
☏ *0711 / 48 90 97 29*
✉ *pop-info@region-stuttgart.de*
🌐 *www.popbuero.de*
🌐 *www.facebook.com/popbuero*
🌐 *www.twitter.com/popbuero*

Bayern

A.I.D.A. ANTIFASCHISTISCHE INFORMATIONS-, DOKUMENTATIONS-, UND ARCHIVSTELLE MÜNCHEN E.V., Postfach 400 123, 80701 München
☎ *089 / 21 55 26 08*
✉ *info@aida-archiv.de*
🌐 *www.aida-archiv.de*

ALLIANZ GEGEN RECHTSEXTREMISMUS IN DER METROPOLREGION NÜRNBERG
c/o Geschäftsstelle Menschenrechtsbüro der Stadt Nürnberg, Hans-Sachs-Platz 2, 90403 Nürnberg
☎ *09 11 / 2 31 50 29*
✉ *kontakt@allianz-gegen-rechtsextremismus.de*
🌐 *www.allianz-gegen-rechtsextremismus.de/2*

BAYERISCHES BÜNDNIS FÜR TOLERANZ – PROJEKTSTELLE GEGEN RECHTSEXTREMISMUS BAD ALEXANDERSBAD
Markgrafenstraße 34, 95680 Bad Alexandersbad
☎ *092 / 32 99 39 -28*
✉ *becher@ebz-alexandersbad.*de
🌐 *www.bayerisches-buendnis-fuer-toleranz.de*

BAYERISCHES LANDESAMT FÜR VERFASSUNGSSCHUTZ / STAATLICHE AUSSTIEGSBERATUNG UND BAYERISCHE INFORMATIONSSTELLE GEGEN EXTREMISMUS
Postfach 45 01 45, 80901 München
☎ *089 / 21 92 21 92*
✉ *gegen-extremismus@stmi.bayern.de*
WWW.BAYERN-GEGEN-RECHTSEXTREMISMUS.BAYERN.DE

BERATUNG FÜR ELTERN, ANGEHÖRIGE UND BEZUGSPERSONEN RECHTSEXTREM ORIENTIERTER JUGENDLICHER IN BAYERN
☎ *+151 236 17 782*

✉ *elternberatung@lks-bayern.de*
🌐 *www.lks-bayern.de*

B.U.D. E.V. – BERATUNG. UNTERSTÜTZUNG UND DOKUMENTATION FÜR BETROFFENE VON RECHTSEXTREMER UND RASSISTISCHER GEWALT UND BEDROHUNG IN BAYERN.
☎ *0151 / 21 65 31 87*
✉ *info@bud-bayern.de*
🌐 *www.bud-bayern.de*

LANDESHAUPTSTADT MÜNCHEN
Fachstelle für Demokratie – gegen Rechtsextremismus, Rassismus und Menschenfeindlichkeit
Marienplatz 8, 80331 München
☎ *089 / 23 39 24 30*
✉ *miriam.heigl@muenchen.de*

LANDESKOORDINIERUNGSSTELLE DEMOKRATIE LEBEN! Bayern gegen Rechtsextremismus
c/o Bayerischer Jugendring
Herzog-Heinrich-Straße 7, 80336 München
☎ *089 / 5 14 58 38*
✉ *lks@bjr.de*
🌐 *www.lks-bayern.de*

REGIONALE BERATUNGSSTELLE GEGEN RECHTSEXTREMISMU OBERBAYERN UND SCHWABEN
Bahnhofstraße 12, 85560 Ebersberg
☎ *08092 / 2 10 39*
✉ *regionalstelle@kjr-ebe.de*
🌐 *www.lks-bayern.de*

REGIONALE BERATUNGSSTELLE GEGEN RECHTSEXTREMISMUS OBERFRANKEN UND OBERPFALZ
Frühlingsstraße 1, 92637 Weiden i.d. Oberpfalz
☎ *0961 / 9 30 26 98*
✉ *regionalstelle@sjr.de*
🌐 *www.lks-bayern.de*

REGIONALE BERATUNGSSTELLE GEGEN RECHTSEXTREMISMUS MITTELFRANKEN UND UNTERFRANKEN
c/o Dokupäd
Bildungszentrum St. Paul
Dutzenteichstraße 24, 90478 Nürnberg
☎ *0911 / 8 91 41 91*
✉ *regionalstelle@kjr-nuernberg.de*
🌐 *www.lks-bayern.de*

REGIONALE BERATUNGSSTELLE GEGEN RECHTSEXTREMISMUS NIEDERBAYERN
Amanstraße 21, 94469 Deggendorf
☎ *0991 / 3 83 16 42*
✉ *regionalstelle@kjr-deggendorf.de*
🌐 *www.lks-bayern.de*

Brandenburg

„TOLERANTES BRANDENBURG"
MINISTERIUM FÜR BILDUNG, JUGEND UND SPORT DES LANDES BRANDENBURG
Heinrich-Mann-Allee 107, 14473 Potsdam

KOORDINIERUNGSSTELLE „TOLERANTES BRANDENBURG“, Angelika Thiel-Vigh
☎ *0331 / 8 66 -35 60*
📠 *0331 / 8 66 -35 66*
✉ *angelika.thiel-vigh@mbjs.brandenburg.de*

RAA BRANDENBURG. DEMOKRATIE UND INTEGRATION Brandenburg e.V.
Benzstraße 11/12, 14482 Potsdam
☎ *0331 / 7 47 8 00*
📠 *0331 / 7 47 80 20*
✉ *info@raa-brandenburg.de*
🌐 *www.raa-brandenburg.de*

OPFERPERSPEKTIVE E.V.
Rudolf-Breitscheid-Straße 164, 14482 Potsdam
☎ *0331 / 8 17 00 00*
📠 *0331 / 8 17 00 01*
✉ *info@opferperspektive.de*
🌐 *http://www.opferperspektive.de/*

BRANDENBURGISCHE SPORTJUGEND
im Landessportbund Brandenburg e.V.
Schopenhauerstraße 34, 14467 Potsdam
☎ *0331 / 9 71 98 19*
📠 *0331 / 9 71 98 87*
✉ *jugend@sportjugend-bb.de*
🌐 *http://www.sportjugend-bb.de/*

AKTIONSBÜNDNIS BRANDENBURG
Anna Spangenberg
Mittelstraße 38/39, 14467 Potsdam
☎ *0331 / 50 58 24 -27*
📠 *0331 / 50 58 24 -29*
✉ *kontakt@aktionsbuendnis-brandenburg.de*
🌐 *http://www.aktionsbuendnis-brandenburg.de*

MOBILES BERATUNGSTEAM
Benzstraße 11-12, 14482 Potsdam
☎ *0331 / 7 40 62 46*
☎ *0173 / 6 46 88 63*
✉ *wilking@big-demos.de*
🌐 *www.gemeinwesenberatung-demos.de*

Hessen

HESSISCHES INFORMATIONS- UND KOMPETENZZENTRUM GEGEN EXTREMISMUS
Friedrich-Ebert-Allee 12, 65185 Wiesbaden
www.hke.hessen.de/hessisches-informations-und-kompetenzzentrum-gegen-extremismus

DEMOKRATIEZENTRUM HESSEN
Philipps-Universität Marburg
Wilhelm-Röpke-Straße 6, 35032 Marburg
☎ *06421 / 2 82 11 10*
✉ *kontakt@beratungsnetzwerk-hessen.de*
www.beratungsnetzwerk-hessen.de

REGIONALSTELLE NORD-/OSTHESSEN
c/o MBT Hessen e.V.
Oberzwehrener Straße 103, 34132 Kassel
☎ *0561 / 8 61 67 66*
✉ *info@mbt-hessen.org*
www.mbt-hessen.org

OPFERBERATUNG „RESPONSE"
c/o Bildungsstätte Anne Frank
Hansaallee 150, 60320 Frankfurt
☎ *069 / 56 00 02 41*
✉ *kontakt@response-hessen.de*
www.response-hessen.de

ROTE LINIE – HILFEN ZUM AUSSTIEG VOR DEM EINSTIEG
St. Elisabeth-Verein e.V.
Hermann-Jacobsohn-Weg 2, 35039 Marburg
☎ *06421 / 8 89 09 98 (Hotline)*
✉ *kontakt@rote-linie.net*
www.rote-linie.net

AUSSTEIGERPROGRAMM IKARUS
Hölderlinstraße 1-5, 65187 Wiesbaden
☎ *0611 / 83 57 57*
✉ *ikarus.wbn@t-online.de*
www.ikarus-hessen.de

Mecklenburg-Vorpommern

LANDESZENTRALE FÜR POLITISCHE BILDUNG LANDESKOORDINIERUNGSSTELLE DEMOKRATIE UND TOLERANZ
Jägerweg 2, 19053 Schwerin
☎ *0385 / 3 02 09 23*
✉ *info@mv-demokratie.de*
www.mv-demokratie.de

Zuständig für Neubrandenburg und den Landkreis Mecklenburgische Seenplatte:

REGIONALZENTRUM FÜR DEMOKRATISCHE KULTUR MECKLENBURGISCHE SEENPLATTE
Träger: Christliches Jugenddorfwerk Deutschlands e.V. (CJD)
Friedrich-Engels-Ring 48, 17033 Neubrandenburg
☎ *0395 / 5 63 88 77*
☎ *0151 / 40 63 92 23*
Fax *0395 / 5 55 32 93*
✉ *info@cjd-rz.de*
www.cjd-rz.de

Zuständig für Ostvorpommern, Uecker-Randow sowie die Hansestadt Greifswald:

REGIONALZENTRUM FÜR DEMOKRATISCHE KULTUR VORPOMMERN-GREIFSWALD
Träger: Regionale Arbeitsstelle für Bildung, Integration und Demokratie e.V. (RAA MV)
Steinstraße 10, 17389 Anklam
☎ *03971 / 24 49 20*
Fax *03971 / 2 44 92 18*
✉ *vorpommern@raa-mv.de*
www.raa-mv.de

Zuständig für Schwerin, Wismar, Nordwest-Mecklenburg, Ludwigslust und Parchim:

REGIONALZENTRUM FÜR DEMOKRATISCHE KULTUR WESTMECKLENBURG
Träger: Regionale Arbeitsstelle für Bildung, Integration und Demokratie e.V. (RAA MV)
Alexandrinenplatz 7, 19288 Ludwigslust
☎ *03874 / 57 02 20*
Fax *03874 / 5 70 22 13*
✉ *westmecklenburg@raa-mv.de*
www.raa-mv.de

Zuständig für Landkreis und stadt Rostock:

REGIONALZENTRUM FÜR DEMOKRATISCHE KULTUR LANDKREIS UND HANSESTADT ROSTOCK
Träger: Evangelische Akademie der Nordkirche
Konrad-Zuse-Straße 1a, 18184 Roggentin
☎ *0381 / 4 03 17 62*
☎ *0172 / 6 03 06 18*
Fax *0381 / 4 03 17 64*
✉ *demokratiebildung.mv@akademie.nordkirche.de*

Zuständig für Nordvorpommern, Hansestadt Stralsund und die Insel Rügen:

REGIONALZENTRUM FÜR DEMOKRATISCHE KULTUR VORPOMMERN-RÜGEN
Träger: Evangelische Akademie der Nordkirche
Carl-Heydemann-Ring 55, 18437 Stralsund
☎ *03831 / 28 25 84*
☎ *0176 / 24 88 74 62*
Fax *03831 / 28 53 73*
✉ *demokratiebildung.mv@akademie.nordkirche.de*
www.akademie.nordkirche.de/regionalzentren

LOBBI E.V. LANDESWEITE OPFERBERATUNG, BEISTAND UND INFORMATION FÜR BETROFFENE RECHTER GEWALT (LOBBI WEST)
Hermannstraße 35, 18055 Rostock
☎ *0381 / 2 00 93 77*
☎ *0170 / 5 28 29 97*
Fax *0381 / 2 00 93 78*
✉ *west@lobbi-mv.de*
www.lobbi-mv.de

JUMP! SOZIALRAUMORIENTIERTE AUSSTIEGSARBEIT IN M-V
Träger: CJD Nord
Siegfried-Marcus-Straße 45, 17192 Waren (Müritz)
☎ *03991 / 63 29 19 51*
Fax *03991 / 67 32 15*
✉ *kontakt@projekt-jump.de*
www.projekt-jump.de

BETRIEBLICHES BERATUNGSTEAM – BBT – (DGB NORD)
BBT Büro Schwerin
☎ *0385 / 7 58 26 18*
Fax *0385 / 7 58 26 20*
✉ *schwerin@bbtmv.de*
www.bbtmv.de

Niedersachsen

AUSSTEIGERHILFE RECHTS
POSTFACH 452, 30004 HANNOVER
☎ *178 / 7 47 47 20*
✉ *info@aussteigerhilfe.niedersachsen.de*

BILDUNGSVEREINIGUNG ARBEIT UND LEBEN NIEDERSACHSEN
Arbeitsstelle Rechtsextremismus und Gewalt
Bohlweg 55, 38100 Braunschweig
☎ *0531 / 1 23 36 42*
Fax *0531 / 1 23 36 55*
✉ *info@arug.de*
www.arug-zdb.de

CONTRA E.V.
Sebastian Ramnitz
August-Wegmann-Straße 36, 49377 Vechta
☎ *0176 / 20 34 32 90*
✉ *info@contra-rassismus.de*

HAUS KIRCHLICHER DIENSTE DER EVANGELISCH-LUTHERISCHEN LANDESKIRCHE HANNOVERS
Initiative „Kirche für Demokratie – gegen Rechtsextremismus"
Archivstraße 3, 30169 Hannover
☎ *0511 / 12 41 -5 45*
Fax *0511 / 12 41 -4 99*
✉ *friedensstifter@kirchliche-dienste.de*
www.ikdr-hannover.de

LANDESKRIMINALAMT NIEDERSACHSEN
Polizeiliche Prävention
Am Waterlooplatz 11, 30169 Hannover
☎ *0511 / 2 62 62 32 03*
✉ *prävention@lka.polizei.niedersachsen.de*
www.lka.polizei-nds.de/praevention/vorbeugung_themen_und_tipps/extremismus-137.html

LANDESSTELLE JUGENDSCHUTZ NIEDERSACHSEN
Leisewitzstraße 26, 30175 Hannover
☎ *0511 / 85 87 88*
Fax *0511 / 2 83 49 54*
✉ *info@jugendschutz-niedersachsen.de*
www.jugendschutz-niedersachsen.de

LANDKREIS GÖTTINGEN
Reinhäuser Landstraße 4, 37083 Göttingen
SC Kinder- und Jugendbüro
☎ *0551 / 5 25 -91 64*
Fax *0551 / 5 25 -6 91 64*

FÖRDERUNG VON VIELFALT, DEMOKRATIE UND TOLERANZ
www.landkreisgoettingen.de/verwaltung/dienstleistungen/dienstleistung.php?id=851&menuid=22&topmenu=444

NIEDERSÄCHSISCHE LANDESKOORDINIERUNGSSTELLE
Landespräventionsrat
Beratungsnetzwerk
Am Waterlooplatz 5 A, 30169 Hannover
☎ *0511 / 1 22 71 37*
☎ *0176 / 10 19 64 49*
Fax *0511 / 1 20 52 71*
✉ *nilako@lpr.niedersachsen.de*

NIEDERSÄCHSISCHES MINISTERIUM FÜR INNERES UND SPORT – AKTION NEUSTART
Büttnerstraße 28, 30165 Hannover
☎ *0172 / 4 44 43 00*
www.facebook.com/aktionneustart.niedersachsen

PARC – PRÄVENTION DURCH AUFKLÄRUNG GEGEN RECHTSEXTREMISMUS UND FÜR COURAGE
Landespräventionsrat
Beratungsnetzwerk
Am Waterlooplatz 5 A, 30169 Hannover
☎ *0511 / 1 22 71 37*
☎ *0176 / 10 19 64 49*
Fax *0511 / 1 20 52 71*
✉ *nilako@lpr.niedersachsen.de*

„SCHULE OHNE RASSISMUS – SCHULE MIT COURAGE"
Niedersächsisches Kultusministerium
Schiffgraben 12, 30159 Hannover
☎ *0511 / 1 20 -71 60 bzw. -71 55*
Fax *0511 / 120 99 -71 60 bzw. -71 55*
✉ *claudia.schanz@mk.niedersachsen.de*
✉ *peter.kaufmann@mk.niedersachsen.de*
http://www.politischebildung.niedersachsen.de
http://www.nibis.de

WABE KOORDINIERUNGSSTELLE VERDEN
27283 Verden/Aller
☎ *04231 / 67 62 22*
🖷 *04231 / 67 62 35*
✉ *info@wabe-info.de*
www.wabe-info.de

ZENTRUM DEMOKRATISCHE BILDUNG WOLFSBURG
Heinrich-Nordhoff-Straße 73-77, 38440 Wolfsburg
☎ *05361 / 8 91 30 -55*
🖷 *05361 / 8 91 30 -58*
✉ *info@zdb-wolfsburg.de*
www.arug-zdb.de
www.rechtefrauen.de

Nordrhein-Westfalen

ÜBERGREIFENDES INFORMATIONSPORTAL:
www.nrweltoffen.de/

MOBILE BERATUNG GEGEN RECHTSEXTREMISMUS IN NRW
www.mobile-beratung-nrw.de

Regionale Beratungsteams:

MOBILE BERATUNG IM REGIERUNGSBEZIRK ARNSBERG C/O AMT FÜR JUGENDARBEIT DER EVANGELISCHEN KIRCHE WESTFALEN
Iserlohner Straße 25, 58239 Schwerte
☎ *02304 / 75 51 90*
☎ *0152 / 01 77 32 72 oder 0176 / 55 52 29 69*
✉ *netzwerk@afj-ekvw.de*
www.mbr-arnsberg.de/

MOBILE BERATUNG IM RB DETMOLD C/O ARBEIT UND LEBEN DGB/VHS
im Kreis Herford
Kreishausstraße 6a, 32051 Herford
☎ *05221 / 2 75 72 -54*
☎ *05221 / 2 75 72 -55*
✉ *info@mobile-beratung-owl.de*
www.mobile-beratung-owl.de

MOBILE BERATUNG IM RB DÜSSELDORF C/O WUPPERTALER INITIATIVE FÜR DEMOKRATIE UND TOLERANZ E.V.
An der Bergbahn 33, 42289 Wuppertal
☎ *0202 / 5 63 27 59*
🖷 *0202 / 5 63 81 78*
✉ *Sebastian.Goecke@stadt.wuppertal.de*
www.wuppertaler-initiative.de/mobile-beratung-nrw

MOBILE BERATUNG IM RB KÖLN:
C/O NS-DOKUMENTATIONSZENTRUM DER STADT KÖLN, Appellhofplatz 23–25, 50667 Köln
☎ *0221 / 2 21 -2 71 62*
🖷 *0221 / 2 21 -2 55 12*
✉ *ibs@stadt-koeln.de*
www.mbr-koeln.de/

MOBILE BERATUNG IM RB MÜNSTER C/O GESCHICHTSORT VILLA TEN HOMPEL
Kaiser-Wilhelm-Ring 28, 48145 Münster
☎ *0251 / 4 92 71 09*
✉ *kontakt@mobim.info*
www.mobim.info

Beratung für Betroffene rechter und rassitischer Gewalt:

BACK UP
Königswall 36, 44137 Dortmund
☎ *0231 / 53 20 09 40*
☎ *0172 / 1 04 54 32*
🖷 *0231 / 53 20 09 44*
✉ *contact@backup-nrw.org*
www.backup-nrw.org/

OPFERBERATUNG RHEINLAND C/O IDA-NRW
Volmerswerther Straße 20, 40221 Düsseldorf
☎ *0211 / 15 92 55 64*
🖷 *0211 / 15 92 55 69*
✉ *info@opferberatung-rheinland.de*
www.opferberatung-rheinland.de

DISTANZIERUNG UND AUSSTIEG AUS DER RECHTEN SZENE:

NINA NRW (NEUE WEGE IN AUSBILDUNG UND ARBEIT), c/o RE/init e.V.
Am Steintor 3, 45657 Recklinghausen
☎ *02361 / 3 02 10*
☎ *0176 / 93 11 97 65*
✉ *nina.nrw@reinit.de*
www.ausstieg-zum-einstieg.de

AUSSTEIGERPROGRAMM RECHTSEXTREMISMUS DES LANDES NORDRHEIN-WESTFALEN
☎ *0211 / 8 37 10 01*
✉ *kontakt@aussteiger.nrw.de*
www.aussteiger.nrw.de

Beratung von Eltern und Bezugspersonen rechtsextrem orientierter Jugendlicher:

INFORMATIONS- UND DOKUMENTATIONSZENTRUM FÜR ANTIRASSISMUSARBEIT IN NORDRHEIN-WESTFALEN (IDA-NRW) – c/o Anne Broden
Volmerswerther Straße 20, 40221 Düsseldorf
☎ *0211 / 1 59 25 55*
✉ *info@ida-nrw.de*
www.ida-nrw.de/beratung-von-eltern/

Bildungsangebote:

NETZWERK FÜR DEMOKRATIE UND COURAGE LANDESNETZSTELLE NORDRHEIN-WESTFALEN C/O LANDESJUGENDRING NRW E.V.
Sternstraße 9–11, 40479 Düsseldorf
☎
℻ *0211 / 49 76 66 -29*
✉ *nrw@netzwerk-courage.de*
🌐 *www.ndc.ljr-nrw.de*

SCHWUL LESBISCH BI TRANS* AUFKLÄRUNG IN NRW (SCHLAU NRW) C/O SCHWULES NETZWERK NRW E.V.
Lindenstraße 20, 50674 Köln
☎ *0221 / 2 57 28 49*
℻ *0221 / 2 57 28 48*
✉ *info@schlau-nrw.de*
🌐 *www.schlau-nrw.de*

TOOLBOX X – WORKSHOPS ZUR PRÄVENTION VON RASSISMUS UND RECHTSEXTREMISMUS C/O ARBEIT UND LEBEN BIELEFELD E.V. DGB/ VHS
Holger Wiewel
Ravensberger Park 4, 33607 Bielefeld
☎ *0521 / 55 77 72 21*
✉ HW@AULBI.DE

Weitere Netzwerke:

„SCHULE OHNE RASSISMUS – SCHULE MIT COURAGE" (LANDESKOORDINATION NORDRHEIN-WESTFALEN)
Landesweite Koordinationsstelle Kommunale Integrationszentren (LaKI)
c/o Renate Bonow, Julia Kilian
Bezirksregierung Arnsberg, Dezernat 37
Ruhrallee 1-3, 44139 Dortmund
☎ *02931 / 82 52 09*
℻ *02931 / 8 24 82 49*
✉ *renate.bonow@bra.nrw.de*
✉ *julia.kilian@bra.nrw.de*
🌐 *www.schule-ohne-rassismus.org/wer-wir-sind/landeskoordinationen/nordrhein-westfalen/*

KATHOLISCHE LANDESARBEITSGEMEINSCHAFT KINDER- UND JUGENDSCHUTZ NW E.V.
Salzstraße 8, 48143 Münster
☎ *0251 / 5 40 27*
℻ *0251 / 51 86 09*
✉ *info@thema-jugend.de*
🌐 *www.thema-jugend.de*

ARBEITSKREIS RUHR GEGEN RECHTSEXTREME TENDENZEN BEI JUGENDLICHEN E.V. (AK RUHR)
c/o Respektbüro/Jugendamt der Stadt
DORTMUND – STEFAN WOSSMANN
☎ *0231 / 5 02 99 42*
✉ *swossmann@stadtdo.de*
🌐 *www.ak-ruhr.de*

Rheinland-Pfalz

KOMPETENZNETZWERK „DEMOKRATIE LEBEN!" IN RHEINLAND-PFALZ
Landeskoordinierungsstelle
Rheinallee 97–101, 55118 Mainz
☎ *06131 / 96 71 85*
✉ *lks-demokratie-leben@lsjv.rlp.de*
🌐 *www.demokratie-leben-rlp.de*

NETZWERK FÜR DEMOKRATIE UND COURAGE LANDESNETZSTELLE RHEINLAND-PFALZ
c/o DGB Jugend Rheinland-Pfalz
Kaiserstraße 26-30, 55116 Mainz
☎ 06131 / 28 16 29
✉ RLP@NETZWERK-COURAGE.DE
🌐 *www.netzwerk-courage.de/web/152.html*

LANDESZENTRALE FÜR POLITISCHE BILDUNG RHEINLAND-PFALZ
Am Kronberger Hof 6, 55116 Mainz
☎ *06131 / 16 29 70*
✉ *lpb.zentrale@politische-bildung-rlp.de*
🌐 *www.politische-bildung-rlp.de*

BÜNDNIS FÜR VIELFALT UND TOLERANZ RHEINLAND-PFALZ
c/o Heinrich-Böll Stiftung Rheinland-Pfalz
Walpodenstraße 10, 55116 Mainz
✉ *mail@vielfalt-rlp.de*
🌐 *www.vielfalt-rlp.de*

Saarland

LANDESDEMOKRATIEZENTRUM – NETZWERK GEGEN RECHTSEXTREMISMUS – FÜR DEMOKRATIE
Ministerium für Soziales, Gesundheit, Frauen und Familie
Ursulinenstraße 8-16, 66119 Saarbrücken
Ansprechpartner:
Dirk Hübschen
☎ *0681 / 5 01 72 60*
✉ *d.huebschen@soziales.saarland.de*

FACHSTELLE GEGEN RECHTSEXTREMISMUS – FÜR DEMOKRATIE (MOBILE BERATUNG GEGEN RECHTSEXTREMISMUS)
Adolf-Bender-Zentrum e.V.
Gymnasialstraße 5, 66606 St. Wendel
☎ *06851 / 80 82 79 -4 (3)*
✉ *uwe.albrecht@adolf-bender.de*
✉ *joern.didas@adolf-bender.de*
✉ *michael.gross@adolf-bender.de*

BERATUNGSSTELLE FÜR OPFER VON DISKRIMINIERUNG UND RECHTER GEWALT

Ministerium für Soziales, Gesundheit, Frauen und Familie
Ursulinenstraße 8-16, 66111 Saarbrücken
☎ *0681 / 5 01 50 30*
✉ *c.giannoulis@soziales.saarland.de*

LOKALE „PARTNERSCHAFTEN FÜR DEMOKRATIE" IM SAARLAND:

Stadtverwaltung Homburg – Kinder- und Jugendbüro
Am Forum 5, 66424 Homburg
☎ *06841 / 10 11 44*
✉ *Sandra.schatzmann@homburg.de*

REGIONALVERBAND SAARBRÜCKEN

Jugendamt Abteilung 51.5
Heuduckstraße 1, 66117 Saarbrücken
☎ *0681 / 5 06 51 65*
✉ *katja.hofmann@rvsbr.de*

Landeshauptstadt Saarbrücken

ZUWANDERUNGS- UND INTEGRATIONSBÜRO (ZIB)

Rathaus St. Johan, Rathausplatz, 66111 Saarbrücken
☎ *0681 / 9 05 13 52*
✉ *anne.schuster@saarbruecken.de*

LANDKREIS NEUNKIRCHEN

Wilhelm-Heinrich-Straße 35, 66564 Ottweiler
☎ *0682 / 49 06 71 45*
✉ *jugendarbeit@landkreis-neunkirchen.de*

Modellprojekte im Saarland:

„Islam im Saarland – saarländischer Islam?"

FITT-Insitut für Technologietransfer an der Hochschule für Technik und Wirtschaft des Saarlandes gGmbH
Goebenstraße 40, 66117 Saarbrücken
☎ *0681 / 58 50 40*
✉ *fitt@fitt.de*

„OFFENsive!"

Verband saarländischer Jugendzentren in Selbstverwaltung e.V.
Blumenstraße 30–32, 66111 Saarbrücken
☎ *0681 / 63 53 59*
✉ *zentrale@juz-united.de*

„ZusammenWachsen: Vernetzung, Kooperation und Jugendbildung im Themenfeld Antiziganismus"

Netzwerk für Demokratie und Courage Saar e.V.
Fritz-Dobisch-Straße 5, 6111 Saarbrücken
☎ *0681 / 63 53 59*
✉ *buero@ndc-saar.org*

Sachsen

KONTAKTE DER MOBILEN BERATUNGSTEAMS DES KULTURBÜRO SACHSEN E.V.

www.kulturbuero-sachsen.de

MOBILES BERATUNGSTEAM (MBT) – REGIONALBÜRO MITTE-OST

BeraterInnen: Markus Kemper / Petra Schickert
Gartenstraße 13, 01796 Pirna
☎ *03501 / 58 22 89*
✉ *mbt.mitte-ost@kulturbuero-sachsen.de*

MOBILES BERATUNGSTEAM (MBT) – REGIONALBÜRO NORDWEST

BeraterInnen: Franz Hammer / Solvejg Höppner
Hedwigstraße 20, 04315 Leipzig
☎ *0341 / 25 66 80 00*
✉ *mbt.nordwest@kulturbuero-sachsen.de*

MOBILES BERATUNGSTEAM (MBT) – REGIONALBÜRO SÜDWEST

BeraterInnen: Jens Paßlack / Jane Viola Felber
Henriettenstraße 5, 09112 Chemnitz
☎ *0371 / 2 78 15 65*
✉ *mbt.suedwest@kulturbuero-sachsen.de*

RÜCKFRAGEN ZUR PUBLIKATION „SACHSEN RECHTS UNTEN 2015" UNTER:

Michael Nattke, Fachreferent des Kulturbüros Sachsen e.V.,
☎ *0351 / 56 35 55 39*
✉ *michael.nattke@kulturbuero-sachsen.de*

V.I.S.D.P.

Grit Hanneforth, Geschäftsführerin
Kulturbüro Sachsen e.V.
Bautzner Straße 45, 01099 Dresden
☎ *0351 / 2 72 14 90*
✉ *buero@kulturbuero-sachsen.de*

Sachsen-Anhalt

Landeskoordination

LANDESKOORDINIERUNGSSTELLE RECHTSEXTREMISMUS

Ministerium für Arbeit und Soziales Sachsen-Anhalt, Hildegard Rode
Turmschanzenstraße 25, 39114 Magdeburg

ARBEITSSTELLEN RECHTSEXTREMISMUS

ARBEITSSTELLE RECHTSEXTREMISMUS (HALLE)

Miteinander e.V.
Platanenstraße 09, 06114 Halle
www.miteinander-ev.de

ARBEITSSTELLE RECHTSEXTREMISMUS (MAGDEBURG)

Miteinander e.V.
Erich-Weinert-Straße 30 39104 Magdeburg
www.miteinander-ev.de

Mobile / regionale Beratungsteams

REGIONALES BERATUNGSTEAM GEGEN RECHTSEXTREMISMUS SACHSEN-ANHALT NORD

Miteinander e.V.
Chüdenstraße 4, 29410 Salzwedel
www.miteinander-ev.de

REGIONALES BERATUNGSTEAM GEGEN RECHTSEXTREMISMUS SACHSEN-ANHALT MITTE

Miteinander e.V.
Erich-Weinert-Straße 30, 39104 Magdeburg
www.miteinander-ev.de

REGIONALES BERATUNGSTEAM GEGEN RECHTSEXTREMISMUS SACHSEN-ANHALT SÜD

Miteinander e.V.
Platanenstraße 09, 06114 Halle
www.miteinander-ev.de

PROJEKT GEGENPART – MOBILES BERATUNGSTEAM GEGEN RECHTSEXTREMISMUS IN ANHALT

Alternatives Jugendzentrum Dessau e.V.
Schlachthofstraße 25, 06844 Dessau-Roßlau
www.projektgegenpart.de

REGIONALES BERATUNGSTEAM GEGEN RECHTSEXTREMISMUS SACHSEN-ANHALT SÜD-WEST

Freiwilligen-Agentur Halle-Saalkreis e.V.
Leipziger Straße 37, 06108 Halle
www.freiwilligen-agentur.de

Mobile Beratung für Opfer rechter Gewalt

ANLAUFSTELLE NORD

Chüdenstraße 4,29410 Salzwedel
www.mobile-opferberatung.de

ANLAUFSTELLE MITTE

c/o Miteinander e.V.
Erich-Weinert-Straße 30, 39104 Magdeburg
www.mobile-opferberatung.de

ANLAUFSTELLE SÜD

Platanenstraße 09, 06114 Halle
www.mobile-opferberatung.de

BERATUNGSSTELLE FÜR OPFER RECHTER STRAF- UND GEWALTTATEN REGION ANHALT/BITTERFELD/WITTENBERG

c/o Multikulturelles Zentrum Dessau
Parkstraße 7, 06846 Dessau-Roßlau
www.opferberatung-dessau.de

ELTERN UND RECHTSEXTREMISMUS

AWO Landesverband Sachsen-Anhalt e.V.
Klausenerstraße 17, 39112 Magdeburg
www.awo-sachsenanhalt.de
Miteinander e.V.
Chüdenstraße 4, 29410 Salzwedel
www.miteinander-ev.de

Netzwerkstellen

ANTIDISKRIMINIERUNGSNETZWERK SACHSEN-ANHALT

Miteinander e.V.
Chüdenstraße 4, 29410 Salzwedel
www.miteinander-ev.de

NETZWERKSTELLE DEMOKRATISCHES MAGDEBURG

Miteinander e.V.
Erich-Weinert-Str. 30, 39104 Magdeburg
www.miteinander-ev.de

Partnerschaften für Demokratie, Altmarkkreis Salzwedel

INTEGRATIONSKOORDINATORIN DES LANDKREISES

Karl-Marx-Straße 32, 29410 Salzwedel
www.altmarkkreis-salzwedel.de

EXTERNE FACH- UND KOORDINIERUNGSSTELLE:

Koordinierungs- und Fachstelle „Demokratie leben!“ Verein zur Förderung der beruflichen Bildung
Alte Pumpe 11, 29410 Salzwedel

BURGENLANDKREIS

Kreisverwaltung Burgenlandkreis
Jugendamt
Schönburger Straße 41, 06618 Naumburg

EXTERNE FACH- UND KOORDINIERUNGSSTELLE:

Externe Koordinierungsstelle PfD
c/o Internationaler Bund
Friedrich-Nietzsche-Straße 1, 06118 Naumburg

EINHEITSGEMEINDE GENTHIN, JERICHOW UND ELBE-PAREY

Stadtverwaltung Genthin
Marktplatz 3, 39307 Genthin
www.stadt-genthin.de

LANDESHAUPTSTADT MAGDEBURG

JUGENDAMT

Wilhelm-Höpfner-Ring 4, 39116 Magdeburg

EXTERNE FACH- UND KOORDINIERUNGSSTELLE:

Miteinander e.V. – Netzwerkstelle Demokratisches Magdeburg
Erich-Weinert-Straße 30, 39104 Magdeburg

Landkreis Anhalt-Bitterfeld

WIRTSCHAFTSENTWICKLUNGS- UND TOURISMUSAMT

Am Flugplatz 1, 06366 Köthen (Anhalt)

EXTERNE FACH- UND KOORDINIERUNGSSTELLE:

„Partnerschaft für Demokratie"
c/o Jugendclub' 83 e.V.
Kirchstraße 15, 06749 Bitterfeld
www.jugendclub83.org

LANDKREIS BÖRDE

Gerikestraße 104, 39340 Haldensleben
www.lap-boerde.de

LANDKREIS MANSFELD-SÜDHARZ

SB Jugendarbeit, Jugendsozialarbeit und erzieherischer Kinder- und Jugendschutz
Jugendamt
Rudolf-Breitscheid-Straße 20/22, 06526 Sangerhausen
www.mansfeldsuedharz.de

EXTERNE FACH- UND KOORDINIERUNGSSTELLE:

Kreis- Kinder- und Jugendring MSH e.V.
Ernst-Thälmann-Straße 14, 06526 Sangerhausen

LANDKREIS STENDAL

Integrationskoordinator
Hospitalstraße 1-2, 39576 Stendal

EXTERNE FACH- UND KOORDINIERUNGSSTELLE:

KinderStärken e.V.
Hochschule Magdeburg-Stendal
Osterburger Straße 25, 39576 Hansestadt Stendal
www.kinderstaerken-ev.de

LANDKREIS WITTENBERG

FD JUGEND UND SCHULE

Breitscheidstraße 3, 06886 Luth. Wittenberg
Partnerschaft für Demokratie im Landkreis Wittenberg bei Facebook

EXTERNE FACH- UND KOORDINIERUNGSSTELLE:

LEB AG Anhalt-Wittenberg e.V.
Breitscheidstraße 3, 06886 Luth. Wittenberg

SAALEKREIS

JUGENDAMT

Kloster 4, 06217 Merseburg
www.weltoffener-saalekreis.de

EXTERNE FACH- UND KOORDINIERUNGSSTELLE:

c/o Mehrgenerationenhaus Merseburg
Roßmarkt 02, 06217 Merseburg

SALZLANDKREIS – REGION CALBE, BARBY, GEMEINDE BÖRDELAND

Stadtverwaltung Calbe (Saale)
Markt 18, 39240 Calbe (Saale)
www.calbe.de

EXTERNE FACH- UND KOORDINIERUNGSSTELLE:

Rückenwind e.V. Schönebeck
Bahnhofstraße 11-12, 39218 Schönebeck

SALZLANDKREIS – REGION ASCHERSLEBEN, STASSFURT, BERNBURG

Fachdezernat Jugend und Familie
Friedensallee 25, 06406 Bernburg (Saale)
www: www.salzlandkreis.de

EXTERNE FACH- UND KOORDINIERUNGSSTELLE

Internationaler Bund
IB Mitte gGmbH für Bildung und soziale Dienste
Vogelgesang 35, 06449 Aschersleben

STADT BURG

SG KULTUR, BILDUNG UND SOZIALES

SB Stadtjugendpflegerin
In der Alten Kaserne 2, 39288 Burg
www.stadt-burg.de

STADT DESSAU-ROSSLAU

Zerbster Straße 4, 06844 Dessau-Roßlau
www.partnerschaft-fuer-demokratie.de

EXTERNE FACH- UND KOORDINIERUNGSSTELLE:

Alternatives Jugendzentrum e.V.
Schlachthofstraße 25, 06844 Dessau-Roßlau
www.partnerschaft-fuer-demokratie.de

STADT HALLE (SAALE)

LOKALE KOORDINIERUNGSSTELLE „HALLIANZ FÜR VIELFALT"

Kinder- und Jugendbeauftragter
Schopenhauerstraße 4, 06114 Halle (Saale)
www.hallianz-fuer-vielfalt.de

Modellprojekte

DESSAU-ROSSLAU: *„Salem Aleikum – Friede sei mit Dir" – Prävention gegen Islamismus*
www.multikulti-dessau.de

HALLE: *„Jugend im Land 3.0 – Digitale Demokratie- und Engagementförderung im ländlichen Raum"*
LAGFA Sachsen-Anhalt e.V.
Leipziger Straße 37, 06108 Halle (Saale)
www.lagfa-lsa.de

HALLE: *„Frei(T)Räume Erleben. Wege in einen demokratischen Alltag"*
Miteinander – Netzwerk für Demokratie und Weltoffenheit in Sachsen-Anhalt e.V.
Platanenstraße 9, 06114 Halle (Saale)
www.miteinander-ev.de

Magdeburg

DEMOKRATIE UND INTEGRATION IN SACHSEN-ANHALT (DISA)

ARBEIT UND LEBEN Bildungsvereinigung Sachsen-Anhalt e.V.
www.arbeitundleben.info

DEHNUNGSFUGE – AUF DEM LANDE ALLES DICHT?

Landesvereinigung Kulturelle Kinder- und Jugendbildung, Sachsen-Anhalt e.V.
Liebigstraße 5, 39104 Magdeburg
www.dehnungsfuge.com

ENGAGIERT VOR ORT – GEMEINSAM GEGEN DISKRIMINIERUNG UND MENSCHENVERACHTUNG

Netzwerk für Demokratie und Courage Sachsen-Anhalt e.V.
Schönebecker Straße 82-84, 39104 Magdeburg
www.netzwerk-courage.de

RESPEKT FÜR RELIGION – AKTUELLE FORMEN VON ISLAM-/ MUSLIMFEINDLICHKEIT

Katholische Erwachsenenbildung
Breiter Weg 213, 39104 Magdeburg

Bildungsarbeit

MITEINANDER – NETZWERK FÜR DEMOKRATIE UND WELTOFFENHEIT IN SACHSEN-ANHALT E.V.
Platanenstraße 09, 06114 Halle
www.miteinander-ev.de

MITEINANDER – NETZWERK FÜR DEMOKRATIE UND WELTOFFENHEIT IN SACHSEN-ANHALT E.V.
Erich-Weinert-Straße 30, 39104 Magdeburg
www.miteinander-ev.de

MITEINANDER – NETZWERK FÜR DEMOKRATIE UND WELTOFFENHEIT IN SACHSEN-ANHALT E.V.
Chüdenstraße 4, 29410 Salzwedel
www.miteinander-ev.de

BUNDESKOORDINATION „SCHULE OHNE RASSISMUS – SCHULE MIT COURAGE"
Ahornstraße 5, 10787 Berlin
www.schule-ohne-rassismus.org

KINDER- UND JUGENDRING SACHSEN-ANHALT E.V.
Schleinufer 14, 39104 Magdeburg
www.kjr-lsa.de

NETZWERK FÜR DEMOKRATIE UND COURAGE
Landesnetzstelle Sachsen-Anhalt
c/o Landesjugendwerk der AWO Sachsen-Anhalt e.V.
Schönebecker Straße 82-84, 39104 Magdeburg
www.netzwerk-courage.de

LANDESZENTRALE FÜR POLITISCHE BILDUNG
Referat 1 Demokratie, Vielfalt und Weltoffenheit
Geschäftsstelle Netzwerk für Demokratie und Toleranz in Sachsen-Anhalt
Schleinufer 12, 39104 Magdeburg
www.hingucken.sachsen-anhalt.de

EXTRA – EXTREMISMUSAUSSTIEG
www.ausstiegshilfe.sachsen-anhalt.de

Schleswig-Holstein

LANDESKOORDINIERUNGSSTELLE GEGEN RECHTSEXTREMISMUS IN SCHLESWIG-HOLSTEIN
Düsternbrooker Weg 92, 24105 Kiel
☎ *0431 / 9 88 31 30*
✉ *info@beranet-sh.de*
www.beranet-sh.de

REGIONALES BERATUNGSTEAM (RBT) FLENSBURG
☎ *0461 / 48 06 51 60*
✉ *rbt.flensburg@beranet-sh.de*

RBT ITZEHOE
☎ *04821 / 7 79 60 12*
✉ *rbt.itzehoe@beranet-sh.de*

RBT KIEL
☎ *0431 / 2 60 68 73*
✉ *rbt.kiel@beranet-sh.de*

RBT LÜBECK
☎ *0451 / 7 98 84 18*
✉ *rbt.luebeck@beranet-sh.de*

AKTION KINDER- UND JUGENDSCHUTZ SCHLESWIG-HOLSTEIN E.V.
Fachstelle für Prävention
Holtenauer Straße 238, 24106 Kiel
☎ *0431 / 2 60 68 78*
✉ *info@akjs-sh.de*
www.akjs-sh.de

ZEBRA – ZENTRUM FÜR BETROFFENE RECHTER ANGRIFFE E.V.
Postfach 4508, 24044 Kiel
☎ *0431 / 30 14 03 79*
✉ *info@zebraev.de*
www.zebraev.de

VEREIN MITEINANDER LEBEN E.V.
Lohgerbergang
23879 Mölln
☎ *04542 / 84 33 09 oder 04541 / 20 67 26*
✉ *info@verein-miteinander-leben.de*
www.verein-miteinander-leben.de

ANTIDISKRIMINIERUNGSVERBAND SCHLESWIG-HOLSTEIN
Zum Brook 4, 24143 Kiel
☎ *0431 / 56 02 77*
✉ *info@adv-sh.de*
www.advsh.de

Thüringen

MOBILE BERATUNG IN THÜRINGEN. FÜR DEMOKRATIE – GEGEN RECHTSEXTREMISMUS
www.mobit.org

ANTIFASCHISTISCHER UND ANTIRASSISTISCHER RATSCHLAG THÜRINGEN
www.ratschlag-thueringen.de

EXTREM DEMOKRATISCH – DIE PLATTFORM GEGEN EXTREMISMUSKLAUSELN UND EXTREMISMUSDENKEN
www.extrem-demokratisch.de

MOBILE BERATUNG FÜR OPFER RECHTER, RASSISTISCHER UND ANTISEMITISCHER GEWALT
www.ezra.de

KOORDINIERUNGS- UND KONTAKTSTELLE JENA
www.kokont-jena.de

VERNETZUNGSPLATTFORM DER THÜRINGER BÜNDNISSE, INITIATIVEN UND NETZWERKE GEGEN RECHTS
www.gemeinsam-gegen-rechts-thr.de

FLÜCHTLINGSRAT THÜRINGEN E.V.
www.fluechtlingsrat-thr.de

11 Arbeitshilfen aus den Ländern

Baden-Württemberg

MATERIALIEN DES DEMOKRATIEZENTRUMS
Kostenlos zum Download unter: *http://www.demokratiezentrum-bw.de/wissen-information/eigene-materialien*

ONLINE-PRESSESPIEGEL (JÄHRLICH SEIT 2012)
RECHTSEXTREMISMUS IM INTERNET UND IN SOZIALEN NETZWERKEN
Basiswissen und Methoden, von ALEXANDER SCHELL und AYTEKIN CELIK

GENDER UND RECHTSEXTREMISMUS: Dokumentation des Fachtags am 24. April 2013 im Marianum Hegne

KITA-BERATUNG ZUR DEMOKRATIEFÖRDERUNG - GEGEN RECHTSEXTREMISMUS: Broschüre für Beraterinnen und Berater mit Materiallisten und Anwendungsbeispielen, von *STEFAN BRÜCKNER*

AKTIONSKALENDER „DEMOKRATIE LEBEN!"

WEITERE PUBLIKATIONEN:

EXPERTISE BADEN-WÜRTTEMBERG: Eckpunkte und Elemente eines landesweiten Aktionsplans gegen Gruppenbezogene Menschenfeindlichkeit, von *KURT MÖLLER* und *NILS SCHUMACHER*, Hrsg.: Sozialministerium Baden-Württemberg, *https://sozialministerium.baden-wuerttemberg.de/fileadmin/redaktion/m-sm/intern/downloads/Downloads_Kinder-Jugendliche/ZPJ_Expertise-GMF_Sept_2015.pdf*

KULTUR GEGEN RECHTS, MANNHEIMER KULTURSCHAFFENDE SAGEN NEIN ZU RECHTEN VERANSTALTUNGEN IN IHREN RÄUMEN:
*www.*kulturgegengrechts.de

DEMOKRATIE STÄRKEN - RECHTSEXTREMISMUS BEKÄMPFEN: Baden-Württemberg für Toleranz und Menschlichkeit, Eine Ausstellung des Fritz-Erler-Forums, *http://www.fritz-erler-forum.de/index.php?gegen-rechts*

PLANSPIEL SOUNDCHECK: Ein Projekttag zum Thema Rechtsextremismusprävention, Landeszentrale für politische Bildung Baden-Württemberg, *http://www.lpb-bw.de/index.php?id=995&backPID=6301&tt_products[product]=3135*

Bayern

Zum Umgang mit Rechtsextremismus in Bayern

KREISJUGENDRING NÜRNBERG-STADT (HRSG.): Recht gegen Rechts! Hinschauen und Handeln! Arbeitshilfe, 3. überarbeite Auflage, Nürnberg 2012
www.recht-gegen-rechts.de

BAYERISCHER JUGENDRING / REGIONALE BERATUNGSSTELLE GEGEN RECHTSEXTREMISMUS (HRSG.): Neonazismus in Niederbayern, München 2014,
www.lks-bayern.de/Service_-_Termine/Downloads

BAYERISCHER JUGENDRING – REGIONALE BERATUNGSSTELLE GEGEN RECHTSEXTREMISMUS (HRSG.): Rechtsextremismus in der Oberpfalz, München 2012,
https://www.lks-bayern.de/Service_-_Termine/Downloads

LANDESHAUPTSTADT MÜNCHEN, OBERBÜRGERMEISTER – FACHSTELLE GEGEN RECHTSEXTREMISMUS (HRSG.): Anmietungen durch Rechtsextreme. Schutz für Kommunen und Vermieter, München 2012,
www.muenchen.de

DEUTSCHER GEWERKSCHAFTSBUND, Bezirk Bayern (Hrsg.): Rechtsextremismus in Bayern, München 2012, *www.bayern.dgb.de*

O. DECKER / E. BRÄHLER IM AUFTRAG DER LANDTAGSFRAKTION BÜNDNIS 90/DIE GRÜNEN IM BAYERISCHEN LANDTAG (HRSG.): Rechtsextreme Einstellungen in Bayern. Ergebnisse der Mitte-Studien der Universität Leipzig, München 2014. *www.gruene-fraktion-bayern.de*

WEITERE INFORMATIONEN FÜR BAYERN UNTER: *www.lks-bayern.de*

LANDESKOORDINIERUNGSSTELLE DEMOKRATIE LEBEN! Bayern gegen Rechtsextremismus. Informationen, Beratung und Hilfe. Downloads und Informationen zum Thema Rechtsextremismus.

www.aida-archiv.de, a.i.d.a. dokumentiert, archiviert und informiert seit über 20 Jahren zu Neonazismus in Bayern. Im Internet bietet a.i.d.a. einen Terminkalender und eine Chronologie zu rechten Aktivitäten an.

www.endstation-rechts-bayern.de, „Endstation Rechts."ist ein Projekt der Bayern SPD und der Jusos Bayern. Es bietet aktuelle Einschätzungen zu Neonazismus und der extremen Rechten in Bayern.

Brandenburg

L GEIGES / S. MARG / F. WALTER: *Pegida: Die schmutzige Seite der Zivilgesellschaft?* Bundeszentrale für politische Bildung, Bonn 2015

N. HABERLANDT: *Dokumentation der Ergebnisse der Situationsanalyse „Sport und Rechtsextremismus im Land Brandenburg"*, Norderstedt 2011

H. KLEGER: *Toleranz und „Tolerantes Brandenburg"*, Münster 2006

C. KOPKE (HRSG.): *Die Grenzen der Toleranz: rechtsextremes Milieu und demokratische Gesellschaft in Brandenburg*, Potsdam 2011

J.H. SCHOEPS / G. BOTSCH / C. KOPKE / L. RENSMANN (HRSG.): *Rechtsextremismus in Brandenburg.* Handbuch für Analyse, Prävention und Intervention, Berlin 2007

W. SCHUBARTH (HRSG.): *Nachhaltige Prävention von Kriminalität, Gewalt und Rechtsextremismus.* Beiträge aus Wissenschaft und Praxis, Potsdam 2014

D. WILKING / M. KOHLSTRUCK (HRSG.): *Einblicke IV. Ein Werkstattbuch*, Potsdam 2012

D. WILKING (HRSG.): *„Reichsbürger"*. Ein Handbuch, 2. Auflage Potsdam 2015

Hessen

R. BECKER / K. PALLOKS, (HRSG.): *Jugend an der Roten Linie.* Analysen und Erfahrungen mit Interventionsansätzen zur Rechtsextremismusprävention, Schwalbach/Ts. 2013

BERATUNGSNETZWERK HESSEN (HRSG.): *Nicht über, sondern mit Betroffenen reden.* Perspektiverweiterungen und Handlungsempfehlungen für die Beratungspraxis, Marburg 2013, *http://beratungsnetzwerk-hessen.de/index.php?page=unsere-materialien*

BILDUNGSSTÄTTE ANNE FRANK E.V. (HRSG.): *Weltbild Antisemitismus.* Didaktische und methodische Empfehlungen für die pädagogische Arbeit in der Migrationsgesellschaft, Frankfurt (M.) 2013

B. HAFENEGER / K. SEYFFERTH / R. BECKER: *Rechtsextreme Tendenzen bei Jugendlichen im Landkreis Marburg-Biedenkopf.* Im Auftrag des Kreistages und in Zusammenarbeit mit dem Fachbereich Familie, Jugend und Soziales, Philipps-Universität-Marburg, Marburg 2014

LANDKREIS GIESSEN, JUGENDFÖRDERUNG (HRSG.): *Rechte Einstellungen und rechte Strukturen im Landkreis Gießen, Gießen 2014*

LANDESSPORTBUND HESSEN E.V. (HRSG.): *Sport und Flüchtlinge.* Ein Modellprojekt der Sportjugend Hessen in den Gemeinden Butzbach, Egelsbach und Maintal, Frankfurt (M.) 2013

MOBILE AUSSTELLUNG DES BERATUNGSNETZWERKS HESSEN: *„RECHTSaußen – MITTENdrin? Rechtsextremismus: Erscheinungsformen und Handlungsmöglichkeiten"*, *www.rechts-aussen.de*

Mecklenburg-Vorpommern

Folgende aktuelle Materialien finden sich u.a. auf der Internetseite des landesweiten Beratungsnetzwerkes Demokratie und Toleranz WWW.MV-DEMOKRATIE.DE:

PROJEKTLANDSCHAFT: Demokratie und Toleranz in Mecklenburg-Vorpommern – jetzt online! Die interaktive Karte gibt einen Blick über die Projektlandschaft im Bereich Demokratie und Toleranz inklusive Kontaktdaten in Mecklenburg-Vorpommern.

BROSCHÜRE „FLÜCHTLINGE IN MECKLENBURG-VORPOMMERN“: Mit den steigenden Flüchtlingszahlen haben sich auch Fragen und Ungewissheiten in der Bevölkerung vermehrt. Zugleich ist insbesondere in den sozialen Netzwerken eine starke Verbreitung von Gerüchten und bewussten Falschbehauptungen zu beobachten.
Die häufigsten Fragen wurden ausgewählt und zentrale Fakten und Hintergründe in kompakten Antworten zusammengestellt.

FILM ÜBER ARBEIT FÜR DEMOKRATIE UND TOLERANZ IN MECKLENBURG-VORPOMMERN ONLINE: Im Rahmen des Bundesprogramms „Demokratie leben!“ wurde ein Film über die Arbeit für Demokratie und Toleranz in Mecklenburg-Vorpommern gedreht. In dem Film wird u.a. dargestellt, wie die Arbeit für Demokratie und Toleranz aufgebaut ist und inwieweit die Projekte für Demokratie und Toleranz in Mecklenburg-Vorpommern sich vernetzen, um ihre Arbeit wirksamer zu gestalten. Der Film wurde bei einem landesweiten Vernetzungstreffen in Rostock gedreht.

BROSCHÜRE „MEIN KIND UND RECHTSEXTREM ... WIE ABWEGIG IST DAS DENN?!“: Eine Informationsbroschüre für Eltern und Angehörige. Schwerin 2014, Best.-Nr. 40/019.

AUSSTELLUNG ZUR BROSCHÜRE „MEIN KIND UND RECHTSEXTREM ... WIE ABWEGIG IST DAS DENN?!“: Die Ausstellung kann in der Landeskoordinierungsstelle ausgeliehen und auf Wunsch durch eine Elternberaterin oder einen Elternberater des landesweiten Beratungsnetzwerkes begleitet werden.

Niedersachsen

K. J. BURCKHARDT / R, KOCH (HRSG.): *„Gib dem Hass keine Chance - Neo-Nazis enttarnen!“* Arbeitshilfe und Dokumentation für den kirchlichen und schulischen Unterricht zum Thema Rechtsextremismus (mit begleitender CD-ROM), Braunschweig 2012

LANDESPRÄVENTIONSRAT NIEDERSACHSEN (HRSG.): *Auf dem Weg zum Bürgerbündnis. Zivilgesellschaft im Einsatz für Demokratie in Niedersachsen,* Hannover 2013

WABE KOORDINIERUNGSSTELLE / R. KLEMM (HRSG.): *Farbe bekennen. Gegen Nazis,* Verden 2013

LANDESHAUPTSTADT HANNOVER, DER OBERBÜRGERMEISTER (HRSG.): *Umgang mit Rechtsextremismus.* Handreichung für die Bediensteten der Landeshauptstadt Hannover, Hannover 2013

NIEDERSÄCHSISCHES MINISTERIUM FÜR INNERES UND SPORT - VERFASSUNGSSCHUTZ (HRSG.): *Rechtsextremismus im Wandel.* Extremismus-Symposium am 12. Juni 2013. Tagungsdokumentation, Hannover 2013

NIEDERSÄCHSISCHES MINISTERIUM FÜR INNERES UND SPORT - VERFASSUNGSSCHUTZ - (HRSG.): *Antisemitismus im extremistischen Spektrum.* Symposium des Niedersächsischen Verfassungsschutzes am 9. Juli 2014, Hannover 2014

IG METALL, BEZIRKSLEITUNG FÜR NIEDERSACHSEN UND SACHSEN-ANHALT (HRSG.): *No Nazis. Aktiv gegen Neonazis,* Hannover 2014

LKA NIEDERSACHSEN IN ZUSAMMENARBEIT MIT DEHOGA (HRSG.): *Informationen für Vermieter von Veranstaltungsräumlichkeiten,* Hannover 2015

ARBEITSSTELLE RECHTSEXTREMISMUS UND GEWALT / ZENTRUM DEMOKRATISCHE BILDUNG (HRSG.): *Weiblich. selbstbewusst. rechts. Frauen im Rechtsextremismus.* Beispiele aus Niedersachsen - Ausstellung - Workshops und Fachtagungen - Literatur, (Autorin: *ANDREA RÖPKE*), Wolfsburg 2015

AMADEU ANTONIO STIFTUNG / ARBEITSSTELLE RECHTSEXTREMISMUS UND GEWALT / ZENTRUM DEMOKRATISCHE BILDUNG (HRSG.): *Instrumentalisierung des Themas sexueller Missbrauch durch Neonazis.* Analysen und Handlungsempfehlungen, Wolfsburg 2015

LANDESSPORTBUND NIEDERSACHSEN / LANDESPRÄVENTIONSRAT NIEDERSACHSEN (HRSG.): *Demokratische Kulturen in Sportvereinen.* Zu den Herausforderungen und Chancen des Vereinssports. Eine Pilotstudie in niedersächsischen Sportvereinen von *MADLEN PREUSS*, Hannover 2015

ARBEITSSTELLE RECHTSEXTREMISMUS UND GEWALT / ZENTRUM DEMOKRATISCHE BILDUNG (HRSG.): *Mädchen und Frauen in der extremen Rechten.* Baustein zum Einsatz in der politischen Bildung, (Autorin: *JOHANNA SIGL*), Wolfsburg 2015

Nordrhein-Westfalen

Mobile Beratung

MOBILE BERATUNG IM REGIERUNGSBEZIRK DETMOLD (HRSG.): *Bürgerschaftliches Engagement gegen Rechts* – Die extreme Rechte in Ostwestfalen-Lippe, Vlotho 2013
http://mobile-beratung-owl.de/downloads.html

MOBILE BERATUNG IM RB DÜSSELDORF (HRSG.): *Rechts, oder was?* Rechte Symbole, Musik und Organisationen – eine Informationsbroschüre mit lokalem Bezug, Wuppertal 2013
http://wuppertaler-initiative.de/images/files/Materialien/Lehrmaterialien/Rechts-oder-was_E015.pdf

MOBILE BERATUNG IM RB KÖLN (HRSG.): *Position beziehen!* Handreichung zu möglichen Konflikten um die Unterbringung von Geflüchteten, Köln 2015
http://www.mbr-koeln.de/wp-content/uploads/2015/03/ibs-brosch%C3%BCre_position-beziehen-1.pdf

MOBILE BERATUNG IM RB KÖLN (HRSG.): *Keine Räume für Nazis.* Was können VermieterInnen tun? Ratgeber zum Umgang mit Anmietungen durch extrem rechte Gruppen, Köln 2012
http://www.mbr-koeln.de/wp-content/uploads/2012/02/ibs-handreichung_keine-raeume_fuer_nazis.pdf

MOBILE BERATUNG IM RB MÜNSTER (HRSG.): *Berichte von unterwegs.* Mobile Beratung gegen Rechtsextremismus in Nordrhein-Westfalen, Münster 2012
http://www.mobim.info/wordpress/wp-content/uploads/2012/04/mobim_Berichte-von-unterwegs_ds.pdf

MOBILE BERATUNG IM RB MÜNSTER (HRSG.): *„Hier kennt man sich…“* Zivilgesellschaftliche Aktivitäten gegen Rechtsextremismus im Regierungsbezirk Münster, Münster 2015
http://www.mobim.info/

Opferberatung

OPFERBERATUNG RHEINLAND (HRSG.): *Was tun nach einem rechten oder rassistischen Angriff?* Mögliche Schritte und juristische Tipps für Betroffene, Angehörige, Zeuginnen und Zeugen, Düsseldorf 2014, *https://www.opferberatung-rheinland.de/cms/upload/pdf/OBR_Was-tun_web.pdf*, *Türkische Ausgabe* *https://www.opferberatung-rheinland.de/cms/upload/pdf/OBR_Sagci-ve_web.pdf*

OPFERBERATUNG RHEINLAND (HRSG.): *Der NSU-Prozess in München.* Praktische Hinweise zum Gerichtsprozess für Betroffene des Nagelbombenanschlages in der Keupstraße, Düsseldorf 2014
https://www.opferberatung-rheinland.de/cms/upload/pdf/OBR_Der_NSU-Prozess_in_Muenchen.pdf
Türkische Ausgabe
https://www.opferberatung-rheinland.de/cms/upload/pdf/OBR_Mnihteki_NSU_Davas305.pdf

WEITERE HANDREICHUNGEN UND BROSCHÜREN

IDA-NRW (HRSG.): *Rechtsextremismus – War da was?* Informationen zur extremen Rechten in NRW und Anregungen für die pädagogische Praxis, Düsseldorf 2012
http://www.ida-nrw.de/cms/upload/download/pdf/IH_Rex_war_da_was.pdf

BACK UP – COME BACK (HRSG.): *Alter Hass in neuen Kleidern.* Auseinandersetzung mit der Partei „Die Rechte“, Dortmund 2014
http://www.nrweltoffen.de/publikationen_medien/100dpi---Die-Rechte---Broschuere---2-erw-Auflage-Nov-2104.pdf

ARIC-NRW (HRSG.): *Roma – entrechtet,* verfolgt, diskriminiert. Faktencheck, Duisburg 2014
http://www.nrweltoffen.de/publikationen_medien/Roma-Broschuere_web.pdf

Rheinland-Pfalz

LANDESZENTRALE FÜR POLITISCHE BILDUNG RHEINLAND-PFALZ (HRSG.): *Die NPD in rheinland-pfälzischen Kommunalparlamenten* Aus- und Wechselwirkungen 2009-2013: Analyse und Empfehlungen, Mainz 2014

LANDESZENTRALE FÜR UMWELTAUFKLÄRUNG RHEINLAND-PFALZ (HRSG.): *Klartext gegen rechtsextreme Ökosprüche,* Mainz 2014

Saarland

BROSCHÜRE ZUR AUSSTELLUNG „HASS IST IHRE ATTITÜDE – RECHTSEXTREMISMUS IN DEUTSCHLAND“: Die Ausstellung zeigt konkret an vielen Beispielen, wie versucht wird, rechtes Gedankengut in jugendlichen Alltagskulturen zu etablieren. Dabei wird auf unterschiedliche Themenbereiche wie Kleidung, Musik, Internet sowie rechtsextreme Akteure und deren Ideologie eingegangen. Die Broschüre kann über das Adolf-Bender-Zentrum bestellt werden.

WEITERE INFORMATIONEN
www.adolfbender.de/

Sachsen

D. BEGRICH:, *Die Generation Hoyerswerda* Biographische und politische Prägungen der ersten Nachwendegeneration, In: Kulturbüro Sachsen (Hrsg.): Bullerbü in Braun. Umgang mit rechtsextremen Eltern in Jugendarbeit und Schule, Dresden 2014

D. BEGRICH: *„Wir sind das Pack!" – Von Hoyerswerda nach Heidenau,* In: Blätter für deutsche und internationale Politik 10/15

D. BEGRICH: *Die Generation Hoyerswerda,* Politische Sozialisation zur Wendezeit in Amt f. kirchliche Dienste der EKBO (hrsg.) *Feindbild Abbau*: Arbeitshilfen f. Jugendarbeit u. Schule, Berlin 2015

KULTURBÜRO SACHSEN (HRSG.): *Sachsen rechts unten 2015.* Aktuelle Entwicklungen der rechten Szene, Dresden 2015

KULTURBÜRO SACHSEN (HRSG.): *(Dia)Logbuch Sachsen Prozessorientierte Beratung im ländlichen Raum,* Berlin 2013

DOWNLOADS

www.kulturbuero-sachsen.de:
Qualitätshandbuch Beratungsnetzwerk (2013)
Gemeinwesenarbeit und Demokratie (2014)

Sachsen-Anhalt

Beiträge von MitarbeiterInnen von miteinander e.V. 2014

M. BARTHEL: *Morde zweiter Klasse* In: Jungle World Nr. 42, 16.10.2014

D. BEGRICH: *Friedensbewegung mit Brauntönen* Eine kritische Betrachtung der Montagsmahnwachen in: Salzekurier, September 2014

D. BEGRICH: *Trauermarsch und Feuerschein:* Die Geschichtsmythen der extremen Rechten in: STURA OvG Universität Magdeburg (Hrsg.): „Trauermarschkultur – Neonazismus in Sachsen-Anhalt", Magdeburg 2014

D. BEGRICH: *Aufbrüche und Umbrüche:* Die Arbeit des Bündnis gegen Rechts Magdeburg in: BpB (Hrsg.): Zäsur? Politische Bildung nach dem NSU, Bonn – Berlin 2014

D. BEGRICH: *Neonazistische Demonstrationen, Ideologie und Funktion* in: Netzwerk gelebte Demokratie Forum Zivilgesellschaft im Dialog, Dessau 2014

D. BEGRICH: *Vom rechten Umgang mit neonazistischer Musik* in: BpB (Hrsg.): Labor für Kommunikation und politische Bildung, Bonn 2014

D. BEGRICH: *Der alte Judenhass und der neue Antisemitismus?* Zu aktuellen Debatten um Antisemitismus in Deutschland in: Evangelische Kirche Eisleben (Hrsg.): Zur Woche der Brüderlichkeit, Vortragsmaterialien, 2014

D. BEGRICH: *Das Leben suchen:* Gedenkansprache zum Tag der Opfer des Faschismus in: Jüdische Gemeinde Magdeburg, Mitteilungsblatt September 2014

Ausgewählte Publikationen der Arbeitsstelle Rechtsextremismus 2015:

D. BEGRICH: *Antisemitismus in rechten Jugendkulturen* in: Argumente & Kultur Bielefeld (Hrsg.): Rassismus, Antisemitismus, Jugendkultur – Eine Handreichung für die pädagogische Praxis, Berlin 2015

D. BEGRICH: *Tröglitz:* Der pragmatische Rassismus in: Blätter für deutsche und internationale Politik 5/2015

D. BEGRICH: *Die Filmnazis sind so 1991:* Wie Kino mit Neonazismus umgeht in: Der Freitag, 06.08.2015

D. BEGRICH: *Verbieten? Ignorieren? Auseinandersetzen?* Zum Umgang mit rechtsextremer Musik In: Bundeszentrale für pol. Bildung (hrsg.) Newsletter, April 2015

WEITERE PUBLIKATIONEN VON MITEINANDER E.V.
http://www.miteinander-ev.de/index.php?page=10

MITEINANDERAKTUELL

VOLK – NATION – IDENTITÄT: Das Wahlprogramm der AfD Sachsen-Anhalt; Januar 2016
http://www.miteinander-ev.de/index.php?action=download&id=492

GRÜSSE AN DIE VOLKSGEMEINSCHAFT: Die AfD Sachsen-Anhalt im Vorwahlkampf; Januar 2016
http://www.miteinander-ev.de/index.php?action=download&id=481

MITEINANDERTHEMA

RASSISTISCHE MOBILISIERUNGEN: September 2015
http://www.miteinander-ev.de/index.php?action=download&id=498

MODELLHAFTE BILDUNGSARBEIT: November 2015
http://www.miteinander-ev.de/index.php?action=download&id=499

DIE AFD VOR DEN LANDTAGSWAHLEN: Februar 2016
http://www.miteinander-ev.de/index.php?action=download&id=504

GESCHICHTEN WÜRDEN LEBEN: Kulturpädagogische Ansätze für eine historisch-politische Arbeit im lokalen Raum, Halle 2014
http://www.miteinander-ev.de/index.php?action=download&id=386

THEATERDIALOG IM VOLLZUG: Eine Dokumentation, Halle, erweiterte Neuauflage 2014

🌐 *http://www.miteinander-ev.de/index.php?action=download&id=380*

KOMPETENZSTELLE ELTERN UND RECHTSEXTREMISMUS: Handreichung; Magdeburg und Salzwedel 2014
🌐 *http://www.miteinander-ev.de/index.php?action=download&id=470*

ROLLENWECHSEL. GESCHLECHTERREFLEKTIERENDE BILDUNG IN DER RECHTSEXTREMISMUSPRÄVENTION: Magdeburg und Halle 2014
🌐 *http://www.miteinander-ev.de/index.php?action=download&id=383*

MAGDEBURG IM JANUAR: *Die jährlichen Proteste gegen den „Trauermarsch" der Neonazis:* Miteinander e.V. und Bündnis gegen Rechts, 2. erweiterte Auflage, Magdeburg 2016
🌐 *http://www.miteinander-ev.de/index.php?action=download&id=484*

Schleswig-Holstein

MATERIALIEN UNTER
🌐 *http://www.beranet-sh.de/index.php/informationsmaterial.html*

allgemeine Broschüren:

DAS BERATUNGSNETZWERK GEGEN RECHTSEXTREMISMUS SCHLESWIG-HOLSTEIN: Das Beratungsnetzwerk gegen Rechtsextremismus Schleswig-Holstein stellt sich vor. (pdf – 1,7 MiB)

BROSCHÜRE GEGEN RECHTSPOPULISMUS UND NATIONALISMUS 12 Gründe gegen Rechtspopulismus und Nationalismus. (pdf – 434,1 KiB)

Dokumentationen:

Frauen in der rechtsextremen Szene (pdf – 1,8 MiB)

Rechtsrock – Motor und Modernisierer des jugendkulturellen Neonazismus

Jugendmusikszene SH: Von Freiwild bis Rechtsrock (pdf – 1,6 MiB) Kann auch beim Rat für Kriminalitätsverhütung Schleswig-Holstein bezogen werden
🌐 *rfk-sh@im.landsh.de*

Material für öffentliche Stellen:

Leitfaden gegen Rechts (pdf – 2,4 MiB)

Zur Debatte um Flüchtlinge und Zuwanderung – Argumente gegen rassistische Vorurteile (pdf – 239,8 KiB)

Elternbroschüren:

RECHTSEXTREMISMUS UND GEWALT IM JUGENDALTER (pdf – 964,2 KiB)

RECHTSEXTREMISMUS (OHNE) MEIN KIND! (pdf – 799,2 KiB)

Unterrichtsmaterial:

RHETORIK GEGEN RECHTSEXTREMISMUS (pdf – 3,8 MiB)

Hilfen für Veranstaltungen:

AUSSCHLUSS-KLAUSEL *„Hausrecht"* (pdf – 14,0 KiB)

Broschüre zum Thema Diskriminierung:

DISKRIMINIERUNGSREPORT (pdf – 3,7 MiB)

Material zur rechtsextremen Instrumentalisierung von Sexualstraftaten:

FACHTAG NEUMÜNSTER „SEXUALDELIKTE" (pdf – 181,0 KiB)

FACHTAG NEUMÜNSTER *„Instrumentalisierung von Sexualstraftaten"* (pdf – 6,9 MiB)

FACHTAG NEUMÜNSTER *„Gender und Rechtsextremismus"* (pdf – 790,6 KiB)

Thüringen

AKTUELLE CHRONIKEN EXTREM RECHTER AKTIVITÄTEN IN THÜRINGEN UND CHRONIKEN VON RECHTSROCKKONZERTEN IN THÜRINGEN
🌐 *www.mobit.org/Chronik.htm*

Unter
🌐 WWW.MOBIT.ORG SIND FOLGENDE DOWNLOADS ZU ERHALTEN (EINE AUSWAHL):

Thüringen Monitor (2015)

Rechtspopulismus in Europa und die rechtspopulistische Lücke in Deutschland (A. HÄUSLER / R. ROESER) (2014)

„Mein Nachbar ist doch kein Nazi?" – Textsammlung der gleichnamigen Fachtagung (2013)

Handreichung. *Nach den rechten Häusern sehen.* Immobilien der rechten Szene in Thüringen (2013)

12 Sonstige themenbezogene Arbeitshilfen

In den vorhergehenden länderbezogenen Aufstellungen sind zahlreiche Hinweise auf hilfreiche Materialien und Medien enthalten. In die nachfolgende ergänzende Zusammenstellung wurden nur zusätzliche ausgesuchte aktuelle Medien, Unterrichts- und Trainingsmaterialien zu den wichtigsten Themenschwerpunkten aufgenommen. Die Anordnung erfolgt alphabetisch.

Antirassistische Bildung

Nachfolgend Hinweise auf drei Träger, die sowohl Materialien als auch auf die jeweiligen Zielgruppen zugeschnittene Trainings anbieten:

BILDUNGSTEAM BERLIN-BRANDENBURG
Hochkompetente, von Methodenvielfalt geprägte außerschulische Bildungsarbeit
www.bildungsteam.de

ARGUMENTE – NETZWERK ANTIRASSISTISCHER BILDUNG
Zusammenschluss von Gruppen, Projekten und Einzelpersonen zu antirassistischer Bildung.
www.argumente-netzwerk.de

CULTURES INTERACTIVE
Schwerpunkt: interkulturelle Jugendbildung und Projekte zur Gewaltprävention
www.cultures-interactive.de

Antidiskriminierung

HANDBUCH „LERNZIEL GLEICHWERTIGKEIT“, Loseblattsammlung, zu bestellen unter:
www.courageshop.schule-ohne-rassismus.org/publikationen/27/handbuch-lernziel-gleichwertigkeit

Antisemitismus

W. BENZ: *Antisemitismus. Präsenz und Tradition eines Ressentiments*, Schwalbach 2015

Archive

ANTIFASCHISTISCHES PRESSEARCHIV UND BILDUNGSZENTRUM BERLIN E.V.
www.apabiz.de
DESSEN BIBLIOTHEKSDATENBANK:
http://bibliothek.apiz.de/

ANTIFASCHISTISCHE INFORMATIONS-, DOKUMENTATIONS- UND ARCHIVSTELLE MÜNCHEN E.V. (A.I.D.A.)
www.aida-archiv.de

INFORMATIONS- UND DOKUMENTATIONSZENTRUM FÜR ANTIRASSISMUSARBEIT E. V.
www.idaev.de

Archiv der Jugendkulturen

ÜBER RECHTSEXTREME UND ANDERE JUGENDKULTUREN EXISTIERT EINE UMFANGREICHE MATERIAL- UND QUELLENSAMMLUNG.
www.jugendkulturen.de

Argumentieren

Drei einfache Hilfestellungen für den Alltag, im Privat- oder Berufsleben, Unternehmen oder Verein.
✉ *hanne.wurzel@bdp.bund.de*

BUNDESZENTRALE FÜR POLITISCHE BILDUNG (HRSG.): *Was sage ich wenn ...* Rassismus begegnen.

BUNDESZENTRALE FÜR POLITISCHE BILDUNG (HRSG.): *Was sage ich wenn ...* Homophobie begegnen.

BUNDESZENTRALE FÜR POLITISCHE BILDUNG (HRSG.): *Was sage ich wenn ...* Antisemitismus begegnen.

K.P. HUFER: *Argumentationstraining gegen Stammtischparolen*, 9. Auflage, Schwalbach 2015. Das Standardwerk mit vielen praktischen Beispielen und Bebilderungen, gut für die Arbeit mit Jüngeren geeignet.

C. BOESER-SCHNEBEL / K.P HUFER / K. SCHNEBEL / F. WENZEL: *Politik wagen. Ein Argumentationstraining*, Schwalbach 2016. Trainingsmaterial auf einem etwas höheren Niveau politischer Diskurse.

Ausdrucksformen und Symbolik des Rechtsextremismus

„DAS VERSTECKSPIEL“ informiert stets aktuell über Ausdrucksformen rechter Jugendkultur und rechtsextreme Symbolik. Über die Homepage kann die Bedeutung zahlreicher Zeichen und Symbole abgefragt werden.

www.dasversteckspiel.de
✉ *mail@dasversteckspiel.de*

Ausstiege und Einstiege

T. SCHLEUSSNER (HRSG.): *Aussteigen, Umsteigen, Einsteigen*, Braunschweig 2013

Begriffsverwendungen des Rechtsextremismus

Eine aktuelle Publikation setzt sich analytisch mit den Begriffen auseinander, die Rechtsextreme verwenden, um neue Deutungshoheiten zu erlangen und um Andersdenkende zu diffamieren bzw. zu provozieren.

B. GIESSELMANN / R. HEUN / B. KERST / L. SUERMANN / F. VIRCHOW (HRSG.): *Handwörterbuch rechtsextremer Kampfbegriffe*, Schwalbach 2016

Codes und Symbole der Rechtsextremen

Zu diesem Thema gibt es eine Unmenge Broschüren und Handreichungen. Deren Schwäche: Sie sind oftmals rasch nicht mehr aktuell. Aus diesem Grund stellen wir hier Medien vor, die ihre entsprechenden Präsentationen – soweit es in ihren Kräften steht – rasch aktualisieren.

www.netz-gegen-nazis.de/search/node/codes und symbole

web2oph.blogspot.de/2013/10/codes-und-symbole-der-rechtsextremen.html

LANDESZENTRALE FÜR POLITISCHE BILDUNG SACHSEN-ANHALT (HRSG.): *Styles und Codes des Rechtsextremismus*

www.hingucken.sachsen-anhalt.de

DEVI E.V. – VEREIN FÜR DEMOKRATIE UND VIELFALT IN SCHULE UND BERUFLICHER BILDUNG (HRSG.): *Kennzeichen und Symbole der rechtsextremen Szene, Berlin 2015*

osz-gegen-rechts.de/uploads/media/

Demokratieentwicklung

P. ACKERMANN / R. MÜLLER: *Bürgerhandbuch. Politisch aktiv werden – Öffentlichkeit herstellen – Rechte durchsetzen,* Schwalbach 2015

D. HACKBARTH / A. OHME-REINICKE / M. WEINGARTEN: *Neue Bürgerschaftlichkeit – neue Politik. Konzeptionelle Grundlegungen, zur Diskussion,* Stuttgart 2015

Eltern und Rechtsextremismus

ELTERN STÄRKEN

Projekt zur Unterstützung der Erziehungs- und Selbsthilfekompetenzen von Eltern rechtsextremer Jugendlicher.

www.elternstärken.de

LANDESZENTRALE FÜR POLITISCHE BILDUNG MECKLENBURG-VORPOMMERN (HRSG.): *Mein Kind und rechtsextrem ...wie abwegig ist das denn,* Schwerin 2014

Erlebniswelt Rechtsextremismus

S. GLASER / T. PFEIFFER (HRSG.): *Erlebniswelt Rechtsextremismus, 4. überarbeitete und ergänzte Ausgabe,* Schwalbach/T. 2014

Frauen und Rechtsextremismus

FORSCHUNGSNETZWERK FRAUEN UND RECHTSEXTREMISMUS

Interdisziplinäres Netzwerk einschlägig forschender WissenschaftlerInnen

www.frauen-und-rechtsextremismus.de

✉ *frauenforschungsnetzwerk@gmx.de*

CULTURES INTERACTIVE (HRSG.): *WomEx. Woman and gender in extremism.* Genderaspekte im Rechtsextremismus und religiösen Fundamentalismus. Handlungsempfehlungen für verschiedene Bereiche der Prävention und Intervention, Berlin 2015

UNTER *WWW.WOMEX.ORG* WERDEN ZUDEM WEITERE PRAXISANSÄTZE VORGESTELLT

J. SIGL: *Mädchen & Frauen in der extremen Rechten, Braunschweig 2015,*

DOWNLOAD ÜBER

WWW.ARUG.ZDB.DE

Fußballgeschehen: Umgang mit Rechtsextremismus

KOORDINATIONSSTELLE FANPROJEKTE BEI DER DEUTSCHEN SPORTJUGEND (KOS): *Dachorganisation von 56 örtlichen Fanprojekten (Stand 1/2016),* die in vielfältiger Weise fanbezogene, gewaltreduzierte und antirassistische Arbeit leisten. Über die Dachorganisation sind die Anschriften der örtlichen Projekte zu erfahren.

Otto-Fleck-Schneise 12, 60528 Frankfurt/M.

www.kos-fanprojekte.de

LERNORT STADION E.V. IM HAUS DER FUSSBALLKULTUREN

Cantianstraße 25, 10437 Berlin

✉ *info@lernort-stadion.de*

An bislang zwölf Standorten der Ersten bis Dritten Bundesliga werden die Stadien über Projekttage und Workshops zu unkonventionellen Lernorten.

INSTITUT FÜR INTERDISZIPLINÄRE KONFLIKT- UND GEWALTFORSCHUNG (IKG) (HRSG.): *Gut gelaufen ...Kein Stress im Stadion. Eine Broschüre über ein gut gelaufenes Fußballspiel,* Bielefeld 2015

www.uni-bielefeld.de/ikg/

www.fussball-gegen-nazis.de

POOL ZUR FÖRDERUNG INNOVATIVER FUSSBALL- UND FANKULTUR (PFIFF)
Mit PFiFF fördern der Ligaverband und die Deutsche Fußball Liga (DFL) Aktivitäten zur Stärkung der Fußballkultur und zur präventiven Fanarbeit. Gefördert werden u.a. Handlungsansätze, die Toleranz, Antidiskriminierung, Inklusion/Integration und Gewaltprävention fördern.
Deutsche Fußball Liga GmbH
Abteilung Fanangelegenheiten
Guiollettstraße 44-46, 50325 Frankfurt/M.
✉ *katharina.baumann@bundesliga.de*

BAFF – BÜNDNIS AKTIVER FUSSBALLFANS
www.aktive-fans.de

FUSSBALLVEREINE GEGEN RECHTS
www-fussballvereine-rechts.de

TRÄGER VERSCHIEDENER KAMPAGNEN: „Promis gegen Rechts", „Teamfotos gegen Rechts", Wir vermieten nicht an Nazis"; sehr erfolgreich ist die Kampagne „4 Schrauben für Zivilcourage", an der sich bislang nahezu 700 Vereine beteiligt haben.

Internetauftritte zum Thema Rechtsextremismus

RECHTSEXTREMISMUS ONLINE. BERICHT ÜBER RECHERCHEN UND MASSNAHMEN IM JAHR 2014, Mainz 2015

BROSCHÜRE DES JUGENSCHUTZ.NET,
Wallstraße 11, 55122 Mainz,
✉ *buero@jugendschutz.net*
www.hass-im-netz.info/dateien/PM2015/bericht2014.pdf
www.hass-im-netz.info: (Webangebot des jugendschutz.net)
www.jugenschutz.net/hotline: (Möglichkeit zur Meldung von Jugendschutzverstößen im Internet.)

PROJEKTBÜRO „SCHAU HIN"
C/O WE DO COMMUNICATION GMBH GWA
Der Medienratgeber ist eine Initiative des BMFSFJ, Vodafone, TV Spielfilm, ARD und ZDF, arbeitet mit ca. 60 Initiativen medien- und allgemeinpädagogischer Praxis zusammen und bietet einen Erstkontakt zu einer Medienpädagogin.
Chausseestraße 13, 10115 Berlin
☎ *030-526 852 132*

RECHTSEXTREMISMUS IM NETZ IST EINE NEBEN ANDEREN SCHWERPUNKTSETZUNGEN:
www.schau-hin.info/artikel/hass-im-netz-wie-schuetze-ich-mein-kind.html

DER BLOG WEB2.0 – MEDIENKOMPETENZ – politische Bildung dient der Begleitung von Lehrveranstaltungen zum Web 2.0 der PH Ludwigsburg.

EIN TEILPRODUKT SIND BEITRÄGE ZU RECHTSEXTREMISMUS IM INTERNET:
web20ph.blogspot.de/2015/04/rechtsextremismus-im-internet.html
www.netz-gegen-nazis.de/artikel/nazi-song-neben-charthit-die-verbreitung-rechtsextremer-musik-im-internet-8017
www.bundespruefstelle/de/bpjm/Aufgaben

Gesprächskreis Rechts der Rosa-Luxemburg-Stiftung

In loser Folge lädt der „GESPRÄCHSKREIS RECHTS" ExpertInnen und Interessierte zu Gesprächen und Workshops zu aktuellen Entwicklungen des Rechtsextremismus und angrenzenden Themengebieten ein.
✉ *burschel@rosalux.de*

Jugendarbeit gegen Rechtsextremismus

S. BUNDSCHUH / A. DRÜCKER / T. SCHOLLE (HRSG.): *Wegweiser Jugendarbeit gegen Rechtsextremismus,* Schwalbach/T. 2012

R. BECKER / K. PALLOKS (HRSG.): *Praxishandbuch Jugend an der roten Linie,* Schwalbach 2013

CULTURES INTERACTIVE (HRSG.): *Handlungskonzepte zum Umgang mit rechtsextrem gefährdeten und orientierten Heranwachsenden in der Gemeinwesen- und Jugendarbeit,* Berlin 2015

Jugendkultur und Lifestyles der Rechten

AGENTUR FÜR SOZIALE PERSPEKTIVE (HRSG.): *Versteckspiel. Lifestyle, Symbole & Codes von Neonazis und extrem Rechten,*
Zu beziehen über: ASP e.V.
Lausitzer Straße 10, 10999 Berlin

Kirche und Rechtsextremismus

DIE BUNDESARBEITSGEMEINSCHAFT KIRCHE UND RECHTSEXTREMISMUS (BAG K+R) ist ein Netzwerk kirchlicher Organisationen, Initiativen und Arbeitsgruppen, die sich mit zahlreichen Facetten gruppenbezogener Menschenfeindlichkeit auseinandersetzen. Über die Dachorganisation können auch Materialen zur politischen Bildung bezogen werden.
www.bagkr.de
✉ *post@bagkr.de*

Ländliche Räume

KULTURBÜRO SACHSEN (HRSG.): *Politische Jugendarbeit. Vom Kopf auf die Füße. Zum anwaltschaftlichen Arbeiten mit menschenrechtsorientierten Jugendlichen im ländlichen Raum,* Dresden 2014
www.kulturbuero-sachsen.de

AKADEMIE FÜR SOZIALPÄDAGOGIK UND SOZIALARBEIT E.V. UND BUNDESNETZWERK BÜRGERSCHAFTLICHES ENGAGEMENT (HRSG.): *Gemeinsam handeln: Für Demokratie im Gemeinwesen!* Handlungsempfehlungen zum Umgang mit Rechtsextremismus im ländlichen Raum, Halle 2015. 2. Auflage einer mit vielen Praxisbeispielen ausgestatteten Broschüre mit umfangreichem Materialteil.

Musik und Rechtsextremismus

G. ELVERICH / M. GLASER / T. SCHLIMBACH: Rechtsextreme Musik – ihre Funktionen für jugendliche HörerInnen und Antworten der pädagogischen Praxis, Bd. 9, Verlag Deutsches Jugendinstitut 2009;
www.dji.de/index.php?id=43264&no_cache=1&tx_solr[q]=11763&f=2

J. RADKE / T. STAUD: *Neue Töne von Rechtsaußen,* 2014
https://www.bpb.de/politik/extremismus/rechtsextremismus/185067/neue-toene-von-rechtsaussen

TICKTICKBOOM (HRSG.): *Deutschrap den Deutschen?* Deutscher Nationalismus im Rap – Ein Zwischenstand, 2015
http://www.ticktickboomcrew.de/wp-content/uploads/2015/01/ttb_brosch_full_web.pdf
www.netz-gegen-nazis.de/artikel/beliebte-bands-der-rechtsextremen-szene-7681
www.netz-gegen-nazis.de/artikel/ns-hiphop-nsocialist-soundsystem-9105

ÜBERSICHT ÜBER DIE VON SAMMLER-PLATTFORMEN AUFGRUND INDIZIERTER TITEL „GESPERRTEN" BANDS:
www.musik-sammler.de/wiki/index
www.oireszene.blogsport.de

OIRE SZENE LIEFERT UMFANGREICHE INFORMATIONEN ZU „RECHTSROCK UND GRAUZONE", verbreitet darüber hinaus aber auch Hintergrundrecherchen zu anderen Facetten rechtsextremer Szenen bis hin zum Sport.

G. ELVERICH / M. GLASER / T. SCHLIMBACH: *Rechtsextreme Musik – ihre Funktionen für jugendliche HörerInnen und Antworten der pädagogischen Praxis*, Bd. 9 Verlag Deutsches Jugendinstitut 2009;
www.dji.de/index.php?id=43264&no_cache=1&tx_solr[q]=11763&f=2

NSU

NSU-WATCH
Begleitung und Berichte des Prozesses in München
www.nsu-watch.info

STAATSTHEATER KARLSRUHE (HRSG.): *Rechtsmaterial, Karlsruhe o.J.*
Texte zur Erinnerung an die Opfer

B. JOHN (HRSG.): *Unsere Wunden kann die Zeit nicht heilen.* Was der NSU-Terror für die Opfer und Angehörigen bedeutet, Bonn 2014,
Ein sehr eindrücklicher Sammelband, herausgegeben von der Ombudsfrau für die Hinterbliebenen der Opfer der NSU-Morde, einsetzbar in Unterrichtseinheiten, in der Erinnerungs-, Bildungs- und Kulturarbeit.

Opferberatung

ONLINE-BERATUNG GEGEN RECHTSEXTREMISMUS
www.online-beratung-gegen-rechtsextremismus.de

Opferperspektive

PROJEKT ZUR ERARBEITUNG VON PERSPEKTIVEN FÜR OPFER NACH EINEM RASSISTISCHEN ODER RECHTSEXTREM MOTIVIERTEN ÜBERFALL
www.opferperspektive.de

WEITERE OPFERBERATUNGSSTELLEN FINDEN SIE IN DEN LÄNDERBEZOGENEN ÜBERSICHTSTEILEN.

MOBILE BERATUNG FÜR OPFER RECHTER GEWALT (HRSG.): *Was tun nach einem rechten Angriff. Ein Ratgeber*, Magdeburg o.J.
www.mobile-opferberatung.de

Politische Bildung

M. LANGEBACH / C. HABISCH (HRSG.): *Zäsur? Politische Bildung nach dem NSU*, Bonn 2015

Rechtsextremismus: Ausgesuchte Basisinformationen

EINFÜHRENDE FILME DER BUNDESZENTRALE FÜR POLITISCHE BILDUNG:
Rechtsextreme Ideologie - Was ist Rechtsextremismus?
www.bpb.de/mediathek

DOSSIER RECHTSRADIKALISMUS/RECHTSPOPULISMUS/RASSISMUS
www.boell.de/rechtsaussen

AUS POLITIK UND ZEITGESCHICHTE. Beilage zur Wochenzeitung Das Parlament, Heft 18/19 2012, Schwerpunkt: Rechtsextremismus

Schule

HANDREICHUNGEN ZUR PRÄVENTION INNERHALB DES SCHULISCHEN RAHMENS
www.schule-ohne-rassisismus.org

ENTSCHEIDUNG IM UNTERRICHT: Was tun gegen Rechtsextremismus?
www.bpb.de/entscheidung-im-unterricht

WAS GEHT? EIN BEGLEITHEFT FÜR PÄDAGOGEN
www.bpb.de/wasgeht

DEVI E.V. – VEREIN FÜR DEMOKRATIE UND VIELFALT IN SCHULE UND BERUFLICHER BILDUNG DER VEREIN BETÄTIGT SICH IN SCHULISCHEN UND BILDUNGSKONTEXTEN IN DER BEGLEITUNG,
Ramlerstraße 27, 13355 Berlin
✉ *kontakt@devi.berlin*
Beratung, Fortbildung und Materialentwicklung gegen Rechtsextremismus.

Siedlungsversuche Rechtsextremer und völkischer Aktivisten im ländlichen Raum

BROSCHÜRE DER AMADEU ANTONIO STIFTUNG *„Völkische Siedlerinnen und Siedler im ländlichen Raum. Basiswissen und Handlungsstrategien"*, Berlin 2015,
✉ *info@amadeu-antonio-stiftung.de*
www.amadeu-antonio-stiftung.de/w/files/pdfs/voelkische-siedler-internet.pdf

ANDREA RÖPKE: *Gefährlich verankert.* Rechtsextreme Graswurzelarbeit, Strategien und neue Netzwerke in Mecklenburg-Vorpommern, Schwerin 2015, zu bestellen über:
✉ *buchbestellung@spd.landtag-mv.de*

Sport: Umgang mit Rechtsextremismus

www.sport-mit-courage.de

MOBILE INTERVENTIONSTEAMS GEGEN RECHTSEXTREMISMUS IM SPORT (MITS)
www.sportjugend-hessen.de

BILDUNG UND BERATUNG IM SPORT (BIBERIS), Bildungsangebote und Projekte im Themenfeld „Sport und Gesellschaft"
www.biberis.de

Tageseinrichtungen: Umgang mit Rechtsextremismus

BROSCHÜRE DER AMADEU ANTONIO STIFTUNG *„Demokratie ist (k)ein Kindergeburtstag. Handreichung für Kindertagesstätten im Umgang mit Rechtsextremismus"*, Berlin 2011
✉ *info@amadeu-antonio-stiftung.de*
www.amadeu-antonio-stiftung.de/w/files/pdfs/lola-hnadreichung-internet.pdf

Zivilcourage

B. DELPAL / A. TÜNE (HRSG.): *Rettungswiderstand in Dieulefit*, Bielefeld 2013,
In dem kleinen südostfranzösischen Ort Dieulefit und seiner näheren Umgebung werden zwischen 1941 und 1944 über tausend Juden versteckt. Die Sekretärin des Bürgermeisters stellt hunderte gefälschter Pässe aus. Alle überleben. Niemand wird verraten. Ein Buch über ein Wunder an Menschlichkeit, tauglich zum Lesen und Staunen, gut einsetzbar in der Aus-, Jugend- und Erwachsenenbildung.

Verwendete Literatur

T. ADORNO: Erziehung nach Auschwitz. In: ADORNO, THEODOR W.: *Erziehung zur Mündigkeit. Frankfurt am Main, 1971*

AKADEMIE FÜR SOZIALPÄDAGOGIK UND SOZIALARBEIT E.V. UND BUNDESNETZWERK BÜRGERSCHAFTLICHES ENGAGEMENT (HRSG.): *Gemeinsam handeln:* Für Demokratie im Gemeinwesen! Handlungsempfehlungen zum Umgang mit Rechtsextremismus im Ländlichen Raum, Halle/Saale 2015

AMT FÜR STATISTIK BERLIN-BRANDENBURG (HRSG.): *Die kleine Brandenburg-Statistik 2015*, Potsdam 2015

R. ANDREASCH: *Notizen aus Ostbayern.* Traditionsbewusstsein und Heimatverbundenheit, In: F. BURSCHEL (HRSG.): *Stadt - Land - Rechts. Brauner Alltag in der Provinz, Berlin 2010*

R. ANDREASCH: *Neonazis kaufen Gasthof in Oberfranken*, 23.07.2010, URL: https://www.aida-archiv.de/index.php?option=com_content&view=article&id=1927%3Aneonazis-kaufen-gasthof-in-oberfranken&catid=138%3Ainfrastruktur-versand-vertrieb-laden-verlag-&Itemid=152&showall=1 Zugriff: 02.11.2015

J. AUMÜLLER: *Forschung zu rechtsextrem orientierten Jugendlichen.* Eine Bestandsaufnahme von Ursachen, Gefährdungsfaktoren und pädagogischen Interventionen, hrsg. von der Kontaktstelle BIKnetz, o.O. 2014

S. BAER / K. MÖLLER / P. WIECHMANN (HRSG.): *Verantwortlich Handeln:* Praxis der Sozialen Arbeit mit rechtsextrem orientierten und gefährdeten Jugendlichen, Opladen, Berlin, Toronto 2014

L. BAIER: *Die Gnade der richtigen Geburt.* Neuer Rassismus und rasender Antirassismus in: „Freitag" vom 20.8.1993

S. BASAY-YILDIZ: *„Nicht nur eine juristische Aufgabe"* - die Vertretung der Opfer im NSU-Prozess, In: B. JOHN (HRSG.): *Unsere Wunden kann die Zeit nicht heilen. Was der NSU-Terror für die Opfer und Angehörigen bedeutet,* Bonn 2014

BAYERISCHES LANDESAMT FÜR STATISTIK: *Vorausberechnung der Bevölkerung Bayerns bis 2032 nach kreisfreien Städten und Landkreisen*, Juni 2014, URL: https://www.statistik.bayern.de/medien/statistik/demwa/infoblatt_demogrwandel_2012_2032.pdf, Zugriff: 15.10.2015

BAYERISCHES STAATSMINISTERIUM DES INNEREN, FÜR BAU UND VERKEHR: *Verfassungsschutzbericht 2014*, München 2015

BDL SPEZIAL: Heft 3/2014

U. BECK: *Risikogesellschaft.* Auf dem Weg in eine andere Moderne, Frankfurt (M.) 1986

R. BECKER: *Ein ganz normales Familienleben.* Interaktion und Kommunikation zwischen „rechten" Jugendlichen und ihren Eltern, Schwalbach 2008

R. BECKER / B. HAFENEGER: *Rechtsextremismus im ländlichen Raum* - im Spannungsfeld politischer Bildung, Beratung und pädagogischer Arbeit mit rechten Jugendlichen, In: S. DEBIEL / A. ENGEL / I. HERMANN-STIETZ / G. LITGES / S. PENKE / L. WAGNER, LEONIE (HRSG.): *Soziale Arbeit in ländlichen Räumen*, Wiesbaden 2012

S. BEETZ: *Peripherisierte ländliche Räume - „schrumpfende" soziale Hilfesysteme?* in: SOZIALMAGAZIN, HEFT 3-4/2015

L. BILZ / W. MELZER: *Gesundheit und Gesundheitsverhalten von Kindern und Jugendlichen.* Ergebnisse der HBSC-Gesundheitsstudie 2005 im Freistaat Thüringen. Forschungsbericht, Dresden 2005

L. BILZ / W. MELZER: *Schülergesundheit in Thüringen 2010.* Ergebnisse der HBSC-Gesundheitsstudie und Perspektiven der schulischen Gesundheitsförderung im Freistaat Thüringen. Forschungsbericht, Dresden 2010

U. BISCHOFF / C. GEHNE / F. GREUEL / S. JOHANSSON / F. KÖNIG / T. SCHLIMBACH / D. ZIEROLD / E. ZIMMERMANN: *Hinweise aus dem Abschlussbericht der Programmevaluation der Bundesprogramme „Vielfalt tut gut. Jugend für Vielfalt, Toleranz und Demokratie" und „kompetent. Für Demokratie - Beratungsnetzwerke gegen Rechtsextremismus".* Berichtszeitraum 01.07.2007 bis 31.12.2010, München und Halle 2011

U. BISCHOFF / F. GREUEL / S. JOHANSSON / F. KÖNIG / S. REITER / E. ZIMMERMANN: *Nachhaltige Impulse für eine wirksame Interventions- und Präventionsarbeit.* Ergebnisse der Programmevaluation des Bundesprogramms „Toleranz fördern

– Kompetenz stärken“ Abschlussbericht 2015, München und Halle 2015
U. BAUREITHEL: *Die Auslöser der Gewalt* in: „FREITAG“, 22. OKTOBER 2015
P. BLICKLE U.A.: *Ein Land in Flammen*, Die Zeit, 3.12.2015
L. BÖHNISCH: *Soziale Arbeit und Zeitgeist*, Sozial Extra, Heft 1-2/2012
A. BONDE: *Breitbandausbau im Ländlichen Raum.* Glasfaser: je früher, desto besser, In: Alternative Kommunalpolitik, Heft 6/2015
B. BONGARTZ: *Hassverbrechen und ihre Bedeutung in Gesellschaft und Statistik.* Zum Dilemma der Wahrnehmbarkeit vorurteilsmotivierter Straftaten, Mönchengladbach 2013
S. BORRMANN: *Soziale Arbeit mit rechten Jugendcliquen*, Wiesbaden 2006
R. BRAUN: *Friedensbewegung in der Kontroverse* – oder: treffen sich heute Linke und Rechte auf einer Friedensdemonstration? in: Zivilcourage, Heft 1/2015
F. BRINGT / M. NATTKE: *Mustergau Sachsen.* „Moderne Nazis“ im Freistaat unter besonderer Problematik des ländlichen Raums in: F. BURSCHEL (HRSG.): *Stadt – Land – Rechts. Brauner Alltag in der Provinz*, Berlin 2010
BUNDESMINISTERIUM FÜR FAMILIE, SENIOREN, FRAUEN UND JUGEND (BMFSFJ, HRSG.): Abschlussbericht des Bundesprogramms „Toleranz fördern – Kompetenz stärken“, Berlin 2014
BUNDESMINISTERIUM DES INNERN (HRSG.): Verfassungsschutzbericht 2014, Berlin 2015
BUNDESMINISTERIUM FÜR VERKEHR: BAU UND STADTENTWICKLUNG (HRSG.): *Empfehlungen des Beirats für Raumordnung zur „Räumlichen Ausgleichspolitik“*, Berlin 2007
BUND DER DEUTSCHEN LANDJUGEND (HRSG.): *Es wächst nicht einfach Gras drüber.* Rechtsextremismus in den ländlichen Räumen. Erstellt von T. SIMON / S. BLUMENSATH / C. FRÖMMERT / R. SARYAEVA / S. TYMPEL, Berlin 2009
S. BUNDSCHUH / A. DÜCKER / T. SCHOLLE (HRSG.): *Wegweiser Jugendarbeit* gegen Rechtsextremismus. Motive, Praxisbeispiele und Handlungsperspektiven, Schwalbach 2012
F. BURSCHEL (HRSG.): *Stadt – Land – Rechts.* Brauner Alltag in der Provinz, Berlin 2010
F. BURSCHEL: *Verlorene Landstriche.* Herausforderungen in den „Entleerungsräumen“: rechter Mainstream und rechtsextreme Verankerung in der Provinz in: *F. BURSCHEL (HRSG.): Stadt – Land – Rechts.* Brauner Alltag in der Provinz, Berlin 2010
O. CRUZCAMPO: *Neonazi-Sendung FSN-TV*: Ausstrahlung untersagt, veröffentlicht über www.endstation-rechts.de am 24.9.2014, Zugriff am 30.11.2015).
O. DECKER / E. BRÄHLER: *Vom Rand zur Mitte.* Rechtsextreme Einstellungen und ihre Einflussfaktoren in Deutschland, Berlin 2006, 2008
O. DECKER / E. BRÄHLER: *Rechtsextreme Einstellungen in Bayern.* Ergebnisse der Mitte-Studien der Universität Leipzig, München 2014
O. DECKER / J. KIESS / E. BRÄHLER: *Die stabilisierte Mitte.* Rechtsextreme Einstellungen in Deutschland, Leipzig 2014 a
M. DEHMER: Kooperationen in der Familienbildung in: NDV, Heft März 2012
DEUTSCHER BUNDESTAG, DRUCKSACHE 18/740: *Antwort der Bundesregierung* auf die Kleine Anfrage der Abgeordneten Irene Mihalic, Volker Beck (Köln), Luise Amtsberg, weiterer Angeordneter und der Fraktion BÜNDNIS 90/DIE GRÜNEN, Die polizeiliche Erfassung von Hasskriminalität als „Politisch motivierte Kriminalität“ (Nachfrage zu den Antworten der Bundesregierung auf die Kleinen Anfragen auf Bundestagsdrucksachen 17/14754 und 18/343, Berlin, 10.03.2014
J. DIETRICH / R. GÖLDNER / S. KATHÖFER / J. KOTTHAUS / R. SCHNITZLER: *Virtuelles Sterben. (K)ein Thema für Gamer?!* in: SOZIALMAGAZIN, HEFT 5-6/2014
M. DREIER / E. DUVEN / K.W. MÜLLER / M.E. BEUTEL / P. BEHRENS / S. HOLTZ / K. WÖLFING (IN KOOPERATION MIT DEM EU NET ADB KONSORTIUM [HRSG.]): *Studie über das Internetsuchtverhalten von europäischen Jugendlichen*, Mainz & Athen 2013
EIDGENÖSSISCHES DEPARTEMENT DES INNERN – FACHSTELLE FÜR RASSISMUSBEKÄMPFUNG (HRSG.): *Rechtsextremismus bekämpfen*: Wirksame Maßnahmen und griffige Arbeitsinstrumente für Gemeinden, überarbeitete Fassung, Bern 2007
G. EISENBERG / R. GRONEMEYER: *Jugend und Gewalt.* Der neue Generationenkonflikt oder der Zerfall der zivilen Gesellschaft, Reinbeck 1993
M. ENDEMANN / G. DEMBOWSKI: *Die wollen doch nur spielen*, Fußballfanszenen und Fußballvereine als Andockpunkte für neonazistische Einflussnahme im ländlichen Raum in: F. BURSCHEL (HRSG.): *Stadt – Land – Rechts.* Brauner Alltag in der Provinz, Berlin 2010
S. FREUD: *Massenpsychologie und Ich-Analyse*, 1921, 2001 in: A. FREUD (HRSG.): *Siegmund Freud – Gesammelte Werke, Band XIII*, Frankfurt (M.), 2001
G. FÜLBERTH: *Wie ein Fisch im Wasser.* Rechtsradikalismus: Die wehrhafte Demokratie setzt Pegida und dem rechten Extremismus wenig entgegen in: *„Freitag“*, 22. Oktober 2015
R. GABRIEL / I. GRASTORF / T. LAKEIT / L. WANDT / D. WEYAND: *Futur Exakt.* Jugendkultur in Oranienburg zwischen rechtsextremer Gewalt und demokratischem Engagement, Berlin 2004

J. GESKE: *Selbstverwaltete Jugendzentren und die Kommunalpolitik:* Treffen der Generationen in: *Alternative Kommunalpolitik, Heft 5/2015*

C.B. GOSTOMSKI, VON / B. KÜPPER / W. HEITMEYER: *Fremdenfeindlichkeit in den neuen Bundesländern.* Die schwierige Lage in Ostdeutschland. Analysen zu Nationalismus / Patriotismus / Identität und Integration, In: W. HEITMEYER (HRSG.): *Deutsche Zustände, Folge 5,* Frankfurt (M.) 2007

F. GREUEL/F. KÖNIG: *Innovationsfeld Rechtsextremismusprävention.* Empirische Hinweise zur Nachhaltigkeit pädagogischer Modellprojekte in: *deutsche jugend, Heft 6/2014*

C. GROSSE-STARMANN: *Demographischer Wandel im ländlichen Raum,* Alterung und Schrumpfung erfordern Neuausrichtung der Infrastruktur in: Alternative Kommunalpolitik, Heft 6/2015

A. GUGGENBÜHL: *Die unheimliche Faszination von Gewalt,* Zürich 1995

B. HAFENEGER: *Rechte Jugend – jugendlicher Rechtsextremismus auf dem Lande* in: *Sozial Extra,* HEFT 9/2006

B. HAFENEGER / R. BECKER: *Rechte Jugendcliquen.* Zwischen Unauffälligkeit und Provokation. Eine empirische Studie, Schwalbach 2007

B. HAFENEGER / M.M. JANSEN / T. NIEBLING / J. CLAUS / T. WOLF: *Rechte Jugendcliquen in Hessen.* Szene, Aktivitäten, Folgerungen, Schwalbach 2002

D. HAJOK: *Jugend und Musik.* Die Zugänge haben sich geändert – die große Bedeutung ist geblieben in: FREIWILLIGE SELBSTKONTROLLE FERNSEHEN (HRSG.): *tv diskurs. Verantwortung in audiovisuellen Medien, Heft 1/2013*

J. HARTL: *NPD bohrt mit dem Finger tief in der eigenen Wunde,* 19.02.2015, URL: www.endstation-rechts-bayern.de/2015/02/npd-bohrt-mit-dem-finger-tief-in-der-eigenen-Wunde/, Zugriff: 31.10.2015

C. HEBEL: *Unterschriften-Fiasko bei der Landtagswahl:* NPD blamiert sich in Bayern, 09. Juli 2013, URL: http://www.spiegel.de/politik/deutschland/landtagswahl-npd-erlebt-blamage-in-bayern-a-909975.html, Zugriff: 01.11.2015

G. HEINRICH / S. SCHOON: *Die NPD in Mecklenburg-Vorpommern* in: M. KOSCHKAR / C. NESTLER / C. SCHEELE (HRSG.): *Politik in Mecklenburg-Vorpommern, Wiesbaden 2013*

A. HEINZEL: *Projekt „Zukunft Jugendarbeit im ländlichen Raum“* in: *Offene Jugendarbeit, Heft 2/2015*

W. HEITMEYER: *Die Bielefelder Rechtsextremismus-Studie,* Weinheim und München 1992

W. HEITMEYER: *Gesellschaftliche Desintegrationsprozesse als Ursachen von fremdenfeindlicher Gewalt und politischer Paralysierung* in: *„Aus Politik und Zeitgeschichte“, Heft B 2-3 1993*

W. HEITMEYER (HRSG.): *Deutsche Zustände, Folge 1,* Frankfurt (M.) 2002

W. HEITMEYER (HRSG.): *Deutsche Zustände, Folge 2,* Frankfurt (M.) 2003

W. HEITMEYER (HRSG.): *Deutsche Zustände, Folge 3,* Frankfurt (M.) 2005

W. HEITMEYER (HRSG.): *Deutsche Zustände, Folge 4,* Frankfurt (M.) 2006

W. HEITMEYER (HRSG.): *Deutsche Zustände, Folge 5,* Frankfurt (M.) 2007

W. HEITMEYER (HRSG.): *Deutsche Zustände, Folge 6,* Frankfurt (M.) 2008

W. HEITMEYER (HRSG.): *Deutsche Zustände, Folge 7,* Frankfurt (M.) 2009

W. HEITMEYER (HRSG.): *Deutsche Zustände, Folge 8,* Frankfurt (M.) 2010 a

W. HEITMEYER (HRSG.): *Deutsche Zustände, Folge 9,* Frankfurt (M.) 2010 b

W. HEITMEYER (HRSG.): *Deutsche Zustände, Folge 10,* Frankfurt (M.) 2012, 3. Auflage 2015

W. HEITMEYER: *Gruppenbezogene Menschenfeindlichkeit (GMF) in einem entsicherten Jahrzehnt* in: W. HEITMEYER (HRSG.): *Deutsche Zustände, Folge 10,* Frankfurt *(M.)* 2012, 3. Auflage 2015

W. HEITMEYER: *Erfahrungen mit der gesellschaftlichen Verantwortung der Wissenschaft.* Eine Bilanz nach zehn Jahren in: W. HEITMEYER (HRSG.): *Deutsche Zustände, Folge 10,* Frankfurt *(M.)* 2012, 3. Auflage 2015

W. HEITEYER / J. MANSEL: *Entleerung der Demokratie.* Die unübersichtlichen Folgen sind weitreichend in: W. HEITMEYER (HRSG.): *Deutsche Zustände,* Folge 2, Frankfurt (M.) 2003

J. HELD / S. BIBOUCHE / G. DINGER / G. MERKLE / C. SCHORK / L. WILMS: *Rechtsextremismus und sein Umfeld.* Eine Regionalstudie und die Folgen für die Praxis, Hamburg 2008

J. HELD / H.-W. HORN / R. LEIPRECHT / A. MARVAKIS: *„Du musst so handeln, dass du Gewinn machst...“* Wohlstands-Chauvinismus jugendlicher Arbeitnehmer in: *„deutsche jugend“, Heft 11/1991*

J. HELD / W. SCHMIDT: *„Verunsicherte Modernisierungsverlierer?“* Rechtsextremismus in Deutschland: Empirische Befunde und Erklärungsansätze, In: *G. MEYER / S. SULOWSKI / W. LUKOWSKI (HRSG.): Brennpunkte der politischen Kultur in Polen und in Deutschland,* Warszawa 2007

G. HENTGES / G. KÖKGIRAN /K. NOTTBOHM: *Die Identitäre Bewegung Deutschland (IBD)* – Bewegung oder virtuelles Phänomen? in: *Forschungsjournal Soziale Bewegungen, Beilage zu Heft 3/2014*

HERBERT QUANDT-STIFTUNG (HRSG.): *Von glücklichen Dänen lernen?* Wohlfahrtsstaat und Zivilgesellschaft im demographischen Wandel, Bad Homburg 2014

A. HERRENKNECHT: *Das Ende des ländlichen Sozial(t)raumes?* Die neuen sozial-räumlichen Lebenswirklichkeiten des Kinder- und Jugendalltags im ländlichen Raum in: *„Offene Jugendarbeit“, Heft 2/2006*

HESSISCHES MINISTERIUM DES INNEREN UND FÜR SPORT: *Verfassungsschutz in Hessen.* Bericht 2013, Wiesbaden 2014

HOCHSCHULE MAGDEBURG-STENDAL UND MITEINANDER – NETZWERK FÜR DEMOKRATIE UND TOLERANZ IN SACHSEN-ANHALT E.V. (HRSG.): *Regionalanalyse Altmark.* Maßnahmen gegen Rechtsextremismus und Fremdenfeindlichkeit, Magdeburg 2003

C. HOLZKAMP / B. ROMMELSPACHER: *Frauen und Rechtsextremismus* in: *päd extra / Demokratische Erziehung, Heft 1/1991*

W. HÜLSEMANN: *Rechtsextremismus – oder: Worüber reden wir eigentlich?* in: *W. HÜLSEMANN / M. KOHLSTRUCK / D. WILKING (HRSG.): Demos – Brandenburgisches Institut für Gemeinwesenberatung. Einblicke II. Ein Werkstattbuch*, Potsdam 2007

INNENMINISTERIUM BADEN-WÜRTTEMBERG 2015: *Verfassungsschutzbericht 2014*, Stuttgart 2015

H.-G. JASCHKE: *Rechtsextremismus und Fremdenfeindlichkeit.* Begriffe, Positionen und Praxisfelder, Opladen 1994

S. JOHANSSON: *„Gruppenbezogene Menschenfeindlichkeit“*: Eine Rezension der empirischen Langzeitstudie „Deutsche Zustände“, Folge 1 bis 8 in: *Recht der Jugend und des Bildungswesens, Ausgabe 2/2011*

B. JOHN (HRSG.): *Unsere Wunden kann die Zeit nicht heilen.* Was der NSU-Terror für die Opfer und Angehörigen bedeutet, Bonn 2014

JUGENDSCHUTZ.NET (HRSG.): *Jugendschutz im Internet.* Ergebnisse der Recherchen und Kontrollen. Bericht 2011, Mainz 2012

JUGENDSCHUTZ.NET (HRSG.): *Rechtsextremismus online.* Bericht über Recherchen und Maßnahmen 2014, Mainz 2015

JUGENDSTIFTUNG BADEN-WÜRTTEMBERG (HRSG.): *Jugendstudie Baden-Württemberg 2015*, Sersheim 2015

U. KAUP: *Nicht der Skin ist das Problem, sondern der deutsche Herrenmensch* in: *„Freitag“ vom 18.12.1992*

KIDS VERBRAUCHER ANALYSE 2014 *www.egmont-mediasolutions.de/pdf/services/studien/KVA 2014, Zugriff 13. Dezember 2015*

KIDS VERBRAUCHER ANALYSE 2015 *www.ehapa.de/pressemitteilungen/kidsverbraucheranalyse 2015, Zugriff 13. Dezember 2015*

A. KLÄRNER / M. KOHLSTRUCK: *Rechtsextremismus* – Thema der Öffentlichkeit und Gegenstand der Forschung in: A. KLÄRNER / M. KOHLSTRUCK (HRSG.): *Moderner Rechtsextremismus in Deutschland*, Hamburg 2006

H. KLEFFNER: *Zwischen Individuellen Erfolgen und politischer Ohnmacht.* Eine Zwischenbilanz aus der Beratungsarbeit für Opfer rechter, rassistischer und antisemitischer Gewalt in: F. BURSCHEL (HRSG.): *Stadt – Land – Rechts.* Brauner Alltag in der Provinz, Berlin 2010

C. KLEINERT / W. KRÜGER / H. WILLEMS: *Einstellungen junger Deutscher gegenüber ausländischen Mitbürgern und ihre Bedeutung hinsichtlich politischer Orientierungen* in: *„Aus Politik und Zeitgeschichte“, Beilage zur Wochenzeitung „Das Parlament“ B 31/1998*

H. KLEMISCH / B. HEINS: *Blaupausen für den Strukturwandel im ländlichen Raum.* Wer kümmert sich um die Dörfer? in *Alternative Kommunalpolitik, Heft 6/2015*

B. KLOSE / A. BENZING: *Problemaufriss Rechtsextremismus in der Kommune* in: D. MOLTHAGEN / A. KLÄRNER / L. KORGEL / B. PAULI / M. ZIEGENHAGEN (HRSG.): *Lern- und Arbeitsbuch „Gegen Rechtsextremismus“*, Bonn 2008

H. KOCH: *Casa Pound Italia*, Münster 2013

H. KOCH: *Pivert, eine faschistische Modemarke aus dem Hause Casa Pound Italia*, verfasst am 20.10.2015 für *www.*linksunten.indymedia.org., Zugriff am 21.10.2015

KOMMUNALVERBAND FÜR JUGEND UND SOZIALES BADEN-WÜRTTEMBERG (HRSG.): *Kinder- und Jugendhilfe im demographischen Wandel*, Stuttgart 2015

M. KRAUSS: *Die Wahrheit der Kreisliga* in: *Freitag, Ausgabe vom 16. Januar 2014.*

B. KÜPPER / W. HEITMEYER: *Feindselige Frauen.* Zwischen Angst, Zugehörigkeit und Durchsetzungsideologie in: W. HEITMEYER (HRSG.): *Deutsche Zustände, Folge 3, Frankfurt/M. 2005*

B. KÜPPER / A. ZICK: Macht Armut menschenfeindlich? Zusammenhänge in acht europäischen Ländern, In: W. HEITMEYER (HRSG.): *Deutsche Zustände, Folge 9*, Frankfurt (M.) 2010 b

G. KUHN: *Straight Edge.* Geschichte und Politik einer Bewegung, Münster 2010

P. KULESSA / M. MÜHLHAUSEN: *Demokratie in Gefahr?* Populismus und seine Folgen. Interview mit Werner A. Perger zur Zukunft der Demokratie und zu den Herausforderungen durch politischen Populismus in: *Theorie und Praxis Sozialer Arbeit, Heft 1/2015*

KULTURBÜRO SACHSEN E.V. (HRSG.): *Sachsen rechts unten 2015.* Aktuelle Entwicklungen der rechten Szene. Dresden 06/2015

LANDTAG MECKLENBURG-VORPOMMERN: Drucksache 4/2169, Stralsund o. J.

LANDTAG MECKLENBURG-VORPOMMERN: Drucksache 5/1599, Stralsund 2008

LANDTAG MECKLENBURG-VORPOMMERN: Drucksache 6/394, Stralsund 2012

LANDTAG VON SACHSEN-ANHALT (HRSG.): *Antwort der Landesregierung* auf die große Anfrage der Fraktion Bündnis 90 / Die Grünen „Rassismus, Antisemitismus, Homophobie und Gewalt im Fußball“, Drucksache 6/3149, ausgegeben: Magdeburg, 03.06.2014

S. LANG / K.-S. STEINKOPF: *Die Unterstützung der letzten Mohikaner.* Erfahrungen und Perspektiven antifaschistischer Jugendbildung in Brandenburg in: F. BURSCHEL (HRSG.): *Stadt – Land – Rechts.* Brauner Alltag in der Provinz, Berlin 2010

M. LANGEBACH / C. HABISCH (HRSG.): *Zäsur?* Politische Bildung nach dem NSU, Schriftenreihe der Bundeszentrale für politische Bildung, Band 1640, Bonn 2015

K LENZ: *Jugendliche heute.* Lebenslagen, Lebensbewältigung, o. O. 1989

D. LIEBSCHER / C. SCHMIDT: *Grenzen lokaler Demokratie.* Zivilgesellschaftliche Strukturen gegen Nazis im ländlichen Raum, Leipzig 2007

MINISTERIUM DES INNEREN, FÜR SPORT UND INFRASTRUKTUR RHEINLAND-PFALZ (HRSG.): *Verfassungsschutzbericht Rheinland-Pfalz 2014,* Mainz 2015

MINISTERIUM DES INNEREN UND FÜR KOMMUNALES DES LANDES BRANDENBURG (HRSG.): *Verfassungsschutzbericht Brandenburg 2014,* Potsdam 2015

MINISTERIUM FÜR INNERES UND KOMMUNALES DES LANDES NORDRHEIN-WESTFALEN (HRSG.): *Verfassungsschutzbericht des Landes Nordrhein-Westfalen über das Jahr 2014,* Düsseldorf 2015

MINISTERIUM FÜR INNERES UND SPORT DES LANDES SACHSEN-ANHALT (HRSG.): *Verfassungsschutzbericht 2014,* Magdeburg 2015

MINISTERIUM FÜR INNERES UND SPORT DES SAARLANDES (HRSG.): *Lagebild Verfassungsschutz 2014,* Saarbrücken 2015

MINISTERIUM FÜR INNERES UND SPORT MECKLENBURG-VORPOMMERN (HRSG.): *Verfassungsschutzbericht 2014,* Stralsund 2015

A, MITSCHERLICH / M. MITSCHERLICH: *Die Unfähigkeit zu trauern.* Grundlagen kollektiven Verhaltens, München 1967

K. MÖLLER: Vortrag: *„Ursachen rechter Gewalt“* im Rahmen des Breuninger Kollegs Stuttgart, Oktober 1992

K. MÖLLER / N. SCHUMACHER: *Soziale und pädagogische Arbeit mit rechtsextrem affinen Jugendlichen.* Akteure, Projekte, Ansätze und Handlungsfelder, hrsg. von der Kontaktstelle BIKnetz, o.O. 2014

D. MOLTHAGEN: *Rechtsextreme Einstellungen in Deutschland* in: D. MOLTHAGEN / A. KLÄRNER / L. KORGEL / B. PAULI / M. ZIEGENHAGEN (HRSG.): *Lern- und Arbeitsbuch „Gegen Rechtsextremismus“,* Bonn 2008

F. MORGENTHALER: *Die Stellung der Perversionen in Metapsychologie und Technik* in: *Psyche, Heft 28/1974*

B. MORSHÄUSER: *Warten auf den Führer,* Frankfurt/M. 1993

G. NEUBAUER: *Jungen – Jungenpädagogik – Geschlechtlichkeit,* veröffentlicht unter *www.pfundskerle.de/bodyzone.htm,* Oktober 2006. Zugriff: 08.03.2016

NIEDERSÄCHSISCHES MINISTERIUM FÜR INNERES UND SPORT: *Verfassungsschutzbericht 2014.* Vorabfassung, Hannover 2015

B. NIRUMAND: *Der Deutsche hasst nicht die Fremden – eher hasst er sich selbst* in: *„Die Zeit“, Nr. 40/1992*

R. OERTER / L. MONTADA (HRSG.): *Entwicklungspsychologie,* Weinheim 1995

D. OESTERREICH: *Flucht in die Sicherheit.* Zur Theorie des Autoritarismus und der autoritären Reaktion, Opladen 1996

L. O' SULLIVAN / S. RONIS: *Virtual cheating hearts: Extradyadic and poaching interactions among adolescents with links to online activities* in: *Canadian Journal of Behavioral,* Heft 45/2013

K. PALLOKS / A. SEIL: *Von Blockaden und Bündnissen,* Weinheim und München 2008

N. PANGERL: *Rechtsextremismus im niederbayerischen Amateurfußball: Hinschauen und Handeln!,* 22.03.2014, *http://www.heimatsport.de/fussball/vermischtes/1241834_Rechtsextremismus-im-niederbayerischen-Amateurfussball-Hinschauen-und-handeln.html?em_cnt=1241834,* Zugriff: 02.11.2015

S. PENKE: *Ländliche Räume und Strukturen* – mehr als eine „Restkategorie“ mit Defiziten in: S. DEBIEL U.A. (HRSG.): *Soziale Arbeit in ländlichen Räumen,* Wiesbaden 2012

M. PETZKE / K. ENDRIKAT / S. KÜHNEL: *Risikofaktor Konformität.* Soziale Gruppenprozesse im kommunalen Kontext in: W. HEITMEYER (HRSG.): *Deutsche Zustände. Folge 5.* Frankfurt am Main, 2007

A. PFAHL-TRAUGHBER: *Gewaltbereite und „Wutbürger“* in: *Erziehung und Wissenschaft, Heft 5/2015*

O. PRYZBILLA: *Eine Art Reinhard May der rechtsextremen Szene,* 31.07.2014, *http://www.heimatsport.de/fussball/vermischtes/1241834_Rechtsextremismus-im-niederbayerischen-Amateurfussball-Hinschauen-und-handeln.html?em_cnt=1241834,* Zugriff: 02.11.2015

U. RAUCHFLEISCH: *Allgegenwart von Gewalt,* Göttingen 1992

J. P. REEMTSMA: Vortrag: *„Bewältigungsstrategien rechter Gewalt“,* gehalten im Rahmen des Breuninger Kollegs, Stuttgart Oktober 1992

A. RIBLER: Projekt *„Mobile Interventionsteams gegen Rechtsextremismus im Sport“* in: *„Hessische Jugend“, Heft 3/2008*

H.E. RICHTER: *Wer nicht leiden will, muss hassen.* Zur Epidemie der Gewalt, Frankfurt/M. 1995

W. RIEKMANN: *Wo lernt man eigentlich Demokratie?* Die Bedeutung von Jugendverbänden für eine funktionierende Demokratie in: *Theorie und Praxis der Sozialen Arbeit, Heft 3/2015*

A. RÖPKE: *Gefährlich verankert.* Rechtsextreme Graswurzelarbeit, Strategien und neue Netzwerke in Mecklenburg-Vorpommern, Schwerin 2015

T. ROGERS: *Heil Hipster: The Young Neo-Nazis Trying to Put a Stylish Face on Hate* in: *„Rolling Stone“, Ausgabe vom 23.06.2014*

B. ROMMELSPACHER: *Die Moschee neben der Kirche ist eine narzisstische Kränkung* Interview in: *Freitag vom 12. März 1993 a*

B. ROMMELSPACHER: *Das Selbstverständnis des weißen Feminismus.* Rassismus und Antisemitismus in der Frauenforschung, unveröffentlichtes Typoskript 1993 b, 2006

B. ROMMELSPACHER: *Rassismus und rechte Gewalt.* Der Streit um die Ursachen in: BÜNDNIS 90 / DIE GRÜNEN (HRSG.): *Rechte Gewalt und der Extremismus der Mitte,* Bonn 1993 c

B. ROMMELSPACHER: *Frauen,* typographischer Entwurf eines Beitrages in: D. COHN-BEDIT / U. BIELEFELD: *Fremdenfeindlichkeit,* o. O. 1994

R. ROTH / F. GESEMANN / J. AUMÜLLER: *Abschlussbericht zur Evaluation des Berliner Landesprogramms gegen Rechtsextremismus, Rassismus und Antisemitismus,* Berlin 2010

D. RUCHT: *Rechtsradikalismus aus der Perspektive der Bewegungsforschung* in: T. GRUMKE / B. WAGNER (HRSG.): *Handbuch Rechtsextremismus,* Opladen 2002

J.M. SCHERF: *Landflucht und Jugendparlamente: Mitbestimmen und bleiben* IN: *Alternative Kommunalpolitik,* Heft 5/2015

E. SCHILLER / P. GRADINGER / D. STROHMEIER: *Nutzung gewalttätiger Bildschirmspiele als längsschnittlicher Risikofaktor für Cyberbullying in der frühen Adoleszenz* in: *Diskurs Kindheits- und Jugendforschung, Heft 1/2014*

K.F. SCHUMANN: *Nur jeder zehnte rechte Gewalttäter ist arbeitslos,* Dokumentation in: *„Frankfurter Rundschau" vom 1.7.1993*

M. SECKINGER / L. PLUTO / C. PEUCKER / E. VAN SANTEN: EINRICHTUNGEN DER OFFENEN KINDER- UND JUGENDARBEIT. Eine empirische Bestandsaufnahme, Weinheim und Basel 2016

T. SIMON: *Netzwerkarbeit.* Voraussetzung zur Förderung der Entwicklungschancen junger Menschen in sozialen Brennpunkten in: *„Neue Praxis", Heft 2/2004*

T. SIMON: *Lebenswelten junger Menschen und Antworten der Jugendhilfe auf Herausforderungen in rechtsextrem belasteten ländlichen Räumen* in: *Neue Praxis, Heft 3/2007*

T. SIMON: *Nicht mehr nur mit Glatze und Bomberjacke.* Aktuelle subkulturelle Inszenierungen rechter Szenen, Vortrag, gehalten im Rahmen der Ringvorlesung „Von der Mitte bis zum braunen Rand" der Hochschule Magdeburg-Stendal, 5. Mai 2015 a (unveröffentlicht)

T. SIMON: *Gewalt, Rassismus, Antisemitismus, Sexismus und Homophobie im Fußball: Die Wahrheit liegt in der Kreisklasse* in: P.U. WENDT / S. ROGGENTHIN / R. SCHENKEL / T. SIMON / M. THOMAS (HRSG.) *Fußball global:* Ein Spiel dauert länger als 90 Minuten. Interdisziplinäre Betrachtungen zu Phänomenen des Fußballsports, Halle 2015 b

T. SIMON: *Einführung in die Jugendhilfeplanung,* 8. erneut durchgesehene und überarbeitete Auflage, Wiesbaden 2015 c

T. SIMON: *Jugendliche in der Stadt und auf dem Land: Zwischen den Welten* in: *Alternative Kommunalpolitik, Heft 5/2015 d*

T. SIMON: *Von wegen Glatzenpflege* – die Arbeit mit rechtsextremen Jugendlichen in: M. LANGEBACH / C. HABISCH (HRSG.): *Zäsur?* Politische Bildung nach dem NSU, Schriftenreihe der Bundeszentrale für politische Bildung, Band 1640, Bonn 2015 e

T. SIMON: *Ganztagsschule, Nerds und andere Stubenhocker* – Konsequenzen für sozialräumliche, mobile und aufsuchende Ansätze der Offenen Jugendarbeit in: B. KAMMERER / PROJEKTGRUPPE JUGENDHILFEPLANUNG (HRSG.): *Was ist Offene Jugendarbeit?* Materialien und Konzepte für die Jugendhilfeplanung, Nürnberg 2015 f

T. SIMON / G. BEHRENDT / M. BERTRAM / C. JAHNKE / R. KUNSTMANN / S. MAIKATH / L. PRELL / M. RIEDEL /A. WASSILENKO: *Kompetenzstelle Eltern und Rechtsextremismus in Sachsen-Anhalt,* Gesamtdarstellung von erstem und zweitem Erhebungsteil mit Empfehlungen. Erstellt im Auftrag des Projektverbundes des AWO-Landesverbandes Sachsen-Anhalt und Miteinander – Netzwerk für Demokratie und Weltoffenheit in Sachsen-Anhalt e.V., Magdeburg 2016 (unveröffentlicht, zur Veröffentlichung vorgesehen Ende 2016)

V. SPARSCHUH: *Der demographische Wandel im ländlichen Raum und die Verlässlichkeit von Generationenbeziehungen* in: *Sozialmagazin, Heft 3-4/2015*

A. SPEIT: *Rechts im hohen Norden.* Neonazis in Schleswig-Holstein zwischen behördlicher Verharmlosung und bürgerschaftlicher Gegenwehr in: F. BURSCHEL (HRSG.): *Stadt – Land – Rechts.* Brauner Alltag in der Provinz, Berlin 2010

M. SPITZER: *Digitale Demenz.* Wie wir uns und unsere Kinder um den Verstand bringen, München 2012

M. SPITZER: *Im Netz,*
*www.*gestalt-institut-frankfurt.de/fileadmin/gestalt-institut-frankfurt.de/download, Zugriff vom 30.04.2016,

STAATSMINISTERIUM DES INNEREN DES FREISTAATES SACHSEN (HRSG.): *Verfassungsschutzbericht 2014,* Dresden 2015

T. STAUD / J. RADKE: *Neue Nazis.* Jenseits der NPD: POPULISTEN, AUTONOME NATIONALISTEN UND DER TERROR VON RECHTS, KÖLN 2012

T. STAUD / J. RADKE: *Neue Töne von Rechtsaußen* in:
www.bpb.de/politik, veröffentlicht am 13.11.2014

T. STIMPEL / T. OLK: *Zivilgesellschaft stärken.* Ein Projekt zur Entwicklung von Empfehlungen zum Umgang mit Rechtsextremismus in ländlichen Regionen. In: S. BUNDSCHUH / A. DRÜCKER / T.

SCHOLLE (HRSG.): *Wegweiser Jugendarbeit gegen Rechtsextremismus. Motive, Praxisbeispiele und Handlungsperspektiven.* Schwalbach/Ts. 2012

B. STÖBER: *Von glücklichen Dänen lernen?* Wohlfahrtsstaat und Zivilgesellschaft im demografischen Wandel in: HERBERT QUANDT-STIFTUNG (HRSG.): *Von glücklichen Dänen lernen?* Wohlfahrtsstaat und Zivilgesellschaft im demographischen Wandel, Bad Homburg 2014

R. STÖSS: *Rechtsextremismus im Wandel,* Berlin 2005

R. STÖSS: *Berlin-Brandenburg BUS 2008.* Politische Orientierungen der Bevölkerung in der Region Berlin und Brandenburg. 2000 – 2008. Kapitalismuskritik – Rechtsextremismus – Rechtsextreme Kapitalismuskritik, Berlin 2008

THÜRINGER MINISTERIUM FÜR INNERES UND KOMMUNALES (HRSG.): *Verfassungsschutzbericht 2013,* Erfurt 2014

J. UELTZHÖFFER: *Wir sollten in Zukunft von Menschenfeindlichkeit reden,* Dokumentation in: *Frankfurter Rundschau vom 16.3.1993*

C. VOIGT: *„Asylpaket II"*: CDU/CSU und SPD setzen AfD-Programm um, Newsletter vom 26.Februar 2016

M. WEINGARDT: *Zwischen Verhaltensstabilität und dem Verlust von Kulturalität.* Jugend in Baden-Württemberg, In: JUGENDSTIFTUNG BADEN-WÜRTTEMBERG (HRSG.): *Jugendstudie Baden-Württemberg 2015,* Sersheim 2015

M. WEISS: *Kampf um die Dörfer.* Aufstieg und Fall der hessischen NPD unter Marcel Wöll in: F. BURSCHEL (HRSG.): *Stadt – Land – Rechts.* Brauner Alltag in der Provinz, Berlin 2010

H. WESTENBURGER: *Wir pfeifen auf den ganzen Schwindel.* Versuche jugendlicher Selbstbestimmung, Baunach 2008

T. WITZGALL: *Besser zu spät als nie* – Das Freie Netz Süd wird verboten, 24. Juli 2014, *http://www.endstation-rechts-bayern.de/2014/07/besser-zu-spaet-als-nie-freies-netz-sued-wird-verboten* (Zugriff: 31.10.2015)

M. WÜRFEL / J. BALDAUF / S. DREFAHL: *Countering Cyberspace – Präventionsansätze in den Sozialen Medien* in: M. LANGEBACH / C. HABISCH (HRSG.): *Zäsur?* Politische Bildung nach dem NSU, Schriftenreihe der Bundeszentrale für politische Bildung, Band 1640, Bonn 2015

E. ZELTNER: *Kinder schlagen zurück.* Jugendgewalt und ihre Ursachen, München 1996

A. ZICK: *Hintergründe und Wirkungen menschenfeindlicher und antidemokratischer Überzeugungen,* Vortrag im Rahmen der Ringvorlesung „Von der Mitte bis zum braunen Rand", gehalten in Magdeburg am 28.04.2015

A. ZICK / A. HÖVERMANN / D. KRAUSE: *Die Abwertung von Ungleichwertigen.* Erklärung und Prüfung eines erweiterten Syndroms der Gruppenbezogenen Menschenfeindlichkeit in: W. HEITMEYER (HRSG.): *Deutsche Zustände, Folge 10,* Frankfurt (M.) 2012, 2015

A. ZICK / B. KÜPPER: *Zusammenhalt durch Ausgrenzung?* Wie die Klage über den Zerfall der Gesellschaft und die Vorstellung von kultureller Homogenität mit Gruppenbezogener Menschenfeindlichkeit zusammenhängen in: W. HEITMEYER (HRSG.): *Deutsche Zustände, Folge 10,* Frankfurt (M.) 2012, 2015

A. ZICK / R. LOBITZ / E.M. GROSS: *Krisenbedingte Kündigung der Gleichwertigkeit* in: W. HEITMEYER (HRSG.): *Deutsche Zustände, Folge 8,* Frankfurt (M.) 2010

Internetquellen:

- *blog.zeit.de/stoerungsmelder*
- *de-de.facebook.com/ IdentitaereSchwaben/posts*
- *de.gravatar.com*
- *de.indymedia.org*
- *de.statista.com*
- *derhonigmannsagt.wordpress.com*
- *https://burschenschafterpacktaus.wordpress.com*
- *web2oph.blogspot.de*
- *wiki.artikel20.com*
- *www.ansgararyan.com*
- *www.beratungsnetzwerk-hessen.de*
- *www.bertelsmann-stiftung.de*
- *www.bpb.de*
- *www.bnr.de*
- *www.br.de*
- *www.bus-bbh.de*
- *www.defenceleague.de*
- *www.destatis.de*
- *www.deuru.com*
- *www.deutsche-stimme.de*
- *www.deutschlandfunk.de*
- *www.drogenbeauftragte.de*
- *www.egmont-mediasolutions.de*
- *www.ehapa.de*
- *www.facebook.com/balaclacakueche/*
- *www.facebook.com/israelmordet/*
- *www.fn-hessen.net*
- *www.focus.de*
- *www.focus.de/regional*
- *www.hessenschau.de*
- *www.identitaere-bewegung.de*
- *www.infranken.de*
- *www.landtag-saar.de*
- *www.logr.org/antisem*
- *www.logr.org/tremonia*
- *www.londsdale.de*
- *www.lsb-mv.de*
- *www.lupocattivoblog.com*
- *www.mdr.de*
- *www.mobit.org*
- *www.mut-gegen-rechte-gewalt.de*
- *www.ndr.de*
- *www.netz-gegen-nazis/artikel*
- *www.oirszene.blogspot.de*
- *www.rascal.de*
- *www.recherche38.de*
- *www.rhein-zeitung.de*
- *www.saarbruecker-zeitung.de*
- *www.shell.de*
- *www.soziologie.uni-jena.de*
- *www.spiegel.de*
- *www.sportjugend-hessen.de*
- *www.statista.com*
- *www.statistikextern.saarland.de*
- *www.statistik-hessen.de*
- *www.statistik.sachsen-anhalt.de*
- *www.tagesschau.de*
- *www.tagesspiegel.de*
- *www.tu-dresden.de*
- *www.volksbetrug.net*
- *www.wegweiser-kommune.de*
- *www.werwolfsblut@hotmail.com*
- *www.zeit.de*
- *www.zentralversand.info*

Autoren und Autorinnen:

Albrecht, Uwe, Politikwissenschaftler und Mitarbeiter der Fachstelle (mobile Beratung) des Netzwerks gegen Rechtsextremismus – für Demokratie im Adolf-Bender-Zentrum Saarbrücken seit 2011

Becker, Reiner, Dr. phil., Politikwissenschaftler; wissenschaftlicher Mitarbeiter an der Philipps-Universität Marburg im Fachbereich Erziehungswissenschaften und Leiter des Demokratiezentrums Hessen im beratungsNetzwerk hessen – Mobile Intervention gegen Rechtsextremismus

Begrich, David, Studium der Sozialwissenschaften und der Theologie, Mitarbeiter der Arbeitsstelle Rechtsextremismus bei Miteinander – Netzwerk für Demokratie und Weltoffenheit in Sachsen-Anhalt e.V., Standort Magdeburg

Behrendt, Gregor, Student der Sozialen Arbeit an der Hochschule Magdeburg-Stendal

Bertram, Michael, Student der Sozialen Arbeit an der Hochschule Magdeburg-Stendal

Bressau, Günter, 47 Jahre, Landeskoordinator des Demokratiezentrums Baden-Württemberg bei der Jugendstiftung Baden-Württemberg. Seit 2008 Leiter des landesweiten Beratungsnetzwerks „kompetent vor Ort. für Demokratie – gegen Rechtsextremismus". Experte im Bereich der Beratungsangebote bei rechtsextremen, fremdenfeindlichen, antisemitischen und anderweitig menschenverachtenden Vorfällen und Zuständen. Schwerpunkte: Unterstützung regionaler Netzwerkentwicklung, Qualitätsentwicklung, Projektberatung und Angebotsentwicklung.

DIDAS, JÖRN, Politikwissenschaftler und Mitarbeiter der Fachstelle (mobile Beratung) des Netzwerks gegen Rechtsextremismus – für Demokratie im Adolf-Bender-Zentrum Saarbrücken seit 2007

EITEL, FELIX, Diplom-Sozialarbeiter, systemisch-lösungsorientierte Beratungsausbildung, Beratung von Eltern von rechtsextremistisch orientierten Jugendlichen; Landeskoordinierungsstelle Kompetenznetzwerk „Demokratie leben!" in Rheinland-Pfalz

GROß, MICHAEL, Politikwissenschaftler und Mitarbeiter der Fachstelle (mobile Beratung) des Netzwerks gegen Rechtsextremismus – für Demokratie im Adolf-Bender-Zentrum Saarbrücken seit 2015

HEERDEGEN, STEFAN, Diplom-Sozialarbeiter/Sozialpädagoge und als Berater bei der Mobilen Beratung in Thüringen (MOBIT) tätig. Das MOBIT-Team berät Einzelpersonen, Vereine und Verbände sowie zivilgesellschaftliche Initiativen/Bürgerbündnisse in ihrem Engagement gegen die extreme Rechte in Thüringen.

HIEKE, NICOLA, Jahrgang 1975, hat zunächst Sozialpädagogik studiert und sich in einem späteren Masterstudium Interkulturelle Kommunikation und Kooperation (M.A. IKM) auf die Studienschwerpunkte Islam und (antimuslimischer) Rassismus in Deutschland konzentriert. Seit 2009 koordiniert sie die Maßnahmen und die Weiterentwicklung der Landeskoordinierungsstelle Demokratie leben! Bayern gegen Rechtsextremismus (LKS) im Bayerischen Jugendring, die sie seit 2015 auch leitet. Sie ist darüber hinaus freiberufliche Referentin der KZ-Gedenkstätte in

Dachau und ist als Mediatorin im interkulturellen Kontext tätig.

Jahnke, Carolin, Studentin der Sozialen Arbeit an der Hochschule Magdeburg-Stendal, staatlich anerkannte Erzieherin

Knieper, Rolf, Sozialarbeiter / Sozialpädagoge, Lehrbeauftragter Hochschule Koblenz, Landeskoordinierungsstelle Kompetenznetzwerk „Demokratie leben!" in Rheinland-Pfalz

Koch, Reinhard, Jahrgang 1952, seit 1980 Pädagogischer Mitarbeiter der Bildungsvereinigung Arbeit und Leben Niedersachsen, seit 1994 Leiter der Arbeitsstelle Rechtsextremismus und Gewalt (ARUG) in Braunschweig und zusätzlich seit 2011 des Zentrums Demokratische Bildung (ZDB) in Wolfsburg. Leiter diverser Modellprojekte aus Bundes- und Landesprogrammen (u.a. „Entimon", „XENOS", „Stand up Speak up", „Toleranz fördern – Kompetenz stärken: Vielfalt tut gut!", „XENOS – Ausstieg zum Einstieg") sowie aktuell im Bundesprogramm „Demokratie leben!". Diverse Lehraufträge, u.a. aktuell an der Universität Hannover und der Fachhochschule Ostfalia Wolfenbüttel (Soziale Arbeit). Regelmäßige Veröffentlichungen im Themenfeld „Rechtsextremismus".

Kunstmann, Richard, Student der Sozialen Arbeit an der Hochschule Magdeburg-Stendal

Maikath, Susanne, Studentin der Sozialen Arbeit an der Hochschule Magdeburg-Stendal

Perner, Peter, 68 Jahre alt, ehrenamtlich aktiv im Ratzeburger Bündnis für Toleranz und Demokratie. Ausbildung zum Elternberater für Eltern, deren Kinder in die rechte Szene abzurutschen drohen, Ausbildung zum Opferberater in Nürnberg, Berater im Beratungsnetzwerk Schleswig-Holstein der Landeskoordinierungsstelle des Innenministeriums, Ausstiegsberater im südlichen Schleswig-Holstein. Zusammenarbeit mit dem Lidice-Haus Bremen und zahlreichen anderen Institutionen.

Prell, Luise, Studentin der Sozialen Arbeit an der Hochschule Magdeburg-Stendal

Riedel, Maximilian, Student der Sozialen Arbeit an der Hochschule Magdeburg-Stendal

Schmidt, Jochen, (*1964), seit 2007 Direktor der Landeszentrale für politische Bildung Mecklenburg-Vorpommern mit Sitz in Schwerin. 1986-1993 Studium der Politikwissenschaft, Neuerer und Neuester Geschichte und Anglistik in Freiburg/Br. und Grenoble.1994-1999 Wissenschaftlicher Mitarbeiter am Institut für Politik- und Verwaltungswissenschaften der Universität Rostock.1999-2007 Stellvertreter des Landesbeauftragten für Mecklenburg-Vorpommern für die Unterlagen des Staatssicherheitsdienstes der ehemaligen DDR. Zuletzt veröffentlicht: „Rechtsextremismus und Demokratiestärkung in Mecklenburg-Vorpommern" in: U. Wenzel / B. Rosenzweig / U. Eith (Hrsg.): „Rechter Terror und Rechtsextremismus, Aktuelle Erscheinungsformen und Ansätze der politischen Bildungspraxis", Schwalbach/Ts., 2015.

Simon, Titus, Prof. Dr., Jahrgang 1954, verheiratet, drei erwachsene Kinder, ein Enkel. Arbeitete zwischen 1975 und 1992 mit jugendlichen Gewalttätern und Wohnungslosen sowie in der Verbandsarbeit. Berufsbegleitendes Studium und Promotion. Zwischen 1992 und 1996 Professur „Jugend und Gewalt“ an der Fachhochschule Wiesbaden, 1996 Berufung an die Hochschule Magdeburg-Stendal mit dem Schwerpunkt Jugendarbeit und Jugendhilfeplanung. Gasttätigkeit an der Fachhochschule St. Gallen. Neue

Romane: „Hundsgeschrei“ (2. Auflage 2016) und „Kirmeskind“

STAROSTA, DANILO, Studium in Leipzig und Dresden, Pädagoge, Berater im Kulturbüro Sachsen e.V., Fachstelle Jugendhilfe.

STURM, MICHAEL, Jahrgang 1972, Historiker. Pädagogisch-wissenschaftlicher Mitarbeiter im Geschichtsort Villa ten Hompel der Stadt Münster und Mitarbeiter der Mobilen Beratung im Regierungsbezirk Münster „Gegen Rechtsextremismus, für Demokratie" (mobim). Veröffentlichungen zu Aspekten des Rechtsextremismus sowie zur Polizei- und Protestgeschichte der Bundesrepublik.

WASSILENKO, ALEXANDER, Student der Sozialen Arbeit an der Hochschule Magdeburg-Stendal

WILKING, DIRK, geb. 1957, ist Geschäftsführer von „Demos. Brandenburgisches Institut für Gemeinwesenberatung“ und ist über das Mobile Beratungsteam (MBT) im Rahmen des Handlungskonzeptes „Tolerantes Brandenburg“ sowie einige Partnerschaften für Demokratie (PfD) im Bereich der Demokratieförderung und der Arbeit gegen Rechtsextremismus tätig. Er arbeitet beratend sowohl landesweit (MBT) als auch projektbezogen (LAP – Lokaler Aktionsplan).